Jost-Arend Bösenberg **Die Aktuelle Kamera**

Jost-Arend Bösenberg

Die Aktuelle Kamera

Nachrichten aus einem versunkenen Land

Mit einem Geleitwort von Wolfgang Thierse

Begleitbuch zur TV-Dokumentation im RBB-Fernsehen

RUNDFUNK BERLIN-BRANDENBURG

Deutsches
Rundfunkarchiv

vbb   verlag für berlin-brandenburg

Diese Publikation entstand in Kooperation und mit Unterstützung
der Stiftung Deutsches Rundfunkarchiv.

Lektorat: Dr. Uwe Breitenborn
Gesamtgestaltung: Katharina Wyss, Milch – Design und Kommunikation, Berlin
Gesetzt aus der Minion / FF Unit
Druck und Bindung: Druckhaus Nomos, Sinzheim
Coverabbildungen: AK mit Angelika Unterlauf (DRA/Nickel), AK-Logo 1989 (DRA/Winkler),
AK-STF-Studio 5 (DRA/Denger)

Nicht in allen Fällen war es möglich, die Rechteinhaber der Abbildungen zu ermitteln.
Berechtigte Ansprüche werden im Rahmen der üblichen Vereinbarungen abgegolten.

ISBN: 978-3-86650-067-9

1. Auflage 2008
© Verlag für Berlin-Brandenburg GmbH
Stresemannstraße 30, D-10963 Berlin

www.verlagberlinbrandenburg.de

Inhalt

Geleitwort von Wolfgang Thierse MdB, Vizepräsident des Deutschen Bundestages

Was war die DDR? Wie funktionierte sie? Warum brach sie innerhalb weniger Monate zusammen? Glaubt man aktuellen Umfragen und Forschungsergebnissen, können immer weniger junge Menschen diese Fragen schlüssig beantworten. Die unblutige, friedliche Revolution, die im Herbst 1989 die SED-Herrschaft zum Einsturz brachte, liegt erst eine Generation zurück. Doch die Erinnerungen an den Alltag unter den Bedingungen einer Diktatur, an die politische Justiz, an den aufgeblähten Sicherheitsapparat, an die Mangelwirtschaft verblassen allmählich. Inzwischen avanciert die DDR gar zu einer „Marke", die sich offenbar gut verkaufen lässt. T-Shirts mit DDR-Schriftzug, FDJ-Hemden, „Stasi-Kneipen" mit Gruselfaktor, Ostalgie-Shows – sie liegen im Trend, gelten als cool.

Doch der kommunistische Staat war weder „cool" noch eine Idylle. Er war ein Unrechtssystem, das seine Bürger eingemauert hat. Gleichwohl gab es nicht nur den Staat, das politische System. Es war dies auch ein Land, wo Menschen, wirkliche Menschen gelebt haben – voller Hoffnung und voller Verzweiflung, lustvoll und resignativ, verbittert und fröhlich. Ein Land zudem, aus dem allabendlich viele seiner Bewohner „auswanderten" – indem sie ARD oder ZDF einschalteten und sich beim „Klassenfeind" die Nachrichtensendungen und politischen Magazine anschauten.

DDR-Geschichte jenseits von Verteufelungszwang und Beschönigungslust zu schreiben – möglichst klischeefrei und differenziert – das ist und bleibt ein wichtiges, zugleich auch lohnendes Unterfangen, wie die vorliegende Studie zur *Aktuellen Kamera*, der von vielen DDR-Bürgern verachteten Hauptnachrichtensendung des DDR-Fernsehens, zeigt. Beim Lesen wird schnell klar: Dies ist nur auf den ersten Blick ein langweiliges, ermüdendes Thema, zu dem alles schon gesagt schien!

Jost-Arend Bösenberg hat ein überraschend interessantes Buch geschrieben – über einen Gegenstand, dem die meisten DDR-Bürger nicht viel Interesse abgewinnen konnten. Die *Aktuelle Kamera* war ja wirklich schwer zu ertragen für halbwegs gebildete, aufgeweckte Zeitgenossen: eine Mischung aus öder Hofberichterstattung, dreisten Lügen, Erfolgsmeldungen in geradezu byzantinischer Sprache, ideologiegetränkter Agitation gegen den westlichen Klassenfeind; eine zugleich langweilige und Ärgernis erregende Mischung, die Geschmack und Intelligenz beleidigte; Pflichtprogramm für SED-Genossen, dem sich noch nicht einmal alle Parteimitglieder täglich unterwarfen. Nach dem *Schwarzen Kanal* des Karl-Eduard von Schnitzler war sie der unangenehmste, verlogenste Teil des DDR-Fernsehens, das gewiss auch andere, freundlichere Seiten hatte!

Ich habe sie mir trotzdem gelegentlich angesehen, weil sie doch eine bestimmte Art von Information vermittelte: Die *Aktuelle Kamera* lieferte nicht Information über die wirkliche Welt, sondern darüber, wie die Herrschenden die Welt interpretierten und wie wir, die Untergebenen, sie sehen sollten. Sie reagierte auf einen Informationsstand, den wir DDR-Bürger hatten – aus eigener Erfahrung mit der DDR-Wirklichkeit und vor allem aus dem Westfernsehen und Westrundfunk. Denn die SED-Herrschaften wussten, dass die meisten DDR-Bürger allabendlich via Westfernsehen auswanderten; sie mussten, sie sollten „zurückgeholt" werden in die DDR durch Agitation, Indoktrination, Sprachregelungen, Tabuisierungen. Die *Aktuelle Kamera* war das wichtigste Instrument für den ständig wiederholten und, wie wir wissen, schließlich gescheiterten Versuch, die Bürger politisch und ideologisch an die DDR zu binden. Wir haben die *Aktuelle Kamera* überstanden! Auch das gehört zu den Triumphen der friedlichen Revolution 1989.

Am Beispiel der *Aktuellen Kamera* analysiert Bösenberg die Funktion der Massenmedien als Herrschaftsinstrument der Partei und deckt die Strukturen und Mechanismen der SED-Informationspolitik auf. Er schaut – und das ist das Erhellende, das Frappierende – hinter die Kulissen, hinter die Mattscheibe, hinter die schwer verdaulichen Verlautbarungen der Nachrichtenredaktion und ihrer Einflüsterer: Bösenberg hat zahlreiche Interviews mit damaligen Akteuren geführt und bezieht ihre Erfahrungen und Sichten, ihre kritischen und selbstkritischen Wertungen geschickt in seine Darstellung ein. Es gelingt ihm, die vielgestaltigen Verflechtungen zwischen der Redaktion, dem Politbüro und der Abteilung Agitation des Zentralkomitees der SED aufzudröseln und so darzustellen, dass die – selbst für gelernte Ostdeutsche nicht so leicht zu durchschauende – Funktionsweise der Diktatur im „normalen" Alltag in ihrer repressiven Effizienz und zugleich in ihrer schnöden Banalität erkennbar wird.

Insbesondere junge Menschen sollten sich mit der DDR-Geschichte auseinandersetzen. Denn in der Beschäftigung mit diesem so widersprüchlichen Kapitel der deutschen Geschichte können sie lernen, warum Freiheit, Rechtssicherheit und Demokratie ebenso schützenswerte wie zerbrechliche Errungenschaften sind – und dass es in ihrer Hand liegt, diese zu erhalten.

Wolfgang Thierse

Einleitung

Umfragen spiegeln immer wieder, dass Ost und West noch viel zu wenig voneinander wissen und dass das Aufzeigen von Zusammenhängen zwischen staatlichem Monopolismus und Medienlenkung auch für nachwachsende Generationen notwendig ist. Die DDR war von Misstrauen geprägt. In Bezug auf die Medien wurde dieses Misstrauen zur Manie. Die Fernsehnachrichten wurden einerseits von oben überwacht und führten andererseits in einer Doppelrolle nach außen ein explizit kontrolliertes Verhalten vor. So entwickelte sich die *Aktuelle Kamera* zu einer „audiovisuellen Belehrungs-Halbestunde" der Partei mit Grußbotschaften, sozialistischen Brüderküssen und Kamerafahrten durch Spaliere jubelnder Massen. Im Laufe der Jahrzehnte wurde die *Aktuelle Kamera* zu einem täglichen Synonym für die innenpolitischen Verhältnisse. Die Nachrichten im DDR-Fernsehen wurden Teil eines Programms, das sich zunehmend dadurch definierte, dass es die Wirkung der Mauer auf der Bewusstseinsebene vervollkommnete und durch Desinteresse und „Unterhaltsamkeit" jene heile Welt auf den Bildschirm brachte, die es in der Realität nie gab.

Die Untersuchung von Steuerungsmechanismen bei der *Aktuellen Kamera* lässt Rückschlüsse auf autokratische Führungsstrukturen eines Anweisungsapparates zu, eine Mischung aus ideologischer Überzeugung und Repression. Die Geschmeidigkeit der Eingliederung und die willfährige Nutzung einer Fernsehnachrichtensendung ist Zeugnis für das Funktionieren des Repressionssystems. Durch das Zusammentragen der Aussagen von Zeitzeugen über die Anleitungspraxis in der *Aktuellen Kamera* werden Kenntnisse über Teilbereiche der Medienlenkung der DDR ausdifferenziert. Somit gibt dieses Buch aus dieser Perspektive erstmals Einblicke in die internen Strukturen der Fernsehnachrichten-Sendung *Aktuelle Kamera*. Für ein breites Publikum liefert diese Studie detaillierte Zusammenhänge, die symptomatisch für das Fernsehen der DDR als propagandistisches Massenmedium waren.

Für alle Bereiche und Zeitphasen gilt: Die Medienlenkung in der DDR funktionierte nur über die Auswahl geeigneter Personen. Eine gezielte Ausbildung verantwortlicher Journalisten innerhalb der *Aktuellen Kamera* – hier genannt Kader – führte zu Nachwuchskräften, die ein ausgeprägtes Klassen- und Staatsbewusstsein entwickelten, vollständig in der SED organisiert waren und zudem Parteischulen besucht hatten. Die Kader hatten den Kriterien einer politisch-ideologischen Festigkeit nachzukommen, Treue zum Arbeiter- und Bauernstaat zu beweisen sowie eine äußerst stabile Parteiloyalität zu besitzen. Sie waren immer besonders aktive Parteimitglieder, die speziell geschult und für verantwortungsvolle Tätigkeiten herangezogen wurden. Die Kaderpolitik der SED, die eine Heranbildung von Führungs- und Leitungskräften zum Ziel hatte, war ein entscheidendes Element ihrer Herrschaftssicherung. Die Interviews mit Zeitzeugen sollen das beleuchten und eine Reflektion aus heutiger Sicht leisten.

Die Analyse der *Aktuellen Kamera* ordnet sich ein in die mediengeschichtliche DDR-Forschung zur Aufarbeitung einer Parteidiktatur. Eingriffe, Restriktionen, Einschüchterung sowie Belohnung, Karrierewege und Privilegien erwiesen sich als förderlich zur Umsetzung staatlicher Wünsche. Die bereits weit vorgedrungene DDR-Forschung hat allerdings in Bezug auf die Medien nach wie vor Lücken. Der Einfluss des Ministeriums für Staatssicherheit auf das Geflecht aus Kontrolle und Anweisung ist noch nicht genügend ergründet. Die Abschottung der DDR durch das Eingrenzen der eigenen Bevölkerung und die polemische Konfrontation mit dem politischen Gegner über die Medien war Ausdruck einer gezielten Strategie, die schließlich scheiterte.

Die DDR war ein Staat, der von Beginn an versuchte, zentral über Bürokratien die Gesellschaft und damit auch die Medien und ihr Publikum zu lenken. Dabei spielte die führende Partei, die SED, die entscheidende Rolle. Sie sorgte für Anleitungen und übernahm die ausschließliche Kontrolle. 37 Jahre, von 1952 bis Ende November 1989, lieferten die Fernsehstudios Berlin-Adlershof ihre Nachrichten aus der politischen Weltsicht des SED-Politbüros. Eine kleine Gruppierung im Politbüro baute die *Aktuelle Kamera* zum Propagandainstrument aus. Damit soll kein Präjudiz getroffen werden, dass Rundfunk und Fernsehen ausschließlich propagandistischen Zwecken gedient hätten. Ganz im Gegenteil, die Hinterlassenschaften aus Rundfunk- und Programmvermögen weisen ein umfangreiches Angebot der Unterhaltung und kulturellen Vermittlung aus.[1]

In der DDR war jede Form von propagandistischer Steuerung der Einheitspartei SED und den ihr verantwortlichen Staatsorganen und gesellschaftlichen Organisationen vorbehalten. Die Meinungs- und Willensbildung der SED war darauf gerichtet, der als wissenschaftlich annoncierten Weltanschauung des Marxismus-Leninismus und den Legitimationskampagnen für eine Diktatur des Proletariats weltweit neue Kommunikationsräume zu erschließen. In diesem Zusammenhang ging es auch darum, in der Bevölkerung antiwestliche Feindbilder zu verbreiten.[2] Ein Vergleich zum Propaganda-Verständnis in der nationalsozialistischen Diktatur ist zulässig, wenn damit die Uniformierung der Gedanken, eine synchrone Aus-

---

1   Leonhard 1999, S. 170.
2   Kuppe 1983, S. 582f.

richtung der Handlungen sowie eine vollständig kontrollierte Nachrichtenverarbeitung und eine allumfassende Informationslenkung gemeint ist.[3]

Die Fernsehnachrichten der DDR werteten Ereignisse ungleich stärker in ihrem gesellschaftlichen Kontext als westliche Medien. Deshalb kann die *Aktuelle Kamera* nur im Zusammenhang mit der Geschichte der DDR verstanden werden und nicht als unabhängige Sendung, die in einem beliebigen Land hätte ausgestrahlt werden können. Zu fragen ist daher auch, inwieweit der zentrale Begriff „Nachrichtenvermittlung" für die Journalistinnen und Journalisten der DDR angewendet werden kann.

Als Autor teile ich nicht die verkürzende Sicht, dass die DDR zwar ein diktatorisches Regime mit einer unfreien Presse gewesen sei, es aber nicht erforderlich sei, herauszufinden, wie im Einzelnen dieses System gearbeitet habe. Um die Meinungs- und Willensbildung durch die Massenmedien der DDR detailliert aufzuzeigen, müssen nicht nur die strukturellen Anleitungswege erkundet werden, sondern auch die Inhalte und Formen der Vermittlung. Die Fragestellung lautet deshalb: Inwiefern fand überhaupt eine Erfolgskontrolle statt, wie wurde innerhalb des Leitungssystems kontrolliert, erreichten die Nachrichten diejenigen, für die sie bestimmt waren, die Bevölkerung? Die Mechanismen der Lenkung gingen über viele Entscheidungsinstanzen und sind im Einzelfall schwer nachzuvollziehen. Die Staats- und Parteiführung stellte die äußeren Koordinaten und überwachte die Bewegungen innerhalb dieser Koordinaten. Welche Organisationsstrukturen ermöglichten die spezifische Form der Lenkung? Welche Umstände begünstigten die Durchsetzung medienpolitischer Erwartungen? Das Hauptaugenmerk dieses Buches gilt daher der Aufschlüsselung des Beziehungsgeflechts innerhalb der Entscheidungsebenen.

Knüpften zunächst beide Teile Deutschlands an das Reichspressegesetz vom 7. Mai 1874 und damit an Schutzvorschriften zugunsten der Pressefreiheit an, entwickelte sich die Sowjetische Besatzungszone schnell anders. Der im Grundgesetz abgesicherten Pressefreiheit stand hier die ausdrückliche Verpflichtung des Journalismus gegenüber, „schärfste Waffe der Partei" zu sein und sich ganz in den Dienst von Propaganda und Agitation zu stellen.[4] Hiermit in Zusammenhang steht ein unterschiedlicher Sprachgebrauch in Ost und West, dem bei einer Analyse Rechnung getragen werden muss. In der Bundesrepublik Deutschland wurde unter dem Journalismus-Begriff in der Regel etwas anderes verstanden. Im Westen Deutschlands galt und gilt der Journalismus als Gegengewicht zur politischen Macht, als Kontrollinstanz, als „Vierte Gewalt" im traditionellen System der Gewaltenteilung. Aufgabe des Journalismus war und ist es, die Realität systemkritisch zu hinterfragen. Dabei darf nicht verkannt werden, dass es in Hinblick auf die Einflussmöglichkeit von Parteien oder Funktionsträgern auch in der Bundesrepublik durchaus Entwicklungen gab und gibt, die nicht mit den

---

3   Vgl. Sösemann 2000. Zur allgemeinen Problematik der Presse in der nationalsozialistischen Diktatur siehe auch Sösemann 1985a sowie Sösemann 1985b.
4   Vgl. Sösemann 1988, S. 38.

Prinzipien einer unabhängigen Presse zu vereinbaren sind. Die Absprachen bei der Neubesetzung des Intendantenpostens im Sender RIAS vom April 1989 sind ein Beispiel hierfür.[5] Im Vergleich zu den rigiden Mechanismen der Unterdrückung in der DDR sind sie aber von nur marginaler Bedeutung.

Wegen der unterschiedlichen politischen Konstellation in Ost und West ist es jedoch problematisch, den Maßstab westdeutscher Konvenienz anzulegen. Als Grundlage zur Ausdifferenzierung eines Journalismusbegriffs bieten sich die Kriterien an, die der Deutsche Presserat in der Bundesrepublik als Pressekodex entwickelt hat.[6] Durch sie erhält der Journalist von der Verfassung den Status eines Treuhänders für den Bürger, nicht für die Politik oder den Politiker. Seine Arbeit verpflichtet ihn dazu, sorgfältig zu arbeiten, die Menschenwürde zu achten und Sachverhalte oder Vorgänge öffentlich zu machen, „deren Kenntnis für die Gesellschaft von allgemeiner, politischer, wirtschaftlicher oder kultureller Bedeutung" sind.[7] Die in der Gesellschaft wirkenden Kräfte sollen zu erkennen sein, so der Hintergrund dieses Konstrukts, damit jeder Bürger am Prozess der politischen Meinungs- und Willensbildung teilhaben könne. Es liegt auf der Hand, dass ein solches berufliches Leitbild praktisch unvereinbar war mit den Vorstellungen eines sozialistischen Journalismus, dessen Wesen gerade durch sein Bekenntnis zur Parteilichkeit bestimmt ist. Vergleiche zwischen dem Journalismus östlicher und westlicher Prägung werden deshalb immer umstritten sein.

Das DDR-Fernsehen und explizit die *Aktuelle Kamera* verharrten in der optischen und inhaltlichen Argumentationsweise des real existierenden Sozialismus. Umso stärker muss dem veränderten Verhalten der Medien in der Umbruchsphase 1989 Beachtung zukommen. Helmut Hanke hat in seinem viel zitierten Aufsatz 1990 die These vertreten, dass wir „Zeugen und Teilnehmer der ersten Fernsehrevolution der Welt" geworden seien.[8] Er begründete dies mit der Präsenz und dem Einfluss des Westfernsehens auf die revolutionären Geschehnisse in der DDR, die vor allem deshalb so erfolgreich waren, weil das staatseigene Fernsehprogramm vor dem Neuansatz versagte. Auch das DDR-Fernsehen wurde von den Ereignissen überrollt.

Nach neuesten Recherchen im Deutschen Rundfunkarchiv Babelsberg (DRA) stammen die frühesten überlieferten Mitschnitte der *Aktuellen Kamera* aus dem Jahre 1955. Ein Einzelbeitrag vom 6. April 1955 ist dort archiviert. Da das Sendematerial nach der Ausstrahlung jeweils nach Themen getrennt auseinandergenommen wurde, existieren nur wenige komplette Mitschnitte aus den fünfziger und sechziger Jahren. Aus den so genannten Ostaufzeichnungen ist ein erster kompletter Sendemitschnitt der *Aktuellen Kamera* vom 16. Dezember 1961 überliefert. Detaillierte Sendeabläufe (Korrigierte Sendepläne) sowie Manuskripte

---

5   Vgl. *Der Spiegel*, 2000, Nr. 14 vom 3.4.2000, S. 26f.

6   Die Publizistischen Grundsätze (Pressekodex) hat der Deutsche Presserat in Zusammenarbeit mit den Presseverbänden beschlossen. Sie werden stets aktualisiert und durch Richtlinien ergänzt. Die Fassung von 1997 Vgl. Schneider/Raue 1998, S. 246ff.

7   Beschluss vom DJV-Verbandstag 1996 in Kassel. Vgl. Deutscher Journalisten-Verband 1996, S. 4.

8   Vgl. Hanke 1992.

liegen im DRA nur unvollständig vor. Zu den Schwierigkeiten, die Entwicklung der *Aktuellen Kamera* vollständig zu rekonstruieren, zählt ebenso, dass die Mitschnitte selbst nur bedingt Aufschlüsse darüber geben, unter welchen Umständen die jeweilige Sendungen zustande kamen und welche jeweilige politische Entscheidung die redaktionelle Arbeit beeinflusste.

Das Institut für Gesamtdeutsche Fragen in der Bundesrepublik beauftragte eigene Aufzeichnungen, die inzwischen zusammen mit Aufzeichnungen aus anderen Archiven den Bestand des Deutschen Rundfunkarchivs ergänzen. Der Austausch von Beständen des DRA beispielsweise mit dem Norddeutschen Rundfunk (NDR) ermöglichte es, dort vorhandene Lücken vom Ende der sechziger und Anfang der siebziger Jahre zu schließen. Ebenso konnten über die Kooperation mit dem Bundesarchiv und der Bundeszentrale für politische Bildung Lücken des Archivs des Ostfernsehens geschlossen werden.[9]

Die diversifizierte Quellenlage ergibt erst dann ein Gesamtbild, wenn die Mosaiksteinchen wie ein Puzzlespiel zusammengesetzt sind. Besonders die Geschäftsunterlagen, Korrespondenzen und Beschlüsse der Staatlichen Komitees für Rundfunk und Fernsehen – somit der jeweiligen Leitungsgremien – verweisen auf die Entscheidungsmechanismen, Strukturen und Verflechtungen mit Partei und Staat. Die Quellen geben darüber hinaus Auskunft über deutsch-deutsche Medienbeziehungen, wie beispielsweise beim herzlichen Dankesgruß des Komiteevorsitzenden 1987 an die ARD für die Zusammenarbeit bei der Berichterstattung über den Honecker-Besuch in der Bundesrepublik Deutschland.[10] Zuweilen dokumentieren Quellen in persönlichen Schreiben sogar einen „mittleren Mut" von Redakteuren, in denen sie sich für gemaßregelte Kollegen einsetzen oder auf die Fragwürdigkeit von Programmentscheidungen hinweisen.

Zur Ausstrahlung eines Programms war ein umfangreicher Apparat notwendig sowie die Verfügung über finanzielle Ressourcen. Beides stellte die SED-Führung vor große Probleme. Das gilt wegen der unmittelbaren politischen Konsequenzen in besonderer Weise für die *Aktuelle Kamera*. Andererseits darf die *Aktuelle Kamera* nicht herausgelöst werden aus dem Verbund mit den anderen Medien in der DDR. Sie standen in wechselseitiger Abhängigkeit. Bei der Analyse der *Aktuellen Kamera* muss auch immer auf die Erzeugnisse anderer Medien Bezug genommen werden. Dem Betrachter stellen sich folgende Fragen: Welche Stellung innerhalb der Öffentlichkeit hatte die *Aktuelle Kamera*? Inwieweit verfügte sie über ein Monopol in Abhängigkeit von der Erreichbarkeit in einem bestimmten Sendegebiet? Musste sie sich gegenüber einer Konkurrenz behaupten?[11]

Das Zustandekommen einer Nachricht unterliegt subjektiven Auswahlkriterien. Die Kriterien der Nachrichtenfindung sind vielfach untersucht worden. Pierre Bourdieu hat festgestellt, in welchem Ausmaß sich die Steuerungs- und Beeinflus-

---

9   Vgl. Paulukat/Breitenborn 2007.
10   Vgl. Pietrzynski 1994, S. 32.
11   Siehe hierzu auch das Phänomen der „zirkulierenden Zirkulation" einer Nachricht, um die wechselseitige Beeinflussung der Medien zu illustrieren. Vgl. Bourdieu 1998, S. 30.

sungsfaktoren der Medien wechselseitig bedingen. Wenn eine bestimmte Nachricht in einem wichtigen Medium erscheint, so ist sie fast immer auch in den anderen Medien zu finden. Journalisten bezögen sich stets auf andere Journalisten.[12] Die Forschung hat jedoch für den Nachrichtenbereich durchaus einige Kriterien ermittelt, nach denen ein Ereignis den Status einer fernsehwürdigen Nachricht erlangt.[13] Ein Filter formt aus der Realität eine Informationseinheit. Dazu werden Relevanz, Aktualität, optische Qualität, Drama, Bekanntheitsgrad bei Persönlichkeiten gerechnet. Das von der Filmkamera Aufgezeichnete hat einen Gestaltungsprozess durchlaufen: Die Montage der Bildsequenzen, Text und Musik führen letztendlich zu unterschiedlichen Bedeutungselementen. Länge des Beitrages, Stellung innerhalb der Sendung, Sendeplatz und Reichweite sind darüber hinaus divergierende Elemente, die zu veränderten Rezeptionserfahrungen der Zuschauer beitragen.

Vorliegende Untersuchung[14] stützt sich nicht nur auf schriftlich fixierte Quellen, sondern auch auf die Befragung ehemaliger Mitarbeiter auf der Ebene der Chefredakteure, Redakteure und SED-Funktionsträger im Fernsehen. Angesprochen wurden besonders die Chefredakteure, weil sie in der Hierarchie des DDR-Fernsehens dem Mittelbau angehörten und mit den politischen Anforderungen der Abteilung Agitation beim ZK der SED direkt konfrontiert wurden. Chefredakteure hatten in der Regel Einblicke in die Entscheidungsmechanismen und waren zugleich eingebunden in das journalistische Tagesgeschäft. Sie hatten Kontakt zur politischen Leitung und Berührung mit dem Produkt.

In Frage kamen insgesamt sieben Chefredakteure, von denen schließlich fünf interviewt wurden.[15] Sie waren im Allgemeinen auskunftsfreudig und zeigten sich ausgesprochen kooperativ. Bei den ersten Chefredakteuren aus den fünfziger und sechziger Jahren wird zeithistorisch der Wille der Rückkehrer aus der sowjetischen Emigration sichtbar, eine andere Art von Journalismus aufzubauen, als es ihn vor dem Zweiten Weltkrieg in Westeuropa gegeben hat. Der politische Hintergrund mit seinen Zwängen für die Mitarbeiter bleibt für sie stets präsent. Zwei weitere leitende SED-Funktionsträger allerdings, die ehemals Schlüsselpositionen innehatten und deren Auskünfte sehr aufschlussreich gewesen wären, waren zur Mitarbeit nicht bereit: Heinz Geggel, langjähriger Abteilungsleiter für Agitation im ZK der SED (inzwischen verstorben) und Heinz Adameck, von 1954 bis 1989 Intendant des DDR-Fernsehens.

---

12 Ebd., S. 30.
13 Vgl. Schütte 1994; Mast 1998.
14 Teile der Untersuchung wurden in der Schriftenreihe des Deutschen Rundfunkarchivs, Bd. 38 bereits veröffentlicht und für die vorliegende Publikation überarbeitet. Vgl. Bösenberg 2004.
15 Hubert Kröning verstarb zwischenzeitlich und Manfred Pohl war zu einem Zeitpunkt in einer Leitungsfunktion, als die *Aktuelle Kamera* nicht mehr unter Parteidiktat stand. Seine Aussage wäre deshalb nur von nachgeordnetem Interesse gewesen. Er wurde im Juli 1990 zum Chefredakteur der *Aktuellen Kamera* ernannt und wechselte 1991 als Hauptabteilungsleiter zu *Aktuell* ins Ressort Politik und Zeitgeschehen.

Weichenstellung im Osten

Die Weichen für die Entwicklung der Medien in der späteren DDR wurden vor dem Ende des Zweiten Weltkriegs in der Sowjetunion gestellt. Die alliierten Mächte, USA, UdSSR und Großbritannien, gingen von einer militärischen Niederlage Deutschlands aus und hatten Pläne für seine Besatzung. Stalins Konzept sah vor, auf alle mitteleuropäischen Staaten entscheidenden Einfluss zu gewinnen. In diesem Zusammenhang erhielten führende Funktionäre der Kommunistischen Partei Deutschlands (KPD), die in die Sowjetunion emigriert waren, den Auftrag, theoretisch und praktisch mit den Vorbereitungen des Neuaufbaus von Deutschland nach dem Sieg der Alliierten zu beginnen. Diese Planungen entstanden zur Zeit der Teheraner Verhandlungen der drei Alliierten vom 28. November bis zum 1. Dezember 1943. Die Vereinbarungen enthielten nur begrenzte Aussagen zur künftigen Deutschlandpolitik.[1] Von einer Teilung Deutschlands wurde zu diesem Zeitpunkt nicht ausgegangen. Die Weisungen der KPdSU an die in Moskau lebenden KPD-Funktionäre bezogen sich folgerichtig entsprechend dem Verhandlungsstand zwischen den Alliierten auf Deutschland als Ganzes.

Zu der Kontaktgruppe auf der Seite der KPD gehörten Wilhelm Pieck, Wilhelm Florin, Anton Ackermann und Walter Ulbricht.[2] Die ersten Gespräche mit der Moskauer Kontaktgruppe führte Georgi Dimitroff,[3] der frühere Generalsekretär der Kommunistischen Internationalen (Komintern), der im Auftrag der sowjetischen Führung verantwortlich für die Verbindungen zu den Führern kommunistischer Parteien in europäischen Ländern war. Der Druck auf die Exil-Kommunisten durch die KPdSU war von klaren Zielen geprägt und ließ unter Stalin kein Abweichen zu. Nach den Recherchen von Peter Erler befanden sich 1944 in der Sowjetunion 468 deutsche Emigranten, Wilhelm Pieck sprach im August

---

1   Vgl. Ministerium für Auswärtige Angelegenheiten der UdSSR 1986, S. 144 f.
2   Erler/Laude/Wilke 1994, S. 24.
3   Handschriftliche Aufzeichnungen Wilhelm Florins. SAPMO BArch, NY 4009/15.

1944 von 600.[4] Die Zahlen über die deutsche Emigration in die Sowjetunion nach Etablierung der nationalsozialistischen Diktatur sind ungenau.[5]

Die KPD-Funktionäre strebten ein unmittelbares Zusammenwirken mit der sowjetischen Besatzungsmacht in Deutschland an und fassten im Februar 1944 einen förmlichen Beschluss über Bildung, Zusammensetzung und Arbeitsweise einer zwanzigköpfigen Kommission. Bei ihnen handelte es sich um Kader, die aus den stalinistischen Kommunistenverfolgungen der dreißiger Jahre in der Sowjetunion als linientreu und diszipliniert hervorgegangen waren. Der Kulturfunktionär und Journalist Ackermann zum Beispiel avancierte nach dem Krieg zum „Chefideologen" (1945 bis 1949) der KPD und späteren SED.[6] Aus einer Einschätzung der Abteilung Außenpolitik des ZK der KPdSU vom Dezember 1946 geht hervor, dass Ackermann als einer der „am besten marxistisch ausgebildeten Führer der Partei" galt.[7]

Zu den geistigen Köpfen der Exil-Kommunisten zählte vor allem Wilhelm Florin, der bis kurz vor seinem Tod im Juli 1944 Vorsitzender der „Internationalen Kontrollkommission" (IKK) war, die nach dem Statut für die Bekämpfung von „Abweichlern" und „Parteifeinden" der kommunistischen Parteien zuständig war. Deutschland hatte nach Florins Vorstellungen ein Sowjetstaat zu werden.[8] In Anlehnung an Lenin sei beim Übergang vom Kapitalismus zum Sozialismus und schließlich zum Kommunismus die Unterdrückung von Minderheiten notwendig.[9] Die zugrunde liegende Fixierung auf die Staatsmacht entsprach dem stalinistisch-bolschewistischen Selbstverständnis der KPD-Funktionäre, die den Staat als eine Maschine in den Händen der herrschenden Klasse zur Unterdrückung des Widerstandes ihrer Klassengegner begriffen.

Erreicht werden sollte ein sozialistischer Staat, gestützt auf die Macht der Sowjetunion. Nur weil die anderen Alliierten für Deutschland eine Demokratie nach westlich-pluralistischem Vorbild der Gewaltenteilung planten und die Exil-Kommunisten nichts unternehmen wollten, was einen Bruch des Bündnisses der drei Großmächte herbeiführen konnte, sprach sich Florin für eine erneuerte parlamentarische Republik aus.[10]

Nach der Konferenz der Alliierten von Jalta vom 4. Februar bis zum 11. Februar 1945 beauftragte die Sowjetunion die KPD-Funktionäre in Moskau, eine „führende Rolle" im von ihr erlaubten Parteiensystem der sowjetischen Besatzungszone zu übernehmen. Von da ab wurden die Pläne, Strukturen und Statute für ein zukünftiges Deutschland nach der militärischen Niederlage konkretisiert. Der Weg aus dem sowjetischen Exil zurück nach Deutschland war allerdings in den

---

4   Vgl. Erler 1994.
5   Bergschicker 1985, S. 533; sowie SAPMO BArch, NY 4090 Nr. 52
6   Herbst/Stephan/Winkler 1997, S. 248.
7   Erler/Laude/Wilke 1994, S. 403.
8   Wilhelm Florin: „Was würde sein, wenn Deutschland ein Sowjetstaat würde?" Maschinenschriftliche Ausarbeitung von Wilhelm Florin, 1944. SAPMO BArch, NY 4009/14.
9   Lenin 1972, S. 477.
10   Wilke 1994, S. 9.

Wochen und Monaten nach dem 8. Mai 1945 in den Nachkriegswirren und im Durcheinander unter der Vorherrschaft der Roten Armee besonders umständlich. Dennoch gelang es den Heimkehrern aus der Sowjetunion, ihre Verbindungen zur KPdSU vorteilhaft zu nutzen. Zunächst bemühten sich die „Sowjetunion-Kader" um den Anschein einer demokratisch legitimierten Verfahrensweise beim Umgang mit Partnern aus anderen politischen Lagern. Die Kommunisten beharrten jedoch auf bestimmten Schlüsselpositionen in der Verwaltung. Sie behielten sich vor allem die Leitung beim Aufbau der Polizei und der Rekonstruktion der Volksbildung vor. Verbindungen zwischen Kommunisten und Sozialdemokraten ergaben sich allenfalls in der kommunalen Verwaltung.[11] In der Tradition Lenins und Stalins betrachtete die KPD die Politik mit den bürgerlichen Parteien allerdings als Bündnispolitik, in der sie die „führende" Rolle beanspruchte.[12]

Im Juni standen sich mit KPD, SPD, CDU und LDP vier formal gleichberechtigte Parteien gegenüber, die programmatisch, organisatorisch und personell die Traditionslinie des deutschen Parteiensystems der Weimarer Republik fortführten. Die vier zugelassenen Parteien durften nur unter Kontrolle der Sowjetischen Militäradministration (SMAD) tätig sein und mussten entsprechend den von ihr gegebenen Instruktionen arbeiten. Die für die westlichen Alliierten überraschende Wiederbelebung einer politischen Parteiendemokratie war ein Teil der gesamtdeutschen Strategie der Sowjetunion, die von der ehemaligen Reichshauptstadt Berlin aus prägenden Einfluss auf die Entstehung eines zentralen deutschen Parteiensystems nehmen wollte.[13] In der Sowjetischen Besatzungszone wurde versucht, eine Art Mittelweg zwischen einer sozialistischen und der westlichen Demokratie durchzusetzen. Anfängliche demokratische Formen erodierten allerdings schnell und führten zu einer immer „stärkeren Einengung dieser Bewegungsfreiheit" und zu einer „fortschreitenden Substanzentleerung".[14] Mit dem Einstimmigkeitsprinzip war eine Koalition ohne oder gegen die KPD nicht möglich.

Noch vor der Verschmelzung von KPD und SPD zur SED am 21. und 22. April 1946 wurden von der KPD die Organisationsstrukturen für den Gesamtaufbau des Teilstaates bestimmt. Dies wurde möglich, weil die Sowjetunion mit ihrer militärischen Macht die ersten Ansätze einer antifaschistischen Demokratie „vor dem Zugriff der inneren und äußeren Feinde" schützte, so der DDR-Pressehistoriker Manfred Hempel.[15] Unmittelbar nach der Zwangsvereinigung der SPD mit der KPD trat der neu gewählte SED-Parteivorstand zusammen, um die Arbeitsbereiche des 14 Mitglieder umfassenden Zentralsekretariats zu bestimmen. Ernannt wurden die Abteilungsleiter für Landwirtschaft, Justiz, Kultur und ebenso für die „Abteilung Presse, Rundfunk und Information".[16] Eine noch im Juni eingesetzte Kommission

---

11   Malycha 2000, S. 53.
12   Vgl. Sattler 1998.
13   Vgl. Benz 1994.
14   Darauf wies bereits in den fünfziger Jahren das Berliner Institut für politische Wissenschaft unter Ernst Richert und Carola Stern hin. Vgl. Richert 1958, Baerns 1988.
15   Hempel 1975, S. 44.
16   SAPMO BArch, DY 30/IV 2/2.1/1.

sollte prüfen, in welchem Umfang der Rundfunk für die „Wahlpropaganda" der Partei eingesetzt werden könne. Außerdem sollten die Methoden der „Propaganda im Rundfunk" festgelegt und „enge Verbindungen zur Zensur" hergestellt werden.[17] Diese Zielsetzungen belegen die rasche Einbindung des Rundfunks als Propaganda-Instrument.

In den Überlegungen der Moskauer KPD-Führung und der KPdSU-Entscheidungsträger zur Neugestaltung Deutschlands spielten die Massenmedien eine zentrale Rolle. Ihre Aufgabe sollte vor allem die Verbreitung und Erläuterung der politischen, philosophischen und ökonomischen Lehren der marxistisch-leninistischen Ideologie sein. Schon Lenin hatte die Zeitungen zur „systematischen Durchführung einer prinzipienfesten und allseitigen Propaganda und Agitation" aufgefordert.[18] Ihre Rolle sollte sich allerdings nicht allein auf die Verbreitung von Ideen beschränken, sondern auch auf die politische Erziehung und die „Gewinnung politischer Bundesgenossen".[19]

Vorplanungen für eine konkrete Einbindung der Presse in die politischen Strategien gehen bis in die Zeit des sowjetischen Exils zurück. In dem im Oktober 1944 verabschiedeten Aktionsprogramm der deutschen Kommunisten in der UdSSR „zur Schaffung eines Blocks der kämpferischen Demokratie" wurde auch die Rolle der zukünftigen deutschen Presse definiert. Sie sollte Teil des Erziehungs- und Bildungswesens werden, zur Säuberung Deutschlands vom vorgeblich „imperialistischen Unrat". Zwar maß die KPD-Führung sowohl der Presse als auch dem Rundfunk große Bedeutung für ihre zukünftige politisch-ideologische Arbeit bei, beließ es aber im Aktionsprogramm bei vagen Formulierungen zur Pressearbeit. Erst Anfang 1945 lagen detaillierte Pläne für den Einsatz der Massenmedien vor.[20]

Im Osten Deutschlands steuerte die sowjetische Besatzungsmacht bereits vor dem Potsdamer Abkommen auf eine medienpolitisch abweichende Entwicklung hin. Von Beginn an wurden Presseerzeugnisse immer als Medium der Ideologievermittlung und als Instrument der politischen Führung verstanden und befanden sich stets unter der vollständigen Kontrolle der Staatsmacht. Schon am 13. Mai 1945 begann in Berlin die Nachkriegsgeschichte des Rundfunks. Die ersten kommunistischen Heimkehrer erlangten schnell führende Positionen in den neu zu gründenden Institutionen, bereiteten die ideologische Umerziehung vor und bestimmten die inhaltliche Ausrichtung des Programms. Die dafür notwendigen Leitlinien entsprachen den ideologischen Zielen, die das KPD-Zentralkomitee im Moskauer Exil verabschiedet hatte.[21] Erste praktische Schritte unternahm die „Gruppe Ulbricht", die als Abordnung der KPD noch vor Kriegsende nach Deutschland kam. Ihr gehörten Funktionäre an wie der Jugendfunktionär Hans Mahle,[22] der die ersten Sendungen des Berliner Rundfunks entsprechend den in

---

17 Protokoll Nr. 16/46 der Sitzung des Zentralsekretariats, 24.6.1946, SAPMO BArch, DY 30 IV 2/2.1/16.
18 Lenin 1974, S. 210.
19 Ebd., S. 212.
20 Strunk 1996, S. 15.
21 Ebd., S. 137.
22 Kurzbiographie, vgl. Spielhagen 1993, S. 236.

der Sowjetunion erarbeiteten Vorgaben vorbereitete und durchführte. Hans Mahle, Jahrgang 1911, war von 1943 bis 1945 stellvertretender Chefredakteur beim Sender des Nationalkomitees „Freies Deutschland", wurde 1945 erster Intendant des Berliner Rundfunks und 1946 Generalintendant des Deutschen Demokratischen Rundfunks. Wegen unerlaubter „Westkontakte" enthob man ihn 1951 seiner Ämter. Erst 1959 rehabilitierte ihn das Politbüro der SED und beauftragte ihn mit dem Aufbau der Zeitung *Wahrheit* in West-Berlin, deren langjähriger Chefredakteur er anschließend wurde.

Am 13. und 14. Mai 1945 wurde vom Übertragungswagen Berlin-Tegel aus gesendet, ab dem 15. Mai bereits aus dem Funkhaus in der Masurenallee, in Berlin Charlottenburg. Mit einem täglichen 19-Stunden-Programm nahm der Berliner Rundfunk am 20. Mai seinen vollen Betrieb auf.[23]

Wegen des Durcheinanders der Nachkriegszeit gibt es keine einheitlichen Darstellungen über die Genehmigungs- und Zensurfrage erster Hörfunksendungen im Jahr 1945. Nach Angaben von Wolfgang Leonhard hätten die Gründer des Berliner Rundfunks ihre Sendungen ohne Erlaubnis des sowjetischen Stadtkommandanten von Berlin begonnen.[24] Einer DDR-Publikation zufolge wurde die Erlaubnis zur Aufnahme von Rundfunksendungen von General Bersarin allerdings schon am 10. Mai 1945 erteilt.[25] Nach einer Untersuchung von Peter Strunk wiederum blieb der Berliner Rundfunk zwei Wochen lang unbeaufsichtigt. Erst Anfang Juni 1945 habe die sowjetische Besatzungsmacht Verbindungs- und Kontrolloffiziere in das Funkhaus an der Masurenallee entsandt.[26] Ende Juli beteiligte die SMAD die Hauptabteilung für kulturelle Aufklärung der Deutschen Zentral-verwaltung für Volksbildung (DZVfV) an der Verantwortlichkeit für den Rund-funk. Damit wurde schon im Jahr 1945 eine Teilverantwortung in die Hände deutscher kommunistischer Funktionäre gelegt. Die DZVfV hatte als eine der führenden Einrichtungen in der SBZ Befugnisse nicht nur in der Volksbildung, sondern auch gegenüber der Presse. Alle führenden Funktionen in der DZVfV waren bereits mit Funktionären der KPD oder mit Personen, die der KPD nahestanden, besetzt. Der Rundfunk war doppelt unterstellt, der SMAD und der DZVfV. In der Öffentlichkeit entstand allerdings der Eindruck der Selbstverwaltung, da nicht immer erkennbar war, dass in führenden Positionen bereits Kommunisten saßen.[27]

Unstritig ist, dass es keine Chance für einen Rundfunk gab, der von den sowjetischen Besatzern unbehelligt blieb.[28] Auf einem Workshop im Dezember 1991 betonte der Medienwissenschaftler Wolfgang Mühl-Benninghaus, dass es niemals eine Chance für einen, wie er es nannte, „volksdemokratischen Rundfunk" gegeben habe. So wären beispielsweise schon im Juni 1945 die Frequenzen für den späteren

23 Hans-Bredow-Institut 2000, S. 240; vgl. auch Deutsches Rundfunkarchiv 1995.
24 Leonhard 1982, S. 330.
25 Keiderling/Stulz 1970, S. 58.
26 Strunk 1996, S. 138.
27 Mühl-Benninghaus 1999, S. 799.
28 1. Workshop, 17.12.1991, Rundfunkneubeginn 1945. In: Riedel 1994, S. 26. Vgl. auch Mosgraber 1993, S. 69.

Mitteldeutschen Rundfunk an die KPD vergeben worden. Damit sei ein Präjudiz geschaffen worden, dass nur eine Partei über die Frequenzen verfügen konnte.

Eine Ausnahme stellte der Probebetrieb des Senders Sachsen in den Juni-Tagen 1945 dar, der mit Zustimmung der Dresdner Stadtverwaltung zur technischen Instandsetzung eines ehemaligen Wehrmachtsenders diente. Für fünf Tage entging der Sender Sachsen der noch nicht allumfassenden Kontrolle der SMAD. Der Probebetrieb lief ohne die ausdrückliche Genehmigung der Sowjetischen Militäradministration Sachsen und wurde als illegale Versuchssendung am 7. Juni 1945 wieder unterbrochen.

Nur die SMAD konnte Sendegenehmigungen in der SBZ vergeben, sie war das zentrale Steuerungsinstrument. Am 15. September 1945 ordnete sie die Inbetriebnahme des Mitteldeutschen Rundfunks in Leipzig an, am 27. September 1945 wurden durch den Befehl Nr. 78 weitere Landessender für die Länder und Provinzen der SBZ zugelassen. Bis Ende 1946 nahmen insgesamt vier Sender ihren Betrieb auf, die alle zwar formell den Volksbildungsabteilungen der Länder- beziehungsweise Provinzialverwaltungen unterstanden, jedoch von den sowjetischen Kontrolloffizieren überwacht wurden.[29]

In Berlin bildeten zwanzig Kontrolloffiziere die SMAD-Rundfunkabteilung. Sie überwachten den laufenden Sendebetrieb und trafen die letzten Entscheidungen über die Freigabe von Sendemanuskripten. In die aktuelle Programmgestaltung konnten sie jederzeit eingreifen. Grundlage war der Befehl Nr. 29 der SMAD vom 18. August 1945 „Über die Tätigkeit der Sektion Propaganda und Zensur der Politischen Abteilung der Sowjetischen Militäradministration in Deutschland". Dieser Befehl war bis 1949 die Richtlinie der Medienpolitik in der SBZ. Formal musste „jedes Manuskript (...) nicht weniger als acht Unterschriften aufweisen".[30] Angefangen von der Redaktion über die Chefredakteure und die sowjetischen Abteilungslektoren gingen die Manuskripte zur Intendanz, wo zwei weitere Unterschriften erfolgten, bis zur Sendeleitung und schließlich zum sowjetischen Zensor.

Anders als die Amerikaner und Briten, die schon 1945 beziehungsweise Anfang 1946 auf eine Vorzensur verzichteten, behielten die Sowjets wie auch die Franzosen dieses Instrument der Pressekontrolle bis zum Herbst 1946 bei. Mit Wirkung vom 24. November 1946 wurde die Vorzensur dann auch in der SBZ abgeschafft und durch eine „nachträgliche Kontrolle" ersetzt. Diese Art der Nachkontrolle wird in den „Richtlinien für die Lizenzinhaber der deutschen periodischen Presse" belegt. Die angekündigte Aufhebung der Vorzensur war praktisch wieder zurückgenommen worden. Fortan war es verboten, „irgendwelche Nachrichten, Meldungen und Artikel" zu verbreiten, die Unruhen, Widerstand oder eine „Bedrohung

---

29 Strunk 1996, S.143.
30 Vgl. Jung 1955.

der Besatzungsmächte" hervorrufen könnten.[31] Die sowjetischen Presseoffiziere befürchteten, die Kontrolle zu verlieren, und suchten die Lösung in einem anhaltend festen Zugriff auf die Presse in der SBZ/DDR.

Die Strategie, Politik und Machteinfluss über Personen durchzusetzen, verfolgten die KPD-Funktionäre seit ihrer Rückkehr aus dem Moskauer Exil. Sie schufen innerparteiliche Strukturen im Rahmen der von den Sowjets überlassenen Spielräume.

Am 15. August desselben Jahres wurde eine Generalintendanz der Rundfunksender gebildet.[32] Dies war eine Umbildung des bisherigen Rundfunkreferats der DZVfV in die Generalintendanz. Mit der Berufung Hans Mahles zum ersten Generalintendanten wurde der Rundfunk gleichsam in die Führungsspitze der SED integriert. Walter Ulbricht hatte Mahle bereits Mitte April 1945 beauftragt, sich auf seine Rundfunktätigkeit vorzubereiten.[33] Im August wurde Mahle Generalintendant aller Rundfunksender der Sowjetischen Besatzungszone und engagierte sich schon in dieser Zeit für den Aufbau eines Fernsehzentrums im Ostteil Berlins. Anfang 1947 wurde die Leitungsposition des Generalintendanten im Rundfunk im Zentralsekretariat der SED verankert.[34]

Die zügige Rekrutierung ideologisch verlässlicher Funktionäre und ihre Installierung an strategisch zentralen Positionen in der SBZ erfolgte systematisch und mit erheblichem Nachdruck. Die personelle Besetzung der Abteilung „Werbung-Presse-Rundfunk" des ZKs wurde Wilhelm Pieck übertragen. Das zeigt bereits zu diesem frühen Zeitpunkt das hervorgehobene Interesse an der Presse im Gesamtgefüge der politischen Führung.

Gemäß dem sowjetischen Vorbild trat Anfang 1949 an die Stelle des Zentralsekretariats das Politbüro, das für den Rundfunk die richtungweisende Rolle beanspruchte. Fragen des ZKs zur Rundfunkentwicklung, Pläne zu Organisations- und Personalangelegenheiten sowie Terminfestlegungen für den Beginn oder die Einstellung bestimmter Programme belegen erste Zugriffe des Politbüros.[35] Parallel zum zentralistischen Ausbau der Verwaltungsstruktur bei der Staatsgründung der DDR im Oktober 1949 wurde der Rundfunk weiter unter Kontrolle gehalten. Die sowjetische Siegermacht hatte sich allerdings das Recht zur Erteilung von Presselizenzen und das Recht zur Ausübung der Nachzensur über die Gründung der DDR hinaus vorbehalten. Am 27. Februar 1950 teilte Armeegeneral Tschuikow DDR-Ministerpräsident Otto Grotewohl mit, dass die Lizenzierung von

---

31 Richtlinien für die Lizenzinhaber der deutschen periodischen Presse, unterzeichnet vom Chef der Propagandaleitung der Sowjetischen Militäradministration in Deutschland, W. Sdarow, 25.11.1946. BArch Koblenz Nachlass Jakob Kaiser, 85, I/72.

32 Raue 1986, S. 254.

33 Hierzu gibt es unterschiedliche Darstellungen. Mühl-Benninghaus zitiert aus einem Schreiben Ulbrichts, vgl. Mühl-Benninghaus 1999, S. 797. Nach Riedel wurde Hans Mahle erst am 12.5.1945 mit der Rundfunkarbeit beauftragt, vgl. Riedel 1994.

34 Protokoll Nr. 65 der Sitzung des Zentralsekretariats vom 11.1.1947. SAPMO BArch DY 30/IV 2/2.1/58, Blatt 1. Zitat: „Mahle wird für die Aufgaben des Generalintendanten des Rundfunks der Zentralverwaltung für Volksbildung wieder zur Verfügung gestellt."

35 Diller 1995, S. 1225.

Druckerzeugnissen auf das „Amt für Information" übertragen werde.[36] Der Generalintendanz des Rundfunks wurde mit diesem Amt (im September 1949 gegründet als Hauptverwaltung für Information) neben der SMAD ein zweites zentrales Weisungsorgan vorgesetzt. Es war ausgerüstet mit allen Kontroll- und Richtlinienkompetenzen, die vorher die SMAD innehatte. Der Rundfunk war zum Staatsrundfunk geworden – vorerst noch unter sowjetischer Aufsicht.[37]

Völlig reibungslos war die Gleichschaltung der Presse nicht verlaufen. In den Westzonen knüpfte man an ein bestimmtes Demokratieverständnis aus der Weimarer Zeit an, das mit den gesellschaftspolitischen Zielen der Amerikaner, Engländer und Franzosen harmonierte. Die Entwicklung in der sowjetischen Besatzungszone dagegen verlief gegensätzlich. Allerdings löste die Umgestaltung von Wirtschaft, Politik und Rechtsordnung durch die KPD in den Jahren nach dem Zweiten Weltkrieg in den journalistischen Fachverbänden der SBZ/DDR auch kontroverse Diskussionen aus.

Die Vorstellungen des Sekretariats der KPD deckten sich zunächst nicht mit den programmatischen Inhalten der Standesorganisation „Verband der Deutschen Presse" (VDP). In der *Neuen Deutschen Presse* wurden Diskussionen veröffentlicht, die eine heftige verbandsinterne Auseinandersetzung dokumentieren. So gab es Verbandsmitglieder, die durchaus an die Tradition des bürgerlich-demokratischen Journalismus Weimarer Prägung anschließen wollten.[38] Die Ausprägungen bürgerlicher Prädilektion hielten sich jedoch nur für wenige Jahre. Bereits Anfang der fünfziger Jahre setzten sich journalistische Überzeugungen durch wie die von Max Keilson, dem linientreuen SED-Funktionär und Vorstandsmitglied des VDP. Die Aufgabe seines Verbandes sei es, durch „klares, entschlossenes Auftreten und entschiedenen Kampf" gegen die Tendenz der westlichen Presse und ihrer Verfechter auf die Journalisten ganz Deutschlands einzuwirken. Von der Linie der gewollten Anpassung an die sowjetische Ausrichtung der Presse wurde nicht mehr abgewichen.

---

36 Strunk 1996, S. 150f.
37 Riedel 1984, S. B 76.
38 Vgl. Blaum 1985, S. 17.

Von den Anfängen

Die ersten Fernseh-Pioniere der *Aktuellen Kamera* kamen vom Rundfunk. Die Beziehungen zwischen dem „neuen" Fernsehen und dem „alten" Rundfunk waren in den ersten Jahren durchaus widersprüchlich. Technologisch dachten die ehemaligen Rundfunkmitarbeiter immer erst an das gesprochene Wort, und nicht an das Bild. Die neu gewonnenen Fernsehredakteure lieferten Manuskripte ab, ohne eine Vorstellung davon zu haben, was auf der Bildseite passieren müsste. Nur in einem waren sie sich sofort einig: Sie wollten im Klassenkampf gemeinsam Überzeugungsarbeit leisten. Werner Fehlig, ein ehemaliger Rundfunkmitarbeiter, unterstreicht in seiner Schilderung die gemeinsamen politischen Ziele aller Journalisten:

> Im Rundfunk wurde es einem (...) als ein Wesensmerkmal unserer Massenmedien richtig mit der Butter aufs Brot geschmiert, dass man in diesem Klassenkampf Bestand haben muss, dass man den gegnerischen Argumenten unsere stärksten Argumente entgegenzusetzen hatte.[1]

Der Fernsehmitarbeiter Gustav Kleinert sammelte 1970 durch Interviews Erinnerungen und Erfahrungen vieler Fernsehpioniere. Als er starb, übernahm diese Aufgabe Horst Heydeck, nach dessen Tod wurde die Arbeit weder umfassend noch zielstrebig fortgesetzt. Schließlich nahm sich Peter Hoff der Aufgabe an und machte sich an diese fernsehgeschichtliche Arbeit mit medientheoretischen Ableitungen. Auch nach 1989 publizierte er viel und kenntnisreich und arbeitete bis zu seinem Tod 2003 zur Programmgeschichte des DDR-Fernsehens.[2] Hoff hat die Zusammenstellung „Experiment Fernsehen: Vom Laborversuch zur sozialistischen Massenkunst. Die Entwicklung fernsehkünstlerischer Sendeformen von 1952 bis 1961 in Selbstzeugnissen von Fernsehmitarbeitern, Podium und Werkstatt, Schriften des Verbandes der Film- und Fernsehschaffenden der DDR" wesentlich mit vorangetrieben. Diese Interviews sind mit zwanzig Jahren Abstand geführt

1 Müncheberg 1984, S. 19.
2 Vgl. Steinmetz/Viehoff 2008.

worden. Naturgemäß lässt die Erinnerung über einen so langen Zeitraum nach. Peter Hoff konstatierte 1994:

> Die Frühzeit des DDR-Fernsehens ist bislang vor allem als Oral History aufgearbeitet, als Sammlung von Erinnerungen der Mitarbeiter aus den Gründungsjahren der Einrichtung, die seit 1980 von einer Arbeitsgruppe des Verbandes der Film- und Fernsehschaffenden (VFF) der DDR unter der Leitung von Hans Müncheberg zusammengetragen wurden. Hans Müncheberg, Fernsehmitarbeiter seit Anfang 1953 bis zu seiner Entlassung aufgrund der Auflösung der Einrichtung im Frühjahr 1992, führte auch die meisten der Tonbandinterviews. Hinter dieser Sammlung stand vor allem das Bestreben, die flüchtigen künstlerischen Leistungen der Live-Zeit, jener Jahre also, in denen die Fernsehprogramme noch nicht auf Magnetband aufgezeichnet und somit bewahrt werden konnten, nicht in Vergessenheit geraten zu lassen.[3]

Vereint im politischen Konsens entstand so das Fernsehzentrum, wobei technische Aufbauleistung und ideologische Prägung einander nie ausschlossen. Zu den entscheidenden Ingenieuren beim Bau des Fernsehzentrums in Berlin-Adlershof zählte Ernst Augustin, der schon im nationalsozialistischen Deutschland an der Hörfunk- und Fernsehentwicklung beteiligt war. Augustin stieß von der Siemens GmbH zur Reichs-Rundfunk-Gesellschaft und arbeitete als Arbeitsgruppenleiter im Fernsehsender „Paul Nipkow". Hans Mahle, der Generalintendant des Rundfunks, dem auch die Entwicklung des Fernsehens unterstand, hatte Augustin geholt. Zu den Fernsehpionieren zählte weiterhin Walter Bruch, der seit Mitte der dreißiger Jahre in den Fernselabors von Telefunken gearbeitet hatte. Bruch erhielt für seinen Wechsel in den Ostteil Berlins einen finanziellen Anreiz. Sein Gehalt betrug monatlich 3000 Reichsmark, während Intendant Mahle im Vergleich lediglich 2000 Reichsmark erhielt.[4] Infolge der Berlin-Blockade beendete Bruch seine Arbeit im sowjetisch besetzten Sektor Berlins und arbeitete als Fernsehingenieur in der Bundesrepublik weiter.

Erster Fernsehintendant war Hermann Zilles, seit 1930 KPD-Mitglied und seit 1946 Mitglied des Parteivorstands der SED. Nach Zilles' eigenen Worten hatte er im September 1949 den Auftrag erhalten, einen Plan zur Schaffung eines Fernsehbetriebes in der DDR auszuarbeiten. Zilles holte weitere Aufbaumitarbeiter vom Rundfunk zum Fernsehen, beispielsweise als ersten Chefredakteur für den gesamten Fernsehbetrieb Peter („Pit") Klemm, als Chefregisseur Gottfried Herrmann und den Leiter der Abteilung Kulturpolitik, Horst Heydeck. Zilles wird als ein Mann mit Ideen dargestellt, der im Fernsehen schöpferische Impulse auslöste.[5] Den Start des Fernsehprogramms im Dezember 1952 begleitete Zilles noch, dann wurde er aber durch eine Intrige höchster Parteiinstanzen aus dem Amt gedrängt. Zilles musste, wie es hieß, „zur Bewährung" drei Jahre in die

---

3   Hoff 1994b, S. 564.
4   Mühl-Benninghaus 1999, S. 819.
5   Nerlich 2000, überarbeitet 2008.

„Produktion" gehen, seine leitenden Funktionen in der Administration abgeben und technische Hilfe beim Fernsehen leisten.

Zilles war als „Westemigrant", wie andere, immer dem Verdacht ausgesetzt, nicht wirklich linientreu genug zu sein. Die Konsequenz war in der Regel die Einleitung eines politisch motivierten Strafverfahrens.[6] Als Zilles im Herbst 1953 als Intendant aus dem Amt schied, übernahm Gerhard Probst (bis dato technischer Leiter des Rundfunks der DDR) kommissarisch das Fernsehen. Probst wurde später immer weiter befördert. Von 1956 bis 1975 war er stellvertretender Minister für das Post- und Fernmeldewesen.

Neben Zilles arbeitete in leitender Funktion Wolfgang Kleinert, der als Fachmann für die Administration galt. Einfluss auf die Personalbesetzung nahm in dieser Phase hauptsächlich Hermann Axen, Leiter der Abteilung Information des Zentralkomitees. Axen ernannte Kleinert zum Leiter einer Redaktionsgruppe, die wenig später die *Aktuelle Kamera* entwickelte.[7] Kleinert hatte erheblichen Einfluss während der Aufbauphase des Fernsehens. Er leitete die Vorbereitungskommission, die den künftigen Personalstamm des Fernsehbetriebes zusammenstellte. Kleinert machte erhebliche Karrieresprünge und war von 1966 bis 1969 Erster stellvertretender Intendant des Deutschen Fernsehfunks sowie von 1969 bis 1974 Erster stellvertretender Vorsitzender des Staatlichen Komitees für Fernsehen.[8]

Als Personalchef fungierte Heinz Adameck 1953 zeitweilig auch als Sekretär der Vorbereitungskommission für den Fernsehaufbau. Adameck wurde 1954 Intendant und 1968 Vorsitzender des Staatlichen Komitees für Fernsehen.[9] Mit seiner Ernennung zum Intendanten begann das Fernsehen sich neben dem Rundfunk eigenständig zu entwickeln. Mit Adameck wechselte im August 1954 Dieter Glatzer zum Fernsehen, der zum langjährigen Weggefährten und Vertrauensmann wurde.[10] Adameck überstand sämtliche Unwägbarkeiten und stand außer dem ersten Jahr bis zum Schluss an der Spitze des Fernsehens der DDR. Auch Glatzer blieb als Programmgestalter in wechselnden Funktionen an Adamecks Seite, bis er aus gesundheitlichen Gründen Anfang der achtziger Jahre ausschied.

Bis Ende der fünfziger Jahre schätzte die SED-Führung die Rolle des Fernsehens als gering ein. Dies hing wesentlich mit der Verbreitung von Fernsehgeräten zusammen und den noch nicht flächendeckenden Empfangsmöglichkeiten. Die Protagonisten des neuen elektronischen Mediums allerdings setzten den Fortschritt des Fernsehens mit dem Fortschritt des Sozialismus gleich. Gesellschaftspolitisch wurde das Fernsehen in der DDR als „großartiges Produkt menschlichen

---

6 Vgl. Hodos 1990, S. 280f. Hodos führt weitere Westemigranten auf, gegen die als Kommunisten Strafverfahren eingeleitet wurden. Dazu zählt u.a. Leo Bauer (1912–1968), ab 1947 Chefredakteur des Ost-Berliner Deutschlandsenders. 1950 verhaftet, zum Tode verurteilt, jedoch zu 25 Jahren Arbeitslager im sowjetischen Gulag begnadigt; 1955 Entlassung in die Bundesrepublik und Berater von Bundeskanzler Willy Brandt. Franz Dahlem: 1946 im Parteivorstand der KPD, ab 1950 im ZK und Politbüro der SED, 1953 aller Funktionen enthoben, 1956 rehabilitiert, 1957 wieder im ZK, ohne seine führende Position zurückzugewinnen.

7 Die Redaktionsgruppe wurde von Hermann Axen am 17. Mai 1952 zusammengestellt. Vgl. Hempel 1975, S. 65.

8 Herbst/Ranke/Winkler 1994b, S. 173.

9 Hoff 1994b, S. 563.

10 Glatzer war von 1973 bis 1983 Stellvertreter des Vorsitzenden.

Schöpfertums", als „Vermittler humanistischer Ideen", als „Kampfinstrument für Frieden und Glück der Menschen sozialistischer Konvenienz" gesehen.[11] Fernseh-technisch fühlte sich die DDR gleichrangig mit den USA, der UdSSR, Groß-britannien, Frankreich, Japan und der Bundesrepublik Deutschland.

Die ersten Überlegungen zum Aufbau des Fernsehens reichen bis in die Jahre der SBZ zurück. Damals beschloss die Deutsche Wirtschaftskommission (DWK), das damalige höchste deutsche Verwaltungsorgan, den Aufbau des Fern-sehzentrums. Es war ein radikaler Neuanfang, ohne technische Basis, mit wenig personeller Erfahrung, bis auf einige Techniker. Von der umfangreichen, hoch entwickelten Programmtechnik Deutschlands war auf dem Territorium der DDR lediglich ein einziges Superikonoskop verblieben. Diese Aufnahmeröhre konnte beim Wiederaufbau des Berliner Oberspreewerkes unversehrt aus den Trümmern geborgen werden.

Am 11. Januar 1952 kamen Staatspräsident Wilhelm Pieck, Ministerpräsident Otto Grotewohl und Walter Ulbricht, der Erste Sekretär des ZK der SED, in das neu entstehende Fernsehzentrum. Ihnen wurde die erste Übertragung eines Fernsehbildes in der DDR vorgeführt, dass zwischen zwei Baracken des Fernseh-zentrums über einige hundert Meter Entfernung gesendet wurde. Der dazu ver-wendete Sender war als Labormuster im Berliner Oberspreewerk entwickelt wor-den.[12] Im März 1952 wurde im Turm des Alten Stadthauses im Zentrum von Berlin ein Versuchssender mit 100 Watt installiert und eine Richtfunkverbindungsstrecke zwischen Adlershof und dem Stadthaus eingerichtet.

Die ersten Pilotsendungen eines Nachrichtenblocks im DDR-Fernsehen An-fang Juni 1952 hießen noch *Bilder aus dem Zeitgeschehen*.[13] Die Benennung in *Aktuelle Kamera* muss Mitte Juni 1952 erfolgt sein. Über die Urheberschaft der Bezeichnung liegen abweichende Darstellungen vor. Nach Peter Hoff ist sie nach Probesendungen eingeführt worden. Günter Hansel, einer der ersten Redakteure der Nachrichtensendung, erinnert sich, dass die Sendung am 18. oder 19. Juni 1952 spontan den neuen Namen nach kurzer Absprache zwischen ihm und Kleinert erhalten habe. Zur Entstehungsgeschichte des Namens gibt es neuerdings eine wei-tere Facette. Laut Hans Müncheberg kam der Titel nur von Günter Hansel: „Günter Hansel machte nach wenigen Tagen den Vorschlag, für die Fernsehnachrichten einen kürzeren Titel zu wählen: *Aktuelle Kamera*, eine Ableitung von der Foto-Kamera der Bildreporter, nicht von der später dominierenden Filmkamera (...)."[14] Da nach den bisherigen Darstellungen der Name gemeinsam von Kleinert und Hansel geprägt worden ist, macht diese neue Darstellung im Kern keinen wesent-lichen Unterschied.

---

11 Hempel 1975, S. 59.
12 Preisigke 1965, S. 6.
13 Müncheberg 2000, S. 13.
14 Ebd., S. 14

Die erste protokollierte Probesendung befasste sich mit dem Thema Landwirtschaft.[15] Eine weitere im DRA mit Sendemanuskript dokumentierte Testsendung erfolgte am 30. August 1952. Bis zum richtigen Sendestart am 21. Dezember 1952 produzierte das Fernsehzentrum Adlershof noch fünf weitere Ausgaben, die als Probesendungen vor dem Sendestart bezeichnet wurden.[16] Intendant Zilles hatte an einigen Tagen die redaktionelle Verantwortung selber übernommen. Es habe, so Zilles, „gelegentliche kleine Dia- und Filmsendungen" gegeben, „Originalsendungen waren vor dem 21. Dezember 1952 nicht möglich".[17]

Der erste aktuelle Film für die *Aktuelle Kamera* wurde am 11. Juli 1952 produziert. Bruno Siebert und Heinz Herkner lieferten einen Bericht über eine Demonstration am Mahnmal für die Opfer des Faschismus und Militarismus anlässlich der II. Parteikonferenz der SED in Berlin.[18] In der Nacht wurde das Filmmaterial bei der DEFA entwickelt, am Tag darauf wurde der Bericht ausgestrahlt. Das war für damalige Verhältnisse eine Errungenschaft, die Fernsehredakteure hatten Neuland betreten.

Das „offizielle Versuchsprogramm" wurde zunächst nur für den Zeitraum vom 21. Dezember 1952 bis zum 27. Dezember 1952 eingeplant. Die DDR gehörte dennoch damit zu den ersten fünf Staaten Europas mit eigenem Fernsehprogramm. Am 21. Dezember 1952 hatte die *Aktuelle Kamera* eine Sendelänge von zehn Minuten. Die Ausgabe war eine Montage von Wort- und Fotonachrichten mit einigen durch Standbilder illustrierten Schilderungen. Fünf Arbeitsgruppen waren an der Entstehung beteiligt: Musik, Fernsehspiel, Kulturpolitik, Aktueller Dienst und Filmbeschaffung. Die darauf folgenden Tage verweisen noch auf zwei weitere Arbeitsgruppen: Jugend und Erziehung sowie Fernsehsprecher. Zur personellen Besetzung erwähnt Wolfgang Stemmler, dass es seit dem 13. November 1952 im Fernsehzentrum Adlershof für den gesamten Sendebetrieb sieben Redakteure und etwa fünf Regisseure gegeben habe, die von früh bis 22.00 Uhr anwesend gewesen seien.[19]

Die Premieren-Ausgabe wurde von Margit Schaumäker mit folgenden Worten angekündigt: „Als eine der ersten Sendungen werden Sie an jedem Abend unsere *Aktuelle Kamera* sehen. Sie soll unsere große gefunkte Bilderzeitung sein, in der wir Ihnen aus dem aktuellen Geschehen – aus Politik, Wirtschaft, Kultur und Sport – berichten. Vor der Kamera und am Mikrofon: Herbert Köfer."[20]

---

15 Aus dem Sendemanuskript: „Die Getreideernte in der befreundeten Volksrepublik Polen geht ihrem Ende entgegen. Bei dem guten Wetter der letzten Tage war es Bäuerinnen und Bauern möglich, die Ernte schnell und verlustlos einzubringen." DRA Babelsberg, Schriftgut FS, Korrigierter Sendeplan vom 4.6.1952.

16 Die Daten der weiteren Probesendungen vor dem 21.12.1952: 1.9., 9.9., 27.10., 28.10.. und 6.12.. Es gab demnach nur sechs Probesendungen vor dem offiziellen Versuchsstart, nach den mündlich überlieferten Angaben von Günter Hansel jedoch täglich eine Ausgabe. Vgl. Raue 1986, S. 267.

17 Über die Programmtätigkeit des Fernsehens in der Deutschen Demokratischen Republik, 3.10.1955. SAPMO BArch DR 8.

18 DRA Babelsberg, Schriftgut FS, Korrigierter Sendeplan vom 11.7.1952.

19 Wolfgang Stemmler interviewt von Reinhard Sage im Mai 1986. Vgl. Deutsches Technikmuseum Berlin, Depositum Manfred Hempel.

20 DRA Babelsberg, Schriftgut FS, Korrigierter Sendeplan vom 21.12.1952.

Die Kamera schwenkte auf den Sprecher, der zuerst den Generalissimus Stalin würdigte, der an diesem Tag seinen 73. Geburtstag beging.

In derselben Sendung wurde darüber hinaus noch über automatisierte Walzenstraßen, Mähdrescher, Produktionsgenossenschaften, Maurer und Zimmerleute berichtet. Die Arbeitsgruppe Kulturpolitik hatte für diesen Tag einen Film über das Sendezentrum in Adlershof vorbereitet. Unter dem Titel *Fernsehen aus der Nähe betrachtet* wurde ein zehnminütiger Bericht ausgestrahlt, der wie ein Besuch im Fernsehzentrum Berlin gestaltet war.

Die Sendungen der *Aktuellen Kamera* in der Zeit des Versuchsprogramms, so der spätere Chefredakteur Selbmann, seien noch keineswegs mit der Vorstellung von einer Fernsehnachrichtensendung der siebziger und achtziger Jahre zu vergleichen gewesen – nicht aus inhaltlichen Gründen und nicht wegen einer besonderen Konzeption, wie sie die *Aktuelle Kamera* später für sich reklamierte. In der Anfangszeit sei die *Aktuelle Kamera* insgesamt eine schwach illustrierte Hörfunksendung gewesen, die noch nicht einmal täglich erschien. Hansel beschreibt in einem Erinnerungsbericht, dass täglich etwa 60 bis 70 Fotos gesendet wurden, die vom Redakteur in einer Art Fotoserie, wie ein Lichtbildervortrag, gezeigt wurden. Der Nachrichten-Präsentator sprach den Text auf ein Tonband, das passend zu den Bildern nachbearbeitet wurde. Der Sprecher Herbert Köfer erinnerte sich, dass er diese Off-Texte live gesprochen habe.[21] Die oft voneinander abweichenden Darstellungen der Schilderungen dieser Anfangsjahre sind auch mit den Problemen der Oral History zu erklären, denn auch das Erinnerungsvermögen der Protagonisten hat seine Grenzen.

Zwischen dem 21. Dezember 1952 und dem 14. November 1954 wurden 137 Sendungen produziert. Es waren Wortnachrichten mit stehenden Bildern, Fotos, Karten und Grafiken. Den überlieferten Abläufen nach wurden in den Tagen nach Beginn des offiziellen Versuchsprogramms aus Adlershof bis zum 23. Januar 1953 insgesamt 27 Ausgaben der *Aktuelle Kamera* gesendet, somit fast jeden Tag.[22] Die Länge variierte je nach vorliegendem Nachrichten- und Bildmaterial zwischen sechs und zwanzig Minuten. Erst am 18. November 1954 brachte die Sendung, die dann täglich erschien, regelmäßig aktuelle Filmberichte, vorrangig von Ereignissen in der DDR und der Sowjetunion. Sämtliche Abendausgaben wurden live produziert. Der Montag blieb sendefrei und wurde zum „Tag der theoretischen Arbeit" oder auch der „gesellschaftlichen Arbeit" für die Parteien und Massenorganisationen erklärt.[23]

Die Anfänge einer Produktion von Fernsehgeräten konnte sich in der DDR erst entwickeln, als das Elektronikunternehmen SAG Pribor Aufträge der sowjetischen Fernsehindustrie in das Sachsenwerk Radeberg übernahm. Nach dem Krieg hatte man hier mit dem Bau von Dynamo-Taschenlampen angefangen. Mit der Produktion von Fernsehern betraten die Radeberger Neuland. Das Werk

---

21 Gespräch mit Herbert Köfer und Günter Hansel. Gekürzt in Hoff 1994b, S. 565.
22 Vgl. Bösenberg 2004, S. 90, FN 32.
23 Hickethier 1998, S.105. Siehe auch SAPMO BArch, DR 8/1.

hatte allerdings schon gezeigt, dass es komplizierte Nachrichtengeräte herstellen konnte, Messgeräte, Elektromotoren und Motorschutzschalter.[24]

Die sowjetische Leitung begann im Frühjahr 1950 die Fertigung des Empfängers „Leningrad T 2" vorzubereiten. Peter Hoff spricht in diesem Zusammenhang von sachlichen Ungenauigkeiten und Mystifikationen einer „angeblichen Vorbildrolle, die das sowjetische Fernsehen für den Aufbau des Fernsehens in Ostdeutschland" gespielt haben soll. Richtig sei vielmehr, „dass hier die von der Roten Armee in Deutschland erbeuteten Projektierungsunterlagen von Telefunken und AEG für den Neuaufbau" herangezogen worden seien. Zumindest sei der in Lizenz gefertigte Fernsehempfänger „Leningrad T 2" auf eine Telefunken-Entwicklung zurückzuführen.[25]

Es dauerte noch bis zum 1. Januar 1951, bis in Radeberg die Produktion des „Leningrad T 2" anlaufen konnte. Die Bildschirmgröße hatte ein Ausmaß von 14 x 19 cm, die Bildschirmdiagonale betrug 21 cm. Nach und nach gelang es, eine überschaubare Serienproduktion in Gang zu setzen, um 24 Geräte pro Band und Schicht fertigen zu können. Ende 1951 waren 40150 Geräte dieses Typs durch das Prüffeld gelaufen. Zur Auslieferung an den Auftraggeber Sowjetunion kamen 29 500, so die Werkschronik. „Trotz der scharfen Abnahmebedingungen und aller anderen Maßnahmen gaben die von uns gefertigten Fernsehempfänger Anlass zu Beanstandungen (...)."[26] Fernseher mit technischen Mängeln, zum Beispiel einer schlechten Bildqualität, wiesen die sowjetischen Auftraggeber zurück. Schon das Ausgangsprodukt, die Filmaufnahmen der ersten Ausgaben der *Aktuellen Kamera,* seien unscharf, sodass die Bildröhren bald gegen bessere ausgetauscht wurden. Herbert Köfer berichtet in seinen Erinnerungen an die Anfangsjahre, wie schwer es war, überhaupt etwas auf dem Schirm zu erkennen: „Dann kamen die ersten Fernsehapparate auf den Markt – der kleine ‚Leningrad', wo die Scheibe nicht größer war als eine Postkarte, und das Bild war auch immer recht unscharf. Meistens war es so, dass man nur mit großer Schwierigkeit auf dem Bild erkennen konnte, ob es sich um Quermann oder Köfer handelt."[27]

Im Sinne einer kollektiven sozialistischen Ideologie sollte der Fernsehempfang ein gemeinschaftliches Erlebnis werden. Die ersten Empfänger wurden ab dem 29. Juli 1952 zunächst in großen Betrieben, Schulen und Gemeinschaftsräumen aufgestellt, um das Programm einem größeren Publikum zugänglich zu machen. Dabei ergaben sich allerdings spezifische Schwierigkeiten. Der Zutritt zu den Räumlichkeiten war problematisch. In der Hörfunk- und Fernsehzeitschrift *Unser Rundfunk* wurde als Beispiel das „Haus der Ministerien" vorgestellt, in dem ein Fernsehempfangsgerät stand, das aber nur tagsüber zugänglich war. Die Sendungen fanden aber meistens nach 19.00 Uhr statt. In den Abendstunden jedoch wurde das Haus unter Verschluss gehalten, denn man wagte es offenbar nicht, den Apparat

24 SED-Betriebsparteiorganisation 1958, S. 91.
25 Hoff 1994b, S. 560.
26 SED-Betriebsparteiorganisation 1958, S. 91.
27 Fernsehen der DDR 1977, S. 49.

dem Publikum zur Selbstbedienung zu überlassen. Die Überstunden für einen Techniker konnten nicht finanziert werden.[28]

Die in anderen, zugänglichen Gemeinschaftsräumen aufgestellten Fernsehapparate erreichten nicht genug Zuschauer, weil die Zeit von 20.00 bis 22.00 Uhr zu spät war, um anschließend noch problemlos nach Hause zu kommen. Also musste die Staats- und Parteiführung dafür Sorge tragen, dass die Geräte in entsprechender Stückzahl in den Wohnzimmern aufgestellt wurden, und dazu musste der Preis stimmen.

Der offizielle Verkauf der Fernsehapparate begann am 16. November 1952, zu einem Preis von 3 500 Mark der DDR. Die Programmzeitschrift *Unser Rundfunk* kritisierte, dass beim „Leningrad" ein Radio und ein Fernsehteil zusammen eingebaut wurden, deshalb stoße so ein „Luxusgerät" auf Desinteresse. Zu dem Kaufpreis von 3 500 Mark kam noch ein Haushaltsaufschlag über 1 072 Mark. Im März und April sei in Berlin lediglich der Verkauf eines einzigen Fernsehers gelungen, „170 Geräte (...) aber rosten fröhlich vor sich hin und die Programme des Fernsehzentrums bleiben ungenutzt im Äther stecken."[29] Der Start war deshalb schleppend. Erst gut ein Jahr später, am 10. August 1953, wurde der Preis auf 1 400 Mark gesenkt. 1950 lag der Durchschnittslohn für Arbeiter und Angestellte bei 311 Mark der DDR und 1955 bei 432 Mark.[30] Trotzdem kam die Produktion der Nachfrage nicht hinterher.

Der hohe Kaufpreis für den Fernsehapparat bedeutete in diesem Zusammenhang einen Zielkonflikt für die DDR, der aus der chronischen Mangelwirtschaft und der Tatsache bestand, dass nur Besserverdienende sich einen Empfänger leisten konnten. Damit kamen letztendlich nicht die Arbeiter im Arbeiter- und Bauernstaat in den Besitz eines Fernsehers. Dieser Konflikt konnte zunächst nicht ausgeräumt werden. Aber die Geräte wurden preiswerter, und ab 1955 war auch der Ratenkauf möglich. 1956 kostete das billigste Gerät 640 Mark. Die individuelle Nutzung der Fernsehprogramme führte zu einem „Bedeutungsverlust" des kollektiven Fernsehens, dem ersten Grundgedanken für die Etablierung des neuen Mediums.[31]

Karolus Heinz Heil sieht für den schleppenden Start der Verbreitung von Fernsehgeräten auch noch andere Gründe. Bis zum Jahre 1962 seien nur deshalb so wenige Fernsehgeräte in private Hände gelangt, weil die meisten entweder für Forschungs- oder Erprobungsarbeiten in der DDR genutzt worden seien oder aber, so sowjetische Veröffentlichungen, das Sachsenwerk ausschließlich für den Export in die Sowjetunion unter scharfer Kontrolle gearbeitet habe.[32]

---

28 Albert Donle: Bühne ohne Publikum. Derer von Schilda newester Streych. In: *Unser Rundfunk*, 1953, Nr. 31, S. 19.
29 Ebd.
30 Preisigke 1965, S. 13.
31 Geserick 1989, S. 70.
32 Heil 1967, S. 58.

Fernsehgeräte in Haushalten der DDR

Jahr	Anzahl
1952	75
1953	600
1954	2 213
1955	13 575
1956	70 607
1957	159 490
1958	317 604
1959	593 479
1960	1 035 030
1961	1 459 251
1962	1 935 171
1963	2 378 859
1964	2 800 851
1965	3 216 421
1966	3 600 399
1967	3 932 900
1968	4 173 400
1969	4 337 050
1970	4 499 186
1971	4 648 870
1972	4 819 800
1973	4 966 500
1974	5 095 700
1975	5 223 600

Herausgegeben vom Fernsehen der DDR, Programmdirektion Abteilung Öffentlichkeitsarbeit,
Redaktionsschluss 31. Dezember 1975, Berlin.

Die Festlegung im Siebenjahresplan, dass 1965 bereits 77 Prozent aller Familien der DDR einen eigenen Fernsehempfänger haben sollten,[33] wurde nicht erreicht. Der sprunghafte Anstieg von Produktion und Verkauf war aus Sicht der SED-Führung jedoch ein positiver Verlauf. Je mehr Fernsehapparate in den Haushalten standen, desto mehr Zuschauer konnten für die agitatorischen Bemühungen erreicht werden.

Nachdem die Produktion des „Leningrad T 2" abgelöst worden war, ging der zweite Fernsehgerät-Typ mit dem Namen „Rembrandt" als Eigenbau der DDR in Produktion. Der „Rembrandt" wurde ab März 1954 mit einer 17-cm Bildröhre verkauft und später mit einer 32- bzw. 43-cm-Bildröhre ausgestattet. Dieses Fernsehmodell kostete 1 300 Mark.[34] Die Geräte in den Haushalten blieben zwar auf lange Zeit hinter der Anzahl der Fernseher in bundesdeutschen Haushalten zurück, aber schon 1964 lag die Produktion von Fernsehempfängern doppelt so hoch wie in der Bundesrepublik.[35]

Eine weitere Priorität bedeutete der Ausbau des Sendernetzes, um die Fläche der DDR mit genügend Sendeleistung zu versorgen. Der erste Fernsehsender stand im Dezember 1952 im Alten Stadthaus Berlin. Der Sender hatte eine Sendeleistung von 1 kW und konnte etwa im Umkreis von sieben bis acht Kilometern empfangen werden. Die Entwicklung des Sendernetzes in der DDR wurde bis 1955 ausgebaut.

Ab 1. Mai 1957 konnte mit der Inbetriebnahme der Relaisstation Lugstein der Austausch von Sendungen mit den sozialistischen Ländern beginnen.[36] Am 6. Oktober verzeichneten die Chronisten die erste Außen-Direktübertragung, eine „Fernseh-Live-Reportage" von der Festveranstaltung zum Jahrestag der Gründung der DDR aus der Deutschen Staatsoper Berlin.

Als Überblick seien hier die Standorte und Daten der Inbetriebnahme der Sendernetze bis 1955 genannt: Berlin-Mitte am 21. Dezember 1952, Leipzig am 28. August 1953, Berlin-Grünau am 15. Januar 1954, Dresden am 19. Januar 1954, Berlin-Prenzlauer Berg am 21. Juni 1955, Brocken am 23. Juli 1955, Inselsberg am 8. September 1955, Helpterberg-Marlow am 6. Oktober 1955 und Karl-Marx-Stadt am 21. Dezember 1955.[37]

Den Fernsehverantwortlichen ging es vor allem um die Flächenversorgung und damit um die Erreichbarkeit der Zuschauer in allen Regionen der DDR. Für eine effektivere Verbreitung der Programme waren technische Verbesserungen der Sendeleistungen die zentrale Voraussetzung. Die Flächenversorgung betrug in der DDR in den fünfziger Jahren nur etwa 50 Prozent, während gleichzeitig die sendestarken Anlagen der Bundesrepublik bereits 40 Prozent des DDR-Territoriums

---

33 Grundsätze sozialistischer Kulturarbeit im Siebenjahrplan. In: Kulturkonferenz 1960. Protokoll der vom Zentralkomitee der SED, dem Ministerium für Kultur und dem deutschen Kulturbund im VEB Elektrokohle, Berlin, abgehaltenen Konferenz, 27.–29.4.1960. Berlin 1960. Zitiert nach: Hoff 1990, S. 387.

34 Die Seriengeräte hießen Fernsehn 852 D 1 Rembrandt und Fernsehen 875 Rubens in zwei Varianten, sowie das Gerät FT 55 Sonata. Vgl. Geserick 1989, S. 70.

35 Heil 1967, S. 60.

36 Glatzer/Hempel/Schmotz 1972, S. 29.

37 Ebd., S. 15.

erfassten. Die Leistungen der UKW-Sender lagen mit 65 Prozent Erreichbarkeit im Osten noch höher. Alles in allem eine Situation, die als gravierendes Politikum gewichtet wurde, zum Nachteil der Interessen der DDR-Regierung.

In Verordnungen und Anweisungen waren Rundfunk und Fernsehen von Anfang an dem Primat der ideologischen Ziele der SED unterstellt. Das Politbüro legte die politischen Funktionen der Institutionen in der DDR fest. Die Einrichtung des Rundfunkkomitees anstelle der Generalintendanz schuf die Voraussetzung für eine Straffung der politisch-ideologischen und der technisch-organisatorischen Rundfunkarbeit. Unter Paragraph 6 der Verordnung über das Staatliche Rundfunkkomitee wurde festgelegt, dass der Ministerrat „Plan- und Investitionsträger für alle Objekte des Rundfunks" sei. Diese Regelung war von Relevanz, wenn es um technische Ausrüstungen ging, die nur in nichtsozialistischen Ländern gekauft werden konnten und mit konvertierbarer ausländischer Währung bezahlt werden mussten.

Vergleichsweise selten, drei bis fünf Mal im Jahr, befasste sich das Politbüro in seinen Sitzungen mit Rundfunk- und Fernsehthemen, wobei es dann Fragen von so genanntem „übergeordnetem Interesse" behandelte. In der Regel wurden vorbereitete Beschlüsse verabschiedet.[38] In den Anfangsjahren befasste sich das Politbüro öfter auch mit Details und Berichten aus den Sendern. Später ging das Gremium mehr und mehr dazu über, Medienfragen vorrangig unter dem Gesichtspunkt der internationalen Reputation der DDR, insbesondere ihrer tatsächlichen oder vermeintlichen Wirkung auf die Bundesrepublik zu behandeln. Die Tagesordnungspunkte der Politbüro-Sitzungen verdeutlichen zugleich, in welch zum Teil kleinlicher Weise Medienpolitik betrieben wurde, wenn beispielsweise die Teilnehmer an den jährlich wiederkehrenden internationalen Filmfestivals namentlich abgesegnet oder das Bühnenbild für Festveranstaltungen beschlossen wurde.[39]

Das Staatliche Rundfunkkomitee beim Ministerrat war zwar der Form nach eine Institution der DDR-Regierung, unterstand aber real dem Politbüro der SED und dessen ausführender Einrichtung im Medienbereich, der Abteilung Agitation und Propaganda des Zentralkomitees der SED. Der Vorsitzende des Rundfunkkomitees und seine Stellvertreter wurden vom Politbüro der SED bestimmt und formal durch den Ministerpräsidenten der DDR berufen. Eine relative Bedeutung hatte der Ministerrat lediglich in Bezug auf die finanziellen Mittel. Rundfunk und Fernsehen waren trotz Gebührenpflicht in der DDR immer zuschussbedürftig. In jedem Fünfjahrplan bewilligte der Ministerrat etwa eine halbe Milliarde Mark mit steigender Tendenz an Investitionsmitteln für das Fernsehen.[40]

An der Spitze des Rundfunkkomitees stand seit der Gründung als Vorsitzender Kurt Heiß. In Paragraph 2 wurde die Zusammensetzung der Leitung festgelegt. Aus Paragraph 4 geht hervor, dass zu seinen Aufgaben auch die Anleitung des

38 Protokolle der wöchentlichen Sitzungen des Politbüros der SED. Vgl. SAPMO BArch SED J IV 2/2.
39 Pietrzynski 1994, S. 35.
40 Interview Fensch, 25.5.1999.

Fernsehzentrums Berlin und die Entwicklung des Fernsehens in der DDR gehörte. Paragraph 5 gibt Aufschluss darüber, dass der Haushalt des Staatlichen Rundfunkkomitees im Rahmen des Staatshaushaltsplanes der DDR geführt wurde, welches ein Hinweis auf die staatliche Einbindung von Funk und Fernsehen ist.[41] Das Rundfunkkomitee setzte sich aus dem Vorsitzenden, dem Stellvertreter und elf Mitgliedern zusammen. Der Vorsitzende führte das Rundfunkkomitee nach den Prinzipien der Einzelleitung. Damit war er einzig der Staats- und Parteiführung für die Personalpolitik und Programmgestaltung verantwortlich. Ebenfalls auf Vorschlag der SED wurden die elf Mitglieder des Komitees ernannt, bestehend aus den Leitern sendewirksamer Hauptabteilungen (Außenpolitik, Nachrichten, Musik etc.), den Chefredakteuren, dem SED-Parteisekretär[42] und dem Vorsitzenden der Betriebsgewerkschaftsleitung.[43] Sie bildeten ein kollektives Beratungsgremium für den Vorsitzenden. Im Konfliktfall entschied er jedoch allein. In der Praxis war diese Regelung nicht von besonderer Bedeutung, weil der direkte Kontakt zur SED-Spitze garantierte, dass die Direktiven für grundlegende Entscheidungen von dort kamen.[44] Ob Organisation, Personal, Technik oder Programm, es gab keinen Bereich in den Medien, für den sich die Funktionäre nicht als zuständig empfanden.

Unmittelbar vor dem Start des so genannten „öffentlichen Versuchsprogramms" wurde am 1. Dezember 1952 das neu errichtete Fernsehzentrum offiziell der Leitung des Staatlichen Rundfunkkomitees unterstellt.[45] Auf Beschluss der Leitung des Komitees wurde an diesem Tag eine größere Gruppe leitender und redaktioneller Mitarbeiter vom Rundfunk zum Fernsehen versetzt. Diese wurden in einer einzigen Programmabteilung unter der Leitung des Chefredakteurs Peter Klemm zusammengefasst und auf die zukünftige Aufgabe des Fernsehens und der ideologischen Ziele vorbereitet.[46]

Im Dezember 1952 hatte das Staatliche Rundfunkkomitee die Bildung eines Gremiums für die Leitung des Fernsehzentrums beschlossen, das die Bezeichnung „Kollegium" erhielt. Diese Verantwortung für das Fernsehzentrum in Berlin-Adlershof war untergliedert in den Intendanten (der auch Mitglied des Rundfunkkomitees war) und seinen Mitarbeiterstab, der in verschiedene Bereiche aufgeteilt war: politische, wirtschaftliche und populärwissenschaftliche Sendungen, kulturpolitische Sendungen, aktuell-politische Sendungen der *Aktuellen Kamera*, Sendungen der „Dramatischen Kunst", der Bereich der künstlerischen Fragen (Chefregisseur), Produktionsfragen und Fragen der Betriebstechnik.

Bereits auf der zweiten Sitzung am 10. Dezember 1952 entstanden erstmals Arbeitsrichtlinien. Über zentrale Themen, so die Anweisung, musste abgestimmt

41 Gesetzblatt Nr. 112, 21.8.1952, S. 733f.
42 Die Sekretariate der SED-Leitungen und darin die hauptamtlichen Leitungsmitglieder bildeten die eigentlichen Führungszirkel. Vgl. Herbst/Ranke/Winkler 1994a, Bd. 2, S. 792f.
43 Müller 1995, S. 2297.
44 Friedrich-Ebert Stiftung 1979, S. 30f.
45 Mühl-Benninghaus 1999, S. 820.
46 Ebd., Peter Klemm war Chefredakteur für das gesamte Fernsehprogramm, also außer dem Aktuellen Dienst auch für die Bereiche Kultur, Jugend und Sport. Ab 1954 hatte die *Aktuelle Kamera* mit Günter Nerlich einen Chefredakteur, der ausschließlich für diese Redaktion zuständig war.

werden. Bei nicht zu beseitigenden Meinungsverschiedenheiten mit dem Kollegium war der Leiter verpflichtet, den Vorsitzenden oder einen der Stellvertreter des Staatlichen Rundfunkkomitees in Kenntnis zu setzen. Die Mitglieder des Kollegiums konnten im Falle eines Nichteinverständnisses mit der Anweisung des Leiters ihrerseits den Vorsitzenden des Staatlichen Rundfunkkomitees oder seinen Stellvertreter in Kenntnis setzen, ohne dass die Verwirklichung der vom Leiter angeordneten Maßnahmen auszusetzen war.[47] Das klang formal basisdemokratisch, es lief aber im Endeffekt auf die Entscheidung des Leiters im Fernsehzentrum hinaus. Auch im Kollegium galt das Prinzip der Einzelleitung. Der Vorsitzende wiederum übertrug Weisungsbefugnisse für Verantwortungsbereiche an die jeweiligen Leiter, seine Stellvertreter und diese wiederum an die Chefredakteure, Chefdramaturgen oder Redaktionsleiter.[48]

Das Statut des Kollegiums sah vor, jede „Überheblichkeit und Selbstzufriedenheit energisch zu bekämpfen", sowie „stets wahrheitsgetreu und ehrlich, ohne Rücksicht auf persönliche Momente, die Wahrheit offen auszusprechen und jeder Unwahrhaftigkeit und jedem Betrugsversuch als schwerstem Übel entschlossen entgegenzutreten". Diese hohen Ansprüche an ein anspruchsvolles Programm und an einen aufrechten Journalismus standen nur auf dem Papier. Die Wirklichkeit im real existierenden Sozialismus verpflichtete die Programmverantwortlichen zur Parteilichkeit. Die Realität in der DDR verformte die selbst gesteckten Normen und machte sie letztendlich zur Makulatur.

Die Organisationsstrukturen veränderten sich sowohl im Gesamtaufbau des Fernsehens wie bei der *Aktuellen Kamera*. Die nachfolgenden Übersichten unterstreichen die Vorrangstellung der Nachrichtensendung im Gefüge des DFF. Zu ersehen ist die Dynamik im Ausbau der *Aktuellen Kamera* wie auch der anderen Strukturen im Fernsehen. Für die ersten Jahre von 1952 bis 1954 ist eine hierarchische Ausdifferenzierung für die Strukturen unterhalb der Redaktionsleitung aus den Quellen nicht möglich. Innerhalb der Gesamtstruktur nahm die *Aktuelle Kamera* von Anfang an mit der dramatischen Kunst und der Kultur eine zentrale Rolle ein. Organisationstechnisch erfolgte im Jahr 1955 insofern eine Weichenstellung für die *Aktuelle Kamera*, als jede Redaktion ihren Regie- und Produktionsapparat bekam. Für die anderen Redaktionen des Fernsehens wurde diese Regelung später wieder aufgehoben, nicht jedoch für die *Aktuelle Kamera*. Dies kennzeichnete ein weiteres Mal die besondere Stellung der Redaktion im DFF.

---

47 Kollegiumsmitglieder waren: Probst, Klemm, Herrmann, Augustin, Gabbert, Wilke und Will. BArch SAPMO DR 8/1.
48 Fensch in einem Schreiben an den Verfasser, 5.6.1999.

Die Struktur des Fernsehzentrums Berlin-Adlershof Ende 1953

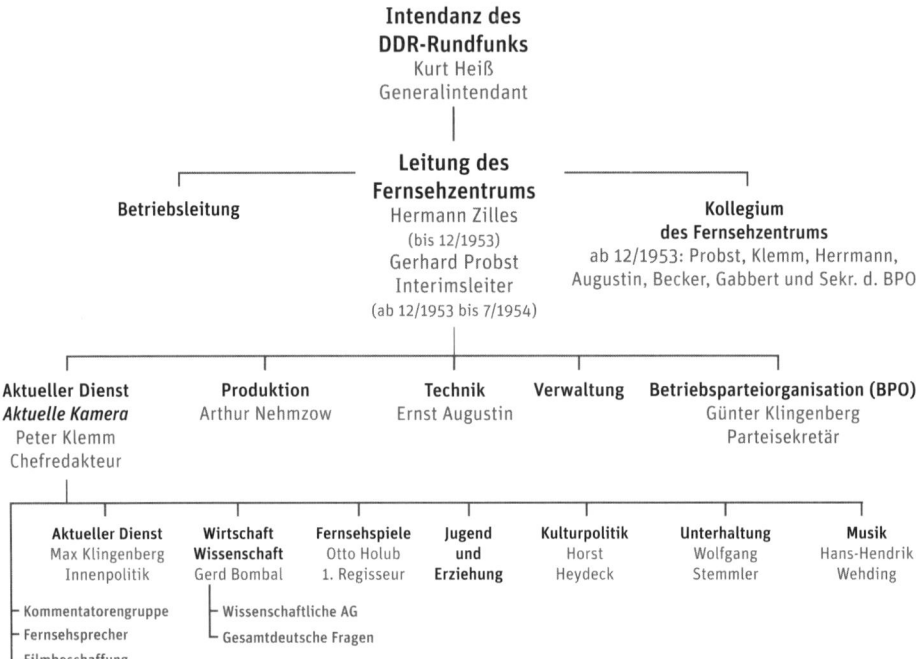

**Intendanz des
DDR-Rundfunks**
Kurt Heiß
Generalintendant

**Leitung des
Fernsehzentrums**
Hermann Zilles
(bis 12/1953)
Gerhard Probst
Interimsleiter
(ab 12/1953 bis 7/1954)

Betriebsleitung

**Kollegium
des Fernsehzentrums**
ab 12/1953: Probst, Klemm, Herrmann,
Augustin, Becker, Gabbert und Sekr. d. BPO

Aktueller Dienst
Aktuelle Kamera
Peter Klemm
Chefredakteur

Produktion
Arthur Nehmzow

Technik
Ernst Augustin

Verwaltung

Betriebsparteiorganisation (BPO)
Günter Klingenberg
Parteisekretär

Aktueller Dienst
Max Klingenberg
Innenpolitik
– Kommentatorengruppe
– Fernsehsprecher
– Filmbeschaffung

**Wirtschaft
Wissenschaft**
Gerd Bombal
– Wissenschaftliche AG
– Gesamtdeutsche Fragen

Fernsehspiele
Otto Holub
1. Regisseur

**Jugend
und
Erziehung**

Kulturpolitik
Horst
Heydeck

Unterhaltung
Wolfgang
Stemmler

Musik
Hans-Hendrik
Wehding

Quelle: Steinmetz/Viehoff 2008, S. 71. Vom Autor ergänzt und überarbeitet.

In den Jahren 1955 und 1956 war in der *Aktuellen Kamera* eine Differenzierung in der redaktionellen Themenbetreuung entstanden. Bisher gab es in der Redaktion Arbeitsgruppen, die sich in zwei Teile gliederten. Die einen übernahmen den Bereich aktuelle Nachrichten, die anderen so genannte „restliche Filmberichte" zu langfristig geplanten politischen, ökonomischen oder kulturellen Themen. Beide Untergliederungsbereiche wurden jedoch von derselben Mannschaft umgesetzt, sodass es zunehmend schwieriger wurde, gesellschaftliche Ereignisse in ihrer tatsächlichen Vielfalt und Breite widerzuspiegeln.[49] In der Folge wurden redaktionelle Arbeitsgruppen gebildet, wobei der Sport 1956 einen Sonderstatus erhielt. 1957 und 1958 entstanden selbstständige Redaktionsbereiche für Wirtschaft und Landwirtschaft.[50] Eine richtige eigenständige Nachrichtenredaktion für die Wortbeiträge wurde erst 1961 gebildet. Zur *Aktuellen Kamera* zählten noch die Produktionsleitung, das Filmarchiv und das politische Kabarett *Tele-BZ*.

Aktuelle Kamera 1952 bis 1954

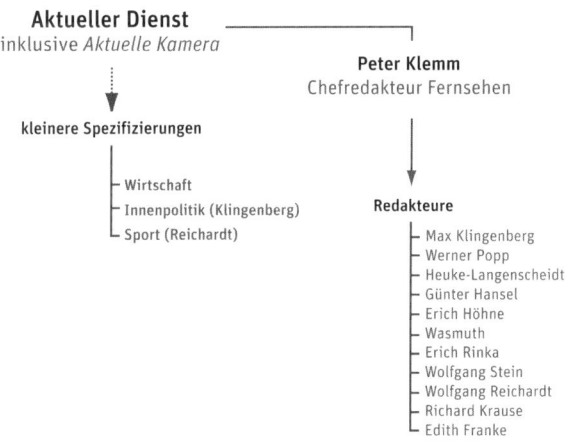

49   Loke 1983, S. 7.
50   Ebd.

37

Die Struktur des Deutschen Fernsehfunks Ende 1959

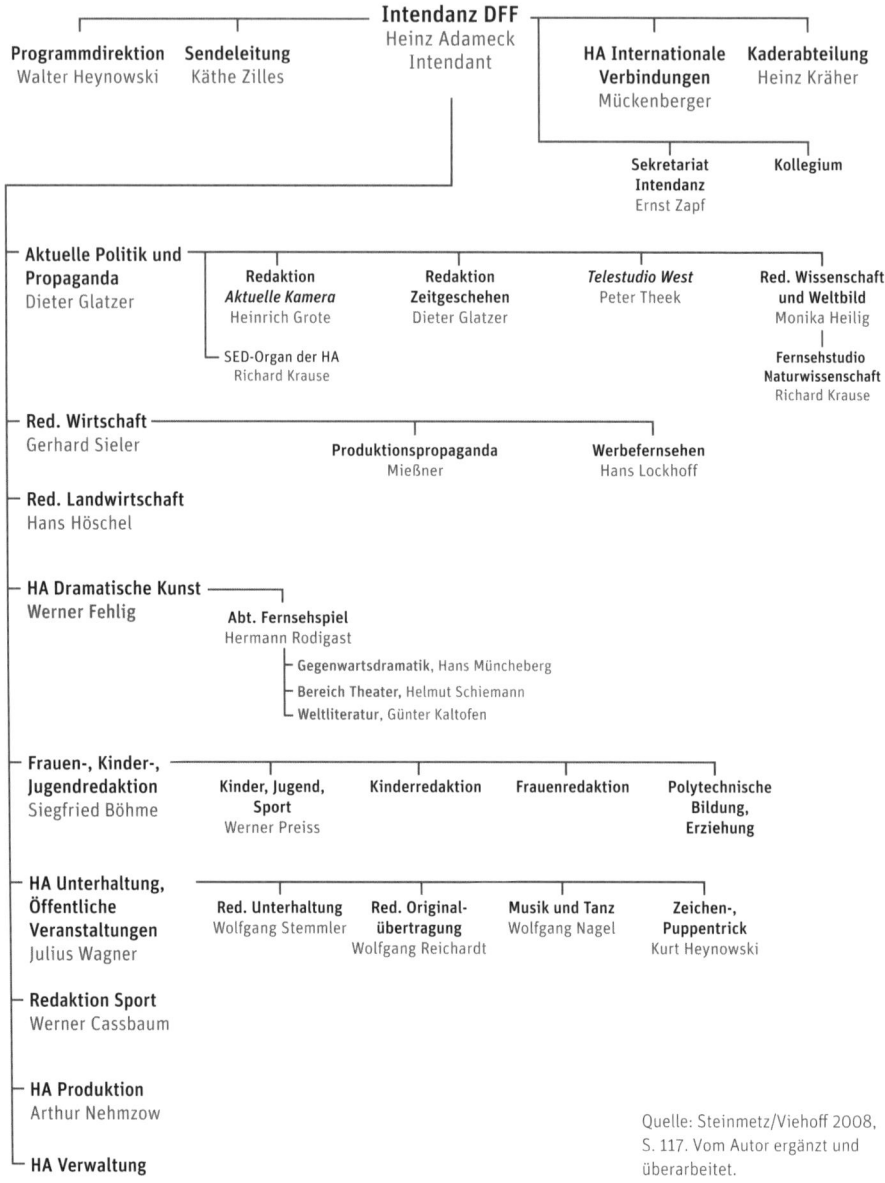

Quelle: Steinmetz/Viehoff 2008, S. 117. Vom Autor ergänzt und überarbeitet.

Eine Untergruppierung der Arbeitsgruppe „Aktuelle Politik" bildete das so genannte „Sachgebiet Konterpropaganda". Da diese Gruppe erst im Entstehen war, hatte sich das Zuständigkeitsgebiet innerhalb der Programmstruktur noch nicht klar abgegrenzt. Ihre Aufgabe sollte darin bestehen, „Argumentationen des Gegners, die in der Diskussion unter der Bevölkerung der DDR eine Rolle spielen", zu widerlegen sowie die „Hintergründe der Politik der Imperialisten und Militaristen insbesondere Westdeutschlands zu entlarven".[51] Eine weitere Arbeitsgruppe mit der Bezeichnung „Zeitgeschehen" hatte sich damit zu befassen, die Arbeit der *Aktuellen Kamera* zu vertiefen. Ihre spezifische Aufgabe war die „propagandistische, ideologisch-erzieherische Darlegung" aktueller Fragen und Probleme.

Nachdem die ersten Ü-Wagen in Dienst gestellt worden waren, mussten auch personelle Veränderungen folgen. Eine Redaktionseinheit mit der Bezeichnung „Aktuelle Gruppe", wurde unter Leitung von Wolfgang Stein gebildet. Diese fest zusammengesetzte Mannschaft unterstand ebenfalls Dieter Glatzer. Außerdem sollten die verschiedenen Formen und Möglichkeiten der Direktübertragungen ausgelotet werden, bei größeren aktuellen Ereignissen, wie beim Sport, bei Übertragungen von Theateraufführungen oder Unterhaltungsabenden.[52]

Aktuelle Kamera ab 1959

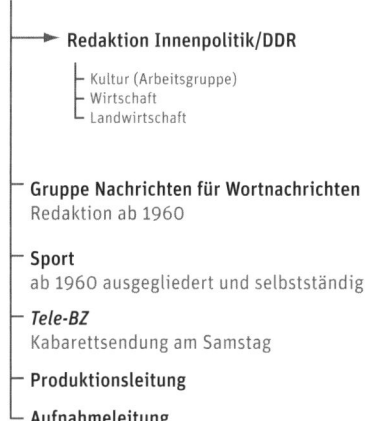

Aktuelle Kamera
Chefredakteur Heinrich Grote
von 4/1956 bis 8/1964
Stellvertreter Erich Friedländer

Redaktion Innenpolitik/DDR
- Kultur (Arbeitsgruppe)
- Wirtschaft
- Landwirtschaft

Gruppe Nachrichten für Wortnachrichten
Redaktion ab 1960

Sport
ab 1960 ausgegliedert und selbstständig

Tele-BZ
Kabarettsendung am Samstag

Produktionsleitung

Aufnahmeleitung

---

51 Aufgaben und Struktur des Programmsektors im Deutschen Fernsehfunk, zur Kenntnis an Intendant Adameck. BArch SAPMO DR 8/7. Deutscher Fernsehfunk, Kollegium, Berlin im Mai 1957. DRA Babelsberg, Schriftgut FS, Sammlung Glatzer: Geschichte des Fernsehens 1952–1961.
52 Schreiben von Heinrich Grote an den Verfasser, 27. Februar 2000.

Aktuelle Kamera **1966 bis 1973**

Günter Klein
Mitglied des Komitees
HA Leiter Aktuelle Politik
ab Ende sechziger Jahre Helmut Lange

↓

Chefredaktion *Aktuelle Kamera*
ab November 1966 Erich Selbmann

— **Wortredaktion Nachrichten**

— **DDR-Redaktion**

— **Außenpolitik, mit Westberlin**
Eigenständigkeit der Westredaktion
aufgehoben, in Außenpolitik integriert

— **Produktionsleitung**

— **Filmarchiv**

— **Politisches Kabarett**
Tele-BZ

- 1. Januar 1965 bis Ende 1966:
  Heinrich Grote Chefredakteur
  für Dokumentationen und Reportagen

- Hubert Kröning war Chefredakteur
  der *Aktuellen Kamera* 1965/1966

- stellvertretende Chefredakteure:
  Werner Schiller, Gerhard Zazworka,
  Erich Friedländer

- die einzigen Korrespondentenbüros:
  Moskau und Warschau

Aktuelle Kamera **1973 bis 1978**

Chefredakteur ——— **Stellvertreter**
Erich Selbmann

┌ Horst Birkner bis 1973
├ Gerhard Zazworka, für die Außenpolitik
└ Günter Leucht, für die DDR-Innenpolitik

— **Redaktion Außenpolitik**
sozialistische Länder
westliche Länder

— **Redaktion DDR**
Protokollgruppe Erika Schmidt
Bezirkskorrespondenten (in fast jedem Bezirk vertreten)

— **Redaktion Nachrichten, nur Wort**
MAZ Gruppe wurde gebildet (Mühmelt, Kramer)
später ausgebaut: 1. Etage Cockpit, 2. Etage MAZ Abteilung

— **Produktionsbereich**
Technik
alle Ü-Wagen
Chefregisseur Rolf Quaas
Stabsorgan Vorplanung

Die Mitarbeiterzahl stieg im Vergleich zu den Mitarbeitern in den Zeitungen innerhalb von wenigen Jahren zu Beginn der fünfziger Jahre überproportional an. Das DFF verfügte 1957 über 996 Planstellen, davon 17 in den Redaktionen „Aktuelle Politik" und 64 in der *Aktuellen Kamera*, plus 10 in der Gruppe „Konterpropaganda". Der Gesamtetat für die 996 Mitarbeiter betrug 7 460 769 Mark, davon für die *Aktuelle Kamera* (64 Mitarbeiter) 691 495 Mark und den 17 Mitarbeitern bei der aktuellen Politik standen 209 130 Mark zur Verfügung.[53]

Die Fertigung von Kurzfilmberichten für die Aktualität war mit erheblichem Aufwand verbunden. Wenn ein Kamerateam sich zur Produktion für einen Filmbericht begab, war eine größere Anzahl von Technikern erforderlich. Gerd Runkehl, ab Juni 1954 persönlicher Referent des Intendanten und danach Aufnahmeleiter bei der *Aktuellen Kamera*, schilderte, wie fünfzehn bis zwanzig Personen zur Produktion eines Filmberichtes zum Drehort fuhren. Dieser immense Aufwand war notwendig, um einen einzigen Filmbericht für die *Aktuelle Kamera* zu produzieren. Der Drehstab (das Team) setzte sich wie folgt zusammen: In einem PKW saßen der Redakteur, der Aufnahmeleiter und der Kameramann. Das zweite Auto war der Kameratransportwagen, der mit dem Kameraassistenten und seinem Fahrer besetzt war. Das dritte Fahrzeug, ein „alter Phänomen", ein Fahrzeug aus der Zittauer LKW-Fertigung (später „Robur") oder ein alter Opel von der UFA, war der Tonwagen. Dieser war mit zwei bis drei Mann besetzt. In einem Bus fanden dann die übrigen Leute Platz, nämlich die Beleuchter und die Bühnenleute. Das fünfte Fahrzeug war ein LKW, auf dem das Material für Bühne und Beleuchtung verstaut wurde. Mit dieser „gewaltigen Streitmacht" fuhren sie dann durch die DDR. Die Kameras waren groß und schwer. Sie hatten lichtschwache Objektive, und das Filmmaterial war auch nicht so empfindlich wie in späteren Jahren.[54]

Alle Programmbeiträge außerhalb der Studios mussten auf 35-mm-Normalfilm produziert werden. Das Fernsehen verfügte noch nicht über eine eigene Aufnahmetechnik, deshalb nutzte der Kameramann Herbert Eckert Verbindungen zu den Zeiss-Werken in Jena. Eckert lieh in Jena unentgeltlich eine französische Debrie-Kamera für das Fernsehen. Zur Konferenz der Außenminister der UdSSR, der USA, Frankreichs und Großbritanniens 1954 in West-Berlin war Eckert als einziger Kameramann des Fernsehens der DDR zugelassen. Für diese Berichterstattung verschaffte er sich eine Handkamera, eine „Cameflex" von der DEFA, die sich allerdings als zu laut erwies.[55]

Die ersten Handkameras wurden aus Frankreich importiert. Vom DEFA-Spielfilmstudio wurden nach und nach zwei gebrauchte Atelier-Tonkameras Typ „Moskwa" nach Adlershof umgesetzt[56]. Einige der Normalfilmkameras hatten

53 Beschlussvorlage 26/57 vom 26.3.1957, DFF, Abteilung Arbeit. SAPMO BArch, DR 8/7.
54 Vgl. Deutsches Technikmuseum Berlin, Depositum Manfred Hempel. PO94. Da diese Schilderung sehr ungewöhnlich erscheint, habe ich am 19. Februar 2000 mit dem ehemaligen Kameramann des DFF Hansi Anderson telefoniert, der mir den Aufwand so bestätigte, wie er in der Runkehl-Schilderung dargestellt wurde.
55 Maschinenschriftliche Erinnerungsaufzeichnung von Herbert Eckert. In: Deutsches Technikmuseum Berlin, Depositum Manfred Hempel. PO94.
56 Ebd.

„Filmdurchsicht", das heißt, der Kameramann konnte das Bild nur durch den laufenden Negativfilm hindurch sehen, der Film diente dabei als Mattscheibe.[57] Um mit dieser unzureichenden Ausstattung überhaupt Filmberichte herstellen zu können, wurde Technik angemietet. Private Aufnahmegruppen mit eigener Ausstattung arbeiteten für das Fernsehen, zum Beispiel die Gruppe Schrader, mit drei Kameraleuten.[58]

Als 1955 die ersten beiden Übertragungswagen aus dem englischen Cambridge gekauft werden konnten, waren Live-Übertragungen möglich. Diese Ü-Wagen waren technische Studioeinrichtungen auf Rädern mit drei Fernsehkameras und einer Richtfunkverbindungsstrecke, die eine Bild- und Tonverbindung zum Studio oder zum nächsten Fernsehsender herstellte.[59] Der Kauf der Übertragungswagen in Großbritannien musste in den Publikationen der DDR verschwiegen werden, weil technische Geräte dieser Art auf den Embargo-Listen standen. Nur weil die britische Firma Pye ihre beiden Ü-Wagen auf der Leipziger Messe offiziell „vergessen" hatte, erhielt die DDR hochwertige Elektronik aus dem Westen und umging die Embargovorschriften. Am 6. Oktober 1955 gab es die erste Außen-Direktübertragung von der Festveranstaltung zum Jahrestag der Gründung der DDR aus der Deutschen Staatsoper Berlin.[60]

Die Unmittelbarkeit, mit der das Fernsehen nun übertrug, faszinierte alle: die Zuschauer und die SED-Spitze. Für Klaus Preisigke war diese „höchste Aktualität von Inhalt und Thematik" einer der „Wesenszüge der sozialistischen Fernsehjournalistik", vorausgesetzt, man würde es in Zukunft zu einem ganz bestimmten eigennützigen Instrument ausbauen wollen.[61]

Ende der fünfziger und Anfang der sechziger Jahre wurde für die aktuelle Berichterstattung schrittweise der 16-mm-Umkehrfilm eingeführt, als Voraussetzung für eine stärkere Profilierung der Aktualität in der Berichterstattung. Die großen 35-mm-Kameras waren für die bewegliche und schnelle Art der Berichterstattung zu unhandlich. Die Fernsehstudios verfügten im Verlauf der fünfziger Jahre zunehmend über eigene Filmtrupps. Um das Material schnell bearbeiten zu können, wurde eine eigene Filmbearbeitungsanstalt gebaut, in der die Filme entwickelt, kopiert, geschnitten und vertont werden konnten. Die Einrichtungen wurden so ausgebaut, dass Filmstreifen, die bis 14.00 Uhr nach Adlershof kamen, am selben Abend um 20.00 Uhr in der *Aktuellen Kamera* gesendet werden konnten. Alle Filmberichte wurden in Schwarzweiß und ohne Ton aufgezeichnet, Synchronaufnahmen in der aktuellen Filmberichterstattung waren nicht möglich.[62]

---

57 Ebd. Bei der Aufnahme diente ein schwarzes Tuch über dem Kopf und der Sucherlupe der Verhinderung des Fremdlichteinfalls.
58 Vgl. Löblich 1989. In: Deutsches Technikmuseum Berlin, Depositum Manfred Hempel, PO94.
59 Vgl. Deutscher Fernsehfunk 1957.
60 Glatzer/Hempel/Schmotz 1972, S. 20.
61 Preisigke 1965, S. 28.
62 Vgl. Löblich 1989. In: Deutsches Technikmuseum Berlin, Depositum Manfred Hempel, PO94.

Durch Verträge mit anderen Fernsehorganisationen und Nachrichtenagenturen wurde es darüber hinaus möglich, Bildberichte aus aller Welt für die *Aktuelle Kamera* zu bekommen. Da es zu dieser Zeit noch keine magnetische Aufzeichnungstechnik gab, wurde mittels einer Filmkamera das ausgestrahlte Bild abgefilmt. Diese Fernsehbild-Aufzeichnungsanlage (FAZ) gab die Möglichkeit, vor allem Direktübertragungen zu einem späteren Zeitpunkt noch einmal zu wiederholen.

Um die Sendungen der *Aktuellen Kamera* auch optisch zu verbessern, wurde neben dem Diapositivgeber ein Abtaster für grafische Vorlagen angeschafft. Es war nun möglich, Fotos und Grafiken auf den Bildschirm zu geben, während der Sprecher „zum Bild" die Nachricht verlas. Ein Auswechseln des Hintergrundes (vor Chromakey) war erst Ende der siebziger Jahre technisch zu leisten.

Im Dezember 1956 unternahm das DDR-Fernsehen einen Schritt in Richtung Anpassung an die Fernsehnormen im Westen. Die Frequenzen wurden von der ORI-Norm auf die in der Bundesrepublik verwendete CCIR-Norm umgestellt. Einer der Hintergründe für diese Umstellung lag in dem häufigen Auftreten starker Störungen, die vom Zusammentreffen der Normen auf den angrenzenden Sendefeldern in den Grenzregionen herrührten. Die anderen sozialistischen Länder dagegen blieben bei der ORI-Norm. Durch diesen Wechsel zur westlichen Fernsehnorm erhoffte sich die DDR-Führung eine verstärkte mediale Einflussmöglichkeit auf den westdeutschen Zuschauer. Ebenso wie die Bundesrepublik ging die DDR noch von einem unteilbaren Deutschland aus und wollte ein Programm für das gesamte deutsche Volk produzieren. Auch der Name Deutscher Fernsehfunk stand hierfür. Der Nachteil für die Parteiführung zeigte sich jedoch bald darin, dass nun auch die Bewohner der DDR das Programm der ARD störungsfrei empfangen konnten.[63]

Eine Aufschlüsselung der Produktionsleitung des DFF verglich 1957 die technische Entwicklung im Fernsehen in Ost und West. Der Deutsche Fernsehfunk sendete Abend für Abend aus einem Sendezentrum mit vier Studios,[64] während der ARD sechs Zentren mit achtzehn Studios zur Verfügung standen, die abwechselnd das Programm gestalteten. In der DDR war außer der Studio-Kapazitätserweiterung in Berlin-Adlershof nur noch für Leipzig ein weiteres Studio ab dem Jahr 1960 geplant, sodass dort zumindest ein weiterer behelfsmäßiger Betrieb möglich wurde. Der Vorsprung des westdeutschen Fernsehens blieb in jedem Fall bestehen.[65]

Drei Übertragungswagen besaß der DFF, die um drei weitere bis 1960 ergänzt werden sollten, während das westdeutsche Fernsehen bereits 1957 mit zwanzig Fahrzeugen dieser Art arbeiten konnte. Zusätzlich gestaltete das westdeutsche

---

63 Mühl-Benninghaus 1999, S. 822.
64 Die Studiokapazitäten ermöglichten die Umsetzung komplexer Sendevorhaben: Studio I: 372 Kubikmeter, 57 Quadratmeter, Studio II: 1 182 Kubikmeter, 120 Quadratmeter, Studio III: 3 102 Kubikmeter, 315 Quadratmeter und Studio IV: 7 161 Kubikmeter, 651 Quadratmeter. Durchschnittlich zeigte das Fernsehzentrum Adlershof etwa zwei Stunden Programm pro Tag. Vgl. DRA Babelsberg, FS, Korrigierter Sendeplan vom 12.1.1953, ebenfalls: DRA Babelsberg, Schriftgut FS, Sammlung Glatzer: Geschichte des Fernsehens 1952–1961. Siehe auch Müncheberg 1984, S. 24.
65 Vgl. Hoff 2002.

Fernsehen zehn Prozent des Programms mit Eurovisionssendungen. Der DFF konnte zunächst wegen der noch fehlenden Leitungs-Verbindungen von den verbündeten osteuropäischen Staaten mit Prag und Warschau keine Sendungen übernehmen.

Die Produktionsleitung befürchtete, dass der technologische Vorsprung der Bundesrepublik weiter wachsen und sich dieses Verhältnis analog zur Gesamtentwicklung zu „Ungunsten der DDR" verschlechtern würde.[66] Die vorhandenen Mittel erlaubten außer dem Aufbau des Studios Leipzig keine Erweiterung der Studiokapazität, die zur Ausweitung des Programms erforderlich gewesen wäre. Das westdeutsche Fernsehen dagegen plane, nach dem Kenntnisstand der DDR-Ingenieure, den Ausbau der Programmangebote auf zwei Fernsehkanäle sowie die Entwicklung von Regionalprogrammen für die Gebiete des Nordwestdeutschen Rundfunks, Hessens und Bayerns. Weiterhin beabsichtige die Bundesrepublik ab 1960 ein Werbefernsehprogramm einzuführen, das als Drittes Programm bezeichnet werden könne.[67]

Dieser fortwährende Vergleich mit der Entwicklung im Westen bestimmte entscheidend die Investitionsvorhaben in der DDR. Zusätzlich instrumentalisierten die direkten Programmverantwortlichen die Fortschritte der Fernsehanstalten im Westen als Druckmittel, um die finanzielle Entwicklung eigener Fernsehprojekte zu erwirken.

Selten dokumentieren Quellen so deutlich DDR-interne Einsichten, in denen resignierend eine technische wie auch finanzielle Überlegenheit der Bundesrepublik aufgezeigt wird. Das Westfernsehen gebe pro Sendeminute durchschnittlich 600 D-Mark aus, beim DDR-Fernsehen koste die Produktion nur 250 Mark der DDR. Mit seinem viel besser ausgestatteten Programm gestalte man im Westen aber lediglich 46 Stunden pro Woche, in der DDR immerhin 52 Stunden. Man müsse sofort mit den Vorbereitungen für das Zweite Programm beginnen und damit am 7. Oktober 1959 auf Sendung gehen. Für dieses Ziel, so die Ingenieure, müssten technische Voraussetzungen geschaffen werden: Zwei Fernsehübertragungswagen, 13 Fernsehkameras, Magnettongeräte, Mikrofone, Dollykräne, Bildaufzeichnungs- und Speicherungsanlagen, vorwiegend aus Großbritannien, den USA, der Bundesrepublik Deutschland und zum Teil aus Frankreich. Die Gesamtkosten würden 7,045 Millionen Mark betragen.

Eine immer größere Rolle, so Adameck, werde das Fernsehen demnächst „als Instrument der propagandistischen Arbeit spielen". Die Aufgabe, die der V. Parteitag der SED festgelegt hatte, betraf „die Fragen der politischen Ökonomie" und sollte vor „Millionenmassen der Bevölkerung" diskutiert werden, um so ein reges „geistiges Leben zu entfalten". Eine derartige Entwicklung sollte nach Auffassung Adamecks mit dem Fernsehprogramm vermittelt werden.[68]

66   Zahlenmaterial über die Entwicklung des Rundfunks und des Fernsehens, 10.12.1957. Willy Posch. SAPMO
      BArch, DY 30/IV 2/9.02/84.
67   Ebd.
68   DRA Babelsberg, Schriftgut FS, Sammlung Glatzer: Geschichte des Fernsehens 1952–1961.

Die Konkurrenz in Westdeutschland trieb indirekt die Programmüberlegungen in der DDR voran, da sich in diesem Wettlauf der Osten Deutschlands stets als Nachzügler erwies. Die „Siebenjahrkommission" hatte sich 1959 mit Plänen für den Aufbau eines zweiten Fernsehprogramms in der DDR beschäftigt. Die relativ schnelle Entwicklung in der Bundesrepublik für ein Programm neben der ARD hatte die DDR überrascht. Analog zu den Ingenieuren schrieben besorgt am 5. Mai 1960 Horst Sindermann und Emil Dusiska, Dekan der Fakultät Sektion Journalistik der Karl-Marx-Universität Leipzig, an Erich Apel vom ZK der SED. Um die Fernseh-Entwicklung in der DDR zu befördern, schilderten sie die Entwicklung im Westen in überzogener Weise. Es sei die „erklärte Absicht des Gegners", das eigene Programm zu einem „politischen Hetzprogramm" zu machen, das ausschließlich dem „Kalten Krieg gegen die Deutsche Demokratische Republik" diene. Der politische Gegner habe sogar noch weiter reichende Pläne. In dieser „neuen, gefährlichen Situation" sei es unbedingt notwendig, dass das Politbüro eine Entscheidung über den sofortigen Aufbau eines Zweiten Fernsehprogramms treffe.[69] In demselben Schreiben wurde gefordert, die Sendetechnik zu erweitern und zu komplettieren und weitere Studios einzurichten. Die Industrie der DDR müsse mit der Produktion von Zusatzgeräten für den Empfang des Zweiten Fernsehprogramms beginnen.

Aus Devisenmangel musste die DDR zunächst auf die Pläne für eine Programmerweiterung verzichten. Mit Bedauern wurde in einer internen Einschätzung festgehalten, dass „das technisch wirksamste Instrument unseres politisch-ideologischen Kampfes, nach Westdeutschland ein II. Fernsehprogramm" auszubauen, vorerst nicht möglich war. Der Druck direkt auf den Ministerrat, das Fernsehen mit Sondermitteln auszustatten, um der technologischen Entwicklung des Westens folgen zu können, erwies sich als berechtigt. Das ZDF begann mit einem zweiten westdeutschen Programm am 1. April 1963, das 2. Programm des DDR-Fernsehens erst am 3. Oktober 1969.

Auch an den Planungen für ein zweites Programm mit der Farbfernsehtechnik wurde ständig weiter gearbeitet. Zunächst sollte das zweite Programm als selbstständige Einrichtung entstehen, mit eigener Intendanz und unabhängiger Programmstruktur.[70] Die Entscheidung fiel für die französische Secamtechnik, die auch in der Sowjetunion eingesetzt wurde. Die Tatsache, dass die Bundesrepublik ein technisch besseres und stabileres Farbsystem eingeführt hatte, so Günter Nerlich, hätte de Gaulle angestachelt, diese „nationale Schmach" wettzumachen: „Er (de Gaulle) traf mit Breschnew ein Abkommen, in dem er weitgehende technische Unterstützung für das sowjetische Fernsehen versprach, und im Gegenzug dafür sollte die Sowjetunion und der gesamte Ostblock das Secamverfahren übernehmen. Das wurde administrativ durchgesetzt, und so kam auch das DDR-Fernsehen zum Secamverfahren. Es geschah also indirekt auf politischen Druck Frankreichs. De Gaulle hatte modernste Technik und ein Röhrenwerk mit Schlitzmaskentechnik zugesagt (ähnlich wie die Sony-Trinitron-Röhre). Doch keines dieser Versprechen wurde eingehalten.

69 SAPMO BArch, DY 30/IV 2/9.02/127.
70 Hickethier 1998, S. 311f.

Dieser Umstand hat die technische Entwicklung des DDR-Fernsehens außerordentlich behindert, weil die französischen Techniker nicht in der Lage waren, die erforderlichen Geräte zu liefern. So wurde intern in der Adlershofer Sendezentrale mit PAL-Technik gearbeitet und nur nach außen im Secamverfahren gesendet."[71] Die Programme des Westens konnten mit einem Secam-Gerät in der DDR nur in Schwarzweiß empfangen werden. Die bunten Werbespots der Bundesrepublik blieben im Osten farblos, der Werbeeffekt der Konsumgüter-Industrie konnte technisch verringert werden. Zudem wurde das Bild bei Farbübertragungen aus dem Westen unscharf.[72]

Zeitgleich mit dem Beginn des zweiten Fernsehprogramms in der DDR wurde am 3. Oktober 1969 der Fernsehturm in Berlin mit einer Höhe von 365 Metern in Betrieb genommen. Erstes und Zweites Programm strahlten zeitgleich die *Aktuelle Kamera* aus, in Farbe allerdings erst ab 1974.[73] Da die Reichweite des Zweiten Programms bei der Einführung noch begrenzt war (1970 verfügten nur 0,2 Prozent der Haushalte in der DDR über ein Farbfernsehgerät), wurden die Farbsendungen zunächst im Ersten Programm in Schwarzweiß ausgestrahlt und später im Zweiten Programm in Farbe wiederholt. So hatte das neue Programm schnell das Image eines Nachspielprogramms.[74]

Was für die Film- und Kameratechnik zutraf, galt auch für die Studiokonzeptionen. In Adlershof war am 1. April 1970 Baubeginn für einen neuen Fernsehstudio-Komplex. Im Mai 1973 wurden Regie und Studio III auf Farbfernsehtechnik umgerüstet, regelmäßig erschienen nun Sendungen im Ersten Programm in Farbe. Bauliche Einweihungen und festliche Übergaben wurden möglichst auf Jahrestage gelegt. Im Mai 1976 wurden zum IX. Parteitag der SED der Vorproduktions-Studiokomplex S 1 und das aktuelle Sendezentrum S5a in Betrieb genommen. Die ersten beiden Studios des neuen Studiokomplexes hatten ihren Produktionsbeginn in Berlin-Adlershof bereits im März 1976 gehabt.

Ab 1973 wurden auch Farbsendungen im 1. Programm ausgestrahlt. Bei einer Gesamtsendezeit von 130 bis 135 Stunden in der Woche betrug der Anteil der Farbsendungen 1978 etwa 80 Stunden. Im Jahre 1980 war dann das Fernsehsendernetz insgesamt (Schwarzweiß und Farbe) so ausgebaut, dass rund 95 Prozent der Bevölkerung das Erste Programm und 76 Prozent das Zweite Programm empfangen konnten. 1978 gab es in der DDR 5,5 Millionen Fernsehgeräte in den Haushalten, davon 300 000 Farbgeräte. Die Umstellung auf Farbe schritt relativ schnell voran, bereits Mitte der siebziger Jahre war der Übergang zum Farbprogramm im Wesentlichen vollzogen, ein knapp 15-prozentiger Anteil von Schwarzweißsendungen blieb übrig.[75] Das Straßfurter Werk hatte einen volltransistorisierten Farbfernsehempfänger, den

71   Nerlich 2000, überarbeitet 2008.
72   Friedrich-Ebert Stiftung 1979, S. 33.
73   DRA Babelsberg, Schriftgut FS, Sammlung Glatzer: Geschichte des Fernsehens 1966–1971.
74   Hickethier 1998, S. 313.
75   Weiterführend hierzu auch Publikationen (Broschüren) der Geschichtskommission des Fernsehens der DDR 1982.

„Color 20" entwickelt. Die Bildröhre hatte einen Durchmesser von 59 cm bzw. 61 cm, sie wurde vornehmlich in die Sowjetunion exportiert.

Die technische Entwicklung in der DDR war durch die Embargo-Liste stark beeinträchtigt. Auch in späteren Jahren standen 2-Zoll-Magnetaufzeichnungsanlagen von Ampex auf dem Index. Um Fernsehaufzeichnungen möglich zu machen, musste in Adlershof in mühsamer Handarbeit von den Technikern die Ampex-Anlage nachgebaut werden. Sie stand in einem besonderen Raum und wurde wie ein Staatsgeheimnis gehütet.[76]

Mit dem neuen Fernsehsendekomplex S5a (a für Anbau), der 1976 fertig wurde, veränderten sich auch die Arbeitsabläufe in der Nachrichtenredaktion der *Aktuellen Kamera*. Hier entstand das, was neudeutsch „Newsroom" genannt wird. In Adlershof hieß der Redaktionskomplex schlicht „Kommandozentrale" und intern immer „Cockpit". An einem halbrunden Arbeitstisch saßen die leitenden Redakteure des Tages. Mit dazu gehörte ein Großraumbüro für die diensthabenden Journalisten, daneben lagen Regie, Filmschnitträume und Bildredaktion. Diese Form des Großraumbüros und die damit verbundene engere Sitzordnung führte zu zwei organisationstechnischen Veränderungen. Zum einen verkürzten sich die Kommunikationswege, zeitaufwändige Wege entfielen. Zum anderen ermöglichte diese Form der redaktionellen Enge einen vereinfachten Überblick für den jeweils verantwortlichen Redakteur. Da alle Ressorts der Sendung so direkt beieinander saßen, waren Änderungen und Kontrollen erleichtert. Die Vorzüge der unmittelbaren Kommunikation wurden für die Prägung der Sendung genutzt.

In der gesamten Etage über dem „Cockpit" im Sendekomplex S5a befand sich der elektronische Aufzeichnungs- und Bearbeitungsbereich. Für die damalige Zeit war diese technische Ausstattung modern. Der neue Sendekomplex bedeutete erheblich veränderte Arbeitsabläufe. Die Redaktion musste entsprechend qualifiziert werden. Dazu zählte das Führen handhabbarer Sendeablauflisten oder das Formulieren sinnvoller Übergänge von einer Wortnachricht zu einem Filmbeitrag, bzw. die Kombination von Korrespondentenberichten und Agenturmeldungen von ADN, um nachvollziehbare Sendeanteile zu fertigen. Dazu zählte auch das Auswerten von internationalen Bildquellen, die der Redaktion der *Aktuellen Kamera* per Bildleitung zur Verfügung standen (Eurovision News). Die Korrespondenten der *Aktuellen Kamera* im Ausland kamen aufgrund ihrer schlechteren Produktionsbedingungen selten an die relevanten Bildquellen heran, was eine Nutzung der Eurovision News (EVN) notwendig machte. Das aktuelle Bildmaterial der internationalen Ereignisse wurde dann kombiniert und mit der Einschätzung des Korrespondenten im Bild zusammengeführt.[77]

Der neue Sendekomplex S5a entstand in vier Abschnitten. 1974 wurde der erste Abschnitt für den Ausbau der *Aktuellen Kamera* abgeschlossen. Man rekonstruierte das Studio 5, das nur noch für Live-Sendungen zur Verfügung stand. 1976 erfolgte der Abschluss des Ausbaus von Studio 5 mit dem Technikkomplex S5a, allerdings

---

76   Nerlich 2000, überarbeitet 2008.
77   Interview Meier 1999.

noch ohne eigene MAZ-Technik. Alle im separaten *Aktuelle Kamera*-Komplex ankommenden und abgehenden Signale konnten dort beobachtet und später auf Videorekordern (1/2-Zoll-VCR-Standard) für redaktionelle Arbeiten aufgezeichnet werden. 1976 wurde auch das erste elektronische Schnittsystem von der Firma Bosch eingerichtet.[78] Diese technische Verbesserung der Arbeitsbedingungen für die Redaktion bedeutete, dass ihnen vergleichbare Produktionsbedingungen wie beispielsweise der *Tagesschau* in Hamburg zur Verfügung standen. Die Technik, wenn auch in geringerer Stückzahl, hatte sich analog zum westlichen Standard entwickelt.

Die U-matic-high-Technik kam erst nach dem Honecker-Besuch in Japan 1984 ins DDR-Fernsehen. Erste Erfahrungen mit dieser neuen elektronischen Schnitttechnik hatte Ulrich Meier bereits viel früher gesammelt. Im Juni 1964 reiste der sowjetische Ministerpräsident Chruschtschow durch Skandinavien, am 24. Juni 1964 taufte seine Frau in der Göteborger Werft ein Schiff auf den Namen „Karl Lené". Die Fernseh-Bilder wurden von Meier in Berlin-Adlershof bearbeitet und am selben Abend in der *Aktuellen Kamera* ausgestrahlt. Dabei wurden, so Meier, seines Wissens zum ersten Mal MAZ-Berichte in die Sendungen der *Aktuellen Kamera* eingespielt. Die *Aktuelle Kamera* hatte sich den technischen Entwicklungen auf dem Weltelektronikmarkt angepasst, mit zeitlichen Verzögerungen und stets mit einfacheren Schritten.

---

78   Das Schnittsystem der Firma Bosch bestand aus drei BCM40E mit ESC40-Geräten und stand in dem Gebäudekomplex R1.

Partei und Presse neuen Typs

Das Selbstverständnis sozialistischer Pressepolitik lässt sich nur erfassen, wenn einige Grundprämissen der marxistisch-leninistischen Weltanschauung verdeutlicht werden. Zum Gesamtverständnis der Pressepolitik in der DDR – und damit eng verbunden der Inhalte und Ausrichtung der *Aktuellen Kamera* – ist eine Einführung in die ideologischen Grundlagen der DDR unverzichtbar. Die ostdeutsche Variante der marxistisch-leninistischen Weltanschauung stand von Beginn an unter Erklärungs- und Rechtfertigungsdruck. Seit den noch weitgehend freien Oktoberwahlen 1946, bei denen die SED nicht die Mehrheit aller Stimmen bekam, entwickelte sich der zentral gesteuerte Machtausbau. Die SED ging nicht mehr darauf ein, sich einem demokratischen Votum zu stellen. Die Machtsicherung erfolgte über die zentral geleitete Planwirtschaft sowie eine Zentralisation und Konzentration der Staatsorgane.[1] Durch die Verknüpfung von parteiinternen Organisationsstrukturen mit staatlichen und gesellschaftlichen Erfordernissen wollte die SED ihre Rolle als Staatspartei sicherstellen.[2]

Otto Grotewohl entwickelte auf der 1. Parteikonferenz 1949 die Anforderungen an die SED als „Partei neuen Typs".[3] Grotewohl erwirkte eine umfassende Ideologisierung, in dem er der Partei vermittelte, dass der Leninismus der unverfälschte Marxismus sei, der von Lenin und Stalin in der Epoche des Imperialismus weiterentwickelt worden sei.[4] Davon leitete Grotewohl ab, dass die Leitungsfunktionen ab sofort nicht mehr paritätisch mit je einem Mitglied der KPD und der SPD besetzt wurden. Das Prinzip galt als überlebt.[5]

Mit den Beschlüssen der Partei waren wichtige Voraussetzungen für die weitere Zentralisierung der politischen und ökonomischen Strukturen im Rahmen eines künftigen ostdeutschen Teilstaates erreicht. Mit der Gründung der DDR am 7. Oktober 1949 wurde die SED offiziell als Staatspartei proklamiert. Ab August

1 Malycha 2000, S. 510.
2 Schroeder 1998, S. 61.
3 Vgl. Lenin 1988.
4 Protokoll der 1. Parteikonferenz der SED. Vgl. Sozialistische Einheitspartei Deutschlands 1949, S. 373.
5 Ebd., S. 376.

1950 bildete sich der zentrale Parteiapparat so heraus, dass die Parteiführung ihren totalen Anspruch auf Staat und Gesellschaft geltend machen konnte. Alle politisch bedeutsamen Entscheidungen der Volkskammer, der Regierung und der einzelnen Ministerien mussten zukünftig im Politbüro beziehungsweise im Sekretariat eingereicht werden. Regierung und Ministerien der DDR wurden zum Ausführungsorgan der SED-Führung degradiert. Anstelle des Parteivorstands trat das Zentralkomitee, und das Zentralsekretariat wurde durch das Politbüro endgültig ersetzt. Da das Zentralkomitee in der Regel nur vierteljährlich zusammentrat, blieb die ihm laut Statut vorgeschriebene Führungsposition reine Fiktion, es mutierte zum Deklamationsgremium, in dem die Beschlüsse des Politbüros zu sanktionieren waren.

Die eigentliche Führung der Partei lag in den Händen der Politbüromitglieder und im Sekretariat des Zentralkomitees, wobei eine eindeutige Aufgabenabgrenzung zwischen beiden Gremien nicht existierte.[6] Der hauptamtliche Apparat des Zentralkomitees und die einzelnen Abteilungen unterstanden unmittelbar dem Sekretariat und damit dem Generalsekretär. Über die Aufnahme von Mitgliedern ins Zentralkomitee befand formell der Parteitag durch Abstimmung. Faktisch unterbreitete jedoch das Politbüro dem Parteitag einen Wahlvorschlag, dem in der Regel einstimmig gefolgt wurde. Auf diese Weise wurden Generalsekretär, Politbüro und ZK-Sekretariat in die Lage versetzt, sich ihr Wahlgremium selbst zusammenzustellen.[7]

Die Interventions- und Kontrollpolitik durch die Partei führte zu einem Mangel an kollektiver Willensbildung und Entscheidungsfindung. Selbst das Politbüro, das als kollektives Leitungsgremium konzipiert war, stellte kein Gremium mit kollektiver Willensbildung dar. Die einzelnen Mitglieder des Politbüros hatten eigene Kompetenzbereiche, die zentralen Beschlussvorgaben liefen jedoch über den Generalsekretär, der sich in Zweiergesprächen (Honecker/Herrmann) abstimmte. Die Schlussverantwortung lag beim Generalsekretär, nachdem die Entscheidungen in einem von ihm zu Rate gezogenen Kreis von Politbüromitgliedern abgestimmt worden waren. Die Strukturen unterhalb von Politbüro und Zentralsekretariat hatten organisatorischen Charakter, fügten sich aber den vom Generalsekretär getroffenen Beschlüssen. Einige Sekretäre des ZKs der SED hatten Ressortverantwortungen und leiteten Kommissionen und Arbeitsgruppen beim Politbüro.

---

6   Herbst/Stephan/Winkler 1997, S. 31f.
7   Hertle/Stephan 1997, S. 24.

Medienpolitische Strukturen

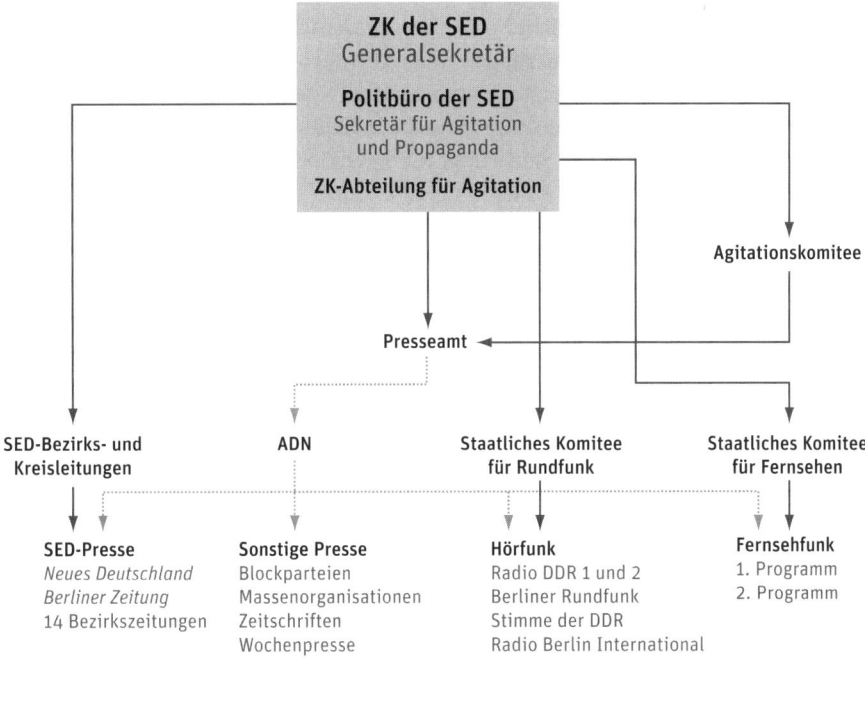

ZK der SED
Generalsekretär

Politbüro der SED
Sekretär für Agitation
und Propaganda

ZK-Abteilung für Agitation

Agitationskomitee

Presseamt

SED-Bezirks- und Kreisleitungen	ADN	Staatliches Komitee für Rundfunk	Staatliches Komitee für Fernsehen
SED-Presse	**Sonstige Presse**	**Hörfunk**	**Fernsehfunk**
Neues Deutschland	Blockparteien	Radio DDR 1 und 2	1. Programm
Berliner Zeitung	Massenorganisationen	Berliner Rundfunk	2. Programm
14 Bezirkszeitungen	Zeitschriften	Stimme der DDR	
	Wochenpresse	Radio Berlin International	

→ Weisungskompetenz
┈┈▶ Informationsweg

Das institutionalisierte Machtmonopol beanspruchte die „Kompetenzkompetenz"[8] für alle Lebensbereiche. Entscheidungen wurden entweder ex ante von der Partei getroffen oder waren ex post von ihr zu bestätigen. Insofern gab es keine Eigen-kompetenzen außerhalb der Partei. Der Grad der Kompetenzdifferenzierung zeigt sich im Konfliktfall, und im Konfliktfall konnte sich die Partei immer durchsetzen. Für das Funktionieren dieses sich als „Arbeiter- und Bauernstaat" bezeichnenden Staates galt ein Prinzip: die führende Rolle der SED in Staatsapparat und Gesellschaft. Ein straffer organisatorischer Aufbau sicherte den Machtanspruch der SED-Führung. Als Vorbild schuf sich die Partei gemäß dem Beispiel KPdSU eine Organisationsstruktur nach dem Prinzip des „Demokratischen Zentralismus". Dieses leninistische Prinzip bedeutete eine strikte Hierarchisierung von Partei, Staat und Gesellschaft, wobei sich die jeweils untere Funktionsebene der höheren unterzuordnen hatte. Das Attribut „demokratisch" stellte angesichts des praktizierten administrativen Zentralismus nur eine leere Floskel dar.

8   Lepsius 1994, S. 18.

Der „Demokratische Zentralismus" war darauf ausgerichtet, die führende Rolle der Arbeiterklasse in der sozialistischen Gesellschaft und im sozialistischen Staat zu verwirklichen und das einheitliche Wirken aller gesellschaftlichen Kräfte zu gewährleisten. Fraktionen und Gruppierungen innerhalb der Partei galten als unvereinbar mit dem marxistisch-leninistischen Charakter des Organisationsprinzips.

Mit einem tendenziell totalen Zugriff auf die Individuen und sozialen Verhältnisse war die DDR mit Mitteln der Steuerung, Manipulation und Gewalt eine moderne Diktatur.[9] Definiert man – in Anlehnung an Hannah Arendt und Emil Lederer – diesen Zugriff mit massivem Terror und permanenter Dynamik, war das nationalsozialistische Regime totalitärer und brutaler. Jürgen Kocka ist zuzustimmen, wenn er für die Verwendung eines engen Begriffs von „stalinistisch" plädiert, und zwar zur Charakterisierung einer spezifischen, vergleichsweise totalitären Phase oder Variante kommunistischer Diktaturen.[10] Dieser stalinistische Anspruch legitimierte die Partei, in allen Organisationen zu intervenieren und deren Zuständigkeiten zu durchbrechen. Dies galt gegenüber dem Ministerrat ebenso wie gegenüber der Gewerkschaft, die als eigenständige Vertreterin von spezifischen Interessen durch die „Kompetenzkompetenz" des Politbüros bewusst gelähmt wurde.

Den direkten Zugriff auf die Presse als Instrument des politischen Apparates legitimierte am 3. Juni 1950 der Parteivorstand der SED mit dem Beschluss „Über die Verbesserung der Parteipropaganda". Darin verpflichtete der Parteivorstand die Redaktionen zur Propagierung des Marxismus-Leninismus und zum Erfahrungsaustausch über die propagandistische Arbeit. Zur besseren Schulung der Journalisten wurde gleichzeitig die Einführung des einheitlichen Parteilehrjahres beschlossen.[11] Damit begann nur vier Monate nach der Gründung der DDR im Februar 1950 eine neue Etappe in der Entwicklung der DDR-Presse. Nachdem sich die SED zu einer Partei nach sowjetischem Vorbild entwickelt hatte, wurde nun auch das Pressewesen entsprechend ausgerichtet. Hervorzuheben sind vier so genannte „Pressekonferenzen" in den Jahren 1950 bis 1964. Diese Pressekonferenzen dienten der politischen Richtungsgebung und den Zielvorgaben durch die Parteispitze. So pries Chefideologe Albert Norden auf der 3. Pressekonferenz im Jahr 1958 das Fernsehen als ein völlig „neues Kind unserer sozialistischen Journalistik". Die Steigerung der Anzahl der Fernsehapparate, so Norden, gehe aus Sicht der politischen Führung noch nicht schnell genug, denn die „Anforderungen der Bevölkerung seien größer, als die Industrie sie bis jetzt zu befriedigen vermag".[12] Das Fernsehen sei zwar noch der kleinere Bruder des Rundfunks, aber schon bald könne dies umgekehrt sein, denn „die stürmische sozialistische Umgestaltung auf allen Gebieten" werde sich auch auf die Entwicklung des Fernsehens auswirken.[13] Das Fernsehen müsse zu einem „Hauptinstrument" bei der sozialistischen Umgestaltung werden, so Norden.

---

9   Vgl. Meuschel 1992; sowie Meuschel 1993.
10   Kocka 1993, S. 24.
11   Raue 1986, S. 263.
12   Ebd., S. 10.
13   Ebd., S. 54.

Je geschickter es die Fernsehredakteure verstünden, in „bestimmten Sendungen politisch-ökonomische Aufklärung und Belehrung mit unterhaltenden Elementen zu verknüpfen", umso größere Wirkungen könnten sie erzielen.[14]

Die Vorstellungen vom Berufsbild des Journalisten in Ost und West gingen auseinander. Aufgabe einer funktionierenden demokratischen Presse ist die möglichst umfassende Information des Bürgers über die Vorgänge des staatlichen, politischen und gesellschaftlichen Lebens. Journalisten verbreiten täglich Nachrichten, Meinungen und Informationen an ein Millionenpublikum, sie agieren als „Anwälte" ihrer Leser, Hörer und Zuschauer. Die Rolle des Journalisten wird deshalb gern mit dem Bild des „Gatekeepers" (Schleusenhüters, Torwächters) beschrieben. Der Gatekeeper entscheidet, wer oder was das Tor passieren darf, welche Nachricht „durchkommt" und in einer Zeitung, einem Radiobericht oder einer Fernsehnachrichtensendung Platz findet.[15] In jedem Fall ist der Journalist Vermittler von Informationen, ein Moderator des öffentlichen Gesprächs.[16] Um den Unterschied zum westlich pluralistischen Journalismus zu verdeutlichen, sei hier auf die wesentlichen Pressekodizes und Berufsgrundsätze verwiesen: Europäisches Communiqué der journalistischen Berufsgrundsätze, Berufsgrundsätze der internationalen journalistischen Föderation, UNESCO-Mediendeklaration und nationale Pressekodizes wie beispielsweise in Österreich, Deutschland und der Schweiz.[17] Sie alle dienen der Selbstkontrolle der Medien und versuchen vor Missbrauch der Medienfreiheit zu schützen. Zu den Berufsgrundsätzen wird im Allgemeinen das Streben nach Wahrhaftigkeit gezählt, eine Richtigstellung unzutreffender Mitteilungen (Recht auf Gegendarstellung) sowie ein Festlegen der Journalisten auf verantwortungsethisches Handeln. Diese Paradigmen einer ausgewogenen Presse-Handhabung wurden in keiner Manifestation der DDR erwähnt.

Die Vorstellungen von der Funktion der Presse in der „sozialistischen Gesellschaft" standen konträr zu den westlichen Auffassungen. Den Vorstellungen der SED lag das Bild eines planmäßig geförderten Prozesses zugrunde, dessen Ziel der Aufbau des Sozialismus ist. Die ideologische Einbindung ins marxistisch-leninistische Denksystem wurde als „conditio sine qua non" des Journalistenberufs akzeptiert. Vor diesem Hintergrund waren Pressefreiheit und Erziehung zur parlamentarischen Demokratie nicht mehr Schlüsselbegriffe der Nachkriegspolitik in der SBZ. Der deutsche Journalismus geriet gleich zu Beginn der Neuordnung mitten hinein in die großen politischen Auseinandersetzungen. Journalistische Freiheit als Bestandteil der Pressefreiheit im Sinne einer pluralistischen Medienvielfalt und nicht lediglich eines Gesinnungsfreiraums war in der SBZ kein Denkmodell.

In der Rolle des Agitators hatte die Presse politische Überzeugungsarbeit im Sinne der marxistisch-leninistischen Weltanschauung zu leisten. Außerdem fiel ihr als Organisator die Aufgabe zu, für die praktische Umsetzung der Ideen und

---

14   Ebd., S. 60.
15   Mast 1998, S. 39.
16   Pürer 1991, S. 4.
17   Ebd., S. 4ff.

die direkte Anleitung zum Handeln zu sorgen. Josef Stalin prägte dafür den Begriff des „Transmissionsriemens" zur Übertragung des Willens der kommunistischen Partei.[18] Vor diesem Hintergrund wurde die Parteilichkeit der sozialistischen Presse zum Prinzip der bolschewistischen Pressearbeit. Nichts durfte sie mit dem „bürgerlichen Objektivismus" der demokratischen Presse verbinden, die in Wahrheit nur die kapitalistischen Interessen vertrete.[19] Die Parteilichkeit setze ständige Wachsamkeit gegenüber allen feindlichen Einflüssen voraus. Alles Gerede über ‚objektive Berichte' sei liberale Heuchelei, so der sowjetische Pressetheoretiker Wladimir Kusmitschew im Jahre 1930, „die Aufgabe des Nachrichtenwesens bestehe einzig in der Erziehung der Werktätigen unter allgemeiner Führung der Partei zu ganz bestimmten Zwecken".[20]

Den Filter für verbreitungsrelevante Nachrichten leiteten die Theoretiker aus der These ab, der entscheidende Unterschied des Sozialismus zu allen vorangegangenen historischen Epochen bestehe darin, dass die „Bewusstheit der Menschen eine objektiv notwendige Bedingung seiner Errichtung und Entwicklung" sei.[21] Die Rechtfertigung für die Richtigkeit ihres Handelns leiteten sie davon ab, dass die Grundinteressen aller Menschen mit den gesellschaftlichen Erfordernissen übereinstimmten. Die Folge war, dass Journalisten in der DDR zu Funktionsträgern wurden. Der Staat hatte ihre Schlüsselstellung in der Meinungs- und Willensbildung erkannt und zwängte sie in ein System kollektiver Normen.[22] Der im Gegensatz hierzu in den Presse- und Journalistenkonferenzen geäußerte Vorwurf, den Redakteuren mangele es an Parteibewusstsein, sie drohten zu verbürgerlichen in ihrer ideologischen Sorglosigkeit, war Ausdruck von fehlender Initiative und Selbstverantwortung und reflektierte jene Angst, die aus der Überwachung aller durch alle erwuchs.

Folgerichtig wurde der Journalismus in der DDR als eine Art Bindeglied der Partei zur Bevölkerung gesehen. Er nehme einen besonderen Platz ein, weil nur er in der Lage sei, diese „unmittelbare Verbindung" herzustellen. Das Grundprinzip hieß Parteilichkeit. „Parteilich ist demzufolge jeder Journalismus, sei es bürgerlicher oder sozialistischer"[23], es unterscheide sich allerdings die Art der Parteilichkeit. „Das Proletariat erhebt die Parteilichkeit zum Prinzip", zum verbindlichen Handlungsgrundsatz für seine Vertreter, auch für die sozialistischen Journalisten. Das Prinzip der Parteilichkeit bestehe in der bewussten und offenen Parteinahme für die Interessen und Ziele der Arbeiterklasse und des gesellschaftlichen Fortschritts auf der Grundlage des Marxismus-Leninismus als deren wissenschaftlicher Begründung.[24]

Dieses Prinzip sozialistischer Parteilichkeit wurde durchgehalten bis zum Herbst 1989, nicht jedoch das andere Prinzip, das der Wahrheitstreue. An diesem Punkt

18   Stalin 1951, S.11.
19   Ebd., S. 37.
20   Dovifat 1953, S. 37.
21   Karl-Marx-Universität Leipzig, Sektion Journalistik 1968, S. 4.
22   Herrmann 1957, S. 75.
23   Hegel 1966, S. 417f. Hegel nannte in seiner „Enzyklopädie der philosophischen Wissenschaften" (1830) die Forderung nach unparteilicher Geschichtsschreibung „nüchternes, selbstgefälliges Gerede" und verteidigte die Parteilichkeit, worunter er Forschung entsprechend einem Interesse, einem Zweck, verstand.
24   Karl-Marx-Universität Leipzig, Sektion Journalistik 1980, S. 102f.

wird einer der großen Widersprüche zwischen Theorie und Praxis deutlich. Was Wahrheit ist, beantwortete die marxistisch-leninistische Erkenntnistheorie folgendermaßen: „Wahrheit (bzw. Wahrsein) ist (...) die Übereinstimmung von Behauptungen mit objektiv-realen oder abhängig von der objektiven Realität existierenden Sachverhalten."[25] In der praktischen Umsetzung allerdings konstatierte das Politbüro für sich die Unfehlbarkeit in der Entscheidungsfindung und entschied, was als wahr zu gelten habe und was nicht. Ein Anspruch, der mit seinen Widersprüchen und seiner dogmatischen Haltung letztendlich zum Zusammenbruch des Systems beitrug. Auffassungen von Wertneutralität einer Wirklichkeitsvermittlung fanden in diesem Gesellschaftssystem keine Berücksichtigung. Das Problem der Objektivität von Nachrichten in pluralen Systemen war für den sozialistischen Journalisten nur ein graduelles und kein prinzipielles.

Wegen der „Parteilichkeit des historischen Materialismus" galt es für marxistisch-leninistische Pressetheoretiker, so Elisabeth Herrmann, als erwiesen, dass man nur durch den Marxismus-Leninismus zu objektiven Erkenntnissen kommen konnte.[26] Analog zu dem Wissenschaftsverständnis des Marxismus-Leninismus wurde das Ausgrenzungsprinzip auf die Ebene der Nachrichtengebung transformiert.

Der Journalist war im Sinne der Staats- und Parteiführung in der DDR ein Funktionsträger, ein Funktionär, der seine Fähigkeiten nur so einsetzt, wie sie dem Staat und seiner Machtpolitik dienstbar wurden. Diese Charakterausprägungen eines journalistischen Funktionärs reklamierte die DDR für sich: Ergebenheit und ständige Einsatzbereitschaft waren die Forderungen an den „Menschen neuen Typs". Mit der totalen Politisierung nahm der Staat den Journalisten ihr politisches Eigenleben und förderte die Funktionsträger, die jederzeit aus Zweckmäßigkeitsgründen auswechselbar waren.[27] Im Wörterbuch der sozialistischen Journalistik ist die Definition des Journalisten aufgeführt:

Der sozialistische Journalist ist Funktionär der Partei der Arbeiterklasse, einer anderen Blockpartei (...) bzw. einer gesellschaftlichen Organisation und der sozialistischen Staatsmacht, der mit journalistischen Mitteln an der Leitung ideologischer Prozesse teilnimmt. Er ist Vertrauensmann des Volkes. Seine gesamte Tätigkeit wird grundlegend vom Programm und den Beschlüssen der marxistisch-leninistischen Partei der Arbeiterklasse, sowie durch die Verfassung des sozialistischen Staates bestimmt. Durch Wort und Bild nimmt er zielgerichtet auf die Herausbildung, Entwicklung und Festigung des sozialistischen Bewusstseins des Volkes Einfluss. [...] Er fördert die Herausbildung und Entwicklung des sozialistischen Weltbildes und der marxistisch-leninistischen Weltanschauung (...). Für den sozialistischen Journalisten ist sein Beruf zugleich Berufung. Er gestaltet sein Leben nach den Grundsätzen der sozialistischen Moral und Ethik.[28]

---

25 Wittich/Gößler/Wagner 1978, S. 268.
26 Herrmann 1963, S. 42.
27 Herrmann 1957, S. 7.
28 Karl-Marx-Universität Leipzig, Sektion Journalistik 1973a, S. 115f.

Der sozialistische Journalismus hatte als Instrument des „Demokratischen Zentralismus" der von den Führungsorganen der Partei beschlossenen Politik zu dienen. Seine Wirksamkeit im Auftrag der Partei wurde daran gemessen, dass er entschieden und konsequent die Partei und das Parteiprinzip verteidigte.[29]

Sozialistischer Journalismus wurde als Mitgestalter und Chronist großer revolutionärer Prozesse definiert. Journalismus zu DDR-Zeiten in politisch relevanten Presseorganen kannte keine andere Meinung oder Position als die der SED. Im Vordergrund stand die politische Linie, sie machte den Journalismus zum „Führungsinstrument der Partei". Der Dekan der Fakultät für Journalistik, Hermann Budzislawski, schildert ein Beispiel: Eine Reporterin entdeckt einen Werkstoff, Leichtbeton, der in einer bestimmten Region entwickelt worden ist. Die Berliner Maurer akzeptieren diesen Werkstoff jedoch nicht. Der Rat des Redaktionsleiters: „Was du tun musst? Kühn das Neue fördern!"[30] Ein Beispiel, das in Lehrbüchern der Universität Leipzig nachzulesen war, aber trotzdem so nicht in der Praxis angewendet werden konnte.

Beispiele des „Nicht-Funktionierens" gab es genügend in der DDR. Da dem Gegner keine Argumente geliefert werden sollten, wurde das Aufzeigen von Missständen und damit ein Fördern des Neuen immer stärker tabuisiert. Die Forderung nach einem „Neuerer in seinem Fach" und die bereits aufgezählten Eigenschaften der „bedingungslosen Ergebenheit" und des „Verzichts auf Eigeninitiative" standen häufig in einem inhaltlichen Widerspruch.

Diese Sinnkrise zieht sich durch die gesamte Sozialgeschichte des real existierenden Sozialismus. Theoretisches Verlangen nach einer aktiven Beteiligung am Umbau der Gesellschaft hin zum Sozialismus auf deutschem Boden war nicht vereinbar mit der Beschneidung der Presse- und Meinungsfreiheit, der Bewegungsmöglichkeiten und anderer Grundrechte im Sinne der in den KSZE-Beschlüssen gefassten Menschenrechte. Diese Diskrepanz zwischen Anspruch und Wirklichkeit löste das System in der DDR nie auf. Über alle Fragen des gesellschaftlichen Lebens informieren zu sollen und gleichzeitig nur die Aspekte des Klassenstandpunktes und einer sozialistischen Bewusstseinsbildung berücksichtigen zu sollen, ist ein nicht aufzulösender Widerspruch. Wahrheitstreue in Verbindung mit Parteilichkeit ist eine Antinomie. Die Widersprüchlichkeit konnte nicht ausgeräumt werden, ihr wurde mit Auslegungs- und Erklärungsmustern begegnet. Das Dreigestirn „Wahrheitstreue, Pressefreiheit und Parteilichkeit" blieb der Theorieansatz marxistisch-leninistischer Weltanschauung. Er ließ sich nicht in die Wirklichkeit umsetzen.

---

29 Karl-Marx-Universität Leipzig, Sektion Journalistik 1980, S. 26.
30 Budzislawski 1966, S. 30. Bedauerlich ist es, dass der Nachlass des ersten Dekans der Fakultät für Journalistik, Hermann Budzislawski, offenbar immer noch wegen Familienstreitigkeiten unzugänglich ist.

Kaderwege

Am 3. Mai 1935, noch vor den blutigen Säuberungen in der Sowjetunion, formulierte Stalin ganz allgemein den Ausspruch: „Die Kader entscheiden alles." Dieser Satz wurde in der Folgezeit immer wieder zitiert und galt als Leitlinie kommunistischer Parteien.[1] Gemeint war, dass nach der Festigung des Regierungssystems nun genügend geeignete Kader auszubilden seien, um das System längerfristig aufrechtzuerhalten und dafür entsprechende Positionen zu besetzen.

Kaderpolitik der SED war auch im Medienbereich ein entscheidender Teil ihrer Herrschaftssicherung. Dokumentierte Aussagen über die tatsächlichen Entscheidungsprozesse sind jedoch selten. Für die Besetzung von Spitzenpositionen fehlen sie teilweise völlig.[2] Kader waren nach einer Festlegung des Staatlichen Komitees für Fernsehen vom 1. November 1971 folgende Mitarbeitergruppen:

- die Führungs- und Leitungskräfte bis zu den Leitern von Arbeitsgruppen in Programmbereichen,
- jene Kräfte, die mit journalistischen, künstlerischen, produktionsorganisatorischen und ähnlichen Aufgaben betraut wurden und eine abgeschlossene Hoch- bzw. Fachschulqualifizierung besaßen und den berufsspezifischen Anforderungen entsprachen,
- jene Kräfte, die für diese Funktionen und Tätigkeiten systematisch ausgewählt und vorbereitet wurden.[3]

Im weiteren Sinne ist mit Kader eine besonders aktive Mitarbeitergruppe gemeint, die speziell geschult und für höhere, verantwortungsvollere Tätigkeiten vorgesehen war.[4] Die Identifikation mit der SED-Linie war von vorrangiger Bedeutung. Der Umgang mit den Kadern musste auf konsequente Parteilichkeit, politische Festig-

---

1 Weber 1995, S. 421.
2 Zimmermann 1994, S. 322.
3 Ordnung für die Arbeit mit den Kadern im Staatlichen Komitee für Fernsehen und seinen nachgeordneten Einrichtungen. In: DRA Babelsberg, Schriftgut FS, Sammlung Glatzer: Geschichte des Fernsehens 1971–1976. Diese Ordnung trat mit Wirkung vom 1.11.1971 in Kraft.
4 Hickethier 1998, S. 386.

keit und Disziplin ausgerichtet sein wie auch auf die beruflich-fachlichen Anforderungen, die für die Mitarbeiter insbesondere des sozialistischen Fernsehens galten. In verschiedenen so genannten Kaderanforderungen finden sich immer wieder ähnliche Kriterien. Gefragt waren Klassenstandpunkt, eine „gediegene marxistisch-leninistische Ausbildung" und die Fähigkeit, sie „schöpferisch" anzuwenden. „Initiative in der Verwirklichung der Beschlüsse von Partei und Regierung" zu zeigen gehörte ebenso dazu wie eine „feste Verbundenheit mit der Sowjetunion und der KPdSU". „Sozialistischer Internationalismus im täglichen Verhalten", eine „aktive Solidarität mit allen antiimperialistischen Kräften" und die Fähigkeit, rasch auf neue Entwicklungen im „internationalen Klassenkampf zu reagieren", war ebenfalls gefordert.[5]

In Bezug auf die Mitarbeiter beim Deutschen Fernsehfunk hieß das: breite geistige Interessen, die Beherrschung der russischen Sprache, die ideenreiche Umsetzung der Parteipolitik, Talent für die Arbeit mit einem visuellen Massenmedium sowie Beherrschung des fernsehspezifischen Handwerks. Zum Kaderprogramm zählten die Förderung des Nachwuchses, Bildungsmaßnahmen und die Entwicklung schöpferischer Kollektive. Aber auch an den Fall des Versagens dieser erwünschten Elite wurde gedacht:

Sind Mitarbeiter nicht bereit oder nicht in der Lage, trotz eingeleiteter Qualifizierungsmaßnahmen den Anforderungen zu genügen, so ist – wenn ein anderer Einsatz im Fernsehen nicht sinnvoll ist – gegenseitige Übereinstimmung zur Beendigung des Arbeitsrechtsverhältnisses anzustreben und ein Aufhebungsvertrag abzuschließen.[6]

Im journalistischen Bereich bedeutet jedoch eine Beendigung ein Arbeitsverbot. Ein Wechsel innerhalb der Presseformate war nur mit zentraler Zustimmung möglich und bedeutete, wenn es überhaupt dazu kam, eine erheblich weniger angesehene Position.

Das Politbüromitglied Hermann Axen forderte klare Richtlinien für ein Anforderungsprofil an zukünftige Kader. Laut Beschluss der II. Parteikonferenz vom 29. April 1953 sollten alle Parteileitungen und Parteiorganisationen einen langfristigen, auf Jahre hinaus berechneten Kaderplan ausarbeiten.[7] Die wichtigste Unterlage für die Entwicklung der Kader wurde die Personalakte. Die Leiter trugen die Verantwortung für eine laufende Aktualisierung. Keine dieser Bereiche war frei von politisch-ideologischen Vorstellungen, immer wurde die Übereinstimmung mit dem Sozialismus und die Bereitschaft zur Auseinandersetzung mit dem politischen Gegner eingefordert.[8]

---

5   Ordnung für die Arbeit mit den Kadern im Staatlichen Komitee für Fernsehen und seinen nachgeordneten Einrichtungen. In: DRA Babelsberg, Schriftgut FS, Sammlung Glatzer: Geschichte des Fernsehens 1971–1976.
6   Ebd.
7   Beschluss der II. Parteikonferenz und die Aufgaben auf dem Gebiet der Kaderpolitik, Referat von Hermann Axen auf der 2. Organisationsberatung der SED, 29.4.1953. SAPMO BArch DY 30/IV 2/30/IV 2/2.035/7.
8   Hoff 1990, S. 390.

Als notwendig betrachtet wurde ein fester Klassenstandpunkt als Richtschnur für die eigene Arbeit und für die „Erziehung aller Kollektivmitglieder". Aus den „Aufgaben der Agitation und Propaganda", die vom Politbüro am 7. November 1972 beschlossen wurden, ging der Anspruch an die Kaderentwicklung noch einmal deutlich hervor: Solides politisch-ideologisches Wissen hatte mit guter beruflicher Arbeit gepaart zu sein, denn vor allem daraus würde Autorität bei den Werktätigen erwachsen. Von diesen Maßstäben müsse „Auswahl, Einsatz und Qualifizierung der betreffenden Kader bestimmt sein"[9].

Die Reisen ins Ausland, vor allem ins westliche, waren auch vor dem Mauerbau nur mit besonderen Genehmigungen möglich. Vier Wochen vor Reiseantritt waren zwölf Lichtbilder abzugeben und zwei Fragebögen auszufüllen. Dem Intendanten war eine „Disposition" über den Zweck der Reise vorzulegen. Für das „kapitalistische Ausland" war eine Einladung erforderlich. Jeder Mitarbeiter hatte einen Fotoapparat mitzuführen, um Bilder fürs Archiv anzufertigen. Innerhalb von vier Wochen nach Beendigung der Reise musste ein schriftlicher Bericht angefertigt sein, über „die Durchführung und Ergebnisse der Reise". Der Intendant entschied dann, ob noch ein mündlicher Bericht innerhalb des Kollegiums erfolgen musste.[10]

Die Maßstäbe an so genannte Reisekader unter den Journalisten, die ins nicht-sozialistische Ausland fahren durften – beispielsweise die Fernseh-Korrespondenten – waren besonders hoch. Für sie gab es eine extra „Reisekaderordnung". Dabei wurde der Leiter der Bereiche in die persönliche Verantwortung gezogen für die Auswahl und die zielgerichtete Vorbereitung des Auslandsaufenthaltes der Journalisten. In der Regel waren als Reisekader nicht vorzuschlagen: Mitarbeiter unter 26 Jahre; allein-stehende Mitarbeiter, die keine engen familiären Bindungen in der DDR haben; Mitarbeiter, die enge Verbindungen und persönliche Beziehungen zu Bürgern nichtsozialistischer Staaten unterhalten.[11]

Das Dokument „Ordnung für die Arbeit mit den Kadern" umfasste dreizehn Seiten, die „Ordnung für die Arbeit mit den Reisekadern" weitere sieben und die „Ordnung für die Arbeit mit der Kadernomenklatur des Staatlichen Komitees für Fernsehen" noch einmal sechs Seiten. Personal- und Kaderplanungen für die folgen-den Jahre legten den Bedarf an weiteren Mitarbeitern sowie spezielle beruf-liche Anforderungen fest. Für den Deutschen Fernsehfunk (DFF) ergab sich bei-spielsweise für das Jahr 1974 folgende Zusammensetzung: Von den 4 298 Mitarbeitern waren 1 870 Frauen, in der SED waren 24,8 Prozent, in den Block-parteien 1,4 Prozent, im FDGB 98,6 Prozent. Von den 4 298 verfügten 849 (19,8 Prozent) über eine Hochschulausbildung, über eine Fachschul-ausbildung 489 (11,4 Prozent). Auch die soziale Herkunft der Belegschaft war relevant: 2 361 Arbeiter (54,9 Prozent), 1 298 Angestellte (30,2 Prozent),

9   Die Aufgaben der Agitation und Propaganda bei der weiteren Verwirklichung der Beschlüsse des VIII. Parteitages der SED. Beschluss des Politbüros des ZK der SED, 7.11.1972. SAPMO BArch DY 30/IV 2/2 1421.
10   Beschlussvorlage Nr. 8/57, 31.1.1957, Betrifft: Auslandsreisen. SAPMO BArch, DR 8/7.
11   Vgl. Ordnung für die Arbeit mit den Kadern im Staatlichen Komitee für Fernsehen und seinen nachgeordneten Einrichtungen. In: DRA Babelsberg, Schriftgut FS, Sammlung Glatzer: Geschichte des Fernsehens 1971–1976.

67 Bauern (1,6 Prozent), 327 Angehörige der Intelligenz (7,6 Prozent) und 245 Selbst-ständige (5,7 Prozent).[12]

187 Beschäftigte (4,3 Prozent) zählten zu den Leitungskadern des DFF, von denen 88 Prozent in der SED waren. 19 Kader waren parteilos.

Aus Sicht des Komitees verwirklichten die journalistischen Leistungsträger zuverlässig die Weisungen der Partei, da sie bereits ideologisch so gefestigt seien, dass sie dem „Gegner und seiner Gefährlichkeit" gewachsen seien. Laut Unterlagen wurden in die Chefredaktion der *Aktuellen Kamera* als Leitungskader die Redakteure Günter Leucht, Ulrich Makosch, Ulrich Meier und Bernhard Büchel berufen. Von den 14 journalistischen Leitungskadern der *Aktuellen Kamera* waren alle 42 Jahre oder älter. Insgesamt wurde im Fernsehen seit 1968 eine Verjüngung erreicht. Bei Bereichsleitern, Programmdirektoren, Studioleitern und Chefredakteuren dieser Kader war das Durchschnittsalter auf 39 Jahre gesunken.[13]

Aus der Kaderanalyse der Journalisten in den Bereichen des DDR-Fernsehens geht hervor, dass von insgesamt 427 Redakteuren (das waren 9,7 Prozent der Gesamtbeschäftigten) der Frauenanteil bei 171 Mitarbeiterinnen lag. Unter den Journalisten des Fernsehens gab es 1969 noch 27,4 Prozent Frauen, 1974 waren es bereits 40,1 Prozent.

Der Anteil der SED-Mitglieder war unter den Journalisten im DDR-Fernsehen wechselnd hoch. Auch bei der *Aktuellen Kamera* schwankte er. 1964 betrug er unter den dortigen Journalisten 78 Prozent, 1969 noch 69,3 Prozent. Über dem Durchschnitt lagen die Chefredaktion Außenpolitik mit 97,7 Prozent sowie die Chefredaktion *Aktuelle Kamera* mit 84,1 Prozent. Im Jahr 1975 waren von insge-samt 2 295 Kadern im DDR-Fernsehen 831, also 36 Prozent Mitglieder der SED. Der Anteil der Parteimitglieder unter den Fernsehkadern hatte sich in den Jahren davor verringert, da kaum Neuaufnahmen von Journalisten und Künstlern erfolgt waren. Der Anteil der Parteimitglieder unter den Absolventen der Hochschulen war sogar rückläufig. Von den 81 Absolventen des Jahres 1975 waren nur noch 19 Genossen. Der Anteil der Parteimitglieder war in den Bereichen Außenpolitik (58 Prozent) und *Aktuelle Kamera* (50 Prozent) am höchsten, in den Bereichen Programmaustausch und Film (25 Prozent), Programmdirektion (25 Prozent) und Unterhaltung (23 Prozent) am niedrigsten.[14] In der Leitungsebene der Chefredaktion *Aktuelle Kamera* waren alle Genossen.

Bei den Journalisten des Fernsehens war der Anteil der Parteimitglieder erwar-tungsgemäß höher. Hier waren 69 Prozent Mitglied der SED. Ihrer einflussreichen Rolle im Fernsehen entsprechend sei diese Zahl befriedigend, so die Einschätzung im Staatlichen Komitee für Fernsehen. Unter dem Durchschnitt lag dagegen der

12 Statistik aus der Gesamtübersicht der Mitarbeiter des Fernsehens (Stand vom Dezember 1974). In: DRA Babelsberg, Schriftgut FS, Sammlung Glatzer: Geschichte des Fernsehens 1971–1976.
13 Kaderbericht, Maßnahmen zum Kaderbericht, Kaderanalysen, Ordnung für die Arbeit mit den Kadern, Ordnung für die Arbeit mit den Reisekadern, Ordnung für die Arbeit mit der Kadernomenklatur. Vom Staatlichen Komitee für Fernsehen, Oktober 1975, Bericht über die Arbeit mit den Kadern. In: DRA Babelsberg, Schriftgut FS, Sammlung Glatzer: Geschichte des Fernsehens 1971–1976.
14 Ebd.

Anteil der Genossen in den Berufsgruppen Kamera-Assistenten (20 Prozent) und Kamera-Männer (21 Prozent). Auch bei den Produktionsorganisatoren entsprach ein Anteil von 28 Prozent Genossen nicht den Vorstellungen der staatlichen Lenkung. Der prozentuale Anteil der in der SED organisierten Redakteure war mit 70 Prozent in den siebziger Jahren noch nicht so hoch wie in den achtziger Jahren. Honeckers Sozialismus-Ausrichtung mit einer zunehmenden Vereinnahmung aller Lebensbereiche verstärkte sich zum Ende der siebziger Jahre. Die äußeren Umstände des Wettbewerbs der Systeme, wirtschaftliche Stagnation und Hochrüstung im Kalten Krieg, drückten sich in immer heftigeren Maßnahmen gegen die wenigen Abweichler in den eigenen Reihen aus. Eine Karriere im Fernsehen, speziell in der *Aktuellen Kamera*, ohne Parteihochschule und Parteimitgliedschaft war ab 1981 für Journalisten nur noch in ganz wenigen Ausnahmen möglich. Die Ängstlichkeit der Partei- und Führungsspitze vor der ideologischen, wirtschaftlichen und politischen „Diversion" durch den überall verorteten Klassenfeind hatte die nahezu komplette Eingliederung sämtlicher Journalisten in die Reihen der Partei zur Folge.

1975 wurden über 300 Kadergespräche mit den Mitarbeitern der *Aktuellen Kamera* geführt, abgestimmt mit der jeweiligen Parteileitung. In diesen Gesprächen ging es vorrangig um die Bewertung von Arbeitsleistungen, um anstehende Weiterbildungsmaßnahmen und um persönliche Anliegen der Mitarbeiter. Diese Gespräche dienten auch als Kontrolle der Linientreue der Journalisten und gleichzeitig der Rückkoppelung für die Weiterentwicklung innerhalb des Fernsehens. Die Kadergruppe *Aktuelle Kamera* zeichnete sich durch einen hohen Anteil junger, entwicklungsfähiger Mitarbeiter aus. 55 Prozent aller Fernsehjournalisten waren hier jünger als 40 Jahre. 32 Prozent der Journalisten der *Aktuellen Kamera* hatten zu diesem Zeitpunkt weniger als fünf Berufsjahre. Der Anteil der Frauen unter den Fernsehjournalisten war im Vergleich zur Bundesrepublik verhältnismäßig hoch (40 Prozent). Zu ihnen zählten unter anderem Sabine Katins, Rosi Ebner, Sigrid Griebel, Evelyn Matt, Erika Schmidt und Maxi Haupt.

Als eine Art rhetorische Schulungsmöglichkeit wurde das Auftreten bei Zuschauerforen und Veranstaltungen gesellschaftlicher Organisationen gewertet. Leitende Mitarbeiter der *Aktuellen Kamera*, wie Erich Selbmann, Karl-Eduard von Schnitzler, Günter Herlt und Günter Leucht hatten hier bereits Erfahrungen gesammelt. Jüngere Journalisten traten dagegen seltener auf, wodurch ihnen eine wichtige Form der „Erprobung und Qualifizierung als Agitator" im Sinne des Staatlichen Komitees fürs Fernsehen fehlte.

Zufrieden war die Fernsehleitung in Hinblick auf die Leitung der *Aktuellen Kamera*, da sie in den Händen langjährig erprobter Kader lag. Um die Zuverlässigkeit zu überprüfen, wurde „mit Hilfe des zentralen Parteiapparates" und des „mit dem Ministerium für Staatssicherheit eng verknüpften Kaderapparats und des Nomenklatursystems versucht, die für die Stabilität des Regimes unerlässlichen zuverlässigen Systemträger auszuwählen."[15] Die meisten Journalistinnen und

---

15   Ammer 1994, S. 8.

Journalisten verstanden sich als „Parteisoldat" in einem internationalen Klassen-kampf.[16] Die Journalisten der *Aktuellen Kamera* hatten in der Parteiarbeit, im Fernsehen und auch in anderen Medien nicht nur journalistische, sondern auch entsprechende Leitungserfahrungen erworben. Als besonders linientreu galten die Kader, die für die *Aktuelle Kamera* die Kommentare sprechen durften. Die Anzahl dieser Mitarbeiter hatte sich im Laufe der Jahre erhöht. 1975 zählten dazu unter anderem Bernhard Büchel, Waltraud Hagen, Lutz Renner, Sigrid Griebel, Wolfram Böhme, Rosemarie Ebner und Hannes Zahn.

Im Jahr 1984 wurden nach Zuschauereinbußen beim Fernsehen die Kader-anforderungen verschärft. Die politische Führung erhöhte den Anspruch auf ideo-logische Systemtreue. Dieter Glatzer, leitender Mitarbeiter und Mitglied des Staat-lichen Komitees fürs Fernsehen, erwartete, dass die Mitarbeiter zwar nicht unbe-dingt alle in der Normannenstraße, dem Sitz des Ministeriums für Staatssicherheit, arbeiten müssten, sie sollten allerdings so ausgebildet sein, dass sie jederzeit dort angestellt werden könnten. Anlass dieser Äußerung Glatzers war die Einführung der „Anforderungen an Kader des Fernsehens der DDR (Erziehung und Ausbildung an der Hochschule für Film und Fernsehen der DDR und an anderen künstlerischen Hoch- und Fachschulen)".[17] Die Bemerkung Glatzers kann unterschiedlich ausge-legt werden. Zum einen bedeutet sie eine erhebliche Nähe und Übereinstimmung der Mitarbeiter mit den Aufgaben des MfS. Zum anderen ist sie ein Beleg für die Systemtreue und Verlässlichkeit der Fernsehjournalisten.

Festzuhalten bleibt, dass die Personalentwicklungspolitik im Fernsehen eine der zentralen Säulen zur Absicherung der politischen Berichterstattung im Sinne der Staats- und Parteiführung war. Die Entsendung zur Parteihochschule, die Kadergespräche mit Vorgesetzten und Mitgliedern der Parteiorganisation sowie die immer wieder zu mehr Engagement in der Auseinandersetzung mit dem Klassengegner im Westen auffordernden Leitlinien wurden mit Eifer realisiert. Die ständig wiederkehrende Begrifflichkeit, wie beispielsweise eine „lebendige Propagierung des Marxismus-Leninismus" oder ein „kompromissloser Kampf gegen alle Erscheinungen der bürgerlichen Ideologie"[18] schärften die Abgrenzung und dienten als Vokabular zur Einschwörung der Fernsehjournalisten auf den Gegner im Westen. Mit Genugtuung wurde resümiert, dass es der Bundesrepublik nicht gelungen sei, aus der Kadergruppe der leitenden Mitarbeiter einzelne abzu-werben.[19] Entstanden war mit der Kaderentwicklung im Fernsehen eine Belegschaft, die in ihrer gesamten Ausbildung dem Entwicklungsprofil der SED-Führung ent-sprach und eine Elite in der Auseinandersetzung mit der Bundesrepublik bildete.

---

16   Ludes 1995, S. 2197.
17   Hoff 1990, S. 396f.
18   Beschluss des Sekretariats des Zentralkomitees zur Leitungsarbeit und Kaderarbeit des Fernsehens vom 23.5.1984. In: Hoff 1990, S. 396.
19   Bei künstlerischen Nachwuchskräften und bei den Regisseuren gab es drei Fälle von Abwerbungen, bei der Abteilung Kamera vier und bei dem Ansagerinnen-Ensemble war es ohne Erfolg zu einem gezielten Abwerbungsversuch gekommen.

Verlass war in dieser Beziehung besonders auf die Fernsehjournalisten der *Aktuellen Kamera*, die ihre ideologische Standfestigkeit unter Beweis gestellt hatten und über Jahrzehnte für die Staats- und Parteiführung verlässliche Funktionäre der SED waren.

Die Stasi in Adlershof

Im Jahr 1976 erklärte der IX. SED-Parteitag das Fernsehen zur „ideologischen Waffe der Partei". Eine Bestätigung dafür, dass das Fernsehen gewissermaßen als Kampfinstrument der Partei eingesetzt werden sollte. Ein solches Kampfinstrument war vor allem die Staatssicherheit. Das Fernsehen führte im SED-Auftrag den Krieg um die Köpfe, das Ministerium für Staatssicherheit (MfS) kümmerte sich darum, dass dieses Instrument stark war. In der Leitungsebene des Fernsehens waren die Gemeinsamkeiten verinnerlicht.

Aufgrund seiner herausragenden propagandistischen Möglichkeiten, die für die Aufrechterhaltung der Macht der SED unverzichtbar waren, konnte und durfte im Bereich Fernsehen die Kontrolle nie nachlassen. Das Fernsehzentrum in Adlershof war ein offenes Haus für das MfS. Mitarbeiter der Hauptabteilung XX/7, die mit der Überwachung und Kontrolle des DDR-Fernsehens befasst waren, gingen in den Räumlichkeiten – auch jenen der *Aktuellen Kamera* – in Adlershof aus und ein.

In einem der Gebäudekomplexe existierte sogar ein Dienstzimmer des MfS. Der Raum befand sich anfänglich im so genannten Turm hinter der großen Uhr, später direkt in dem Verwaltungsgebäude der Intendanz. Die häufige Anwesenheit von Angehörigen des MfS in der Sendeanstalt war zwar nicht allen Mitarbeiter bekannt, wurde jedoch auch nicht sonderlich verheimlicht. Die regelmäßig in Adlershof beschäftigten MfS-Offiziere waren zumindest der Leitungsebene des Fernsehens bekannt. Der ehemalige Chefredakteur der Aktuellen Kamera, Ulrich Meier, bestätigt, dass er ständig Gespräche mit MfS-Mitarbeitern hatte. Sie fragten nach den kommenden größeren Ereignissen, nach Außenübertragungen des Fernsehens, nach Terminen, bei denen die *Aktuelle Kamera* präsent sein würde. Es sei dabei, so Meier, z.B. um Absperrungen und Sicherheitsfragen gegangen, wenn die *Aktuelle Kamera* mit einem Übertragungswagen gearbeitet habe. Es waren Fragen zur „Absicherung" der Redaktion und ihrer technischen Anlagen. Der Staatssicherheitsdienst hatte die Befürchtung, dass bei allen direkt ausgestrahlten Sendungen des DDR-Fernsehens oppositionelle oder gar terroristische Kräfte in das Sendegeschehen eingreifen und sich so Zugang zu einem Millionenpublikum verschaffen könnten. Außerdem rechnete das MfS mit Sabotageakten gegen technische Einrichtungen zur Störung der Nachrichtensendung. Neben den offiziellen Sicherheitsbeauftragten des DDR-Fernsehens trug ein ausgedehntes inoffizielles Netz der Geheimpolizei die Verantwortung dafür, dass nichts Unerwartetes oder Unerwünschtes geschah und mögliche Gefahrenquellen schon vorbeugend erkannt werden sollten.

Die Überwachung und Kontrolle des DDR-Fernsehens wurde von etwa 40 Mitarbeitern der vergleichsweise kleinen MfS-Abteilung XX/7 übernommen. Sie erwies sich allerdings als sehr weit reichend.[1] Jedem Führungs-IM (FIM) waren mehrere „normale" Spitzel zugeordnet. Das quantitative Verhältnis von FIM zu Inoffiziellen Mitarbeitern (IM) erhöhte sich bis Mitte der achtziger Jahre in einigen Abteilungen des DDR-Fernsehens von 1:5 auf 1:15.[2] Dadurch gelang es einer relativ geringen Zahl von Führungsoffizieren des MfS, viele Redaktionen und technische Bereiche des DDR-Fernsehens zu kontrollieren. Gegen politisch missliebige Fernsehmitarbeiter konnte auf diese Weise effektiver vorgegangen werden.

Durch die Besetzung von Schlüsselpositionen in der Personalverwaltung (Kaderabteilung) – zum Teil auch mit Offizieren im besonderen Einsatz (OibE) – und durch Inoffizielle Mitarbeiter im Führungsbereich des Staatlichen Fernsehkomitees konnte der Staatssicherheitsdienst in vielen Fällen hinter dem Rücken der Betroffenen Versetzungen, Entlassungen oder den Entzug von Arbeitsfeldern arrangieren. Dabei halfen neben den inoffiziellen auch die offiziellen Verbindungen zu staatlichen Leitern und vor allem zur Parteiführung. In besonders brisanten Fällen hatte das MfS direkten Kontakt mit der Abteilung Agitation des Zentralkomitees der SED.

Das MfS interessierte sich für all jene Personen, „die unmittelbaren Einfluss auf die inhaltliche Gestaltung von Sendungen und Publikationen" hatten. In diesem Zusammenhang dokumentierte ein Bericht vom 24. Januar 1969 aus Sicht des MfS „beunruhigende Signale". Deshalb wurde, wie es im MfS-Jargon heißt, „im Rahmen der politisch-ideologischen Diversion die Zersetzungstätigkeit gegen Kulturschaffende, Schriftsteller und journalistisch tätige Personen" weiter intensiviert.[3] Grundlage für die Arbeit des MfS bildete die Dienstanweisung 3/69 Erich Mielkes vom 18. Juni 1969 mit dem Titel „Zur Organisierung der politisch-operativen Arbeit in den Bereichen der Kultur und Massenkommunikationsmittel".[4] In zahlreichen späteren dienstlichen Dokumenten der HA XX/7 findet sich immer wieder die ausdrückliche Bezugnahme auf die Dienstanweisung 3/69. Erich Mielke hatte eigens angeordnet: „Negative und unzuverlässige Personen sind mit geeigneten Mitteln aus solchen Schwerpunkten zu entfernen." Derartige Verweise auf zentrale Erlasse von übergeordneter Bedeutung waren im täglichen Dienstgebrauch des MfS nicht unüblich. Sie dienten der Selbstvergewisserung des Personals innerhalb des geheimpolizeilichen Apparates ebenso wie der ständigen gegenseitigen Verpflichtung auf eine strikte Einhaltung der vom Minister und seinem Stab ange-

1 Forschungsverbund SED-Staat 2004, S. 107.
2 Ebd.
3 Jahresanalyse der Hauptabteilung XX für das Jahr 1968. BStU, ZA, MfS HA XX/AKG 804.
4 Erich Mielke, Dienstanweisung 3/69 zur Organisierung der politisch-operativen Arbeit in den Bereichen der Kultur und Massenkommunikationsmittel. BStU, ZA, DSt. 201073.

ordneten Grundsatzorientierung. Der erwähnte Befehl und die zu seiner Ausführung erlassene Dienstanweisung 3/69 behielten nahezu zwei Jahrzehnte ihre Gültigkeit. Das MfS arbeitete bis zuletzt nach diesen Grundsätzen in den Massenmedien der DDR.

Um Sender und Studios unter Kontrolle zu halten, bediente sich das MfS in großem Maße seiner Informanten, der Inoffiziellen Mitarbeiter. Die erwähnte Dienstanweisung widmete sich ausführlich der inoffiziellen Tätigkeit in den Sendeeinrichtungen. Es war vorgesehen, die Zahl der Inoffiziellen Mitarbeiter zu erhöhen und ihren Einsatz effektiver zu gestalten. Vordringlich sollten Informanten an verdächtige Personen herangebracht werden, um Beweise für Straftaten zu sammeln und „negative Konzentrationen" frühzeitig zu erkennen. Der Minister für Staatssicherheit forderte seine Offiziere dazu auf, näher an den „Feind" zu gehen und IM vorzugsweise gleich in den „negativen Gruppen" zu finden oder zumindest solche Personen anzuwerben, die leicht in verdächtigte Gruppen eindringen konnten. Auch Freiberufler passten in das Anforderungsprofil, das die Dienstanweisung für die inoffizielle Arbeit spezifizierte. Journalisten, Schriftsteller und Dramaturgen waren zum Beispiel gut geeignet, weil „vielseitig und überörtlich einsetzbar".

Der Eifer der Mielke-Truppe war groß und allumfassend. Er richtete sich auch gegen Mitarbeiter, die ihre Systemtreue bereits mehrfach unter Beweis gestellt hatten. Der Zugang zur *Aktuellen Kamera* im DDR-Fernsehen geschah zumeist durch einen politischen Leumund, im Volontariat wurde die Systemnähe ebenfalls beobachtet, Kadergespräche, die Mitgliedschaft in der SED und Unterredungen mit dem Parteiverantwortlichen taten ihr Übriges und waren ein weiteres Kontrollinstrument. Trotzdem machte sich die Staatssicherheit daran, diese linientreuen Zuarbeiter des SED-Staates besonders auszuhorchen und zu bespitzeln. Der Grund dafür waren ständiges Misstrauen und ideologische Unsicherheiten unter den Mitarbeitern. Im Jahre 1985 waren von 362 Mitarbeitern der *Aktuellen Kamera* 190 in der SED. Mit 52,4 Prozent „Genossenanteil" lag dieser Bereich damit an zweiter Stelle hinter den Auslandskorrespondenten des DDR-Fernsehens.[5] In Redaktion und Technik der *Aktuellen Kamera* befand sich, wie die überlieferten Unterlagen insbesondere der dafür zuständigen MfS-Hauptabteilung XX/7 belegen, ein im Vergleich zu anderen Redaktionen des DDR-Fernsehens überproportionaler Anteil von MfS-Zuträgern.

Die Aktivitäten des MfS in den Medien wurden erst gründlich untersucht, als die ARD am 31. Januar 2002 dem Forschungsverbund SED-Staat der Freien Universität Berlin den Auftrag erteilte, eine Studie über die „rundfunkbezogenen Aktivitäten des Staatssicherheitsdienstes der ehemaligen DDR in der DDR sowie in der Bundesrepublik Deutschland" zu erstellen. Diese Studie wurde schließlich der Intendantenkonferenz der ARD zur Prüfung überreicht. Am 14. Juni 2006 lag ein Papierkonvolut von 1 069 Seiten auf dem Tisch, von dem allerdings nur 479 Seiten jemals veröffentlicht wurden und über den Forschungsverbund SED-Staat

---

5   Vgl. GO *Aktuelle Kamera*: Einschätzung der Kampfkraft der GO *Aktuelle Kamera* vom 28. Juni 1985. SAPMO BArch, DY 30-509. Der SED-Anteil unter den Mitarbeitern der *Aktuelle Kamera* stieg bis 1987 auf 61,2 Prozent an und nahm bis Mai 1989 wieder leicht auf 56,8 Prozent ab. Vgl. SAPMO BArch, DY 30-520.

der Freien Universität Berlin gegen eine Schutzgebühr zu erwerben ist.[6] Bei der umfangreicheren Originalfassung handelt es sich um eine vertrauliche Darstellung zu Händen des Auftraggebers.

Ziel dieser Darstellung war es, die MfS-Aktivitäten in der Bundesrepublik Deutschland einschließlich West-Berlins zur Einflussnahme auf die öffentlich-rechtlichen Rundfunkanstalten in der Zeit nach dem Inkrafttreten des Grundlagenvertrages im Jahr 1972 aufzuzeigen. Außerdem sollten die Funktion und die Aktivitäten des MfS im Gefüge der Partei- und Staatskontrolle über Hörfunk und Fernsehen der DDR, insbesondere seine Rolle als „Ideologiepolizei", sowie die Aktivitäten des MfS im Zusammenhang mit der Berichterstattung des öffentlich-rechtlichen Rundfunks der Bundesrepublik Deutschland aus der DDR untersucht werden. Gefragt wurde z.B.: Welchen Auftrag hatte der Staatssicherheitsdienst der DDR in Bezug auf seine Aktivitäten gegenüber dem öffentlich-rechtlichen Rundfunk der Bundesrepublik Deutschland? Wer definierte den Auftrag? Wie und von wem wurde er der Entwicklung des Verhältnisses zwischen der DDR und der Bundesrepublik Deutschland angepasst? Hier ging es vor allem darum, wie die DDR die West-Korrespondenten von ARD und ZDF bespitzelte, aber auch, wie aktiv die DDR-Behörden im Westen waren.

Quasi als Kollateralschaden wurden auch das DDR-Fernsehen und die Aktivitäten des MfS in Adlershof inspiziert. Die Fragen der untersuchenden Wissenschaftler richteten sich unter anderem auf folgendes: Welche Rolle spielte der Staatssicherheitsdienst im Gefüge der SED-Kontrolle über den Rundfunk (Hörfunk und Fernsehen) der DDR? Wie lautete in diesem Zusammenhang sein Auftrag? Welchen Änderungen unterlag der Auftrag im Verlauf der Entwicklung des Verhältnisses zwischen der DDR und der Bundesrepublik Deutschland? Mit welchen Mitteln und Methoden wurde der Auftrag ausgeführt? Gab es eine Erfolgskontrolle? Wer kontrollierte?

Der Untersuchungsteil über die *Aktuelle Kamera* umfasst 36 Seiten. Das MfS führte mit Hilfe seiner inoffiziellen Berichterstatter gleichsam ein zweites Protokoll über Redaktionssitzungen, Arbeitsberatungen und sogar über Diskussionen, die in der SED-Parteigruppe der *Aktuellen Kamera* stattfanden. Leider gehören diese Seiten zu dem unveröffentlichten Teil der Recherche, da er viele Klarnamen enthält. Die auf diese Weise zurückgehaltenen Informationen geben weitere Hinweise darauf, wie die staatliche Einflussnahme auf die *Aktuelle Kamera* sogar die zwischenmenschlichen Belange durchdrang.

In den seltensten Fällen hatte das Ausspionieren der Mitarbeiter der *Aktuellen Kamera* zu einem Ergebnis geführt. Es diente vielmehr dem Sicherheitswahn der Staatsführung, über alles und jeden die Kontrolle zu haben. Die vom Forschungsverbund zusammengetragenen Spitzelberichte müssen an dieser Stelle aus Gründen des Persönlichkeitsrechts anonymisiert werden. Die Berichte verweisen allerdings eher auf die kümmerlichen Ergebnisse und menschlich fragwürdigen

---

6 Vgl. Forschungsverbund SED-Staat 2004.

Verhaltensweisen der Inoffiziellen Mitarbeiter. So durchforstete eine Redakteurin das Notizbuch eines Kollegen. Als sie Nummern fand, die ihr unbekannt waren, notierte sie sie eilfertig. Schließlich kam heraus, dass diese Telefonnummern Anschlüsse des MfS waren. Die Mitarbeiter der *Aktuellen Kamera* hatten sich gegenseitig bespitzelt.

Einem stellvertretenden Chefredakteur der *Aktuellen Kamera* wurde misstraut, weil er persönliche Kontakte zu einer Verwandten in Westdeutschland unterhielt. Dieser Redakteur war besonders linientreu. Trotzdem wurde ein fast einjähriges Bespitzelungsprogramm angelegt, das auch die Privatsphäre einschloss. Schließlich wurde der Verdacht eingestellt, ohne ein für das MfS positives Ergebnis erreicht zu haben.

Die MfS-Ermittlungen verhinderten Karrieresprünge und beeinflussten Karrieren. Der oben genannte Redakteur war für einen Einsatz im Ausland vorgesehen, doch die letztlich ergebnisarmen MfS-Recherchen verhinderten den Sprung zum Auslandskorrespondenten. Ein anderes Mal wurde ein Sprecher der Hauptausgabe in die Spätschicht versetzt. In den MfS-Unterlagen finden sich Hinweise auf Kontakte „in das kapitalistische Ausland" sowie über einen Besuch eines Homosexuellen-Treffs. Fortan hatte der Sprecher Bildschirmverbot um 19.30 Uhr. Zu Recht empfand er das als ungerecht und degradierend.

Die bekannte Nachrichtensprecherin Angelika Unterlauf geriet ebenfalls in die Fänge der Spitzelpolizei. Nicht, weil an ihrer Linientreue zu zweifeln wäre, sondern weil sie einen Verehrer im Westen hatte. Dieser Mann, Klaus Heilbronner, ausgerechnet Redakteur beim so genannten Feindsender RIAS in West-Berlin, hatte mehrfach Schallplatten und Blumen geschickt und schließlich ein Lied auf sie komponiert. Das war den staatlichen Organen suspekt. Frau Unterlauf berichtete untadelig und umfassend von den Kontaktversuchen des West-Redakteurs, darum gab es für sie auch keine Schwierigkeiten. Als der Redakteur dann noch mit einer musikalischen Liebeserklärung aufwartete, sollte dem Mann eine Falle gestellt werden. Der Song begann wie folgt: „Siebzehn Uhr im Ostkanal, dunkle Augen seh'n mich an. Was du sagst, das klingt banal, aber darauf kommt's nicht an." Und endete mit: „Angelika, Angelika vom Fernsehen in der DDR, du erscheinst zum Greifen nah und doch bist du so fern, Angelika!"

Heilbronner tappte jedoch nicht in die Falle. Zum persönlichen Treffen im Hotel „Stadt-Berlin" am 15. Januar 1982 erschien er gar nicht. Unterlauf wurde von dem MfS-Mann im Fernsehen daraufhin angewiesen, weitere Kontaktversuche entschieden zurückzuweisen. Das MfS vertraute der Nachrichtensprecherin, da sie sich nach Auffassung der zuständigen Stasi-Offiziere in der Angelegenheit kooperativ und ehrlich verhalten hatte.

Die Probleme waren aber so schnell nicht aus der Welt. Zwei Jahre später meldete Angelika Unterlauf ihren dienstlichen Vorgesetzten, sie habe am 15. Februar 1984 einen Anruf von einem Reporter des westdeutschen Zeitschriften-Magazins *Stern* erhalten. Der Journalist hatte nach dem Song „Angelika" gefragt, einem, wie der MfS-Mitarbeiter notierte, „in der BRD und Berlin-West veröffentlichten Schlager, in dem ihre Tätigkeit als Nachrichtensprecherin und ihre Person diffamiert werden und worin Angriffe gegen die politischen Verhältnisse in der DDR enthalten sind". Frau Unterlauf habe gegenüber dem Anrufer erklärt, „dass sie dieses Lied unmöglich findet und eklig". Sie habe dem Mann vom *Stern* weiterhin mitgeteilt, dass ihr der Sänger des Liedes unbekannt sei. Frau Unterlauf lehnte es ab, sich für den *Stern* fotografieren zu lassen. Nach dieser Begebenheit erhielt Angelika Unterlauf auf Anforderung des DDR-Fernsehens eine neue Rufnummer, die nicht mehr im öffentlichen Telefonbuch stand. Die Führung in Adlershof entschied außerdem, „dass die Unterlauf, Angelika sich gegenüber allen erneuten Anfragen von westlichen Journalisten zu dem Lied und ihrer Person ablehnend verhält und keine Auskunft gibt".

Doch Liebe überwindet bekanntlich alle Grenzen und Einreiseverbote. Mitte Oktober 1984 übergab Angelika Unterlauf der Chefredaktion zwei Briefe ihres West-Berliner Bewunderers und teilte außerdem mit, dass am 4. Oktober 1984, als sie nach Mitternacht heimkehrte, in ihrem Briefkastenschlitz ein Blumenstrauß steckte. Das MfS setzte durch, dass die Volkspolizei ab sofort verstärkt in dem Wohnviertel kontrollierte, in dem Angelika Unterlauf wohnte. Die Kreisdienststelle erteilte dem zuständigen Volkspolizeirevier die Weisung, „dass nach 23.00 Uhr das Wohngebiet durch einen Toni-Wagen (Funkstreifenwagen) bestreift wird, um die männliche Person evtl. festzustellen, die lfd. Briefe einwirft bzw. auch Blumen". Die Anstrengungen der nächtlichen Volkspolizeistreifen blieben jedoch erfolglos und der Postillon d'amour unentdeckt. Die eingesteckten Blumen, einfache Schnittpflanzen, hatte übrigens der spätere *Elf99*-Reporter Jan Carpentier eingeworfen, als Scherz gewissermaßen. Der RIAS-Redakteur Heilbronner hätte ein derartiges Wagnis nie auf sich genommen.

Als letztes Beispiel sei ein Vorgang erwähnt, der sich im Jahr 1987 ereignete. Ein Redakteur der *Aktuellen Kamera* hatte einen früheren Produktionsassistenten wiedergetroffen. Der Redakteur, der seit Jahren für das MfS spitzelte, war kurzfristig auch in der Wohnung des Assistenten gewesen. In einem Bericht schrieb er an seinen Betreuer im MfS, dass die Ausgestaltung der Wohnung (Bilder) eindeutig belege, dass der Mitarbeiter homosexuell sei. Er empfehle, die Festeinstellung zu verhindern, da es mit ihm laufend Probleme geben würde. Der Führungsoffizier gab diese Einschätzung weiter und empfahl dem zuständigen Kaderdirektor, den Assistenten nicht einzustellen.

Die ARD berichtete in drei Folgen unter dem Titel *Operation Fernsehen* über die Aktivitäten des Ministeriums für Staatssicherheit im Bereich Fernsehen West und Ost. In den Jahren von 1980 bis 1989 stieg die Anzahl der Mitarbeiter der HA XX/7 von 27 auf 40. Gemessen an dem großen Aufgabenbereich war das keine überbordende Zahl.[7] Als die DDR im Oktober 1989 ihrem Ende entgegenging, leitete Oberstleutnant Joachim Tischendorf die HA XX/7 seit zwei Jahren. Sein Stellvertreter war Oberstleutnant Harald Gampig. Die Abteilung XX/7 überwachte

---

7   Walther 1996, S. 179.

zuletzt nahezu sechzig Objekte.[8] Mit einer relativ kleinen Zahl von hauptamtlichen MfS-Offizieren musste im Fernsehen und Hörfunk die Kontrolle von mehreren tausend Angestellten und Freien Mitarbeitern der Sendeanstalten organisiert werden. Im Referat I, zuständig für „Rundfunk, Fernsehen, Film", hatten dies am Ende zehn „operative" Mitarbeiter zu bewältigen. Leiter des Referates war seit 1977 Peter Erazim, Stellvertreter Dieter Affeldt. Damit standen zwei Offiziere an der Spitze des Referates, die mehr als zwei Jahrzehnte auf diesem Gebiet gearbeitet hatten und intime Kenner der gesamten Materie waren. Das traf auch für den ranghöchsten unter den weiteren Mitarbeitern des Referates, Major Erhard Coccejus, zu. Alle drei zählten zu den eigentlichen „Machern" der geheimpolizeilichen Überwachung in den elektronischen Medien.

Wer als ehemaliger Mitarbeiter des DDR-Fernsehens seine Stasi-Akten anfordert, stößt unweigerlich auf den Namen Affeldt. Ob es nun eine Täter- oder eine Opfer-Akte ist, Affeldt zeichnete fast alles mit seinem Namen ab. Affeldt leistete dem MfS gute Dienste und arbeitete sich zielstrebig voran. In einer Beurteilung aus dem Jahr 1988 wird ihm attestiert, dass er „spezifische Sicherungsaufgaben während politischer Höhepunkte übertragen" bekommen hatte, „die über den Rahmen seiner eigentlichen politisch-operativen Aufgabenstellung hinausgingen." So habe er einen „eigenständigen Beitrag zur Erfüllung der Gesamtaufgabenstellung der Diensteinheit" geleistet. Am 1. Februar 1989 stieg Affeldt zum stellvertretenden Referatsleiter der HA XX/7, Referat I auf und erhielt noch im Oktober desselben Jahres seine Beförderung zum Major.

Das 1950 gegründete Ministerium für Staatssicherheit spielte in den DDR-Sendeanstalten zunächst keine hervorgehobene Rolle. Bis hinein in die sechziger Jahre überprüfte das MfS Westkontakte von Mitarbeitern des Staatlichen Rundfunkkomitees. Dabei suchte man „Agenten" westlicher Dienste. Die Tätigkeit des MfS im Bereich der elektronischen Medien erfolgte stets in Abstimmung mit dem SED-Zentralkomitee. Das MfS verfolgte zu keiner Zeit eine eigenständige oder gegenüber den für die Medienpolitik verantwortlichen Funktionären des SED-Zentralkomitees gar abweichende Politik im Bereich des Hörfunks und Fernsehens. Zimperlich war man nie. In den fünfziger Jahren wandte das MfS in der DDR und in Westdeutschland offene Gewalt gegen Kritiker der kommunistischen Diktatur an. Das MfS führte in mehreren Fällen sogar Entführungen von westdeutschen Kritikern des SED-Regimes durch. Darunter befanden sich auch Journalisten, die durch ihre Berichterstattung über die politischen Verhältnisse in der DDR den Unmut der SED erregt hatten.

In den siebziger und achtziger Jahren erfolgte ein kontinuierlicher Ausbau der verdeckten Kontrollmechanismen des Staatssicherheitsdienstes in den elektronischen Medien der DDR. Dabei spielte insbesondere die Ausdehnung des Netzes von Inoffiziellen Mitarbeitern eine entscheidende Rolle. Bis in den Herbst 1989 hinein hatten SED und Staatssicherheit die elektronischen Medien der DDR unter ihrer

---

8   BStU, ZA, HA XX/AKG 883, Bl. 2–30. Zitiert nach Walther 1996, S. 845, FN 2.

Kontrolle. Erst als sich eine oppositionelle Gegenöffentlichkeit auf den Straßen und Plätzen des Landes artikulierte und das Informationsmonopol der SED praktisch gebrochen war, begann in den Sendern eine Zeit offener Diskussionen. Die vier Jahrzehnte lang betriebene SED-Propaganda, die vorgeformte Weltsicht und die MfS-Verstrickung vieler Mitarbeiter erwiesen sich nach dem Ende der DDR für die Sendeanstalten der neuen Bundesländer als eine schwere Hypothek.

1952

Programmbesprechung beim
Gründungsintendanten 1952 (v.l.n.r.):
Arthur Nehmzow, Produktionsleiter des
Fernsehzentrums; Peter Klemm, erster
Chefredakteur des Gesamtprogramms;
Frau Kramer, Sekretärin des
Intendanten; Hermann Zilles, Intendant;
Günter Klingenberg, Redakteur;
Gottfried Herrmann, Chefregisseur;
Horst Heydeck, Redakteur, Autor und
erster Leiter der Kulturredaktion.

DRA/Krüger

Privatarchiv Köfer/N.N.

Das Fernsehzentrum
Berlin-Adlershof 1952.

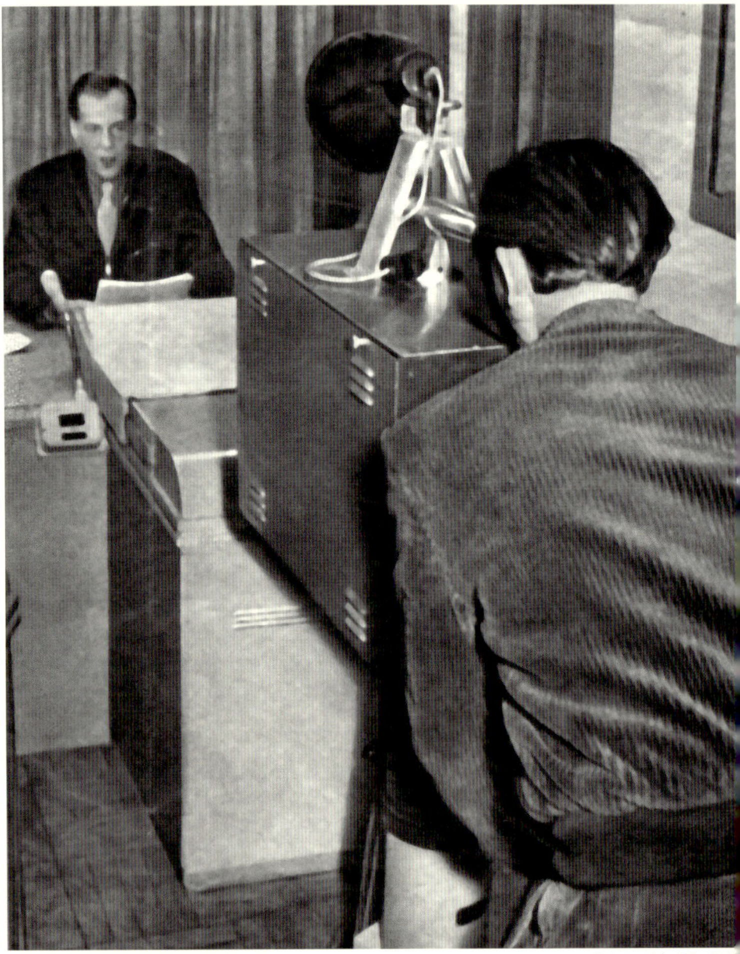

Der erste Sprecher der *Aktuellen Kamera* Herbert Köfer im Studio 1952.

Privatarchiv Köfer/N.N.

1952

DRA/Krüger

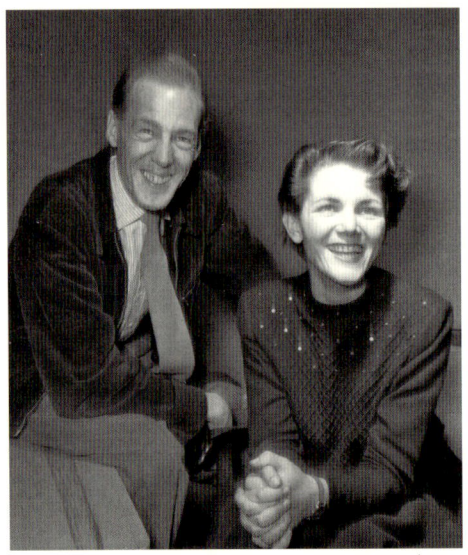

DDR-Fernsehprominenz: Herbert Köfer und Ansagerin Margit Schaumäker, hier bei Probeaufnahmen im Dezember 1952.

1957

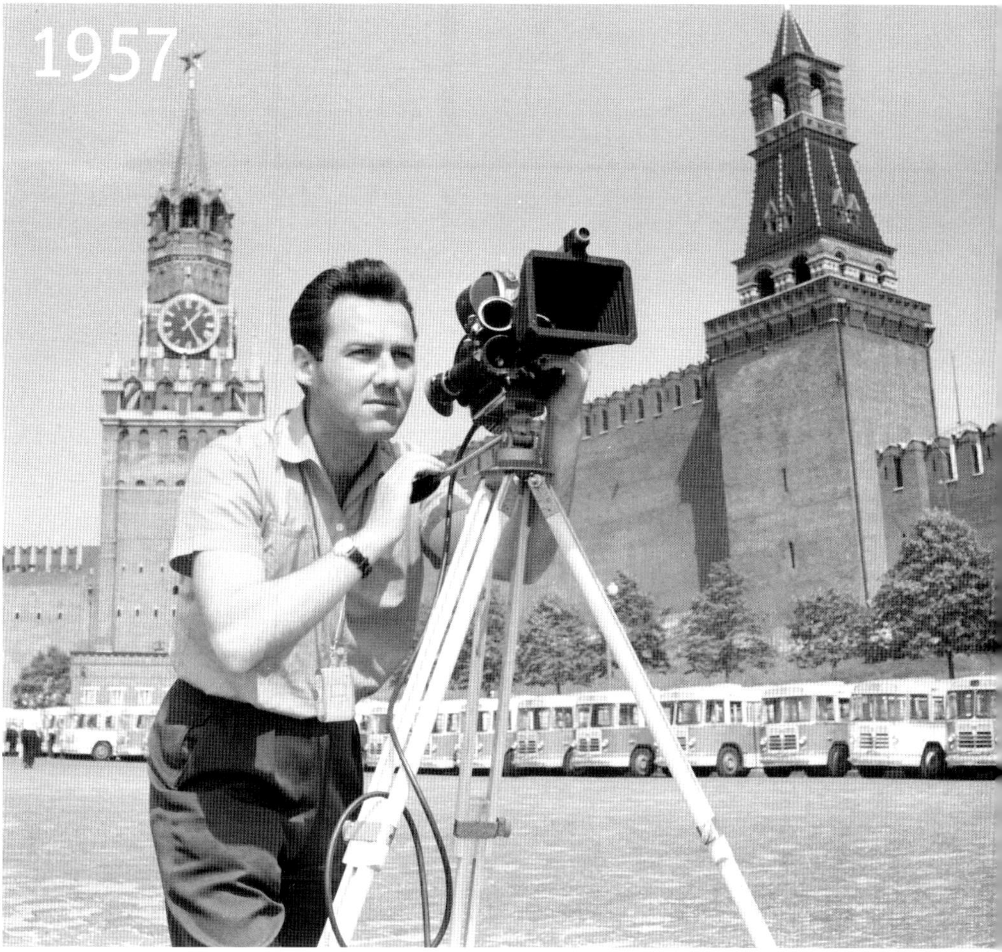

Privatarchiv Nerlich

DRA/Schadewald

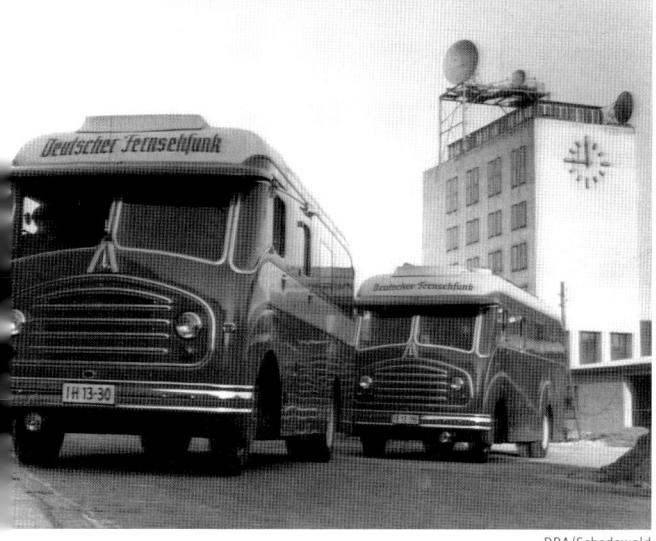

Der erste Auslandskorrespondent des DFF Günter Nerlich mit Arriflex-Kamera auf dem Roten Platz in Moskau 1957.

1958

Übertragungswagen des DFF in Berlin-Adlershof 1958. Die PYE-Ü-Wagen der Firma Morris waren von 1955 bis 1972 im Einsatz.

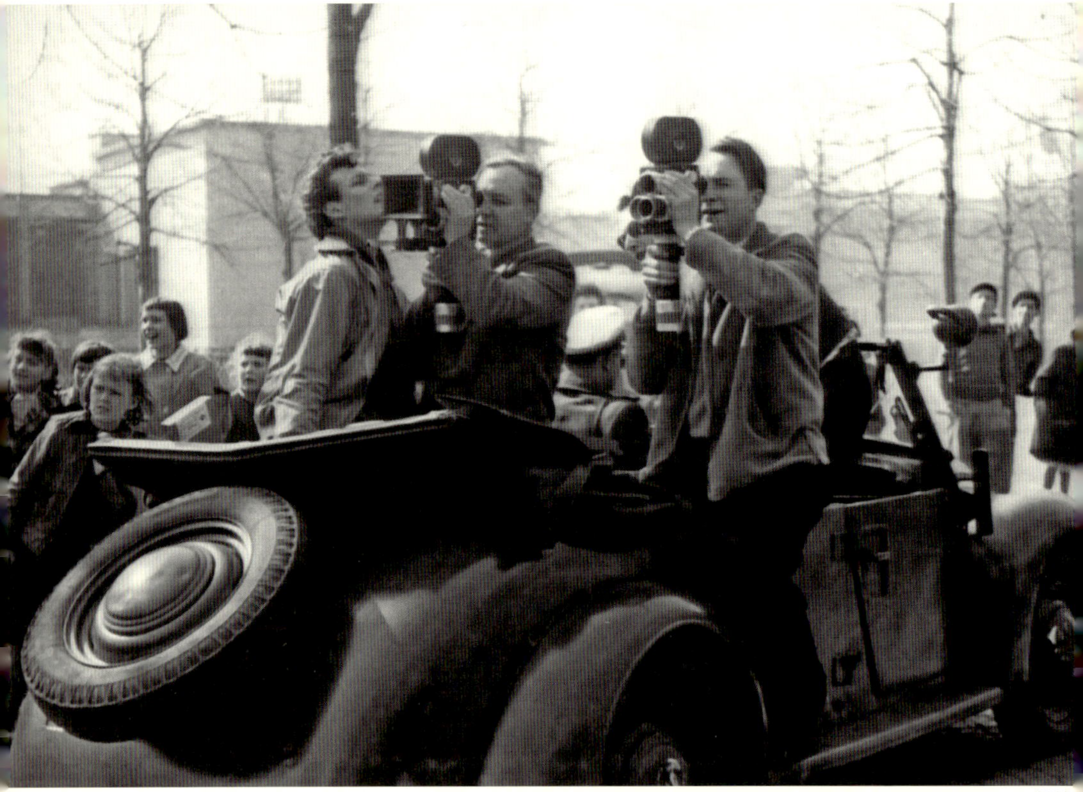

DRA/N

1958

Kameramänner der *Aktuellen Kamera* nutzen 1958 ein Polizeifahrzeug als Kamerawagen.

DRA/Krüger

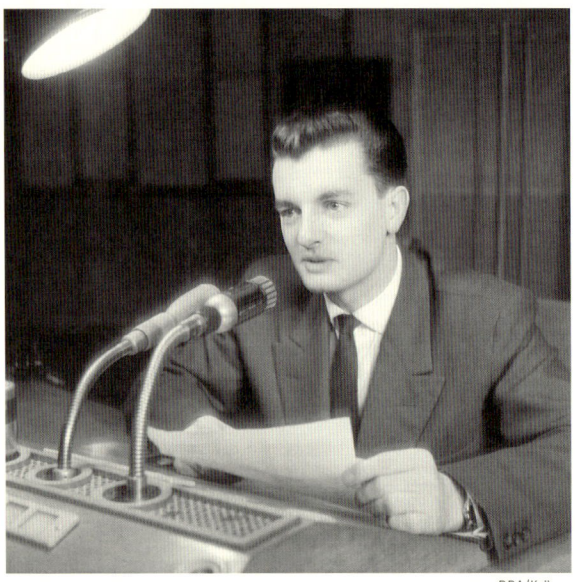

1959

Der langjährige Sprecher der *Aktuellen Kamera* Klaus Feldmann, hier in einem Hörfunkstudio 1959.

Fernsehgelände Berlin-Adlershof 1960. Der Dezimeter-Turm der Nordstrecke zur Programmversorgung der Sender Helpterberg, Marlow und Schwerin. Blick vom Sendeturm auf das Gebäude S5a (Redaktion der *Aktuellen Kamera* und der Fernseh-Dramaturgie), die so genannte „Wanne" (Durchgang), Verbindung der Gebäude S4 (Regieräume), Messtechnik, Studios und Casino.

1960

/Zimmermann

Beginn der mobilen Direkt-übertragung: Aufnahmewagen „TELESIS" mit Schwarzweiß-PYE-Kamera und Richtfunkantenne 1964 vor dem Sendeturm in Berlin-Adlershof.

DRA/Vent

1964

Überspielzentrale
der *Aktuellen Kamera*
in Berlin-Adlershof,
Gebäude S5, 1967.

1967

Nachrichtensprecher Klaus
Feldmann 1967 im *AK*-Studio V
und Ingeborg Chrobok als
Unter-Bild-Sprecherin.

1969

Klaus Feldmann mit Skoda auf dem
Fernsehgelände Berlin-Adlershof, 1969.

DRA/N.N.

Abnahme („Tischprobe") einer *AK*-Sendung im
Schnittraum 1970: Hans Klennert (Chef vom
Dienst), Herbert Gätke (Redaktion Außenpolitik),
Gerlinde Marquardt (Tagesregisseurin). Am
Schneidetisch zwei Schnittmeisterinnen.

1970

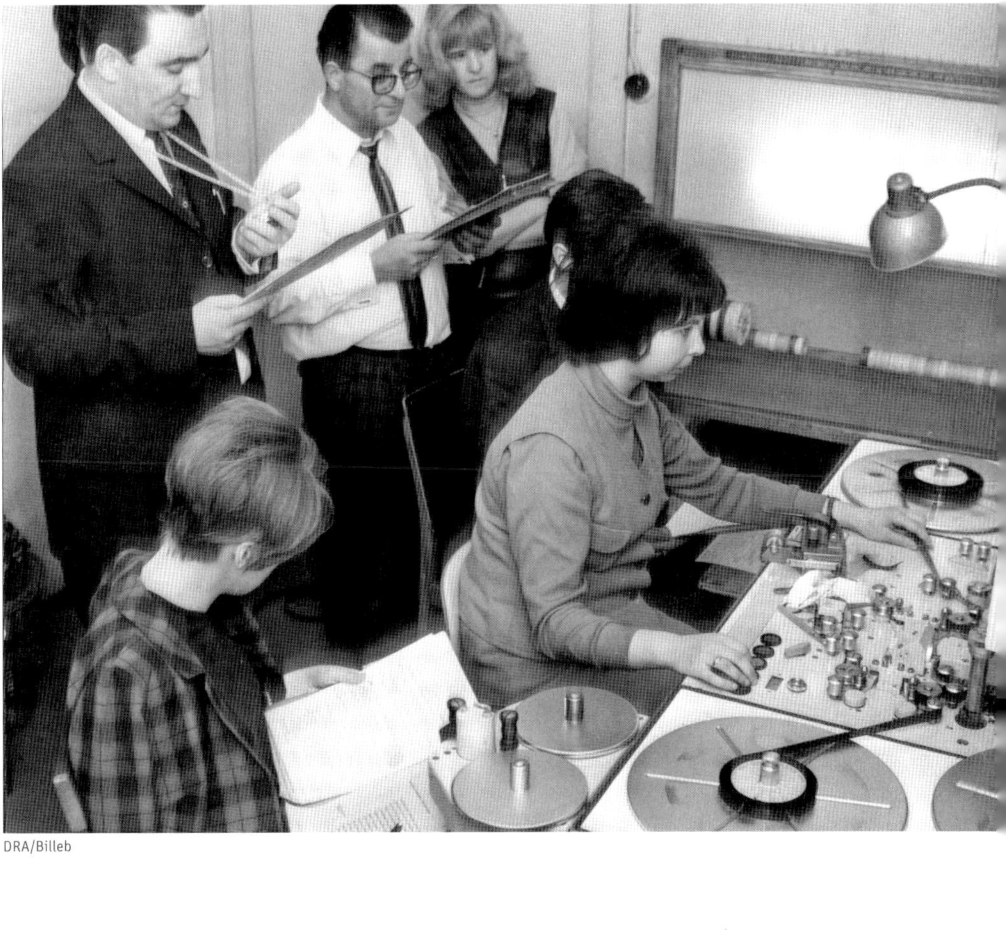

DRA/Billeb

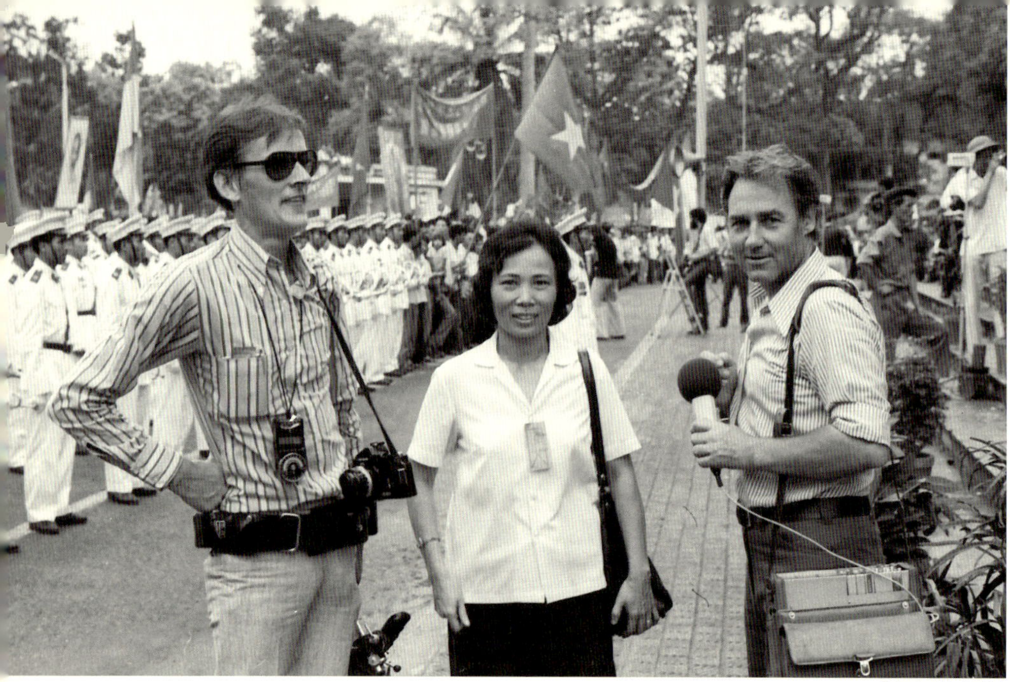

Privatarchiv Nerlich

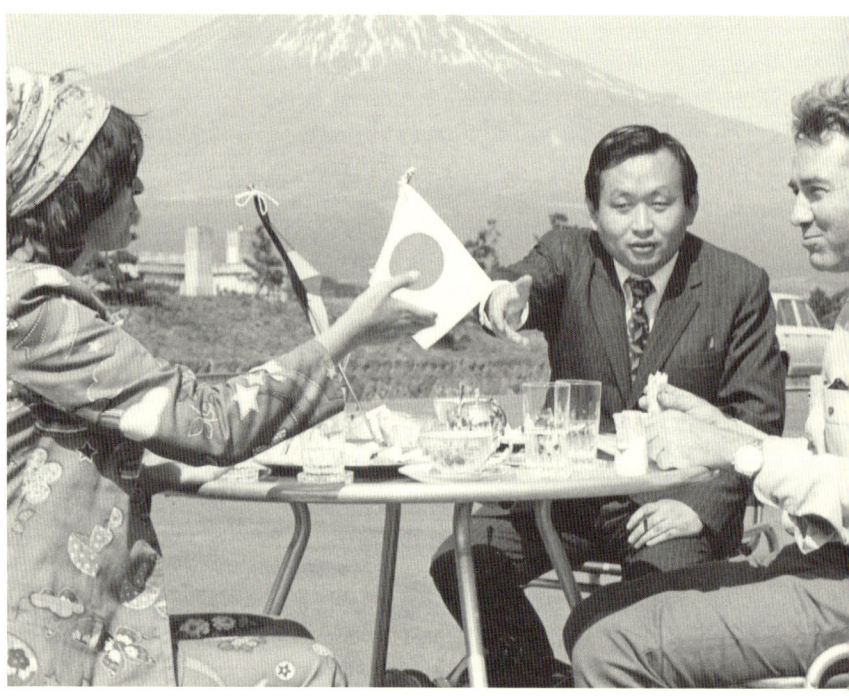

1975

1975 in Südvietnam: Siegesparade der nordvietnamesischen Truppen in Saigon. Kameramann Armin Wünsche, Dolmetscherin Ti Yen und Günter Nerlich.

Privatarchiv Ne

Günter Nerlich 1975 bei einem Interview mit einem Vertreter der buddhistischen Komeito-Partei vor dem Fujiyama in Japan.

Das „rote Kloster"

Die Entscheidung, an welchem Ort die journalistische Ausbildung stattfinden solle, fiel nach einigem Hin und Her auf Leipzig. Die Schulungsstätte machte sich einen Ruf als „Das rote Kloster". Im Westen wurde dieser Begriff durch die persönlichen Schilderungen von Brigitte Klump verbreitet. Klump hatte in den fünfziger Jahren an der Fakultät für Journalistik in Leipzig studiert und schilderte Strukturen, Abläufe und sublime Repressionen, denen die Studentinnen und Studenten ausgesetzt waren. Ihre romanhafte Darstellung ist wie ein autobiographisches Werk von persönlichen Eindrücken geprägt. Für ihre Aussagen, dass das „Rote Kloster" eine Kaderschmiede der Stasi gewesen sei, gibt es Anhaltspunkte, in der drastischen Schilderung jedoch keine stichhaltigen Belege.[1]

Die Vorläufer dieser journalistischen Kaderschmiede gehen bis in die Zeit nach Kriegsende zurück. Je stärker der Journalismus als Instrument politischer Leitung erkannt wurde, desto mehr Wert wurde auf die Ausbildung der Journalisten gelegt, um dem Nachwuchs die Ziele des Sozialismus zu vermitteln. Schon am 15. September 1945 führte ein Befehl der SMAD zur ersten Hochschulreform, die eine, wie es hieß, „Säuberung der Universität", insbesondere des Lehrkörpers, von „allen faschistischen und militärischen Elementen" und die Rehabilitierung „politisch und rassistisch verfolgter Hochschullehrer"[2] bewirken sollte. Eine „neue Intelligenz" proletarischer Herkunft sollte nach dem Willen der SED die bürgerlichen Akademiker ablösen. Im Ergebnis gehörten nach 1945 die Professoren zu den Teilen der akademischen Elite, deren Herkunft am meisten „bürgerlich" geprägt war. Nachdem bereits die NS-Diktatur dem Professionalismus der Expertenberufe erheblichen Schaden zugefügt hatte, wurden nun die „freien Professionen" bis auf unbedeutende Reste praktisch abgeschafft. Die jetzt durchweg staatlich beschäftigten Professionen mussten massive Verformungen hinnehmen, niemand entging dem totalen Regulierungsanspruch der Partei. Dies war die SED-Politik einer „Gegenprivilegierung".[3]

1   Vgl. Klump 1991.
2   SMAD-Befehl, vgl. Riedel 1977, S. 94.
3   Jessen 1994, S. 218.

Im Februar 1946 wurde das „Institut für Publizistik an der Wirtschafts- und Sozial-wissenschaftlichen Fakultät der Universität Leipzig" wiedereröffnet, als Nachfolger des traditionsreichen Instituts für Zeitungskunde der Leipziger Universität. Zunächst wurde hier wie in anderen Ausbildungseinrichtungen mit den Methoden der bür-gerlichen Zeitungswissenschaft weitergearbeitet. Auf diesem Sockel sollte anschlie-ßend die zentrale Einrichtung für die Ausbildung der sozialistischen Journalisten in der DDR aufgebaut werden. Legitimatorischen Zwecken der SED-Herrschaft unter-geordnet, forschten und publizierten ostdeutsche Wissenschaftler fast ausschließ-lich entlang der jeweils gültigen Parteilinie, und ihr gemäß wandelten auch die Deutungsmuster vom „Werden und Wachsen" ihres Staates. In ihrem Bemühen um internationale Reputation versuchte die DDR-Historiographie mit Beginn der acht-ziger Jahre ihr einseitiges und ausschnitthaftes, auf „progressive" Traditionslinien abstellendes Geschichtsbild um neue Elemente zu erweitern. Das nunmehr auf das „ganze Erbe" zielende Erkenntnisinteresse eröffnete auch den Zeithistorikern der DDR neue Forschungsperspektiven und modifizierte Sichtweisen. Nennenswerte Fälle von mangelnder „Parteilichkeit" waren in den seither präsentierten Arbeiten zwar nicht zu registrieren, jedoch Tendenzen, die historischen Gegenstände sowohl quellenbezogener als auch problemorientierter anzugehen und damit frühere Deutungen der SBZ/DDR-Vergangenheit ein Stück weit zu entharmonisieren. Dies galt nicht für Schriften über Massenorganisationen oder die Armee, aber zum Beispiel für eine Studie über die KPD.[4]

Die Schulung zum sozialistischen Journalisten verlief zunächst noch unkoor-diniert. Den Redaktionen fehlte es an erfahrenen, unbelasteten Journalisten. Der Krieg hatte große Lücken hinterlassen, ältere Mitarbeiter einstiger kommunisti-scher Blätter waren im Exil gewesen. Die marxistisch orientierte gesellschaftswis-senschaftliche Fakultät nahm an der Universität Leipzig auf Befehl Nr. 333 der SMAD 1947 ihre Lehre auf. Nebenfachangebote für Publizistik hatte es bereits vor-her gegeben.

Parallel zur Wiederaufnahme der Journalisten-Ausbildung in Leipzig entstan-den weitere Schulen für den eigenen Nachwuchs. Das Protokoll Nr. 80 der Sitzung des Zentralsekretariats vom 13. März 1947 unter Leitung von Walter Ulbricht nennt unter Tagesordnungspunkt 11 einen Zuschuss für eine Journalistenschule von RM 3 000.[5] Eine finanzielle Unterstützung war an Ausbildungsziele und Inhalte gekop-pelt.[6] Die ersten Lehrgänge wurden im Oktober 1947 in der Parteihochschule Karl Marx angesetzt. Der halbjährige Journalistenlehrgang begann am 15. Oktober 1947 mit einer Teilnehmerzahl von sechzig Schülern. Daran schloss sich ein zweijähriger Lehrgang an, der sich in vier Fakultäten gliederte: Dialektischer und historischer Materialismus, Politische Ökonomie, Geschichte sowie Grundlagen der marxi-schen Partei. Die Abteilungen Personalpolitik und Parteischulung wurden beauf-

---

4   Vgl. Benser 1985; Braun 1995, S. 278.
5   Zuschuss für Journalistenschule, Abteilung Presse und Information. SAPMO BArch DY 30/IV 2/2.1/71, Blatt 4.
6   Ebd. „Für die im Rahmen des Unterrichts der Journalistenschule in der Zeit vom 4. bis 7.4.1947 vorgesehenen Besichtigungen und Besuche von Kulturveranstaltungen in Berlin wird ein Betrag von RM 3 000,- bewilligt."

tragt, die Aufschlüsselung der Schülerzahl für die einzelnen damals noch existierenden Länder vorzunehmen, um eine gleichmäßige Verteilung zu erreichen.[7] Ansätze
professioneller Journalistenausbildung boten auch der Verband der Journalisten, die
Berliner Volkshochschule, die Philosophische Fakultät der Hallenser Universität,
eine Journalistenschule in Putbus auf Rügen und die SED-Parteihochschule in
Kleinmachnow.[8]

Die Partei knüpfte an die Tradition kommunistischer Arbeiterkorrespondenten
an und griff Erfahrungen des sowjetischen Journalismus auf. Als „Auge und Ohr der
Öffentlichkeit" sollten gleich nach 1945 so genannte Volkskorrespondenten gewon-
nen werden. Das entsprach den Lenin'schen Forderungen an die Pressearbeit.

> Wir müssen – und werden – die Presse aus einem Sensationsorgan, aus einem bloßen
> Apparat zur Mitteilung politischer Neuigkeiten, aus einem Organ des Kampfes gegen die
> bürgerliche Lüge in ein Werkzeug ökonomischer Umerziehung der Massen verwandeln,
> in ein Werkzeug, das die Massen darüber informiert, wie man die Arbeit auf neue Art
> organisieren muss.[9]

Zunächst wurden Volkskorrespondenten durch Kurse fortgebildet. Redaktionen
wurden durch die Parteiführung auf ihre Pflicht zur Qualifizierung der Journalisten
hingewiesen. Zehn Punkte kennzeichneten Inhalt und Charakter dieser Lehrgänge
in den Jahren 1949 und 1950:

1.   Einführung in die Rolle des Marxismus-Leninismus und Aufgaben der
     sozialistischen Presse.
2.   Entwicklung der SED zur Partei neuen Typs.
3.   Die Lage in Deutschland, die Nationale Front des demokratischen
     Deutschlands, die Festigung der DDR.
4.   Die internationale Lage.
5.   Unsere Regierungs- und Wirtschaftspolitik und die Aufgaben der
     Volkskorrespondenten bei der Durchsetzung des Volkswirtschaftsplans.
6.   Wie schreibe ich einen Bericht?
7.   Praktische Übungen.
8.   Besichtigung des Zeitungsbetriebs.
9.   Kulturelle Berichterstattung.
10. Diskussion mit Dichtern und Schriftstellern.[10]

Erst am 5. Januar 1951 wurden in der DDR einheitliche Schulungen für Journalisten eingeführt und die Ausbildungseinrichtungen formal gegründet. Zur „Heranbildung eines akademisch geschulten journalistischen Nachwuchses" forderte die

7   Erste Journalistenausbildung. SAPMO BArch DY 30/IV 2/2.1/98, Blatt 1.
8   Grubitzsch 1990, S. 401.
9   Lenin 1960, S. 194.
10 ZK der SED 1951, S. 52.

Resolution der ersten Pressekonferenz der SED 1950, den „Lehrstuhl für Zeitungs-kunde" an der Leipziger Universität zu reorganisieren und eine Ausbildung für Arbeiter- und Bauernstudenten einzurichten.[11] Am „Institut für Publizistik und Zeitungswissenschaft" der Leipziger Universität nahmen 78 Studenten ihr Studium auf, und in Berlin wurde am 27. Januar das „Institut für Journalistik und Zeitungswissenschaft" des VDP zur journalistischen Aus- und Weiterbildung eröffnet. Als Ergebnis der zweiten Pressekonferenz beschloss das Politbüro der SED am 13. März 1951, dass es Aufgabe der Betriebsgruppen des Verbandes der deutschen Presse sei, in den Redaktionen durch Einrichtung von Kursen und Seminaren für die fachliche Weiterbildung aller Redaktionsmitglieder Sorge zu tragen.[12]

Journalistik wurde mit Beginn des neuen Studienjahres 1951 zum Hauptstudienfach an der Leipziger Universität. 200 Studenten begannen im September mit ihrer Ausbildung. Die Journalistikwissenschaft sollte als Zweig der marxistisch-leninistischen Gesellschaftswissenschaften entwickelt werden.

Dementsprechend sah der Lehrplan am Institut für Publizistik und Zeitungswissenschaft aus, beispielhaft hier aus dem Jahre 1954:

1. Grundlagen des Marxismus-Leninismus.
2. Grundlagen der politischen Ökonomie.
3. Geschichte des deutschen Volkes.
4. Geschichte der deutschen Literatur.
5. Bedeutende Werke der Weltliteratur.
6. Politische und ökonomische Geographie.
7. Geschichte der deutschen Presse.
8. Deutsche Sprache.
9. Russische Sprache.
10. Pressewesen in der Deutschen Demokratischen Republik.
11. Moderne deutsche Literaturgeschichte.[13]

Das marxistisch-leninistische Grundstudium künftiger „Parteijournalisten" umfasste zeitweilig 520 Unterrichtsstunden, rund 200 mehr als in vergleichbaren sozialwissenschaftlichen Studiengängen. Das Studium dehnte sich auf viereinhalb Jahre aus. 1955 bestand der Lehrkörper aus fünf Professoren, sieben Dozenten, drei Lektoren, sechs Oberassistenten und 28 Assistenten. 1958 war der Lehrkörper bereits auf 60 Kräfte erweitert worden. Keine westdeutsche Institution war auch nur annähernd so großzügig ausgestattet.[14] 1958 betreute die Fakultät bereits 322 Direktstudenten und 580 Fernstudenten, zwei Drittel waren so genannte Arbeiter- und Bauernkinder. Eine spezifische fernsehjournalistische Ausbildung nach einführenden Vorlesungen

---

11 Ebd., S. 106.
12 Sozialistische Einheitspartei Deutschlands 1951, S. 398.
13 Die Ausbildung von Diplom-Journalisten am Institut für Publizistik und Zeitungswissenschaft. In: *Neue Deutsche Presse*, Jg. 8 (1954), H. 3, S. 4f.
14 Herrmann 1961, S. 268.

begann erst 1960/61. Pro Studienjahr wurden ab den siebziger Jahren 100 bis 120 Studenten aufgenommen. Während 1959 lediglich 10 Prozent aller in der DDR tätigen Journalisten ein Studium absolviert hatten, waren es Anfang der achtziger Jahren bereits zwei Drittel. Somit hatten 80 Prozent aller DDR-Journalisten im Jahr 1971 entweder ein Diplom der Karl-Marx-Universität Leipzig oder einen Abschluss der Fachschule für Journalistik. In dreieinhalb Jahrzehnten graduierten sich mehr als 5 000 Diplomjournalisten.[15] Die Absolventen erhielten nach dem Examen die Abschlussbezeichnung Diplom-Journalist.

Als wissenschaftlich-ideologisch geschulte Kader wurden die diplomierten Journalisten in Schlüsselpositionen des Medienapparates eingesetzt. Sie waren als „Produzenten von Ideologie"[16] eingeplant. Tages- und Wochenpresse, Rundfunk und Fernsehen besaßen als Instrumente journalistischer Tätigkeit zu keinem Zeitpunkt einen neutralen Stellenwert.

Erster Dekan des „Instituts für Publizistik und Zeitungswissenschaft" in Leipzig wurde Hermann Budzislawski, Wirtschaftspublizist an Ossietzkys *Weltbühne* der zwanziger Jahre und zeitweise Herausgeber der Züricher *Neuen Pressekorrespondenz* und der Prager *Neuen Weltbühne*. Budzislawski hatte die Zeit seines Exils während der nationalsozialistischen Diktatur in den USA verbracht. Gerade wegen dieser Zeit in den Vereinigten Staaten war er einerseits prädestiniert für Themen wie „internationales Pressewesen" und „ökonomische Hintergründe und Verflechtungen", hatte aber andererseits einen umstrittenen Stand. Man begegnete ihm mit Skepsis. Er war trotzdem ein klarer Verfechter der marxistisch-leninistischen Linie. Erst die Parteilichkeit mache aus dem „Schreiberling den Kämpfer"[17]. Der Journalist habe im Sozialismus eine besondere gesellschaftliche Aufgabe, wie alles im Sozialismus; er sei Teil eines Prozesses und damit ein Bindeglied. Sein Leben solle er nicht sich, sondern der größten Aufgabe seiner Epoche widmen. „Das Wesen des sozialistischen Journalismus ist also seine offene Parteinahme, seine unbedingte Treue und Ergebenheit zur Arbeiterklasse, seine Prinzipienfestigkeit."[18]

Budzislawski stellte fest, dass „die bürgerliche Presselehre trotz bestimmter wertvoller Einzelergebnisse und brauchbarer Materialsammlungen insgesamt nicht Grundlage unserer Arbeit sein konnte"[19]. Damit setzte er sich deutlich ab von dem ersten deutschen Universitätsinstitut für Zeitungslehre bzw. -wissenschaft, gegründet 1916 durch den Nationalökonomen und Professor für Sozialstatistik und Parteiengeschichte Karl Bücher und dessen „Nur Journalismus"-Theorie.

Die Ausbildungsvorstellungen der SED für Journalisten hatten sich bis 1965 weitgehend umsetzen lassen. Per Gesetz wurde ein einheitliches sozialistisches Ausbildungssystem an den Hochschulen flächendeckend eingeführt. Die Konzeption

---

15   Grubitzsch 1990, S. 400. An dieser Fachschule für Journalistik wurden diejenigen ausgebildet, die keine Hochschulreife besaßen. Teilnehmer kamen oft aus einem anderen Beruf oder über eine ehrenamtliche Tätigkeit zum Journalismus. Vgl. auch Czepuck 1971, S. 2.
16   Ebd.
17   Budzislawski 1966, S. 17.
18   Ebd., S. 18.
19   Budzislawski 1962, S. 45.

sah vor, dass ein Vertrag zwischen dem Staatssekretariat für das Hoch- und Fachschulwesen der DDR und dem Zentralvorstand des Verbandes der deutschen Journalisten (VDJ), beziehungsweise dem Verband der Journalisten der DDR (VdJ), zustande kam.[20] Im Rahmen der dritten Hochschulreform 1967 ging aus dem „Institut für Journalistik und Zeitungswissenschaft" am 31. Januar 1969 die „Sektion Journalistik der Karl-Marx-Universität Leipzig" hervor. Diese Bezeichnung blieb bis zum Ende der DDR bestehen. Direktor der Sektion wurde der bisherige Dekan der Fakultät, Emil Dusiska. Das Studium selbst war seit der dritten Hochschulreform 1968 aufgeteilt worden in verschiedene Stufen. Übereinstimmend mit anderen Fachrichtungen enthielt es ein einjähriges Grundstudium und darauf folgend ein zweijähriges Fachstudium. Anschließend führte das so genannte Spezialstudium zum Studienabschluss.

Hierarchisch wurde das Institut für Publizistik der Abteilung Agitation und Propaganda des ZK der SED unterstellt, eine Weichenstellung, die die Einrichtung direkt an die Parteileitung ankoppelte. Durch diese Hervorhebung wurde dem Institut ein Status als „Kaderschmiede" attestiert. Die Aufnahmebedingungen für die Sektion waren verhältnismäßig streng. Nach einem festgelegten Schlüssel wurde nach Intellektuellen und Mittelschichtlern gewichtet, um die jeweils wünschenswerten Anteile dieser Berufsgruppen gegenüber den Mitgliedern aus der Arbeiterklasse zu erreichen.[21] Wie jedoch die Statistik über „Soziale Herkunft der Studenten" zeigt, gelang dieses Vorhaben nicht. Angestellte waren überproportional stark vertreten.

Elisabeth Herrmann bezeichnete die Absolventen 1954 sogar als „nicht freie Persönlichkeiten mit individuellen Gedanken und Ausdrucksformen"[22]. Diese sehr polemische Interpretation der westdeutschen Wissenschaftlerin war Ausdruck der ideologischen Auseinandersetzung der Systeme in den fünfziger Jahren. Für Herrmann hatte der Staat die Schlüsselstellung der Journalisten in der Meinungs- und Willensbildung erkannt und seinen Zielen untergeordnet:

> [Der Staat] legt die Richtlinien für die Auswahl und Ausbildung der Journalisten fest; er zwängt sie in ein System kollektiver Normen, das keiner Eigenart Raum gibt. Der Druck „von oben" ist so stark, dass die Journalisten nur noch auf Befehl reagieren. Die SED, deren terroristische Gleichschaltungspolitik zu dieser Passivität geführt hat, klagt seit Jahren über mangelnde Initiative der „Pressearbeiter".[23]

Festzuhalten ist vor allem: Zur Einbindung der Pressemitarbeiter in die Maximen der einseitigen staatlichen Willensbildung war die Ausbildung der maßgebliche Ausgangspunkt. Die Verformung der politischen und damit auch gesellschaftlichen Leitgedanken fand hier ihren Anfang. Mangelndes Parteibewusstsein oder eine etwaige Verbürgerlichung der Journalisten waren die größten Sorgen der politischen

---

20 Blaum 1985, S. 517.
21 Blaum 1974, S. 520.
22 Herrmann 1957, S. 74. Herrmann bezieht sich hier auf Hecht 1954, S. 325.
23 Ebd., S. 74f.

Führung. Drei zentrale Fragen gab daher die SED der Fakultät zur theoretischen und praktischen Klärung in Auftrag: Wie lehrt man die Journalisten schreiben? Wie lehrt man die Journalisten kämpfen? Wie macht man aus Journalisten Politiker?[24]

Während des Grundstudiums ging es um die „gründliche Aneignung des Marxismus-Leninismus", um den „Erwerb spezifischer Geschichtskenntnisse". Der Studienführer 1972 nennt als Ziele die „Aneignung von rationellen wissenschaftlichen Arbeitsmethoden einschließlich der Dokumentationstätigkeit, [sowie die] Ausbildung in den Grundlagen des journalistischen Sprachstils und der journalistischen Arbeitsmethodik, der fremdsprachlichen Ausbildung, der Wehrerziehung und dem Sport".[25] In der praktischen Umsetzung war dieses wissenschaftlich anmutende Studienvorhaben eher verschult.

In den siebziger Jahren lagen den Studenten Übungsbücher zur „Methodik der Journalistischen Arbeit" vor, die jeweils mehrere Teilübungen enthielten. Es gab beispielsweise praktische Übungen zu Interviews, zu Berichten oder zur Leitung und Planung in journalistischen Institutionen. Aus Sicht der Sektionsleitung sollte ein „bewusstes Umarbeiten der erworbenen Kenntnisse" gewährleistet sein, „die für einen modernen gebildeten Menschen" unerlässlich seien.[26] Bewertet wurde, ob die Mitschrift einer Vorlesung die wesentlichen Gedanken erfasste und die Problemstellungen erkannt wurden. Ein Punktesystem verteilte entsprechend die Noten: 19 bis 20 Punkte entsprachen der Note Eins, 15 bis 18 Punkte der Note Zwei und für 0 bis 5 Punkte gab es die Note Fünf. Bis zu 2 Punkte erhielt man beispielsweise, wenn der logische Aufbau der Vorlesung erkennbar war, wichtige Zitate sinngemäß mitgeschrieben, Thema der Vorlesung und Name des Vortragenden korrekt angegeben wurden.[27]

Aber erst der tiefgreifende ideologische Teil des Studiums formte die Journalisten. Im Unterschied zur Nachricht betreibe der Journalist beim Verfassen von Berichten, so die Übungsbücher, „Agitation durch Tatsachen". Der Bevölkerung sollten nicht nur Fragen beantwortet werden, „was ist geschehen", sondern auch „wie ist es geschehen".[28] Erwartet wurde, aus einer vorgegebenen Thematik grundlegende theoretische Zusammenhänge und Probleme abzuleiten, die für die gegenwärtige ideologische Arbeit in der DDR von Bedeutung waren.[29] Sämtliche Studienabläufe waren stark reglementiert. Die vier Jahre Regelstudienzeit verliefen nach einem festen Plan. Während des Grundstudiums bestand das Lehrangebot aus Pflichtveranstaltungen: marxistisch-leninistisches Grundlagenstudium (MLG), Allgemeinbildung und fachliche Ausbildung.

---

24 Begrüßungsschreiben der Abteilung Agitation und Propaganda beim ZK der SED an die Zeitschrift für Journalistik. Vgl. *Zeitschrift für Journalistik*, Jg. 1 (1960), H. 1, S. 1.

25 Vgl. Karl-Marx-Universität 1972, S. 168.

26 Karl-Marx-Universität Leipzig, Sektion Journalistik 1970, S. 13f.

27 Ebd., S. 17.

28 Karl-Marx-Universität Leipzig, Sektion Journalistik 1973b, S. 76.

29 Karl-Marx-Universität Leipzig, Sektion Journalistik 1974b, S. 8.

Für das erste Studienjahr blieben sowohl für den Herbst wie auch für das Frühjahrssemester die Gewichtungen relativ ähnlich verteilt. Neben der Vorbereitungswoche, dem Ernteeinsatz, den Lehrveranstaltungen und Prüfungen, gab es bis 1982 im Herbstsemester noch vier Wochenstunden für ein Praktikum. Die Stundentafeln wiesen für den Marxismus-Leninismus folgende Semesterwochenstunden (SWS) aus:

- Dialektischer und historischer Materialismus (8 SWS),
- Politische Ökonomie (10 bis16 SWS, ab 1986 abnehmend),
- Wissenschaftlicher Kommunismus bzw. Sozialismus (8 SWS, bis 1987)
- Ethik (1 bis 3 SWS).

Zeitlich nicht festgelegt wurden ausgewählte Probleme des Marxismus-Leninismus und die Geschichte der SED erarbeitet. Themen, Umfang und Details der so genannten Allgemeinbildung und politischen Schulung sind den Verzeichnissen der Lehrveranstaltungen zu entnehmen. Gelehrt wurden: Geschichte, Gesellschaftsaufbau der DDR, politische und ökonomische Geographie, sozialistische Militärpolitik, sozialistische Kultur- und Kunsttheorie und Literatur. Die fachspezifische Ausbildung hatte im Wesentlichen die theoretischen Grundlagen und die Geschichte des Journalismus zum Inhalt, journalistische Fachgebiete, die ressortspezifische Ausbildung, Methodik, Theorie und Praxis des journalistischen Sprachgebrauchs, aktuell-politisches Argumentieren und Psychologie. Unter Sonstiges wurden noch Russisch (14 bis 16 SWS) angeführt, eine zweite Fremdsprache sowie Sport mit 12 SWS.

Bis in die achtziger Jahre blieb der Ablauf der Semester im Wesentlichen unverändert. Im zweiten Studienjahr war noch bis 1982 eine militärische Qualifizierung bzw. eine Zivilverteidigungsausbildung für fünf Wochenstunden vorgesehen, wozu auch eine Lagerausbildung gehörte.[30] Im vierten Studienjahr sah das letzte halbe Jahr neun Wochenstunden für die Diplomarbeit vor, fünf für das Praktikum, vier für die Verteidigung der journalistischen Abschlussarbeit.

Die West-Presse wurde in der Abhandlung „Die formatierte Meinung" dargelegt, eine einseitige und verkürzende Sicht auf Rundfunk und Fernsehen in der „staatsmonopolistischen Gesellschaft".[31] Zitate von westdeutschen Journalisten kamen nur dann vor, wenn systemkritische Äußerungen gegenüber der Bundesrepublik enthalten waren. Die gesetzlichen Regelungen zur Kontrolle der öffentlich-rechtlichen Rundfunkanstalten durch die Rundfunkräte wurden bewusst nicht erwähnt. Die Gesamtanalyse der westlichen Medien kommt zu dem Ergebnis, dass der Informations- und Meinungsapparat dem Kontrollbereich der Bundesregierung unterstellt sei und zeichnet somit ein völlig falsches Bild. Das Ziel, so das Autorenkollektiv um Franz Knipping, sei die Entpolitisierung und Entideologisierung und damit die „formatierte Gesellschaft".[32]

30 Holzweißig 1989, S. 35.
31 Vgl. Knipping 1968.
32 Ebd., S. 35.

Neben einem Abitur mussten für die Zulassung zum Studium bestimmte Voraussetzungen erfüllt sein. Eine nachweisbare Mitarbeit beim „Aufbau des Sozialismus" am Arbeitsplatz oder in der Schule waren ebenso Voraussetzung wie eine mindestens einjährige Tätigkeit in einem Produktionsbetrieb. Damit sollte eine Verbindung zwischen Wissenschaft und gesellschaftlicher Praxis erreicht werden. Der Dienst in der Nationalen Volksarmee wurde einer Produktionstätigkeit gleichgesetzt. Ersatzweise konnte ab 1963 eine bereits abgeschlossene Facharbeiterausbildung gewertet werden.

Im Februar 1965 legte die Fakultät Journalistik der Karl-Marx-Universität Leipzig fest, dass zusätzlich ein zweijähriges Volontariat in einer Redaktion erforderlich war.[33] Ende der sechziger Jahre wurde dies auf ein Jahr gekürzt. Der Ausbildungsbetrieb übernahm für die Zeit nach dem Studium eine Garantie für den späteren Arbeitsplatz und sicherte dem Volontär Studienhilfe in Form eines monatlichen Büchergeldes zu.[34] Innerhalb der Volontariatszeit gab es eine im Arbeitsvertrag fixierte Probezeit. Untalentierte und politisch nicht genehme Neulinge konnten gleich aussortiert werden.[35] Bewerber, die beispielsweise in der FDJ oder in Jugendredaktionen gesellschaftlich aktiv waren, hatten den Vorrang. Diese Bedingung ist in einem ZK-Beschluss von 1975 festgehalten.[36] Auf diese Weise sollten ausschließlich Nachwuchskader mit einem klaren Klassenstandpunkt gefördert werden. Ausbildung und politische Erziehung sollten gewährleisten, dass der „journalistische Nachwuchs ein festes Verhältnis zur Partei der Arbeiterklasse hat."[37] Über diesen praktischen Teil der Ausbildung kam es allerdings immer wieder zu Rivalitäten zwischen den Redaktionen und der Sektion Journalistik. Die Universität hätte gern mehr Einfluss auch auf diesen Bereich gehabt.

Die Volontariatsordnung zeigt, wen man für diesen Ausbildungsweg gewinnen wollte, auch wenn die Ergebnisse nicht immer den Ansprüchen gerecht wurden: „Die Redaktionen wählen klassenbewusste, politisch aktive, journalistisch talentierte, einsatzbereite, leistungsstarke und vielseitig gebildete junge Menschen mit Hochschulreife entsprechend dieser Ordnung aus."[38] Bewerber für das einmal jährlich stattfindende Auswahlverfahren mussten folgende Unterlagen einreichen:

– pädagogisches Gutachten der Schule bzw. Beurteilung des Betriebes bzw. des Kommandeurs der Nationalen Volksarmee (NVA),
– Beurteilung der FDJ über gesellschaftliche Tätigkeit im Jugendverband, beglaubigte Abschrift des letzten Zeugnisses,

33 Riedel 1977, S. 96.
34 Hoff 1994a, S. 243.
35 Siehe Einlassung von Gerhard Fuchs in der Diskussion über Ausbildungsförderung auf der 8. Tagung des VDJ-Zentralvorstandes im Dezember 1975. In: N.N. 1976, S. 5.
36 Sekretariat des ZK der SED: Bericht über die Auswahl, Ausbildung und Weiterbildung von journalistischen Kadern, 3.12.1975. SAPMO BArch DY 30/IV/2/3 A 2767.
37 Ebd.
38 Verband der Journalisten der DDR 1982, S. 2.

– Personalbogen mit Lebenslauf, ausführliche Begründung des Berufswunsches, ein Gesundheitszeugnis als Ergebnis einer Tauglichkeitsuntersuchung, die einen sehr guten Gesundheitszustand bestätigte,
– eine Auswahl der bereits veröffentlichten Beiträge bzw. Fotos und eine Empfehlung des Leiters der Jugendredaktion bzw. Arbeitsgemeinschaft, wenn der Bewerber einer von beiden bereits angehörte.

Das Auswahlverfahren umfasste:
– das ausführliche Gespräch der Auswahlkommission mit dem Bewerber,
– eine schriftliche Argumentation bzw. Kommentar zu einem aktuellen politischen Thema, wobei Stil, Inhalt und Rechtschreibung beurteilt wurden,
– einen Test des Allgemeinwissens und
– eine Übersetzung aus dem Russischen von einer TASS-Meldung von etwa 15 Zeilen, ohne Wörterbuch.[39]

Die Maßstäbe für die Auswahl des Nachwuchses konnten die Ausbildungsbetriebe selber festlegen und ihren Vorstellungen anpassen. Das Staatliche Komitee fürs Fernsehen legte immer wieder Verbesserungen der Auswahlkriterien der Auszubildenden fest.[40] Nach 1971 zählten neben Klassenstandpunkt, Haltung zum Beruf auch Talent und Fantasie, Bildwirksamkeit, Ausstrahlung, Selbstbewusstsein, physische und psychische Belastbarkeit zu den Kriterien der Auswahl. Es wurde vorgeschlagen, die zukünftigen Fernsehmitarbeiter zunächst als Praktikanten für alle Berufe (Journalistik, Dramaturgie, Regie, Kamera, Produktion) einzusetzen und sie je nach ihren Fähigkeiten an einer fernseheigenen Einrichtung auszubilden, einschließlich des späteren Studiums. Im Volontariat sollte die „Erziehung zum politisch-ideologischen Engagement" für den erwählten Beruf beginnen. Ab 1972 verbesserte sich die Zusammenarbeit zwischen dem Staatlichen Komitee für Fernsehen und der Hochschule für Film und Fernsehen sowie der Sektion Journalistik. Verträge enthielten umfangreiche Leistungen des Fernsehens für die Ausbildung, darunter materiell-technische Leistungen im Werte von mehr als 100 000 Mark der DDR. Die erstmalig 1975 gemeinsam durchgeführte Vorbereitungswoche der Sektion Journalistik und des Verbandes der Journalisten der DDR bedeutete eine zusätzliche Erprobung der zum Studium vorgesehenen Volontäre.[41]

39 Vgl. Baerns 1990, S. 51f.
40 Kaderbericht, Maßnahmen zum Kaderbericht, Kaderanalysen, Ordnung für die Arbeit mit den Kadern, Ordnung für die Arbeit mit den Reisekadern, Ordnung für die Arbeit mit der Kadernomenklatur. Vom Staatlichen Komitee für Fernsehen, Oktober 1975, Bericht über die Arbeit mit den Kadern. In: DRA Babelsberg, Schriftgut FS, Sammlung Glatzer: Geschichte des Fernsehens 1971–1976.
41 Ebd.

Über den Einstieg in die journalistische Laufbahn entschied der jeweilige Ausbildungsbetrieb. Für die weitere Qualifizierung gab der Ausbildungsbetrieb eine Empfehlung ab, über die Zulassungsvoraussetzungen für das Studium entschied wiederum die Karl-Marx-Universität Leipzig. Der Schlüssel für weiterführende journalistische Karrieren lag somit in jedem Fall bei einer staatlichen Einrichtung und letztendlich bei der SED.

In den achtziger Jahren wies die Zusammensetzung der Studentenschaft nicht die gewünschte Mehrzahl von Arbeitern und Bauern unter den Studierenden aus. Die soziale Herkunft stellte sich wie folgt dar:[42]

	1980	1981	1982	1983	1984	1985	1986	1987	1988	1989
Arbeiter	10	2	6	1	6	5	7	11	7	8
Bauern	1	1								
Angestellte	70	88	81	82	96	70	64	68	85	83
Selbständige	7	10		2						3
verwertbare Angaben gesamt	88	83	87	85	102	75	72	81	94	94

Besonders großen Wert legten die Ausbildungsbetriebe auf eine SED-Mitgliedschaft. Der höchste statistische Wert wurde Mitte der achtziger Jahre gemessen. Da ein Parteieintritt häufig während des Studiums geschah, sind die Zahlen zeitlich zu relativieren.

Parteimitgliedschaft

	1980	1981	1982	1983	1984	1985	1986	1987	1988	1989
SED-Mitglieder	82	69	81	72	95	89	89	90	71	66
	66%	64%	67%	67%	78%	78%	77%	74%	59%	55%

42   Unter „verwertbar" sind hier nur die Angaben aufgeführt, die für diese Statistik relevant sein können. Wenn die Eltern geschieden waren und Beruf bzw. Tätigkeit des Vaters nicht bekannt war oder nicht genannt wurde, konnten die Angaben nicht hinzugezogen werden. Nicht verwertbar waren Eintragungen, wenn der Vater bereits Rentner war oder der Beruf mehrdeutig angegeben wurde. Vgl. Friedrich 1997, Anhang X.

In den Studienplänen blieben bis zum Fall der Mauer die Ansprüche an einen sozialistischen Journalisten unverändert.

Während die ideologische Ausbildung ständig vertieft und erweitert werden konnte, blieb der praktische Anteil ständiges Manko wegen der mangelhaften Ausstattung der Leipziger Universität mit Fernsehtechnik. Weil es keine geeigneten Videokameras und Video-Bearbeitungsplätze gab, wurden die wenigen Übungen vor allem auf das dritte und vierte Studienjahr gelegt. Die technische Ausstattung beklagten neben den Studenten auch die Hochschullehrer. Kritik an den Inhalten der Ausbildung gab es dagegen nicht. Lehrkörper und Studentenschaft waren parteikonform, über Abweichler ist wenig bekannt. Glasnost und Perestroika wurden ab 1985 durchaus diskutiert, fanden aber keinen Niederschlag in den Diplomarbeiten. Erst im Oktober 1989 zeigten sich Veränderungen. Wie in der Wendezeit über die Gestaltung der Beiträge debattiert wurde, ließ eine erkennbar kritische Haltung vieler Studenten gegenüber dem realen DDR-Journalismus erkennen. Mit Blick auf die Zuschauer sollten anstelle phrasenreicher und einförmiger Filmberichte originell umgesetzte Beiträge ausprobiert werden. Die inhaltlichen Auseinandersetzungen führten spät, aber noch vor dem Mauerfall, zur Ablösung der bisherigen Praxis. Am 20. Oktober 1989 verabschiedete der Rat der Sektion eine erste Positionierung zur Erneuerung des DDR-Journalismus und veröffentlichte 34 Thesen, mit denen er sich in die Diskussion um „lebensverbundene Medien in der DDR" einbringen wollte. Doch schon im ersten Punkt dieses neuen Programms war nur eine partielle Veränderung zum alten Denken spürbar: „Unsere Überlegungen zum sozialistischen Journalismus in der DDR gehen davon aus, dass die Macht der Arbeiterklasse unantastbar ist, wie auch die Bourgeoisie die Macht des Kapitals nicht zur Disposition stellt." Es war noch keine Abkehr von sozialistischen Grundpositionen, sondern lediglich eine Öffnung zu anderen Optionen. Im Punkt 23 heißt es, mit Blick auf den zu erwartenden stärkeren „internationalen Informationsfluss" dürfe der „sozialistische Journalismus" diese Konkurrenz nicht mehr ignorieren. Der gezielten Einflussnahme auf die DDR könne man nur begegnen, wenn man die „ideologische Auseinandersetzung mit dem Klassengegner (...) allseitig und kontinuierlich" führe.

Im Ergebnis ist festzuhalten, dass die Journalisten nominell gut ausgebildet waren, da neben der theoretischen Schulung auch ganz pragmatischer Journalismus vermittelt wurde. Dazu zählte: Sprecherziehung, journalistisches System und journalistische Medien in der DDR, Leitung und Planung im Journalismus einschließlich Wirkungsforschung und, im Rahmen der journalistischen Methodik, marxistisch-leninistische Psychologie für Journalisten.[43]

Ihren Hochschulabschluss hatten fast alle Journalisten in der DDR in Leipzig erworben. Fachstudien wie Ökonomie, Philosophie, Regionalwissenschaften an anderen Universitäten ergänzten das Bildungsspektrum. Der Widerspruch zwischen dem hohen Ausbildungsstand und dem angepassten, stereotypen und unter-

---

43   Vgl. Karl-Marx-Universität Leipzig 1972, S. 168. Hier zitiert nach Blaum 1974, S. 521.

würfigen Verhalten in der realen Medienwelt der DDR ist nur durch den doppelten Boden einer Scheinwelt zu erklären. Was nicht in die Erklärungsmuster des Politbüros passte, in denen ein heiler und zukunftsorientierter Sozialismus lebte, wurde ausgegrenzt. Die Sektion Journalistik war als zentrales Bindeglied zwischen Staat und Nachwuchs zur Kaderschmiede für Karrieren im Staatsdienst geworden, in der „Funktionäre der Arbeiterklasse" entstanden. Die Auswahl und die Ausbildung der Journalisten gehörten zum festen Bestandteil der Lenkungsmechanismen der SED. Alle politischen, kulturellen und wirtschaftlichen Magazinsendungen im Fernsehen der DDR waren dem Gesamtinteresse untergeordnet, die Bevölkerung der DDR für den Sozialismus zu gewinnen und seine Ziele zu propagieren. Nicht erschöpfend erörtert werden konnte an dieser Stelle die sich zwingend aufdrängende Frage, warum so viele Absolventen dieser Hochschule einerseits gute Journalisten im Sinne des sozialistischen DDR-Systems waren und andererseits sich nach 1989 mit beachtlichen journalistischen Leistungen in eine plurale Medienwelt westlicher Prägung einfügen konnten.

Lenkende und Gelenkte

Das Meer von Publikationen zu ostdeutschen Lebenswegen ist nahezu unüberschaubar. Interviews mit ehemaligen Journalisten und Parteiverantwortlichen sind verschiedentlich geführt worden, zum Teil mit wissenschaftlicher Systematik, zum Teil mit einem biografischen oder belletristischen Interesse.[1] Wie bei diesen Quellen üblich, sind die Aussagen in ihrer Subjektivität zu respektieren, aber nur bedingt für einen objektiven Wahrheitsgehalt in Anspruch zu nehmen. Sie lassen oft auch keine begründeten Verallgemeinerungen über die Befragten zu. Die Gespräche sind zudem lange nach den Ereignissen geführt worden. Legitimatorische Interessen spielen hier ebenso eine Rolle wie Konstruktionen von Ereignisketten, die aus einem heutigen Kenntnisstand resultieren. Die Antworten sagen dennoch viel über die jeweilige Gegenwart und die Sicht der Beteiligten aus und über die Kodizes ihrer Verständigung, ihrer Ablehnung oder Identifikation.[2]

Die befragten Zeitzeugen waren Mitglieder der SED und bis auf eine Redakteurin in leitenden Positionen. Niemand bestreitet die Systemverbundenheit. Bis auf zwei Ausnahmen waren alle Befragten dem Staatssozialismus bis Ende 1989 ohne Zweifel als „Parteisoldaten aus Überzeugung" ergeben. Das Leben in der DDR betrachteten sie nicht als Einschränkung ihrer eigenen Entfaltung und verteidigten das System lange gegen jede Kritik. In Nuancen hat sich diese Haltung auf unterschiedliche Weise bis heute bewahrt. Der Fokus richtet sich im Folgenden vor allem auf die Chefredakteure. Sie waren sowohl Lenkende wie auch Gelenkte. Als Bereichsverantwortliche hatten sie den direkten Kontakt zu Komiteevorsitzenden, als Journalisten waren sie in die Tagesabläufe konkret eingebunden. Die befragten Chefredakteure sehen im Festhalten an wesentlichen Zügen des staatssozialistischen Systems der DDR ihre persönliche Kontinuität, die beweise, dass sie sich und dem einmal als richtig Erkannten in differenzierter Weise treu geblieben sind.

Die Kurzbiographien der Zeitzeugen haben als gemeinsamen Nenner die *Aktuelle Kamera*. Zur Kontrolle und Ergänzung der Aussagen dienten Unterlagen der

---

1   Vgl. u.a. Ludes 1990; Holtermann 1999; Zimmermann/Schütt 1992; Friedrich 1997; Schubert 1992.
2   Plato 2000, S. 7.

„Stiftung Archiv der Parteien und Massenorganisationen der DDR" im Bundesarchiv in Berlin-Lichterfelde. Protokolle von Kollegiumssitzungen belegen in Bezug auf die Datenangaben den Einstieg und Ausstieg von Mitarbeitern, Anleitungen und hausinterner Schriftverkehr reflektieren die jeweiligen Positionierungen. Eine verlässliche Quelle sind ebenso Mitschnitte von Sendungen, in denen die Chefredakteure bei Kommentaren im Bild zu sehen sind. Mit diesen dokumentierten Aussagen wurden die Interviewpartner konfrontiert, wie auch mit den verbrieften Unterlagen im Bundesarchiv.

Rückschlüsse lassen sich auch anhand von Interviews ziehen, die im DDR-Fernsehen im Rahmen von Zusatzqualifikationen im Fach Fernsehgeschichte durchgeführt wurden. Jüngere Fernsehmitarbeiter befragten ältere, erfahrenere Kollegen zu ihren Biographien.

Von **Günter Nerlich,** dem ehemaligen ersten offiziellen **Chefredakteur** der *Aktuellen Kamera* liegt eine persönliche Erinnerung vor. In der Aufbauphase war vor Nerlich lediglich Peter (Pit) Klemm Chefredakteur für das gesamte Fernsehen, sowie auch ab 1954 für kurze Zeit Dieter Glatzer. Nerlich erhielt Anfang 1954 den Auftrag, die Chefredaktion „Aktuelle Politik" im DFF neu aufzubauen. In seinen Ausführungen stellt Nerlich zu Recht fest, dass er der *Aktuellen Kamera* im Jahr 1954 erst richtig zum Leben verholfen hat. Nachweislich strahlte die *Aktuelle Kamera* erste Sendungen ab dem 21. Dezember 1952 aus. Nerlich veranlasste den Neustart am 14. November 1954 nach 17-monatiger Sendepause.

Der Journalist Nerlich kam aus wohlhabenden bürgerlichen Verhältnissen, seine Eltern besaßen in West-Berlin verschiedene Häuser. Nach eigenen Angaben war es das Wiedererstarken der Nationalsozialisten im westlichen Deutschland nach dem Krieg, was ihn zur Abkehr vom Westen brachte. Die Alternative hieß Sozialismus und „keine Macht den Nazis", dafür sei er in den Osten gegangen. Im DDR-Fernsehen wurde Nerlich schließlich zum Auslandskorrespondenten mit den meisten Reise-Erfahrungen.

Nerlich will keinesfalls als Abweichler eingeschätzt werden, doch habe er ab 1980 bei Reportagen in Japan gemerkt, dass das sozialistische System im technologischen Fortschritt nicht mithalten werde und dass die Situation in der DDR seit Jahrzehnten stagniere.[3]

Nerlich war nur kurz Chefredakteur der *Aktuellen Kamera*. Über einzelne Daten gibt es widersprüchliche Angaben. Vor allem über den Zeitpunkt der Übergabe der Chefredaktion an Heinrich Grote. Bereits 1956 produzierte Nerlich erste Auslandsreportagen für das DFF und wurde eher Filmemacher als Redakteur. Von 1957/58 bis 1961 war Nerlich erster Auslandskorrespondent des DDR-Fernsehens in Moskau. Das Fernsehen, so Nerlich, sei damals „mehr als Spaß angesehen" worden „statt als ernste Angelegenheit". Wer sich informieren wollte, habe weniger das Bedürfnis gehabt, den Fernseher einzuschalten, sondern den Rundfunk, weil

---

3   Nerlich 2000, überarbeitet 2008.

das Fernsehen damals noch nicht viel zu bieten hatte. Was jedoch die Arbeit im Fernsehen betraf, so habe „eine große Freizügigkeit" geherrscht. Es sei experimentiert worden, was „außerordentlich schön" gewesen sei.[4]

Vor seiner Abfahrt nach Moskau habe ihn Generalintendant Kurt Heiß, der in der Emigration viele Jahre in der deutschsprachigen Redaktion des Moskauer Rundfunks gearbeitet hatte, zu sich geholt, um ihm Informationen zu seiner kommenden Tätigkeit zu geben: Nerlich solle keinen Schreck bekommen, wenn er vieles in Moskau nicht so ideal vorfinde, wie es in der DDR von der Propaganda dargestellt werde. Aber man könne trotzdem eine Menge lernen.[5] Nerlich war in Moskau notgedrungen vieles in einer Person: Redakteur, Regisseur, Redaktionsleiter und hauptsächlich Kameramann.

1961 gründete er die Chefredaktion „Reportagen und Dokumentationen", die er bis 1965 leitete. 1964 wurde er Berater des ägyptischen Fernsehens, wo er auch zwei Koproduktionen über den Assuan-Staudamm produzierte. 1965 bis 1967 wurde er erster Nahostkorrespondent mit Sitz in Kairo und lieferte Berichte aus zahlreichen arabischen Ländern. 1968 bis 1971 übernahm er wieder die Leitung der Chefredaktion „Reportagen und Dokumentationen". Von 1971 bis 1979 arbeitete er als Asienkorrespondent, anfangs mit Sitz in Singapur, ab 1973 in Delhi. Schwerpunkte der Arbeit waren die Kriege in Vietnam, Japan und Indien. 1978 kam der Afghanistan-Krieg dazu. In den achtziger Jahren produzierte er Auslandsreportagen und veröffentlichte zahlreiche Bildbände und Kinderbücher. Günter Nerlich war Jury-Präsident der Dokfilmwoche in Leipzig und zweimal Jury-Präsident beim Prix Italia der EBU. 1989 übertrug man ihm die Leitung des UNESC-Fernseh-Studios in Lusaka/Sambia, verantwortlich für die Filme, die für die Wahlen in Namibia produziert wurden.[6]

Nicht ganz zu belegen ist, ob Günter Nerlich, wie sein Nachfolger Heinrich Grote, bereits in den Jahren von 1954 bis 1956 wirklich den Titel Chefredakteur trug oder als Leiter beziehungsweise „Abteilungsleiter Aktuelles" bezeichnet wurde. Auch ist in manchen Dokumenten für diesen Bereich nur der Begriff „Aktueller Dienst" zu finden, sowie „Politik" oder „Hauptabteilung Politik".

Nur gegenüber Peter Ludes war Nerlich 1990 zu politischen Einordnungen bereit. Zur Zensur im DDR-Fernsehen äußerte er, dass es viele Möglichkeiten der Einflussnahme gegeben habe. Das Schwierigste sei dabei gar nicht einmal die direkte Zensur gewesen, sondern vielmehr die indirekte, „dieser Ticker im Kopf, wo man meint, das kannst du doch gar nicht bringen"[7]. Ebenfalls nur gegenüber Ludes äußerte Nerlich seine Vermutung über die Ursachen des Scheiterns der DDR. Zum Sturz des Sozialismus habe die wissenschaftlich-technische Revolution geführt, der Abstand zu den anderen Industrienationen habe sich vergrößert, die DDR habe ihre Produkte nicht mehr absetzen können. Je weiter man hinterherhinkte, desto enger

---

4   Löblich 1989. In: Deutsches Technikmuseum Berlin, Depositum Manfred Hempel.
5   Nerlich 2000, überarbeitet 2008.
6   Ebd.
7   Ludes 1990, S. 196.

sei die Schraube der Ideologie gezogen worden. Die Folge sei das Totschweigen und Nichtveröffentlichen von wirklichen Vergleichszahlen gewesen. In der DDR habe es keinen Sozialismus, sondern eine stalinistische Kommandowirtschaft gegeben. „Viele", so Nerlich gegenüber Ludes, „sind angetreten und haben im KZ gesessen für den wirklichen Sozialismus. Der ist eigentlich noch nie praktiziert worden."[8]

Chefredakteur Heinrich Grote war Sohn eines Schneiders und kam nach dem Krieg vorübergehend in amerikanische Gefangenschaft. Er arbeitete in Westfalen als Heizer, bis er im Juni 1946 zu seinen Eltern nach Berlin-Charlottenburg zurückkehrte. Beim Berliner Rundfunk in der Masurenallee fand er als Hauskontrolleur beim Betriebsschutz eine Anstellung. Im August 1946 wurde er SED-Mitglied und schließlich wegen seiner Tätigkeit im antifaschistischen Jugendausschuss zur ehrenamtlichen Arbeit im Jugendfunk herangeholt. Weitere Stationen waren: Redaktionsvolontär, Journalistenlehrgang an der Parteihochschule und Rundfunkredakteur unter anderem in der Redaktion *Aus der Sowjetunion*. Im August 1954 folgte die Versetzung zum Fernsehen als stellvertretender Leiter der *Aktuellen Kamera*. Nach seiner Zeit als Chefredakteur der *Aktuellen Kamera* (1954 bis 1964) wurde Grote Leiter für Reportagen und Dokumentationen, parallel dazu hatte er von 1953 bis 1960 ein Fernstudium für Journalistik mit Diplomabschluss absolviert. Mitglied der Zentralen Parteileitung im Berliner Rundfunk wurde Grote 1951, und von 1956 bis Dezember 1966 war er Mitglied der Zentralen Parteileitung im DFF. Zu seinen zahlreichen Auszeichnungen zählen: Franz-Mehring-Nadel des VDJ, Verdienstmedaille der DDR, Ehrennadel der Karl-Marx-Universität und Vaterländischer Verdienstorden. Ab 1964 moderierte er in Vertretung von Karl-Eduard von Schnitzler den *Schwarzen Kanal* und zählte ab 1968 zu der Kommentatorengruppe der *Aktuellen Kamera*.[9] Von August 1974 bis Februar 1977 fungierte Grote als erster DDR Fernsehkorrespondent in Bonn. Als er zur *Aktuellen Kamera* zurückkehrte, wurde er einer von fünf stellvertretenden Chefredakteuren, bis er Anfang 1984 Leiter des Bereichs Publizistik wurde. Im März 1990 schied Grote im Alter von 65 Jahren aus dem Berufsleben aus.

Der Übergang der Redaktionsleitung von Nerlich an Grote erfolgte fließend. Beide kamen fast zeitgleich zum Fernsehen, wo sie leitende Funktionen ausübten. Den Ausschlag für einen frühen Wechsel der Redaktionsleitung an Grote gaben Nerlichs Auslandsreisen und die damit verbundene häufige Abwesenheit. Laut Protokoll einer Kollegiumssitzung wurde Heinrich Grote ab 11. April 1956 als Leiter der *Aktuellen Kamera* bestätigt und somit Mitglied des Kollegiums.[10]

Faktisch hatte Grote diese Führungsfunktion bereits seit Herbst 1955 ausgeübt, arbeitsvertraglich erst ab Anfang 1956. In diesem Jahr gab es eine deutliche Erweiterung des Stellenplanes, durch den neue Positionen besetzt werden konnten. Kein anderer Redakteur hat die ersten zehn Jahre der *Aktuellen Kamera* so sehr

8   Ebd., S. 199.
9   Daneben moderierten zeitweise auch Günter Herlt und Günter Leucht.
10   SAPMO BArch, DR 8/5, 1956 .

geprägt wie Grote. In der Sendung *Feuertaufe*, einer Produktion von Volontären, gab Grote die Erfahrungen der ersten Jahre im Fernsehen wieder. In dieser Redaktion zu arbeiten sei „eine große Verpflichtung, eine große Ehre" für die Mitarbeiter des Fernsehens gewesen. Man habe den Journalismus in der Praxis erst erlernen müssen, und die technischen Mittel seien „fast mittelalterlich" gewesen. Doch sie alle hätten sich ein „großes Ziel vorgenommen": die Zeit zwischen einem Ereignis und der Sendung auf eine ganz kurze, minimale Spanne herunterzuschrauben, um so aktuell wie möglich berichten zu können. Als beispielsweise 1956 eine sowjetische Delegation um 18.00 Uhr abends auf dem Ost-Bahnhof angekommen sei, da sei es „eine große Ehre und Verpflichtung" gewesen, um 19.30 Uhr in der *Aktuellen Kamera* den ersten Bericht zu bringen.

Der Film *Feuertaufe* war 1979 ein von Volontären produziertes Lehrmaterial für das Fach „Fernsehgeschichte" mit Äußerungen von Heinrich Grote, Werner Popp und Wolfgang Stein. Der genaue Titel der Sendung lautete: *Feuertaufe, zur Geschichte der Aktuellen Kamera*. Darin findet sich auch folgende prägnante Schilderung Grotes vom Wettbewerb der Systeme in Ost und West:

> Wir haben Direktübertragungen gehabt am 1. Mai vom Marx-Engels-Platz, Hunderttausende zogen an der Ehrentribüne vorbei und mittags waren schon die Auflösungen der Demonstration. Zu diesem Zeitpunkt veranstaltete der West-Berliner Gewerkschaftsbund vor dem Reichstag eine Kundgebung mit ungefähr 10 000 Menschen. Das West-Berliner Fernsehen übertrug diese Veranstaltung und zeigte auch Bilder von der Auflösung unserer Demonstration. Sie wollten damit sagen, hier in West-Berlin eine kompakte Masse zum 1. Mai, drüben im Osten nur ein paar Männeken auf dem Marx-Engels Platz. Wir haben uns kurz beraten, was können wir denn nun tun. Sie hatten auch in ihrem Text gesagt, dass sie zu uns herüberschalten wollten. Kurze Beratungen mit den Mitarbeitern, in wenigen Minuten waren ein paar Plakate gemalt mit Losungen für die Arbeiter in West-Deutschland. Und als die verehrten Kollegen des West-Berliner Fernsehens wieder zu uns herüberschalten wollten, war unsere Losung mit dem Gruß an die West-Deutschen Arbeiter zu lesen. Und das haben wir dann fortgesetzt bei jeder weiteren Schaltung, egal ob nun links oben im Fernseher oder unten rechts, immer wenn sie zu uns rüberschalteten, war eine andere Losung zu sehen. Dann, nach einer gewissen Zeit haben sie ihr Vorhaben abgebrochen. Das war auch ein Stück Klassenkampf im Äther.[11]

Kontrovers gegenüber der ansonsten nur positiv dargestellten Entwicklung in der DDR äußerte sich Grote mit einer sachbezogenen Kritik an der *Aktuellen Kamera* auf einer Konferenz von Nachrichten-Redakteuren im Jahr 1961, an der Vertreter von Tages- und Wochenpresse, Rundfunk und Fernsehen teilnahmen. Die in der Aktualität beschäftigten Mitarbeiter seien zu jung und unerfahren. Es würde manchem noch an politischer Erfahrung mangele wie auch an „praktischer

---

11   Deutsches Technikmuseum Berlin, Depositum Manfred Hempel.

Lebenserfahrung". Ihm fehlte es an einer „journalistischen Meisterschaft"[12]. Kritik war jedoch nach seinem Verständnis immer nur dann angebracht, wenn man auch eine Lösung anbieten konnte. Seine Äußerungen auf der Nachrichtenkonferenz wollte er deshalb auch nur in der Weise verstanden wissen, dass er Fortbildung und Schulung der Redakteure der *Aktuellen Kamera* nach den von ihm in seiner Diplomarbeit dargelegten Kriterien befördern wollte.

Grote stand und steht immer noch hinter der Art und Weise, wie in der DDR Journalismus betrieben wurde. Von 1957 bis nach der Wende im Jahr 1995 veröffentlichte er in den Reihen *Theorie und Praxis – Diskussionsmaterial* sowie dem Fachperiodikum *Neue Deutsche Presse,* in Broschüren und Zeitschriftenreihen zahlreiche Aufsätze über seine Vorstellungen für die Gestaltung von Fernsehbeiträgen. In seiner Diplomarbeit „Zur erzieherisch-politischen Funktion der *Aktuellen Kamera* und über einige Besonderheiten ihrer Wirkungsweise"[13], die er im Rahmen eines Fernstudiums 1960 einreichte, sind seine Argumentationsstränge klar erkennbar. Diese Arbeit war eine der ersten, die sich mit dem neuen Medium Fernsehen und seinen propagandistischen Möglichkeiten auseinandersetzte. Ein Blick in das zweieinhalbseitige Quellen- und Literaturverzeichnis weist darauf hin, wie gering der publizierte theoretische Vorlauf war. Durch seine mehrjährige Tätigkeit als Chefredakteur der *Aktuellen Kamera* flossen allerdings seine Praxiskenntnisse in besonderer Weise in die Diplomarbeit ein. Sie war unentbehrlich für die nachfolgende Journalisten-Generationen in der DDR und Pflichtlektüre für Diplomabsolventen zum Thema Nachrichten im Fernsehen.

Die *Aktuelle Kamera* zeige den „Massen der Fernsehzuschauer" mit Hilfe und am Beispiel des wirtschaftlichen, politischen, kulturellen Tagesgeschehens, wie man den Sozialismus zu entwickeln habe. Außerdem erziehe sie die Massen der Fernsehzuschauer mit Hilfe und am Beispiel des nationalen und internationalen Tagesgeschehens zum „sozialistischen Bewusstsein".[14] Die *Aktuelle Kamera* wende deshalb die Information als Mittel zur Bewusstseinsbildung und als Mittel zur politischen Erziehung an.

Grote stellte sich gegen jegliche Art von „bürgerlicher Fernsehtheorie". Die „bürgerlichen Theoretiker" würden den objektiven Charakter von Information leugnen und die „reine Information" fordern, eine „von der Autorenmeinung und -absicht unbeeinflusste Nachrichtengebung".[15] Grote wies diese Art von Journalismus als „vorgebliche Objektivität" zurück, sie sei eine „scheinobjektive Position, die es nirgends und niemals" gebe. Jeder Journalist beziehe Position, er könne gar nicht anders.[16]

---

12 Vgl. Grote 1961, S. 33. Heinrich Grote hier als Leiter der Hauptabteilung Politik im Deutschen Fernsehfunk genannt.
13 Grote 1960b.
14 Ebd., S. 6f.
15 Ebd., S. 8.
16 Interview Grote 1999.

Grote sah die *Aktuelle Kamera* als Instrument im Klassenkampf, das neben „informatorischen vor allem agitatorische Aufgaben" hatte.[17] Heute versteht er seine Parteinahme als Positionsbestimmung, nicht unbedingt als Parteinahme für eine politische Partei.

In der Rückschau sieht Grote wenige Verfehlungen in den Zielsetzungen der *Aktuellen Kamera*. Dabei benutzt er die gängigen Erklärungsmuster, dass die *Aktuelle Kamera* Mittel zum Zweck in einer Konfrontation zwischen ungleichen Gegnern im Kalten Krieg gewesen sei. Für Verirrungen und eine einseitige Berichterstattung zum Systemerhalt sieht er nur partiell Ansätze. Selbstkritisch merkt er lediglich an, dass die Bevölkerung schon Überlegungen anstellen würde, wenn sie „mehr und mehr das Gefühl bekäme, sie erfahre aus den Medien nicht das, was sie eigentlich wissen möchte". Er habe sich dann auch gefragt, „was kann, was müsste man da anders machen?"[18].

Grote sagt über sich selbst, dass er nach der Wende nicht zu den „vielen Widerstandskämpfern [gehört habe], die (...) gefragt und ungefragt mitteilen, dass sie eigentlich schon immer dagegen waren". Er habe stets auf seinem Platz versucht, was er für richtig und notwendig empfand, so zu verändern, dass es „sich in besserer Weise entwickelt". Beispielsweise habe er Sendereihen initiiert, von denen er dachte, „die könnten ein bisschen was bewirken". Einiges sei auch gut angelaufen, anderes sei gebremst worden. In solchen Augenblicken wurde ihm zu verstehen gegeben, dass „es jetzt nicht die Zeit dafür" sei. Grote habe gewusst, „in welchen Punkten es Unzufriedenheit mit dem Medium Fernsehen" gab, und deshalb habe er mit seinen Mitteln versucht, „ein bisschen was in Gang zu setzen und zu verändern".

In der Rückschau hält Grote fest, dass es richtig gewesen sei, nicht von der vorgegebenen journalistischen Zielorientierung abzuweichen. Ein Ausweichen und Zurückgehen hinter die einmal festgelegten Richtlinien hätte zu Irritationen geführt. Das Fortschreiten in Richtung auf eine „vorgestellte sozialistische Gesellschaft" habe nicht zur Disposition gestanden.

Die Selektion von Nachrichten – und das blendet Grote aus – lag in der DDR letztendlich beim Politbüro, beim ZK-Sekretär für Agitation und Propaganda. Die tägliche Entscheidung, was unter der Prämisse der Parteilichkeit in die Sendung übernommen werden sollte, lag bei den Redaktionen. Das Ziel bestand darin, allen Redaktionen zu vermitteln, was die Staats- und Parteiführung wollte, damit die Redakteure diese Auswahl und Auslegung von Nachrichten weitergaben. Relevant ist deshalb die politische Auseinandersetzung Grotes mit dem Lenkungsapparat innerhalb der DDR-Medien. Grote steht für den staatsdirigistischen Journalismus in der DDR mit einem Meinungsmonopol in den Händen der SED-Führungsspitze. Seine Übereinstimmung mit den Grundlinien des Marxismus-Leninismus und ihrer Umsetzung in der DDR machte ihn blind für die Bedeutung pluralistischer Meinungsäußerungen und eine tatsächlich umfassende Berichterstattung. Analog

---

17   Grote 1957, S. 18.
18   Interview Grote 1999.

zum Selbstverständnis des Journalisten in einer sozialistischen Gesellschaft hatten sich die Redakteure der *Aktuellen Kamera* als Mitgestalter und Chronisten großer revolutionärer Prozesse zu verstehen.

Mit Grotes Nachfolger, dem **Chefredakteur Erich Selbmann**, trat ein Chefredakteur seinen Dienst an, der die *Aktuelle Kamera* während des Wechsels von Ulbricht zu Honecker leitete. Seine Amtszeit lief vom 1. November 1966 bis zum 30. November 1978. Selbmann, Jahrgang 1926, war stark geprägt von seinem Vater Fritz Selbmann: 1932/33 KPD-Reichstagsabgeordneter, zwölf Jahre in nationalsozialistischer Haft, nach 1945 zunächst Vizepräsident der Landesregierung Sachsen und dann erster Industrieminister der DDR. Der junge Selbmann kam nach Kriegsende kurz in sowjetische und polnische Gefangenschaft und studierte anschließend in Leipzig Zeitungswissenschaft. Ab August 1948 wurde er Mitarbeiter des Mitteldeutschen Rundfunks und 1953 Chefredakteur des Deutschlandsenders. Es folgten: Parteihochschule in Moskau, Intendant des Berliner Rundfunks, Sekretär der SED-Bezirksleitung Berlin, von 1964 bis 1966 Korrespondent in Moskau für den DDR-Rundfunk, ab 1966 zwölf Jahre Chefredakteur der *Aktuellen Kamera*, ab 1978 Leiter der Fernsehdramatik. Im Dezember 1989 kam er seiner Entlassung durch Eigenkündigung zuvor und schied im Juni 1990 aus dem DFF aus.[19]

Selbmann galt als besonnener, nicht rigider Chefredakteur. Wie Heinrich Grote blieb auch er unverändert in seiner marxistisch-leninistischen Weltansicht. In der *Neuen Deutschen Presse* sah er 1970 die Funktion der *Aktuellen Kamera* darin, „parteilich, eindeutig, schnell, unmittelbar, zielgerichtet und kontinuierlich zu informieren" und durch eine erste „Kommentierung (Deutung und Wertung) die Ereignisse, Tatsachen und Prozesse" in ihrem Zusammenhang darzustellen. Dabei verstand er unter „parteilich", ein „Ausgehen von den Beschlüssen der Partei, von den kollektiv erarbeiteten und festgelegten Hauptargumenten und Hauptlosungen der Parteipolitik, prinzipiell und offensiv".[20] Für Selbmann sollte ein Journalist eine „überlegte Auswahl" von vielen Ereignissen und Prozessen treffen. Es seien auch diejenigen zu Wort gekommen, die eine andere Meinung vertreten hätten oder eine andere Einschätzung gewisser Ereignisse und Entwicklungen. Aus der Rückschau sei aber richtig, dass diese Meinungen in der Minderheit geblieben seien.[21]

Einem Kaderbericht sind sowohl Kritik wie Zustimmung zu seiner Führungsarbeit zu entnehmen. Wenn Selbmann als Chefredakteur „seinen Arbeitsstil verbessern und eine Reihe heranreifender notwendiger Entscheidungen schneller treffen" würde, könnten die „Fortschritte auf kaderpolitischem Gebiet" größer sein.[22] Der überwie-

19 In seiner Zeit als Chefredakteur hatte Selbmann mit Horst Birkner, Gerhard Zazworka und Sigrid Griebel drei Stellvertreter. Birkner war 1969 und 1970 zeitweilig amtierender Chefredakteur, weil Selbmann Aufgaben als Kommentator übernahm und zwei Augenoperationen hatte.

20 Selbmann 1970, S. 5.

21 Interview Selbmann 1999.

22 Kaderbericht, Maßnahmen zum Kaderbericht, Kaderanalysen, Ordnung für die Arbeit mit den Kadern, Ordnung für die Arbeit mit den Reisekadern, Ordnung für die Arbeit mit der Kadernomenklatur. Vom Staatlichen Komitee für Fernsehen, Oktober 1975, Bericht über die Arbeit mit den Kadern. DRA Babelsberg, Schriftgut FS, Sammlung Glatzer: Geschichte des Fernsehens 1971–1976.

gende Teil der Bewertungen bestand allerdings aus positiven Einschätzungen, nicht zuletzt weil er die Konfrontation mit dem politischen Gegenüber förderte und die Meinungsübereinstimmung im Fernsehen unterstrich.

Die Frage, ob es Reglementierungen der journalistischen Arbeit gegeben habe, bejaht Selbmann. Solche, wie er es umschreibt, „Instruktionen" oder „Einweisungen" habe er selbst miterlebt, allerdings nicht pauschal für das Fernsehen. In den sechziger Jahren seien die „Instruktionen" noch nicht so umfassend und weitreichend gewesen wie in späteren Jahren. Zu seiner Zeit als Chefredakteur habe es Einfluss gegeben, zu Einzelheiten gibt er aber keine Auskunft.

Über den späteren Chefredakteur Klaus Schickhelm war zu erfahren, dass die ehemalige Redakteurin der *Aktuellen Kamera*, Sigrid Griebel, von direkten Anweisungen an Selbmann wusste. Demnach sei Selbmann als verantwortlicher Leiter gegen 19.00 Uhr aus seinem Zimmer in die zentrale Nachrichtenredaktion gekommen und habe gesagt: „Kinder wir machen jetzt alles ganz anders." Sigrid Griebel habe das damals für „Erleuchtungen" gehalten. Die Telefonate mit den Anweisungen seien zu der Zeit nur in Selbmanns Arbeitszimmer aufgelaufen. Erst später sei sie dahintergekommen, dass er dort erklärt bekommen habe, wie bestimmte Themen in der *Aktuellen Kamera* darzustellen seien.[23]

Selbmann reklamiert für sein Handeln die Erklärung, dass die äußeren Umstände in den sechziger Jahren sein Verhalten beeinflusst hätten. Es sei Kalter Krieg gewesen, obwohl „allmählich eine Politik der Verständigung angesteuert wurde". Zu seiner Zeit hätte Walter Ulbricht mit dem „Neuen ökonomischen System" eine andere Wirtschaftspolitik eingeleitet, die sich vom Beispiel der Sowjetunion in vielem unterschied und deshalb von Moskau kritisch beobachtet worden sei. Gerade in den sechziger Jahren hätten die „strikten Hinweise oder Verbote" immer nur ganz bestimmte politische oder wirtschaftliche Komplexe betroffen. Der Großteil der Sendungen der *Aktuellen Kamera* – Selbmann spricht von „70, 80 Prozent" – sei „normale journalistische Arbeit" gewesen. Die Anweisungen hätten die Schwerpunkte betroffen und „nicht jedes Detail". Die Argumentations-Sitzungen habe es 1968 schon gegeben und deshalb sei das Prinzip der Anweisungen bereits fest verankert gewesen.[24]

Einige Monate nach der Ernennung von Joachim Herrmann zum ZK-Sekretär für Agitation und Propaganda wurde Selbmann am 30. November 1978 von der *Aktuellen Kamera* zur Fernsehdramatik versetzt. Seine Versetzung hatte fernsehinterne Gründe im Programmbereich Fernsehspiel. Grund für die Versetzung war der Fernsehfilm *Die geschlossene Gesellschaft* von Frank Beyer (Regie). Der Film ist eine bittere Momentaufnahme einer Ehekrise, die Hauptfiguren funktionieren nur innerhalb ihrer gesellschaftlichen Zwänge, und der Titel konnte auch als Analogie zur Grenzschließung von 1961 gesehen werden. Der verantwortliche Hauptabteilungsleiter Hans Bentzien wurde jedoch auch wegen der skandalisierten Keller-Verfilmung *Ursula* abgesetzt.

---

23 Interview Schickhelm 1999.
24 Interview Selbmann 1999.

Die Versetzung hatte Joachim Herrmann selber vorgenommen und in direktem Kontakt zu Selbmann geklärt. Selbmann musste für dieses Gespräch, das streng vertraulich geführt werden sollte, aus dem tschechischen Liebenstein ins eineinhalb Stunden entfernte Suhl reisen, weil es dort einen abhörsicheren Apparat gab. Das Angebot, die Dramaturgie zu übernehmen, sei für Selbmann überraschend gekommen. Er hatte auf diesem Gebiet noch nie gearbeitet. Die *Aktuelle Kamera* sei aus seiner Sicht noch nicht „stabil" genug gewesen, um sie zu verlassen, außerdem sprachen gesundheitliche Gründe gegen diese Veränderung. „Krank seien wir alle irgendwo", habe Joachim Herrmann geantwortet, und da letztlich, so Erich Selbmann, die „Parteidisziplin" siegen würde, willigte er ein, mit der Bemerkung: „Aber nur für drei Jahre". Aus diesen drei Jahren wurden dann insgesamt zwölf bei der Dramatischen Kunst im DDR-Fernsehen.[25]

Die Besetzung leitender Funktionen im Fernsehen lief über die so genannte Nomenklatur. Der Begriff steht für Führungskader. Die verschiedenen SED-Führungen, wie Politbüro oder Zentralkomitee, und die Ministerien der DDR schufen ein System von Nomenklaturkadern. Sie waren, nach sowjetischem Vorbild, mit besonders linientreuen Personen besetzt. Die Vorsitzenden von Rundfunk und Fernsehen mussten vom Politbüro bestätigt werden. Die Stellvertreter der Vorsitzenden und die Auslandskorrespondenten bestätigte das Sekretariat des Zentralkomitees.[26] In der Regel stimmte der Komiteevorsitzende Heinz Adameck einen Personalvorschlag mit der Abteilung Agitation, Heinz Geggel, und der Kaderabteilung des Zentralkomitees ab. Joachim Herrmann hatte also im Fall Selbmann Adameck umgangen und direkt eine Personalentscheidung getroffen.

Nach der Wende war Erich Selbmann als Autor zahlreicher Veröffentlichungen weiter aktiv. In seinem Buch „DFF Adlershof: Wege übers Fernsehland" von 1998 legt er seine subjektive Sicht auf dieses abgeschlossene Geschichtskapitel dar. Darin beschreibt er einerseits Fehleinschätzungen zu DDR-Zeiten, bleibt aber letztlich seiner politischen Grundhaltung als überzeugter Sozialist treu.

Als Joachim Herrmann zum ZK-Sekretär für die Abteilung Agitation und Propaganda wurde, kam zeitgleich ein Mann der Nachkriegsgeneration an die Spitze der *Aktuellen Kamera*, **Ulrich Meier**, Jahrgang 1940. Er leitete die Nachrichtensendung des DDR-Fernsehens vom 1. Dezember 1978 bis zum 31. November 1983. Sein Werdegang in Stichworten: 1954 bis 1956 Lehre als Rohrschlosser in Wismar, 1958 bis 1961 Bereitschaftspolizist Schwerin, 1961 Rohrschlosser, 1961/62 Rundfunkschule Berlin-Grünau, 1963/64 Redaktionsassistent in der außenpolitischen Redaktion der *Aktuellen Kamera*, 1965 bis 1967 Redakteur bei der *Aktuellen Kamera*, 1967 bis 1970 Student an der Parteihochschule Karl Marx, 1970 bis 1972 stellvertretender Redaktionsleiter der außenpolitischen Redaktion der *Aktuellen Kamera*, 1972 bis 1975 Nahostkorrespondent in Kairo, 1975 bis 1978 stellvertretender Chefredakteur der *Aktuellen Kamera*, 1978 bis 1984 Chefredakteur der *Aktuellen Kamera* und

25 Ebd.
26 Schreiben von Eberhard Fensch an den Verfasser vom 8.11. 2004.

Komitee-Mitglied, 1984 bis 1989 Chefredakteur Sport und Komiteemitglied, 1990 Chef vom Dienst. Meier galt als mecklenburgischer „Dickschädel", der auch mal polterte und sich mit seinen Vorgesetzten anlegte.

Meier war zwar nicht mit jeder politischen Richtungsentscheidung einverstanden, doch an einen Seitenwechsel während seiner Auslandsaufenthalte habe er nie ernsthaft gedacht. Allein die Tatsache, so Meier, dass der Korrespondent der *Aktuellen Kamera* „abgehauen" wäre, hätte eine so heftige Auswirkung auf das gesamte Fernsehen der DDR gehabt, dass er damit vielen Weggefährten „ungemeinen Ärger" bereitet hätte. Eine Art Ehrenkodex habe die Redaktion in dieser Situation geeint und die Fernsehmacher auf Linie gehalten, die dem „allmächtigen Kapitalismus" in der Bundesrepublik trotzen wollten.

Meiers Aufstieg begann mit der Verbesserung von redaktionellen Abläufen bei der *Aktuellen Kamera*. Um schneller reagieren zu können, wurde die Logistik innerhalb der Redaktion geändert. Der entscheidende Karrieresprung erfolgte nach der Rückkehr aus Kairo, als Meier im Juli 1975 zum stellvertretenden Chefredakteur ernannt wurde. Diese Beförderung war mit dem Aufbau der Fernsehnachrichtenredaktion verbunden, der Veränderungen in dem Endfertigungsprozess der *Aktuellen Kamera* bedeutete.

Meier musste die redaktionellen Bereiche „DDR-Redaktion", „Redaktion Außenpolitik" und „Nachrichtenredaktion" mehr aufeinander abstimmen. Jeweils Teilbereiche der Gesamtredaktion lieferten einerseits so genannte Wortmeldungen, die sich aus dem vorgelesenen Text und einem Foto hinter dem Sprecher zusammensetzten, sowie andererseits Filmbeiträge von Reportern unterschiedlicher Bereiche. Die Zulieferungen für eine Sendung wurden umständlich zu einer Gesamtsendung kombiniert. „Es knirschte – wie wir damals sagten – beim endgültigen Zusammenbau der Sendung" so Meier. Mit der grundlegenden Reformierung der Nachrichtenredaktion" veränderten sich die Abläufe. Zugelieferte Beiträge aus der „DDR-Redaktion" und der „Redaktion Außenpolitik" wurden nunmehr von der „Nachrichtenredaktion" koordiniert, so dass sie sich an ihrem jeweiligen Platz in der Sendung organisch einfügten. Dieser größer gewordene Redaktionsbereich musste aber erst mit Journalisten aus den vorhandenen Redaktionsbereichen aufgebaut werden. Nach dem erfolgreichen Abschluss der Umstrukturierung wurde Meier im Herbst 1978 zum Chefredakteur der *Aktuellen Kamera* berufen.

Unter Meier veränderte sich die Diktion der Kommentierung in der *Aktuellen Kamera* geringfügig. Mit der einsetzenden Entspannungspolitik wurde nicht mehr direkt gegen bundesdeutsche Politiker agitatorische Hetze betrieben. In besonders scharfem Ton hatten die Kommentatoren der *Aktuellen Kamera* gegen Adenauer, Lübke, Oberländer, Brentano und Strauß polemisiert. Ab Mitte der siebziger Jahre wurde von der Staats- und Parteiführung entschieden, so Meier, keine rhetorischen Angriffe mehr gegen Politiker und Wirtschaftsführer zu führen, mit denen Vertreter der DDR häufig an Verhandlungstischen saßen. Polemisiert wurde fortan gegen allgemeine Zustände, gegen die „Arbeitslosigkeit", gegen eine „mangelnde Gleichberechtigung der Frau", gegen die „Waffengeschäfte in aller Welt".[27]

Die *Aktuelle Kamera* war unter Meier eine professionell arbeitende Nachrichtensendung geworden, die jedoch bewusst immer andere Auswahlkriterien hatte und unterschiedliche Sichtweisen lieferte als vergleichbare Sendungen im westlichen Europa. Innerhalb dieser selbst gesteckten Rahmen- und Richtlinien kam die Akzeptanz der *Aktuellen Kamera* in den siebziger Jahren allerdings nicht über eine Zuschauerschaft von 15 Prozent der möglichen Seher hinaus.

Meiers Einstieg hielt für die *Aktuelle Kamera* gleich eine Herausforderung bereit. Der harte Winter 1978/79 brachte die DDR an den Rand einer Schneekatastrophe. Den Reportern und Redakteuren seien damals alle Möglichkeiten der Berichterstattung eingeräumt worden, so Meier. Verwunderlich war diese Offenheit insofern, weil die mangelnde Hilfe für die Bevölkerung von der *Aktuellen Kamera* aufgezeigt wurde und somit erstmalig eine Negativ-Berichterstattung zugelassen war. Die Kamerateams hätten das ganze Ausmaß des verheerenden Winters gefilmt und mit Hubschraubern über eingeschneiten Zügen fliegen dürfen. Das habe ihn, so Meier, in der Hoffnung bestärkt, „dass es möglich ist, die DDR so zu zeigen, wie sie ist." Damals sei von einer Gängelung nicht viel zu spüren gewesen, die Anweisungen hätten sich vielmehr als schleichender Prozess entwickelt.

Für Meier habe sich eine neue Qualität zunehmender staatlicher Einflussnahme darin gezeigt, dass er regelmäßig von Heinz Geggel oder von dessen Vorgesetzten Joachim Herrmann angerufen worden sei. Diese Gespräche wurden über den so genannten Regierungsapparat, eine direkte Telefonverbindung vom Zentralkomitee ins Büro des Chefredakteurs, geführt. Die tägliche Frage aus dem Bereich Agitation habe gelautet: „Was machst du denn heute in der *Aktuellen Kamera*?"[28] Dieser Prozess der Einmischung habe in seiner Erinnerung 1979 angefangen. Meier sieht deshalb einen Zusammenhang zwischen der Freizügigkeit in der Berichterstattung während der Krisenwochen und dem Anziehen der Kontrollen im zeitlichen Anschluss. Das Versagen staatlicher Rettungseinrichtungen durfte in dieser Form nicht mehr im Fernsehen zu sehen sein.

Schon bei seinen Vorgängern habe es solche Anrufe aus der Agitationsabteilung und vom Sekretär für Agitation im ZK der SED gegeben, aber bei ihm seien sie zur Regel geworden. Bei diesen Telefonaten habe es immer wieder Hinweise gegeben, so Meier, nach dem Prinzip: „Achtet doch mal darauf" oder, „da kommt noch eine besondere Meldung, die zu beachten ist". Die zweite Stufe setzte ein, als der tägliche Ablaufplan (genannt „Waschzettel") der *Aktuellen Kamera* telefonisch an das Büro von Heinz Geggel durchgegeben werden musste. Aus Sicht der Redakteure sei es unsinnig gewesen, schon gegen Mittag in Unkenntnis der sich entwickelnden Tagesaktualität einen Ablauf zu erstellen. Ab Ende 1979 sei dieser Vorgang der täglichen Absprache mit der Abteilung Agitation zur festen Verabredung geworden. Eine schriftliche Anordnung für diese Handhabung habe nie vorgelegen, aber, so erinnert

27 Selbmann 1998, S.344f.
28 Interview Meier 1999.

sich Meier, eine mündliche. Er kann sich jedoch nicht mehr daran erinnern, ob diese Anordnung von Geggel oder von Adameck ausgegangen sei.

Die Übermittlung der Tagesplanung zwischen *Aktueller Kamera* und Zentralkomitee gestaltete sich wie folgt: Die Sekretärin im Büro des Chefredakteurs gab den Ablauf telefonisch an die Sekretärin von Joachim Herrmann durch, wo er abgeschrieben und an die Mitarbeiter in der Abteilung Agitation weiterverteilt wurde. Ein Durchschlag des „Waschzettels" ging in Adlershof an Adameck, weil hin und wieder Rückfragen der Abteilung Agitation bei ihm eingegangen seien. Der Tages-Rhythmus habe so ausgesehen, dass Meier jeden Nachmittag zu Adameck gegangen sei und man sich über den Ablauf der Abendsendung verständigt habe. Diese Gespräche mit dem Intendanten empfand Meier zunächst nicht als Gängelei, sondern als kollegiale Absprache innerhalb des Senders.

Der nächste Schritt – und das empfand Meier als Gängelei – sei die Anordnung gewesen, automatisch nicht nur den „Waschzettel" sondern auch die Schlagzeilen, die Themen-Übersicht, mit aufzuschreiben. Bei den Schlagzeilen handelte es sich um die wichtigsten Themen, die die Redaktion als Vorschau an den Beginn der Sendung stellen wollte. Dieses Anliegen sei aus journalistischer Sicht eine Unmöglichkeit gewesen, denn um 13.00 Uhr kannte man die Ereignisse des weiteren Tages noch nicht. Wochentags sei die Rückkoppelung zum durchtelefonierten Ablaufplan erst nach 19.00 Uhr gekommen. In der Abteilung Geggel habe man sich im ZDF die *heute*-Sendung angesehen, um entsprechend reagieren zu können. Zum Teil seien völlig unverständliche Änderungsentscheidungen getroffen worden, erinnert sich Ulrich Meier. Das habe dazu geführt, dass manchmal um zehn Minuten vor halb acht die ganze *Aktuelle Kamera* umgestellt werden musste, was bedeutete, eine dreißigminütige Sendung mit etwa 15 Beiträgen neu zu sortieren. Das führte dazu, dass manche Nachrichten in der *Aktuellen Kamera* nur dann zu verstehen waren, wenn vorher das ZDF verfolgt worden war.

Manchmal hätten Anweisungen nur eine einzige Nachricht betroffen, an anderen Tagen die ganze Sendung. Dies war vor allem dann der Fall, wenn es um bestimmte Aktivitäten des Generalsekretärs ging, für den gegebenenfalls die Sendezeit über die Länge von 30 Minuten hinaus erweitert werden musste.[29] Bei Auslandsbesuchen von Erich Honecker konnte eine Sendung bis zu 75 Minuten ausgedehnt werden.

Staatsbesuchen galt in der Berichterstattung stets besondere Beachtung. Alle Auftritte des Generalsekretärs wurden an der Spitze der Sendung gemeldet. Zu den wenigen Ausnahmen zählte beispielsweise der 10. Dezember 1987, als Ronald Reagan und Michail Gorbatschow in Washington neue Akzente in der Abrüstungspolitik setzten. An diesem Tag rangierte der Auftakt des Treffens der Parteichefs der Staaten des Warschauer Pakts in Ost-Berlin an Position zwei in der *Aktuellen Kamera*. Sonst verdrängten nur noch olympische Goldmedaillen für DDR-Sportler Erich Honecker von Platz eins in der Berichterstattung.[30]

---

29 Ebd.
30 Vgl. beispielsweise *Aktuelle Kamera* vom 27.2.1988. DRA Babelsberg.

Zur Entlastung wurden stellvertretende Chefredakteure für die Schlussverantwortung eingeteilt. Die Funktion eines Schlussredakteurs mit einer so genannten „allerletzten Verantwortung" geht aus einem „1. Entwurf über die Erfahrungen des Deutschen Fernsehfunks bei der Vorbereitung und Durchführung des 20. Jahrestages der DDR" vom 27. Oktober 1969 hervor. An diesem Tag wurde die Weiterentwicklung der Struktur der *Aktuellen Kamera* behandelt, um sie besser „den Schwerpunktaufgaben anzupassen".[31] Herrmann und Geggel wollten ihre Änderungswünsche allerdings bevorzugt dem Chefredakteur durchgeben. Redaktionsintern erhielten die Sendungsverantwortlichen die Bezeichnung „Oberflieger". Durch diese Art der Aufstockung der verantwortlichen Redakteure wurde eine direktere Erreichbarkeit auch am Wochenende möglich. Den Zugriff auf die *Aktuelle Kamera* hatte die Abteilung Agitation somit durchgehend organisiert. Der so genannte Regierungsapparat stand für schnelle und direkte Anweisungen nicht mehr ausschließlich im Büro des Chefredakteurs, sondern ebenfalls im zentralen Redaktionsbüro.

Vier mal im Jahr hatte Ulrich Meier vor der Belegschaft einen so genannten Rechenschaftsbericht vorzulegen. In den Berichten wurde die Arbeit der *Aktuellen Kamera* von ihm generell positiv eingeschätzt. Im Bericht vom 3. Dezember 1980 hob er beispielsweise hervor, dass die *Aktuelle Kamera* inzwischen doppelt so viele Bildberichte und Nachrichten beinhalte wie in den Jahren zuvor. Auch die Film- und elektronischen Produktionen hätten sich verdoppelt. Dieses Ziel sei in der *Aktuellen Kamera* und in der Studiotechnik erreicht worden trotz proportional weniger Mitarbeitern und finanziellen Mitteln.[32] Organisations- und betriebstechnisch hatte Meier erfolgreiche Arbeit geleistet. Für die Parteileitung hob er hervor, wie wichtig ihm die „allseitige", politische Aktivierung der Mitarbeiter" und der „konsequente Kampf um Effektivität der redaktionellen und [der] Produktionstechnologie" seien. Sein „Kollektiv" habe sich in den zurückliegenden zwei Jahren als eine „engagierte und außerordentlich belastbare Kampfgemeinschaft von Parteijournalisten erwiesen, die bereit ist, jeden Auftrag unserer Partei zu erfüllen"[33]. Äußerungen Meiers wie diese müssen Geggel, Herrmann und Adameck so verstanden haben, dass sie mit ihrer Anleitungspraxis Erfolg hatten und sie ihre Forderungen erweitern konnten.

Mehr und mehr fanden sich die verantwortlichen Redakteure der *Aktuellen Kamera* unter der Anleitung der Abteilung Agitation wieder. Die kleineren „Anleitungen" und das „Durchstellen" von Wortmeldungen in die Redaktion wurde von Günter Böhme erledigt, einem direkten Mitarbeiter Heinz Geggels. Die Gespräche mit Böhme wurden von den Redakteuren, so Meier, nicht als Maßregelung empfunden, sondern als „ein journalistisch-kollegiales Geplänkel". Meier suchte auch seinerseits die Verbindung zu Böhme, wenn er durch kleinere „Winks" in Erfahrung bringen konnte, ob sich in der Abteilung Geggel etwas „zusammenbraue". Die

31   DRA Babelsberg, Schriftgut FS, Sammlung Glatzer: Geschichte des Fernsehens 1966–1971.
32   Bericht der Zentralen Parteileitung an die Betriebsdelegiertenkonferenz am 6.12.1980. DRA Babelsberg, Schriftgut FS, Sammlung Glatzer: Geschichte des Fernsehens 1980.
33   Ebd.

Redakteure empfanden es als selbstverständlich, aus dem ZK der SED ihre Nachrichten und die jeweilige Platzierung zu beziehen.

Herrmann, Geggel und die Mitarbeiter der Agitationsabteilung strichen vorgesehene Meldungen, änderten die Reihenfolge der Berichte in der Sendung, verlangten die Hinzunahme anderer Themenbereiche oder die Ausweitung von Berichterstattungen über SED-Ereignisse, vor allem über politische Treffen und Reden Erich Honeckers.

In manchen Telefonaten habe Meier erwidert, dass er bestimmte Entscheidungen nicht nachvollziehen könne und dass manche Wünsche „auch der Interessenlage der Zuschauer" widersprechen würden. Einmal sei er so verärgert gewesen, dass er gesagt habe: „Solange ich hier Chefredakteur bin, muss ich die Bewegungsfreiheit haben, aus der Situation entscheiden zu können, damit die *Aktuelle Kamera* ordentlich über den Sender gehe." Adameck gegenüber sei er noch direkter gewesen: „So einen Schwachsinn mach' ich nicht."[34]

Den größten Konflikt habe Meier mit dem ZK-Sekretär Herrmann gehabt. Dabei ging es um einen Auftritt von Egon Krenz bei einem Kongress des westdeutschen „Marxistischen Spartakusbundes". Die Teilnehmer hätten am Ende der Veranstaltung gemeinsam die Internationale gesungen. Dieses Absingen habe Erich Honecker allerdings nicht in der *Aktuellen Kamera* gesehen. Meier rechtfertigte sich, dass der Beitrag des Korrespondenten Lutz Renner um 19.00 Uhr nach Adlershof überspielt werden musste, zu einem Zeitpunkt, als Krenz noch geredet habe. Gesungen worden sei viel später.

Einmalig war der Vorgang des „Mittagstisches des Politbüros": „Eine überaus brisante Stelle, an der über die Medien, ihre Leitungsgremien und Journalisten Urteile gefällt wurden, war der Mittagstisch des SED-Politbüros. Wenn hier vor allem Honecker und Mittag etwas Kritisches über den zurückliegenden Fernsehtag äußerten, wurde das von Herrmann zum Anlass genommen, in der ihm eigenen unflätigen Art auf die zuständigen Fernsehmacher einzuschlagen. Dabei machte er sich nie die Mühe, die Fakten zu überprüfen oder gar die am Mittagstisch gehörten Äußerungen zu relativieren. Für ihn waren das alles wie von Göttern vorgegebene Wahrheiten. In den ersten Monaten seiner Tätigkeit in seiner Funktion ist er fast immer mit vollgeschriebenen Tischservietten ins Büro zurückgekehrt, später ist er aus Furcht, wieder Unangenehmes über die Medien aufschreiben zu müssen, oftmals gar nicht mehr zum Mittagstisch des Politbüros gegangen. Wie andere leitende Journalisten kannte ich diesen Vorgang und habe mich darüber lustig gemacht, nicht ahnend, dass es mich einmal ganz persönlich treffen würde."[35]

Dennoch wurde „ein Riesen-Theater gemacht". Vorwürfe trafen Meier: „Was muss man denn noch alles machen, um die *Aktuelle Kamera* so anzuleiten, dass solche Dinge nicht passieren." Obwohl bei der Aussprache mit Joachim Herrmann auch Adameck und der SED-Kreisvorsitzende Johannes Schäfer anwesend waren, sei die Konfrontation nur zwischen ihm und Herrmann entstanden. Meier habe

34   Interview Meier 1999.
35   Ebd.

zwar Verständnis dafür geäußert, dass „die *Aktuelle Kamera* ein Instrument der Parteiführung" sei. Er halte eine Verständigung über Schwerpunkte der allabendlichen Sendung im Laufe eines Tages auch nicht für ungewöhnlich, aber es könne nicht dazu führen, dass „wir eine *Aktuelle Kamera* in der Anleitung so machen müssen, dass wir euch sagen, was ist auf Platz fünf und was ist auf Platz 27."[36]

Dieser Nonkonformismus beendete die Zeit von Ulrich Meier bei der *Aktuellen Kamera*. Der Weg lief über eine Krankschreibung. Die offizielle Sprachregelung lautete, dass Meier bei weiterer Belastung ein Herzinfarkt drohe. Zum 1. Januar 1984 wurde Meier innerhalb des DDR-Fernsehens zum Sport versetzt.

Nachfolger von Ulrich Meier als Chefredakteur wurde am 1. Januar 1984 **Klaus Schickhelm**, ebenfalls ein Journalist der Nachkriegsgeneration. Schickhelm blieb in dieser Funktion bis zum 18. Juli 1990. Schickhelms Berufswunsch war nach eigenen Angaben Kameramann. Auf dem Umweg über eine zwölfmonatige Tätigkeit in der Produktion beim Kabelwerk Berlin begann er bereits vor seinem Studium in der *Aktuellen Kamera* für drei Monate als Bildredakteur zu arbeiten. Die weiteren Stationen: 1965 bis 1967 Studium in Leipzig (noch ohne Abschluss), ab 1967 Arbeitsvertrag bei der *Aktuellen Kamera* als Bildredakteur, Fortsetzung des Studiums als Fernstudent, 1967 bis 1975 Bildredakteur und Nachrichtenredakteur in der *Aktuellen Kamera*, 1975 stellvertretender Redaktionsleiter Innenpolitik, 1979 bis 1983 Redaktionsleiter der innenpolitischen Redaktion und im Verlaufe dieser Zeit auch stellvertretender Chefredakteur.

Schickhelm war ehrgeizig und setzte dem zunehmenden Druck aus der SED-Spitze wenig entgegen. Vor seinem Einsatz als Chefredakteur war er „in Vorbereitung" für die künftige Funktion als politischer Mitarbeiter des ZK der SED in der Abteilung Agitation eingesetzt.[37] Ab Juli 1984, nach der Umstrukturierung des Fernsehkomitees, hätten die Kadergespräche erheblich zugenommen. Permanent seien Beurteilungen geschrieben worden, in denen neben der Arbeitsleistung vor allem die ideologische Haltung eingeschätzt wurde.[38] Der neue Erste Stellvertreter Adamecks, Klaus Raddatz, machte Schickhelm 1984 sogar Aussichten auf die Fernsehleitung. Wenn Adameck in den Ruhestand gehen würde, sollte zunächst Raddatz Nachfolger werden. In ferner Zukunft könne Schickhelm dann die Position des Intendanten übernehmen.

Nach Absprache mit Joachim Herrmann hatte Adameck Klaus Schickhelm zum Chefredakteur ernannt. Schickhelm selber sagt, dass er als 39-Jähriger in die neue Funktion wegen seiner „hohen anerzogenen Disziplin gegenüber Meinungen der Partei und den Vorgesetzten" eingewilligt habe. Die täglichen Kontakte zur Abteilung Agitation und die damit verbundenen Anleitungen der *Aktuellen Kamera* habe er von seinem Vorgänger Meier übernommen. Schon als Chef vom Dienst (CvD) hatte er häufig mit den Mitarbeitern Geggels telefoniert; ihm war das System der

---

36   Ebd.
37   Protokoll Nr. 135 des ZK der SED, 2.12.1983. SAPMO BArch, DY 30 IV 2/3/3598.
38   Interview Schickhelm 1999.

Abstimmung und Weisungsentgegennahme vertraut, nicht zuletzt wegen seiner eigenen kurzzeitigen Tätigkeit in der Agitationsabteilung.

Der tägliche Anleitungsmodus, so bestätigen es gleichlautend Schickhelm und Meier, habe sich vom Ablauf her wiederholt. Als Arbeitsgrundlage für die Tagesmannschaft der *Aktuellen Kamera* lag der Wochenplan vor, der die voraussehbaren Ereignisse beinhaltete. Informationen lieferten Terminübersichten von ADN sowie Themenangebote der Auslands- und Bezirkskorrespondenten der *Aktuellen Kamera*. Der vorläufige Ablaufplan der Sendung wurde in der Frühkonferenz um 10.00 Uhr beraten. Schon hier galt: Aktionen des Generalsekretärs waren an der Spitze der Sendung zu platzieren. Am frühen Nachmittag, um 14.00 Uhr, gab es eine Zusammenkunft beim Chefredakteur. Hier wurde die Grundstruktur der Sendung zusammengestellt. Mit der bereits vorhandenen Schere im Kopf wurde ein Ablaufplan erstellt und wie bei Ulrich Meier an die Agitationsabteilung weitergegeben. Somit lagen die Pläne für die abendliche Ausgabe in Schlagzeilen sowohl Geggel wie auch Herrmann gegen 15.00 Uhr vor. Die tägliche Rückkoppelung der Abteilung Agitation erfolgte per Telefon nach 18.00 Uhr, oft auch erst nach 19.00 Uhr.

Telefonische Reaktionen, so präzisiert Schickhelm gegenüber Meier, seien in 90 Prozent der Fälle von Günter Böhme gekommen. Änderungswünsche hätten in der Regel starke Auswirkungen auf die Sendung gehabt, man habe sich aber nicht wehren können.[39] Einspruch, auch formaler, sei nicht möglich gewesen. Selbst über die widersinnigsten Nachrichtenkombinationen oder Häufungen habe es keine Diskussion gegeben.

Das Zustandekommen der Wortmeldungen stellte Schickhelm dar. Sie gliederten sich in zwei Arten. Zum einen wurden sie aus den Agenturen des ADN zusammengestellt, die über Fernschreiber die Redaktion erreichten. Es waren von den ADN-Korrespondenten recherchierte und formulierte Meldungen, die bereits mit Bedacht die Linie der SED berücksichtigten. Zum anderen wurden Meldungen direkt in der Abteilung Geggel verfasst und über ADN an alle Pressebereiche verteilt. Die Abteilung Agitation habe sich schon in den siebziger Jahren als eigene „Nachrichtenfabrik" verstanden, so Schickhelm. Das bedeutete, dass die Mitarbeiter von Geggel und Herrmann vor allem aus Westzeitungen eigene „neue" Nachrichten formulierten. Dabei wurde vor allem Wert darauf gelegt, die DDR in einem noch besseren Licht darzustellen. Diese Meldungen hatten Vorrang bei den Nachrichtenredaktionen und mussten – etwa sechs bis zwölf – im Wortlaut wiedergegeben werden. Sie erhielten den Spitznamen „Hot-Dogs".

Meldungen über Erich Honecker mussten selbst dann im Wortlaut wiedergegeben werden, wenn sie, so Schickhelm, grammatikalische Fehler enthielten. Satzbau und Diktion seien für Zeitungen entworfen worden, aber nicht für das Fernsehen. Es habe Zeiten gegeben, so Schickhelm, in denen man sich die Texte hätte „mundgerecht" machen dürfen, auch wenn die Substanz unverändert bleiben musste.

---

39   Parallel zu dem Interview überreichte Klaus Schickhelm dem Verfasser eine dreiseitige Eigendarstellung der Tagesabläufe unter der Überschrift „Medienmachtstrukturen". Datiert vom Dezember 1999 in Dresden.

Der ständige Kontakt zwischen der Abteilung Agitation und der Redaktion der *Aktuellen Kamera* verlief über fest vorgesehene Personen. Unter Schickhelm in den achtziger Jahren waren neben Günter Böhme noch Günter Bobach (Wirtschaft), Günther Köhler (Kultur) und Bruno Wagner (Landwirtschaft) die anderen Mitarbeiter der Abteilung. Böhme war gleichzeitig sowohl bei Herrmann wie auch bei Geggel hierarchisch angebunden.

Anders noch als bei Meier habe in seiner Zeit, so Schickhelm, eine regelrecht indoktrinative Einflussnahme ihren Höhepunkt gefunden. Richtig aufgelehnt habe er sich dagegen nie, obwohl er die geistige Erniedrigung seiner eigenen Person und anderer Mitarbeiter der *Aktuellen Kamera* in der Rückschau als „verbrecherisch" empfindet. Neben den täglichen Anrufen und Vorgaben der Abteilung Agitation war für Schickhelm die jeweils am Donnerstag bei Geggel stattfindende Argumentation über die politische Ausrichtung der aktuellen Nachrichtenlage von entscheidender Bedeutung. Die Chefredakteure von Tages- und Wochenpresse, Rundfunk und Fernsehen erhielten bei diesen Terminen Hinweise für die von der Staatsführung gewünschten Formulierungen. Schickhelm selber habe – wie auch die anderen Chefredakteure – im Anschluss an diese Sitzungen am Nachmittag seiner Redaktion die aktuellen Weisungen vermittelt.

Die Anleitungen, die bis auf Komma und Punkt vorgeschrieben gewesen seien, betrafen zwischen 60 und 70 Prozent der Arbeit der *Aktuellen Kamera*. Filmberichte über einen kleineren, eher unbedeutenden sozialistischen Wettbewerb in Karl-Marx-Stadt oder Rostock hätten dagegen die Kontrolleure weniger interessiert. In diesem gewissermaßen unproblematischen Gebiet gab es auch Spielraum. Über Themen wie den Verfall von Innenstädten in der DDR habe er nie berichtet, weil es nicht möglich gewesen sei. Das gängige Argument sei auch hier stets gewesen, dass man dem „Gegner" nicht noch zuarbeiten dürfe.

Die *Aktuelle Kamera* habe in der Konsequenz dem Volk „blühende Landschaften vorgegaukelt". Die Staatsführung sei zufrieden gewesen, „wie treu [...] das Volk ergeben" sei. Mit dem Abstand von zehn Jahren nach der Wende allerdings sei ihm, Schickhelm, die Erkenntnis gekommen, dass „wir eigentlich nichts weiter als ein Instrument [waren], das ihr [der Staatsführung – J.B.] die Freude bereitete, allabendlich ist die Welt in Ordnung."[40]

Niemand in der *Aktuellen Kamera* ahnte, welche Auswirkungen auf die eigene Arbeit die Veränderungen in der Sowjetunion haben könnten. Umso größer war die Irritation, als sich die politischen Verhältnisse in der UdSSR änderten, als Michail S. Gorbatschow mit den Schlagworten „Glasnost" (Offenheit) und „Perestroika" (Umgestaltung) eine Reform des sowjetischen Staats- und Wirtschaftssystems in Angriff nahm, die letztendlich zu einem Umbruch im ganzen Ostblock führte.

Das große Problem für die *Aktuelle Kamera*, so Schickhelm, sei vor allem der Umgang mit Gorbatschow gewesen. Es reichte schon eine zu weit vorn in der Sendung platzierte Ankündigung einer Reise Gorbatschows beispielsweise nach Frankreich,

---

40   Interview Schickhelm 1999.

dass Joachim Herrmann heftige Kritik übte. Während der sowjetische Präsident weltweit als Reformer gewürdigt wurde, ging die DDR vorsorglich auf Distanz zum Kurs der UdSSR. Die *Aktuelle Kamera* durfte Äußerungen über den Kurswechsel in der Politik der KPdSU nur gefiltert wiedergeben. Als die Staatsführung der DDR am 40. Jahrestag durch Gorbatschows Ausspruch „Wer zu spät kommt, den bestraft das Leben" düpiert wurde, lavierten die Agitatoren die *Aktuelle Kamera* an einer originalgetreuen Wiedergabe vorbei und beschränkten sich auf die Festreden und offiziellen Grußworte.

Gleichzeitig nahmen die Ver- und Gebotsanweisungen subtile und zum Teil primitive Ausmaße an. Die Umsetzung teilweise lächerlicher Anordnungen führte zu einer immer stärker werdenden Abkehr der Bevölkerung von den Medien im Allgemeinen und der *Aktuellen Kamera* im Speziellen. Auch bei den Reportern und Redakteuren entwickelten sich zynische Züge, die allerdings nur in Flurgesprächen zum Ausdruck kamen. Die Autorität der Leitungsebene und die damit verbundenen Sanktionsmöglichkeiten hielten die Mitarbeiter auf Linie.

Schickhelm fasst seine Zeit bei der *Aktuellen Kamera* in der Form zusammen, dass er und die anderen Mitarbeiter treu ergebene Journalisten der Partei gewesen seien. Sie sei das einzige Instrument der politischen Auseinandersetzung mit dem „Gegner" in Wort und Bild gewesen, das am schnellsten reagieren konnte. Sie war der Test, wie bewusst lancierte Nachrichten oder Kommentare am nächsten Tag im *Neuen Deutschland* wirken würden. Die Verantwortung sieht er bei Joachim Herrmann. Als Mitglied des Politbüros und Sekretär des ZK habe Herrmann zum engsten Führungszirkel um Honecker gehört, so wie der Stab von Mitarbeitern um Heinz Geggel, der für die „allumfassende und detaillierte Anleitung" des gesamten Mediensystems zuständig war.

Auf seine eigene Mitverantwortung geht Schickhelm nur in einem früheren Interview vom Juli 1990 ein: „Sicher liegt bei mir ein Teil Verantwortung", sagt er, „für das, was vor der Wende über die *AK* verbreitet wurde."[41] Dieses später nicht wiederholte Eingeständnis muss den Umständen unmittelbar nach der Wendezeit zugeordnet werden. Die Offenheit Anfang der neunziger Jahre führte bei vielen ehemals Verantwortlichen zu einer starken Reflexion, die im Laufe der Jahre wieder abnahm und zu unterschiedlichen Rechtfertigungsstrategien führte. In der Regel wurde das eigene Verhalten erklärend eingeordnet und den Entwicklungen der Ost-West-Konfrontation zugeschrieben.

Die dargestellten Kurzbiographien und journalistischen Ausprägungen der Chefredakteure haben einen gemeinsamen Nenner: Die Stelleninhaber waren alle Parteifunktionäre in leitender Funktion zur Umsetzung eines zentralen politischen Auftrags. Sie dienten zielstrebig einem instrumentalisierten Journalismus zur Steuerung staatlicher Interessen in den Medien, und sie verhielten sich alle systemkonform. In der Ausdifferenzierung werden unterschiedliche Charaktere und

41 Christian Seel: „Ich muss die lange Leine kürzer nehmen". Interview mit Klaus Schickhelm. In: *Berliner Morgenpost* vom 8.7.1990, S. 19.

ideologische Fertigkeiten deutlich. Nerlich, Grote und Selbmann zeigen auch in der jeweiligen Nachbetrachtung wenig Distanz zur sozialistischen Ausrichtung eines gesellschaftlichen Systems und der damit verbundenen Einbeziehung des Journalismus in die Ziele der Staats- und Parteiführung. Besonders Grote weicht in der Rückschau in dialektisch gewohnter Schulung Versäumnissen und Irrtümern aus. Nerlich blickt mit der Distanz des weitgereisten Weltbürgers auf den gescheiterten Versuch einer neuen Wirtschafts- und Gesellschaftsordnung. Seine Distanz zu den ökonomischen Prognosen und sein geringer Ehrgeiz nach hierarchischem Aufstieg führten ihn zu Entwicklungshilfe-Projekten fernsehtechnischer Art. Selbmann diente seinen ideologischen Vorbildern in jeder Hinsicht, zeigte wenig Gegenwehr bei dirigistischen Eingriffen und blickt nach der Wende mit relativierender Einsicht auf die misslungenen Irrwege. Das Prinzip sozialistischer Staatsprägung hält er jedoch nach wie vor für das bessere Gesellschaftssystem. Das letztendliche Versagen betrifft aus seiner Sicht persönliche Fehlleistungen der Parteileitung und weniger strukturelle Defizite.

Meier und Schickhelm, beide aus der Nachkriegsgeneration, waren überzeugte Karrieristen einer Elite-Gruppe des journalistischen Nachwuchses. Sie beherrschten bürokratische Strukturen, dienten sich über Parteihochschulen nach oben und waren willfährige Gefolgsmänner eines entwickelten Anleitungs- und Kontrollsystems. Der bedingungslosen Unterwerfung entzog sich lediglich Meier, charakterlich bedingtpasste er nicht mehr in die Systematik der dirigistischen Geschmeidigkeit medienpolitischer Steuerung. Für Meier war es weniger die Ideologie selbst, sondern eher die prinzipielle Unterwerfung unter eine immer subtiler und filigraner werdende Bevormundung. Schickhelm ist besonders anpassungsfähig und karriereorientiert gewesen und diente immer irrealer werdenden Vorgaben, solange, bis um ihn herum die DDR zusammensackte.

Alle fünf Chefredakteure waren jeder für sich und im DDR-System gut funktionierende Besetzungen. Sie sahen sich als Parteisoldaten, als Räder in einem großen Räderwerk oder als tapfere Kämpfer gegen einen überlegenen Gegner. Nur die Art einer späteren Einsicht gibt Rückschlüsse auf den Grad der einstigen tief verwurzelten Überzeugung.

An dieser Stelle seien noch drei langjährige Leiter vorgestellt, die entweder direkt in der Führungsspitze der Fernsehleitung saßen oder über die Abteilung Agitation und Propaganda an den Entscheidungsprozessen maßgeblich beteiligt waren. In einem gestaffelten Machtgeflecht entschieden sie über die Berichterstattung in der *Aktuellen Kamera* mit. Sie konnten auch Einfluss nehmen auf die Auswahl von Personal und sogar die Produktion von Spielfilmen. Die Zugriffsmöglichkeiten waren von unterschiedlicher Intensität und unterschiedlichem Interesse. Alle Befragten verbindet ein gemeinsamer Nenner: Sie haben die staatliche Lenkung unterstützt, das Fernsehen der DDR im Sinne der SED-Führung so ausgerichtet, dass es systemkonform sein Programm gestaltete.

Die sich herausbildende spezielle Kompetenz, wenn sie sich zudem in Leitungs-effektivität niederschlug, stärkte das Selbstbewusstsein und erweiterte in gewissem Ausmaß den Handlungsspielraum. Diese Eigenschaften treffen auf die von mir ausgewählten vier SED-Funktionäre zu. Die Auswahl ist begründet durch die Verfügbarkeit von Quellen auf der einen Seite und auf der anderen Seite von dem Willen der betreffenden Personen, sich zu äußern.

Heinrich Adameck wird in der gängigen Literatur stets nur als **Heinz Adameck** bezeichnet. Interviews gibt er wenige. Lediglich für das Forschungsprojekt „Programmgeschichte des DDR-Fernsehens" ließ er sich 2005 von Wissenschaftlern der Universität Leipzig ausführlich befragen.[42] Die Anzahl der Interviews, die er Journalisten nach der Wende gab, lässt sich an einer Hand abzählen. Diese Haltung ist besonders bedauerlich, da nur Adameck zeitgeschichtliche Zusammenhänge erklären kann.

Heinz Adameck wurde am 21. Dezember 1921 im thüringischen Silberhausen geboren und entstammt einer Arbeiterfamilie. Er besuchte die Volksschule und ging anschließend in eine Lehre als kaufmännischer Angestellter. In der NS-Zeit war er von 1933 bis 1938 Mitglied in der Hitlerjugend. Nach einer kaufmännischen Lehre wurde er 1941 zur Wehrmacht eingezogen, geriet in Rumänien in sowjetische Gefangenschaft und arbeitete dort im Nationalkomitee Freies Deutschland. Bis 1948 war Adameck in verschiedenen Gefangenenlagern. Er mauserte sich zum Bestarbeiter und kam so im Dezember 1948 auf die zentrale Antifa-Schule Taliza bei Gorki. Von dort kehrte er umgeschult im Juni 1949 nach Deutschland zurück. Als SED-Mitglied war er von 1949 bis 1952 Mitarbeiter des Thüringischen Innenministeriums in der Hauptabteilung Personal. Hier hatte er zum Schluss die Position eines Hauptabteilungsleiters inne.[43]

Sein Einstieg beim Rundfunk ist auf das Jahr 1951 datiert, als Kaderleiter der Generalintendanz. Wer ihn protegierte und wie er 1952 Mitglied des Staatlichen Rundfunkkomitees und schließlich 1954 Intendant des DFF wurde, ist nicht bekannt. Seine offizielle Bezeichnung war von 1954 bis 1968 Intendant des DFF. Seit der Gründung des Staatlichen Komitees für Fernsehen 1968 war er Vorsitzender dieses Komitees. Er wurde aber weiterhin als Intendant bezeichnet.

1956 bis 1960 absolvierte Adameck ein Fernstudium an der Akademie für Staats- und Rechtswissenschaften „Walter Ulbricht" in Potsdam-Babelsberg und nannte sich anschließend diplomierter Rechtswissenschaftler. Später besuchte er noch die Fachschule für Journalistik und schloss 1967 als Diplomjournalist ab. Ab 1963 stieg er in das Zentralkomitee der SED auf und behielt diese Funktion bis Ende 1989. Zusätzlich wurde er noch im Verband der Film- und Fernsehschaffenden der DDR Mitglied des Vorstandes, zeitweilig auch des Präsidiums.[44] Im Juni 1971 berief ihn das SED-Politbüro in die Agitationskommission.

---

42 Dieses unveröffentlichte Interview führten Prof. Dr. Rüdiger Steinmetz und PD Dr. Tilo Prase.
43 Forschungsverbund SED-Staat 2004, S. 134.
44 Vgl. Cerny 1992, S.11.

Adameck schrieb in einem signierten Lebenslauf aus dem Februar 1959 über seine politische Prägung: „Meine Umerziehung zum bewussten Menschen erfolgte erst in der Sowjetunion, wo ich von 1944 an, angeleitet von deutschen Emigranten, politisch in den Lagern arbeitete […]. Nach meiner Rückkehr aus der Sowjetunion trat ich der Sozialistischen Einheitspartei bei. Zuletzt war ich im Ministerium des Innern als Betriebsgruppenvorsitzender und Leiter eines Zirkels KPdSU (B) Anfänger tätig."[45]

Bei Heinz Adameck handelte es sich also um einen ausgewiesenen Experten im Umgang mit Personal. Es war wohl seine Fähigkeit zur Menschenführung, die ihn auf den Posten des Vorsitzenden des Staatlichen Fernsehkomitees brachte. In seiner Stellung als Vorgesetzter einer so zentralen Medieneinrichtung wie dem Fernsehen war Adameck der geeignete Ansprechpartner der Staatssicherheit. Er verhielt sich dem MfS gegenüber bei jeder Personalie kooperativ, ob es sich dabei um einen Regisseur oder um einen Kraftfahrer handelte. Die für das Fernsehen zuständigen Mitarbeiter empfing Adameck regelmäßig persönlich. Über diese Gespräche führten die MfS-Offiziere entsprechend Buch, so dass sich die offizielle Zusammenarbeit des Vositzenden mit dem MfS nahezu lückenlos rekonstruieren lässt. Es ging bei dieser Kooperation um die Besetzung von Mitarbeiterstellen in allen Bereichen des DDR-Fernsehens, um die Einschleusung von – im Sinne des MfS – „positiven Kräften", um die Entfernung von Mitarbeitern aus dem Sender, um Sendeinhalte, um das Arbeitsklima oder auch um interne Diskussionen und Auseinandersetzungen im Fernsehbetrieb. Kurzum, gesprochen wurde über alles, was im Medium Fernsehen für das MfS von Bedeutung war, und zwar sehr offen.[46]

Eberhard Fensch gehörte formal nicht zum Fernsehen, war aber in der Abteilung Agitation und Propaganda für das Fernsehen und den Rundfunk zuständig. Geboren am 20. Mai 1929 in Stettin, wurde seine Familie 1944 ausgebombt und zog nach Vorpommern. In Rostock begann er nach dem Krieg ein Medizinstudium, gleichzeitig avancierte er zum FDJ-Sekretär an der Universität. Beides sei nicht vereinbar gewesen, so Fensch nach seinen eigenen Angaben, deshalb wurde er auf Wunsch der FDJ-Landesleitung auf die gesellschaftswissenschaftliche Fakultät umgeschrieben. Sein Weg zum Journalismus habe sich bei ersten journalistischen Erfahrungen in einer Betriebszeitung entwickelt, die von ihm zweieinhalb Jahre lang herausgegeben wurde. Es folgte ein Wechsel in das Studio Rostock des Landessenders Schwerin und dort der Aufstieg zum Studioleiter. Die Berufung nach Berlin kam 1961, als Fensch die Leitung der Wirtschaftsredaktion im Rundfunk erhielt. Der entscheidende Sprung in die Kontrolle des Fernsehens geschah 1968, als ihn Werner Lamberz (damals Leiter der Abteilung Agitation im ZK der SED) zum so genannten Sektorleiter für Rundfunk und Fernsehen in der Abteilung Agitation des ZK der SED

45   Lebenslauf Heinrich Adameck, 13. Februar 1951. BStU, ZA, MfS AP 36573/92, Bl. 19 f
46   Forschungsverbund SED-Staat 2004, S. 134.

berief. Vom Ministerrat der DDR war er zuvor in das Staatliche Rundfunkkomitee berufen worden.[47]

Die Aufgaben für den Arbeitsbereich von Eberhard Fensch wurden nie schriftlich festgelegt, es habe niemand in einen „Stellenplan" die genauen Tätigkeiten hineingeschrieben. Zehn Prozent seiner Arbeitszeit, so seine eigene Einschätzung, habe er dem Rundfunk gewidmet, der Rest habe sich auf das Fernsehen konzentriert. Gekümmert habe er sich vordringlich um die Abteilung Dramaturgie im DFF, insbesondere um die künstlerischen Bereiche. Dazu zählten die Entscheidung über Produktionen von Fernsehspielfilmen wie auch Fragen der Lizenzklärung für die Übertragung von Fußballweltmeisterschaftsspielen und die damit verbundene Valuta-Mittelbesorgung bei der Regierung der DDR. In Vertretung von Heinz Geggel hatte er hin und wieder auch die so genannten Donnerstags-Argus geleitet.

Die Agitationsabteilung kontrollierte die politische Ausrichtung von Rundfunk und Fernsehen. Eberhard Fensch befasste sich immer dann mit der *Aktuellen Kamera*, wenn „die so genannten kaderpolitischen Fragen" anstanden, wie Veränderungen in der Chefredaktion. Mit tagespolitischen Vorgängen habe er relativ selten etwas zu tun gehabt. Nur manchmal, so Fensch, habe es Meldungen gegeben, auf die er persönlich Einfluss genommen habe. Den Zusammenhang interpretiert er als eine Art „wechselseitige Gefangennahme im System". Die Partei sei auf die eigenen Medien angewiesen gewesen, weil jeder Bürger in der DDR sich im Fernsehen der Bundesrepublik informiert habe. Die eigene Arbeit habe sich deshalb auf die Erwiderung konzentriert, um der von der Bundesrepublik ausgehenden Meldungslage begegnen zu können.

Sein Aufgabengebiet und die damals bestehenden Probleme beschreibt er als eine Gratwanderung zwischen faktischer Ereignislage und politisch erforderlicher Entgegnung. Ein Beispiel, das Fensch beschreibt, verdeutlicht seine damalige Arbeit: Am 5. März 1979 zogen sich die chinesischen Truppen nach einigen Kampfhandlungen vom vietnamesischen Territorium zurück. Die von ADN entworfene Meldung vom 5. März 1979, 15.45 Uhr, lautete zunächst:

China hat bekannt gegeben, dass die chinesischen Truppen den Befehl erhalten haben, sich vom vietnamesischen Territorium zurückzuziehen. Dies geht aus einer Mitteilung der Regierung in Peking hervor, die bekannt gegeben wurde. Die Nachricht über den Rückzug wurde von der amtlichen Nachrichtenagentur Neues China verbreitet, in der erneut verleumderische Angriffe gegen die sozialistische Republik Vietnam enthalten sind.

Diese Diktion der Meldung erschien Fensch nicht neutral genug, und so veränderte er in Absprache mit Honecker die Meldung. Eingefügt wurden statt „bekannt gegeben" die Worte „wie heute veröffentlicht" und nach „Rückzug" der Halbsatz „wie bisher nicht von Hanoi bestätigt werden konnte". Fensch hatte an diesem Tag

---

47   Interview Fensch 1999 sowie Schreiben von Eberhard Fensch an den Verfasser vom 8.11.2004.

Honecker konsultiert, um die Meldung für die Nachrichten-Agentur ADN so abzustimmen, dass es nicht den Anschein haben konnte, man ergreife für irgendeine Seite Partei.[48]

Sollte es so gewesen sein – es gibt als Quelle nur die Angabe von Eberhard Fensch selbst – dann ist es ein Zeugnis für die Vorgehensweise innerhalb der Agitationsabteilung. Der verantwortliche Abteilungsleiter konsultierte den Staatschef der DDR wegen einer journalistischen Feinabstimmung. Er selber hätte diese Meldung nicht selber freigeben können, da es sich um einen „Vorgang von so eminenter außenpolitischer Bedeutung" gehandelt habe, dass jedes unbedachte Wort die Beziehungen belastet hätte.[49] Weil das Fernsehen der DDR gemeinhin als Staatsfernsehen bekannt war, war jede Äußerung gleich einer politischen Verlautbarung der Regierung zu gewichten. Die Nachrichtenredakteure der *Aktuellen Kamera* hatten diese Bedeutung ihrer Worte stets vor Augen und reagierten entsprechend vorsichtig.

Ein weiteres Beispiel zeigt, wie die Entscheidungsfindungen bei der *Aktuellen Kamera* die politische Führung in diplomatische Bedrängnis hätten bringen können. Eberhard Fensch beschreibt die Nachrichtenlage vom 3. September 1969, nachdem Ho Chi Minh gestorben war. Er bekam einen Anruf von der Leiterin von ADN, dass AFP den Tod gemeldet habe. Nach drei Stunden hatten verschiedene andere Agenturen aus dem Westen die Meldung herausgegeben, wie z.B. Reuters. Bis der amtierende Außenminister der DDR mit dem vietnamesischen Botschafter gesprochen hatte, vergingen – so Fensch – mehrere Stunden. Der Tod wurde bestätigt, die vietnamesische Seite wolle die Nachricht – nach vietnamesischer Landessitte – aber erst am kommenden Vormittag bekannt geben. Fensch stand aus seiner Sicht vor einem Dilemma. Schließlich entschloss er sich, eine Meldung in der *Aktuellen Kamera* zu veröffentlichen, dass „laut der französischen Nachrichtenagentur AFP Ho Chi Minh gestorben ist".

Abends um 11.00 Uhr rief ihn Werner Lamberz an. Er schien wohl entsetzt gewesen zu sein: „Um Gottes Willen, wenn das Ulbricht erfährt. Das gibt doch einen riesigen Ärger mit den Vietnamesen". Walter Ulbricht habe aber anders reagiert: „Hat er richtig gemacht, der Genosse." Eberhard Fensch wertet das heute als eines jener Beispiele, wo „die Partei in gewisser Weise eine Art Gefangener dieser Medienpolitik" gewesen sei.[50]

Fensch führt diese Handhabung redaktioneller Absprachen auf die „schärfste politische Konfrontation" zurück, die es auf der Welt gegeben habe. Er bemüht das gängige Erklärungsmuster: Im Kalten Krieg habe ein Krieg im Äther existiert. Deshalb brauche er sich nicht für Handlungen, für die er selbst verantwortlich zeichnete, zu schämen. Er habe sich mit „Leib und Seele für die Gesellschaft in der DDR" eingesetzt. Der „genetische Fehler", an dem die DDR gescheitert sei, sei ein Mangel an Demokratie gewesen. Soziologisch sei falsch eingeschätzt worden, dass man in der DDR ein „illusionäres Menschenbild" gehabt habe. Man habe geglaubt,

---

48   Ebd.
49   Schreiben von Eberhard Fensch an den Verfasser vom 8.11.2004.
50   Interview Fensch 1999.

den Menschen „über das Bewusstsein zu den gleichen Leistungen zu bringen, zu den gleichen Verhaltensweisen, wie das der Kapitalismus mit Zuckerbrot, durch volle Schaufenster, und Peitsche, durch Arbeitslosigkeit" erreichte. Eine system-kritische Haltung innerhalb der Presse sei nicht zugelassen worden. Eine wirkliche Gefahr habe jedoch aus dieser Richtung nicht kommen können, da die leitenden Mitarbeiter der DDR-Medien fest auf dem Boden der sozialistischen Gesellschaft gestanden hätten. Die Ausbildung der Chefredakteure in Parteihochschulen habe zu einem eigenverantwortlichen Verhalten geführt im Sinne der SED. Eine 24-Stunden-Kontrolle im Hörfunk sei zudem undenkbar gewesen, deshalb musste man sich auf die leitenden Journalisten verlassen können.[51]

Da ein ideologischer Grundkonsens unter den „Machern" und den „Kontrolleuren" bestand, spielten sich nur kleinere Dissonanzen innerhalb einer ansonsten überein-stimmenden Arbeitsauffassung ab. Parteilichkeit, Weiterentwicklung des Sozialismus und der gemeinsame „Klassenkampf" waren Ziele, zu denen es keine Alternativen gab. Die Anweisungen und Zielvorgaben waren subtil. Die Reporter bekamen von den Zielvorgaben im Tagesgeschäft nur dann etwas mit, wenn sie Tabus berührten und entsprechend zurückgehalten wurden. Die Schere im Kopf war so justiert, dass Entgleisungen ausgeschlossen waren. Die wachsende Kenntnis der Zahl dieser Tabus unterschied die Erfahrenen von den Unerfahrenen.

Klaus Raddatz kam 1984 als Erster Stellvertreter des Vorsitzenden des Staatlichen Komitees für Fernsehen gleich in eine hervorgehobene Position. Raddatz gehörte zu den SED-Funktionsträgern in Leitungspositionen, die wie Adameck nicht direkt zur Redaktion der *Aktuellen Kamera* gehörten. Alle vier hatten jedoch eine Zuständigkeit für bestimmte Verantwortungsgebiete des Fernsehens, die auf der Leitungsebene Einflüsse auf Programm- und Personalplanungen auch bei der *Aktuellen Kamera* hatten.

Raddatz, Jahrgang 1932, war 13 Jahre alt, als der Zweite Weltkrieg zu Ende ging. Raddatz schloss sich nach 1945 den antifaschistischen Jugendausschüssen an. Er war Leiter der Schulgruppe und später Sekretär der Grundorganisation der Schule sowie ehrenamtliches Mitglied der Kreisleitung der FDJ. Sein Abitur machte er 1951. Daran schloss sich ein Studium in Leipzig an mit einer einjährigen Praxis-Unterbrechung. Anschließend arbeitete er als wissenschaftlicher Assistent an der Fakultät Journalistik. Von 1958 bis 1977 war er bei der Zeitung *Junge Welt*, in der Funktion des Chefredakteurs ab 1971. Im ZK der SED übernahm er von 1977 bis 1984 die Funktion des stellvertretenden Abteilungsleiters Agitation und damit die Vertretung von Heinz Geggel.

Raddatz hatte eine Entwicklung vom Parteifunktionär zum hohen SED-Lei-tungskader gemacht. Für ihn war es nachvollziehbar, dass die DDR alles versuchte, ihre Art der Macht zu sichern. Er selbst zählt sich zu den Wahrern dieser Macht, weil „eine andere Macht negativ für die Menschen, für die Bürger" gewesen wäre.[52]

51 Ebd.
52 Interview Raddatz 1999.

Leute wie er, sagt er, waren bewusst angetreten, der sozialistischen Gesellschaft in der DDR zu dienen. Den journalistischen Beruf hatten sie gezielt gewählt, um für die Gesellschaft der DDR in den Medien zu wirken. Seine Arbeit verstand er stets als Parteiauftrag.

In Bezug auf seine eigene Rolle im sozialistischen System resümiert er, dass er sich oft diszipliniert habe, in der Hoffnung, eines Tages „tolerante Zustände" zu erreichen. Die DDR sei auf dem Weg gewesen, eine gerechtere Gesellschaftsform zu entwickeln, was verschiedene Gefahren mit sich gebracht habe, die falsch eingeschätzt worden seien. „Damit das Kind nicht aus dem Fenster falle", so Raddatz, „machten wir das Fenster zu." Die Rolle der Medien sei gewesen, die DDR nicht zu schwächen.

Die aufgezeigten Biographien und Wege verweisen auf die alltäglichen Routinen der Macht in der DDR, auf Menschen, die sowohl Objekte wie auch Subjekte in einem System waren, in dem Kommunisten ihre Ideale verwirklichen wollten. Nach der Wende setzten sich diese Frauen und Männer, wie alle ehemaligen SED-Funktionäre, einem erheblichen öffentlichen Druck und persönlichen Schuldgefühlen aus. Es war und ist für die Erforschung der sozialen Verhaltensmuster relevant, dass sich ihr Selbstgefühl auch einem öffentlichem Nachvollzug und einer öffentlichen Begleitung stellt. Es herrschte unisono Einmütigkeit darüber, dass bei der *Aktuellen Kamera* der Spielraum außergewöhnlich eng war, dass man festgelegt war zwischen Ereignis, Termin und Vorgabe durch die jeweilige Leitung, dass trotzdem eine Menge an Fehlentscheidungen möglich waren und dass kaum jemand den Mut aufbrachte, eine Nische mit Individualität zu füllen. Unter Restriktionen hatten die Befragten sämtlich nicht gelitten, sie hatten ein Gefühl für das Erlaubte entwickelt. Sie suchten instinktiv die Felder aus, wo die wenigsten Kollisionen möglich waren. Die damit einhergehende Entmündigung wurde in einem unterschiedlichen Maß als bedrückend empfunden.

Die Funktion der Herrschaftssicherung bestimmte auch die Rolle der Journalisten. Sie waren das Sprachrohr der Partei und die Handlanger beim Aufbau der sozialistischen Gesellschaft. Die so genannten Macher der *Aktuellen Kamera*, ob nun Reporter, Chefredakteure, stellvertretende Komiteevorsitzende oder Abteilungsleiter, waren kleinere und größere Räder in einer zentral gelenkten Medienmaschinerie. Parteilichkeit und Huldigung standen vor Richtigkeit, Vollständigkeit und Ehrlichkeit der Nachrichtensendung.

Die vorgestellten SED-Funktionäre im Fernsehen hatten sich an einem Punkt ihres Weges bewusst für dieses Leben in der DDR entschieden. Diese Entscheidung war eine von Idealen getragene Systementscheidung gegen die freie Marktwirtschaft und das westlich-pluralistische System. Inwieweit die Anlehnung an Ideale überzeugter Kommunisten aus der Zeit des Nationalsozialismus sich als lebensbestimmend auswirkte, ist nur für die so genannte Kriegsgeneration zu konstatieren. Dieser Glaube an Ideale orientierte sich an den Sozialismusvorstellungen, die zwar mit der staatssozialistischen Realität wenig gemein hatten, jedoch für die Zukunft eine aus ihrer Sichtweise gerechtere Gesellschaftsform in Aussicht stellte. Damit verbunden war ein schwer umzusetzender Auftrag, den Staatssozialismus durch Engagement zu verbessern. Auch wenn die Unmöglichkeit dieses Unterfangens immer offensichtlicher wurde, hielten sie an den Zielvorstellungen fest und gaben den Kampf bis zum Ende der DDR nie ganz auf.

Die hier beschriebenen SED-Funktionäre verstanden sich als „Macher", als hoch qualifizierte Journalisten, die auf ihrem Gebiet mit Überzeugung arbeiteten und an die Spitze der Hierarchie vordringen wollten. Für diesen Typ des „Machers" bot der Staat Entwicklungsmöglichkeiten, schaffte aber gleichzeitig durch die vielfältigen Beschränkungen auch Enttäuschungen.[53] Der einzige Weg zur Spitze führte über eine Nomenklaturkarriere, die sich in den bereits dargestellten Kaderrichtlinien zu entwickeln hatte. Die Parteilichkeit in der Berichterstattung war ein Kriterium, um diesen Linien Folge zu leisten, um parteioffiziell ein Bild von Harmonie und ständigem Fortschreiten zu vermitteln, entgegen den Realitäten.[54] Auch den Mitgliedern des Politbüros blieb die steigende Konflikthaltigkeit der siebziger und achtziger Jahre nicht verborgen, sie hatten sich in der Parteispitze damit auseinanderzusetzen.

Die Wurzel für Pflichtgefühl und Verantwortungsbewusstsein der DDR-Funktionäre ist ansatzweise auch auf die wilhelminische Tradition zurückzuführen. Stefan Pannen spricht in seiner Untersuchung von einem gewissen „Untertanengeist".[55] Der Glaube an Autorität und Ideologie mag für einen Staat verwundern, dessen Legitimationsgrundlagen die Revolution und der Antifaschismus waren, gleichwohl ist die Ergebenheit, mit der so viele Journalisten der Partei dienten, mit dem Staatsverständnis preußischen Geistes zu vergleichen.

Obrigkeitshörigkeit und Gehorsam schließen nicht aus, dass Leistungen im Rahmen der Gegebenheiten sich entwickeln konnten. Ideologie und Professionalität hatten somit unterschiedliche Pole. Zur Ideologie der Anleitung bestand Konformität, da die grundsätzliche Zustimmung zur Partei vorlag und die Eingriffe nicht als Beschneidung der journalistischen Handlungskompetenz empfunden wurden. Die praktische Umsetzung, konnte auch im Widerspruch zur Professionalität stehen und zum Entzug der Gefolgschaft führen. Wer diesem Widerspruch zwischen Parteilichkeit und Realitätsferne ohne heftige Kontroverse ausweichen wollte, konnte sich zurückziehen, beispielsweise in eine Verweigerung von Leitungspositionen oder durch den Rückzug ins Private.

Im dreißigsten Jahr der DDR zeigten sich innerhalb der Berufsgruppe der Journalisten Generationsunterschiede. Die politische Erfahrung der nachwachsenden Journalistengenerationen wirkte sich erst in den siebziger Jahren aus. Die internationale Entwicklung wurde 1980 als eine Entwicklung zu politisch-diplomatischer und teilweise auch militärischer Koexistenz interpretiert – eine Folge der internatio-

---

53 Holtermann 1999, S. 286.
54 Zimmermann 1994, S. 344.
55 Vgl. Pannen 1992, S. 43. Pannen erwähnt ein Zitat von Franz Fühmann: „Ich sehe nicht, dass ich eine Reihe von Charakterzügen und Denkweisen aus jener Zeit übernommen hatte, der ich mich gänzlich entwachsen wähnte, zum Beispiel einen unbedingten Autoritätsglauben, der übrigens der neuen Gesellschaft gar nicht unwillkommen war. Mit diesem Autoritätsglauben korrespondierte ein großes ideologisches Gläubigkeitsbedürfnis, das der neuen Gesellschaft ebenfalls zupass kam." Fühmann 1985, S. 229f.

nalen Anerkennung der DDR sowie des KSZE-Prozesses in Europa. Zugleich wurde mit einer Zunahme der internationalen Kommunikation auch eine Verschärfung der ideologischen Auseinandersetzung befürchtet, einer verschärften Unterwanderung und zunehmender Eingriffe in die inneren Angelegenheiten der DDR. Aus dieser besonderen Lage der DDR und in der antagonistischen Sicht westlicher Medien wurden besondere Charakteristika des sozialistischen Journalismus abgeleitet. Zur Abwehr der ideologischen Diversionsversuche mussten die Journalisten der DDR die Erfolge des Sozialismus darstellen und das „richtige" Bild der DDR im Ausland propagieren.[56]

Die Verflechtungen sind ein Resultat der Funktionsbedingungen der DDR als einer Diktatur kommunistischer Prägung. Zu ihren Zielsetzungen gehörte es, eine neue, politisch gesteuerte Gesellschaft zu schaffen, in der herkömmliche Differenzierungen abgeschafft, Prinzipien einer neuen Gleichheit mit neuartigen Strukturen verwirklicht wurden. Zum Zweck der politischen Konstituierung, Steuerung und Kontrolle von Wirtschaft, Gesellschaft, Kultur und Medien – wie auch zur Erhaltung der eigenen Macht – baute die Staats- und Parteiführung einen tief in alle Bereiche eingreifenden Herrschaftsapparat auf, der alle Merkmale moderner Diktaturen aufwies: Vom systematischen Bruch verfassungs- und rechtsstaatlicher Prinzipien und der dauerhaften Verletzung von Menschen- und Bürgerrechten bis zur Ablehnung des politischen und weltanschaulichen Pluralismus.

---

56   Hamann 1980, S. 116.

Agitation im Fernsehen

Die SED übertrug ihr Prinzip der Staatsführung auf alle Bereiche. Partei, Wirtschaft, Wissenschaft, Bildungswesen und Medien wurden als hierarchisch gestufte Großorganisationen zentral gesteuert. Dieses Macht- und Legitimationsgefüge empfanden die Eliten und Teile der Bevölkerung durchaus als „Aufbruchstimmung in die neue Zeit". Erstmals sei die Staatsmacht zum „Wohl und zum Glück des Volkes" eingesetzt worden und der Weg frei gewesen für die „volle Entfaltung der schöpferischen Kräfte des Volkes".[1] Um Verständnis für diese Entwicklung in der DDR zu bekommen, müssen die ideologischen Untersetzungen der Lenkungsmechanismen dargestellt werden. Die Erläuterung der zentralen Begriffe von Agitation und Propaganda ist hierfür erforderlich. Es sind Grundbegriffe, die fast überall in der sozialistischen Medienlenkung verwendet wurden und die symbolisch für die Gängelung der Medien stehen.

Agitation (vom lateinischen agitatio – Anregung, agitare – in heftige Bewegung setzen) bedeutete in der zweiten Hälfte des 19. Jahrhunderts für die gesellschaftlichen Oberschichten vor allem eine „Bearbeitung der Massen". Ein Agitator war ein Aufwiegler und Wühler.[2] In der deutschen Arbeiterbewegung erhielt der Begriff eine aufklärerische Komponente. Agitieren bedeutete demnach, jemanden politisch überzeugen zu wollen. Mit der Agitation sollten die Emotionen der Menschen angesprochen werden. Ziel war es, bei ihnen ein bestimmtes Bewusstsein und nicht zuletzt eine bestimmte Handlungsweise hervorzurufen. Die Themen der Agitation rekrutierten sich vor allem aus aktuellen Ereignissen, auf die sie mit Appellen, Schlagworten und Losungen reagierten.

Unter Agitation wurde eine Methode der „offensiven Auseinandersetzung mit dem Imperialismus und der bürgerlichen Ideologie" verstanden.[3] Mit dem „kollektiven Agitator" war eine Funktionsbestimmung der Medien beabsichtigt. Die Partei war nicht nur der Führer und Leiter, sondern auch der Lehrer und Erzieher der

---

1   Preisigke 1965, S. 8.
2   Vgl. Herbst/Stephan/Winkler 1997, S. 489.
3   Karl-Marx-Universität Leipzig, Sektion Journalistik 1973a, S. 10.

Arbeiterklasse. Die „Erziehungsbedürftigkeit"[4] des Bürgers war ein Axiom der bolschewistischen Pressetheorie. Die Presse sollte die Werktätigen zum richtigen Bewusstsein erziehen. Lenin bezog diesen Ansatz auf die Zeitung als Transmissionsriemen: „Es muss der Versuch gemacht werden, eine höhere Form der Agitation zu schaffen – durch die Zeitung".[5] Eine solche Zeitung sollte zu der ersten, wirklich gemeinsamen Aufgabe werden, um die sich die im Aufbau begriffene, quasi-militärische Organisation der Berufsrevolutionäre formieren musste.

Ein Grundproblem lag rein psychologisch darin, dass die von Lenin geprägten Begriffe im bürgerlichen Sprachgebrauch negativ besetzt waren. Die ostdeutschen Ideologen mussten daher eine Umkehr der Begrifflichkeit in Gang setzen. Hermann Budzislawski sprach von einer Definition durch die Arbeiterklasse. Ein Agitator sei etwas Ehrenvolles. „Wir brauchen den Begriff im Sinne von Aufklärer, Erzieher zum fortschrittlichen Denken."[6] In der DDR stand die Agitation fortan für die politische Darstellung, Erläuterung und Bewertung aktueller Ereignisse bzw. der Politik der Partei. Außerhalb der politischen Linie gab es keine Agitation. Die Agitation hatte im reinen Sinne nichts mit der wissenschaftlichen, theoretischen, sondern mit der praktischen Seite der Politik zu tun. Sie wurde als die „Hauptmethode" der Auseinandersetzung mit dem politischen Gegner, dem Imperialismus, bezeichnet.[7] Die Abteilung Agitation war somit „eigentlich die Medienabteilung"[8].

Bei der „Agitation durch Tatsachen" sollten die Ziele allein durch die Präsentation aussagestarker Fakten, die „für sich sprechen", erreicht werden.[9] Agitatoren mussten beispielsweise imstande sein zu erklären, warum die „Oder-Neiße-Linie" eine „Friedensgrenze" sei, warum – entgegen den „falschen" Auffassungen Ostvertriebener und anderer Bevölkerungsschichten – jeder Gedanke einer Rückgewinnung der ehemaligen deutschen Gebiete jenseits von Oder und Neiße die Gefahr eines dritten Weltkrieges heraufbeschwöre. Seit 1955 hatten die Agitatoren die Aufgabe, die von der Bundesrepublik ausgehende Forderung nach freien und geheimen Wahlen als eine Gefahr für den Frieden zu „entlarven".[10]

Propaganda (nach dem lateinischen propagare – verbreiten) stand im allgemeinen Sinne für die Verbreitung von Ideen, Lehren und Ansichten einer Klasse oder einer politischen Partei. Gemeint war damit die Erziehung zu politisch-ideologischer Weltanschauung auf der Grundlage des Marxismus-Leninismus[11] und die mit ihr verbundene Wissenschaft. Politische Propaganda formulierte einen teils diffusen Ausschließlichkeitscharakter, der sich in Formulierungen wie „die Partei hat immer Recht" äußerte, aber vor allem in der negativen Stigmatisierung bei Verweigerung

---

4 Richert 1958, S. 78.
5 Lenin 1974, S. 206.
6 Budzislawski 1966, S. 107.
7 Vgl. Karl-Marx-Universität Leipzig, Sektion Journalistik 1973a, S. 10.
8 Interview Fensch 1999.
9 Grobe 1995, S. 239.
10 Vgl. Richert 1958, S. 187.
11 Karl-Marx-Universität Leipzig, Sektion Journalistik 1973a, S. 180. Die Begriffe Agitationskommission und Argumentationssitzung dagegen werden in dem Wörterbuch für den sozialistischen journalistischen Nachwuchs nicht erwähnt. Sie blieben Insiderkreisen vorbehalten.

von Gehorsam oder Linientreue. Das betraf so genannte Abweichler, Dissidenten oder Konterrevolutionäre. Die Verhaltensprämisse lautete „Gehorche der Partei". Propaganda basierte de facto auf einem Machtinstrument, dessen Mächtigkeit sich mit der Veränderung des Kommunikationssystems selbst veränderte.

Wie bei der Agitation musste die DDR den Begriff vom negativen Nimbus lösen, wegen des Missbrauchs durch das Reichsministerium für Volksaufklärung und Propaganda unter Joseph Goebbels. Um ihre Demagogie wirksam zu gestalten, bedienten sich die Nationalsozialisten der „Propaganda-Wissenschaft" als Methodenlehre von der „psychologischen Kriegsführung". Die Pressepolitik im Nationalsozialismus und in der DDR bediente sich jeweils Anweisungen sowie eines Propaganda- und Kontrollapparats. Wie Goebbels eine „lebendige Presse" ohne „graues Einerlei" forderte,[12] die dennoch ganz im Sinne des Nationalsozialismus zu agieren hatte, verlangte auch die DDR auf dem Papier einen „kollektiven Organisator", der „kühn das Neue fördern" sollte.[13] Gleichzeitig wollten beide die offene Parteinahme für das jeweilige System. Im Zentrum jedes Programms stand die Autorität der Partei bzw. das Prestige der Führungselite. Ohne beide Systeme gleichzusetzen: In beiden verwiesen Staats- und Parteispitze auf ihr Gewaltmonopol, und zugleich demonstrierten sie, die Gewalt auch „rücksichtslos" anzuwenden.[14]

In der Arbeiterbewegung kennzeichne die Propaganda die planmäßige Verbreitung von Lehren und Grundsätzen, um „dem Volk die als wissenschaftliche Wahrheit erkannten Grundlagen" zu übermitteln.[15] Neben der Theorie sollte sie in der Praxis die Politik der Partei untermauern.[16] Zur Methode zählte die Verbreitung und Darstellung der Theorie des Marxismus-Leninismus. Die Abteilung Propaganda war für die Schulung verantwortlich, ihr unterstanden die Parteischulen, sie war für die Durchführung und Kontrolle des Parteilehrjahres zuständig. Eberhard Fensch bringt nachfolgenden Vergleich, der seinen Worten zufolge in aller Munde war: „Die Propaganda erklärt die große, breite, schöne, glatte Straße zum Kommunismus, und die Agitation erklärt die Schlaglöcher und die Umwege." Noch blumiger formulierte Karl-Heinz Bohm, was darunter zu verstehen sei: „Propaganda ist gewissermaßen das Ziehen einer Ackerfurche, die man braucht, damit der Boden für die Saat vorbereitet werden kann. Die Agitation ist das Einstreuen des Samens, damit er die Frucht bringt, ist die Pflege der jungen Keime der Pflanze, damit sie aufgeht."[17]

„Agitation und Propaganda" bildeten schon seit Lenin ein Begriffspaar. Die spezifische Funktion der Massenmedien spiegelt sich gerade in diesen beiden Begriffen wider, die in Ost und West unterschiedlich konnotiert wurden. Agitation und Propaganda standen in einem engen Verhältnis zueinander, die Grenzen verwischten immer wieder, zeitweilig verschmolzen sie zu dem Begriff „Agit/Prop". Lenin bezeichnete als ihr gemeinsames Anliegen „die Verbreitung von Ideen, (...) die

12 Sösemann 1988, S. 52.
13 Budzislawski 1966, S. 30.
14 Sösemann 2000, S. 114.
15 Budzislawski 1966, S. 107.
16 Vgl. Karl-Marx-Universität Leipzig, Sektion Journalistik1980, S. 85.
17 Bohm 1960, S. 1.

politische Erziehung und die Gewinnung politischer Bundesgenossen".[18] Agitation und Propaganda waren aus der Sicht Lenins notwendig, um den „Massen" ein „richtiges Bild von der Gesellschaft" zu vermitteln und den „Willen zur revolutionären Umgestaltung" der Welt zu erwecken. Beides seien stets erforderliche Instrumente im Kampf gegen die bürgerliche Ideologie gewesen.

In Agitation und Propaganda war das Grundelement der Manipulation enthalten, auch wenn dieser Umstand in der DDR nur den als bürgerlich bezeichneten Massenmedien zugeschrieben wurde. Manipulation ist ihrem Wesen nach eine psychologische Fremdbestimmung und steht im äußersten Widerspruch zum Ziel einer freien demokratischen Gesellschaft mündiger Menschen und Staatsbürger.[19] Unter dem negativ besetzten Begriff der Manipulation wurde in der DDR eine „staatsmonopolistische Herrschaftstechnik zur Steuerung des Verhaltens der Menschen entgegen ihren objektiven Interessen" verstanden. Manipulation mache die Menschen zu „außengelenkten Objekten", deren Tätigkeit dem imperialistischen System diene. Bei der Bewusstseinsmanipulation hätten die modernen Massenmedien eine „Vorzugsstellung".[20] Diese auf das westlich-plurale Mediensystem gerichtete Kritik traf vice versa auf die DDR zu. Im Ergebnis wurden die Medien dort als Technik der psychologischen Beeinflussung im Bereich des öffentlichen Lebens eingesetzt, um ein gewünschtes Verhalten der Bevölkerung herbeizuführen. Aus Sicht der Staats- und Parteiführung selbstverständlich nicht gegen den Willen der Menschen in der DDR.

Die uneingeschränkte Herausstellung dessen, worauf man abzielte, kennzeichnete die Art des Verhältnisses des Manipulierenden zu den Manipulierten. Wo für den Gelenkten keine Aussicht besteht, der Lenkung zu entrinnen, dort bestehe auch kaum ein Anlass, ihn über die Ziele im Unklaren zu lassen. Alternative Meinungen waren nicht zugelassen, Agitation und Propaganda allgegenwärtig und unausweichlich; eine Manipulation par exellence.

Die Zweiteilung von Agitation und Propaganda wurde auch auf das Medium Fernsehen übertragen und ging in seine Funktionsbestimmung ein. Mehr als bei anderen Kommunikationsmedien bestand über den Bildschirm die Möglichkeit, bestimmte Zusammenhänge einsichtig und verständlich zu machen und somit Lenkung und Anleitung zu geben. Agitatorische und propagandistische Momente flossen zusammen in dem Bestreben, die Zuschauer zu sozialistischen Bewusstseinshaltungen und Verhaltensformen zu erziehen. Die eigene Dynamik und die besonderen publizistischen Bedingungen des Mediums machten es unmöglich, die verschiedenen Wege der Beeinflussung und Erziehung in der Programmwirklichkeit zu trennen.

Die Übertragung der Lenin'schen Funktionsbestimmung von Agitation und Propaganda schlug sich in programmatischen Einwirkungen maßgeblicher Funktionäre auf das Fernsehen der DDR nieder. Wegen seiner hohen Anschaulichkeit

18 Vgl. Lenin 1988, S. 11.
19 Vgl. LeBon 1982; Kant 1947.
20 Karl-Marx-Universität Leipzig, Sektion Journalistik 1973a, S. 143.

und seiner Eignung, alle Schichten der Bevölkerung zu erreichen, wurde das Fernsehen schnell als das wirksamste Instrument von Agitation und Propaganda entdeckt und gewann an Bedeutung. Durch die Übertragung eines Vorgangs ohne jede Zeitverzögerung entsteht der Eindruck gleichzeitigen Erlebens. Zur Bewusstseinsbildung sei das Fernsehen somit unmittelbarer als andere Publikationsmittel in der Lage, auf Menschen zu wirken.[21]

Als Nachfolger des tödlich verunglückten Werner Lamberz war **Joachim Herrmann** vom 15. März 1978 bis zum 18. Oktober 1989 Sekretär für Agitation und Propaganda des ZK der SED. Unter Herrmann kam die zentralistische Lenkung des Mediensystems der DDR zur technokratischen Vollendung. Die Massenmedien waren neben Volksarmee und Staatssicherheit ausgewiesene Herrschaftsinstrumente der Machtelite. Erich Honecker, Günter Mittag und Joachim Herrmann wurden zum Zentrum dieser Machtkonstellation.

Herrmann, Jahrgang 1928, war nach dem Krieg Botenjunge und stieg schnell über die Redakteurslaufbahn auf. 1952 wurde er Chefredakteur des FDJ-Zentralorgans *Junge Welt*, ab 1960 Mitarbeiter des ZK, von 1962 bis 1965 Chefredakteur der *Berliner Zeitung*. Von 1965 bis 1971 war er Staatssekretär für gesamtdeutsche beziehungsweise westdeutsche Fragen, von 1967 bis 1971 Kandidat und ab Juni 1971 Vollmitglied des ZK der SED. Bevor er ZK-Sekretär für Agitation und Propaganda wurde, war er von Juli 1971 bis März 1978 Chefredakteur des Zentralorgans der SED *Neues Deutschland*. Herrmann wurde im Januar 1990 aus der SED/PDS ausgeschlossen und starb am 30. Juli 1992.[22]

Die Schlüsselstellung bei der Anleitung der *Aktuellen Kamera* lag in den letzten zehn Jahren vor dem Fall der Mauer bei Herrmann. Von ihm und seinem Umfeld gingen die Richtungsvorgaben aus. Die ihm unterstellte Abteilung Agitation präzisierte die Umsetzung. Direkt oder auf dem Weg über das Staatliche Fernsehkomitee erreichten die Anleitungen die Redaktion der *Aktuellen Kamera*. Die Bevormundung aller Journalisten, Schriftsteller und Künstler in der DDR entwickelte unter Herrmann abstruse Formen. Massive Eingriffe nahm er in künstlerischen Produktionen und publizistischen Sendungen des Fernsehens vor. Herrmann beschleunigte die inhaltliche und formale Uniformität der Medien, wobei das Presseamt der Regierung zum „verlängerten Arm der Abteilung Agitation" wurde.[23] Das hing zum Teil mit der Persönlichkeit von Herrmann zusammen, spiegelte aber auch das dogmatische Denken von Honecker wider.

Mit dem Wachsen der ökonomischen Schwierigkeiten der DDR, mit der Zunahme der Verschuldung, dem Aufkommen steigender Unzufriedenheit der Bevölkerung wurde Herrmann unsicherer und erlag dem Irrglauben, mit ideologischer Indoktrinierung fundamentale gesellschaftliche Probleme lösen zu können.[24] Wegen

21 Gerhard Probst in *Presse-Informationen*, Nr. 114 vom 4.10.1957. Berlin.
22 Vgl. Cerny 1992, S. 186; Herbst/Stephan/Winkler 1997, S. 975; Klump 1991, S. 356.
23 Hornbogen 1999, S. 392.
24 Vgl. Nerlich 2000, überarbeitet 2008.

dieser Art der Medienbeeinflussung erhoben nach der Wende einst mitverantwortliche ZK-Mitglieder wie Egon Krenz, Günter Schabowski, Wolfgang Herger, Werner Jarowinsky, Siegfried Lorenz, Wolfgang Rauchfuß und Günter Sieber schwere Vorwürfe gegen Herrmann.[25] In ihrem Rechenschaftsbericht zum Sonderparteitag der SED/PDS am 8. und 9. Dezember 1989 in Berlin befassten sie sich mit dem Politbüro und seiner Verantwortung für die Medienlenkung. In ihrem Memorandum „Zu Ursachen für die Krise in der SED und in der Gesellschaft"[26] bezichtigten sie Herrmann, dass vor allem er nach Erich Honecker „die Deformation der Medien zu verantworten hat" und dass er ein „willfähriger Ausführer der Anweisungen des Generalsekretärs" gewesen sei.[27] Die gesamte Parteiführung habe letztendlich versagt. Auch wenn Alternativ-Vorstellungen entwickelt worden seien, wäre niemand aus den „alten Denkschemata" grundsätzlich ausgebrochen. Die Schuldfrage dürfe aber dennoch nicht allein mit den Namen Honecker, Herrmann und Mittag verbunden werden, was der Wahrheit nicht gerecht würde, so die ehemaligen ZK-Mitglieder. Eingeräumt wurde von den Autoren letztendlich, dass alle Mitglieder des Politbüros und des Zentralkomitees in ihrer Gesamtheit gegen das damals geltende Parteistatut verstoßen hätten.[28] Herrmann war aus ihrer Sicht nicht nur oberster Chefredakteur, sondern auch oberster Kaderchef, oberster Chefgestalter, oberster Nachrichtenredakteur und oberster Herausgeber. Sie warfen ihm vor, täglich in Besprechungen mit Honecker dessen Vorstellungen über die Gestaltung der *Aktuellen Kamera* und des *Neuen Deutschlands* entgegengenommen zu haben. Dabei wurde über Inhalt, Form und Platzierung von Meldungen entschieden, Kommentare wurden angewiesen und redigiert. Strittige Passagen und Wortmeldungen wurden von Honecker selbst abgenommen. Das galt auch für ADN, der eine Monopolstellung in der Nachrichtenverbreitung in der DDR hatte. Die Redakteure der Aktuellen Kamera durften nur diese Agentur auswerten und benutzen. So zeichnete Honecker indirekt und manchmal direkt die Meldungen der *Aktuellen Kamera* ab. Aus zahlreichen Dokumenten gehen diese „Abzeichnungen" hervor, beispielsweise aus dem Schreiben von Herrmann an Honecker vom 20. Januar 1982. Der Wortlaut war folgender: „Lieber Genosse Honecker! Anliegend einige Meldungen, die wir über ADN herausgeben wollen. Ich bitte um Deine Zustimmung. Mit vielen Grüßen" – Unterschrift J. Herrmann.[29]

---

25 Die Funktionen der ZK-Mitglieder: Wolfgang Herger, Mitglied des Politbüros und zeitweilig, von 1985 bis 1989, Leiter der Abteilung Sicherheitsfragen des ZK der SED; Werner Jarowinsky, Mitglied des Politbüros und ZK der SED, verantwortlich für Handel und Versorgung; Siegfried Lorenz, Mitglied des Politbüros und ZK der SED, Erster Sekretär der SED-Bezirksleitung Karl-Marx-Stadt; Wolfgang Rauchfuß, stellvertretender Vorsitzender des Ministerrats; Günter Sieber, von 1980 bis 1989 Leiter der Abteilung internationale Verbindungen des ZK der SED. Die Namen sind entnommen: Hornbogen 1999, S. 384.
26 Ebd., S. 384–405.
27 Ebd., S. 392.
28 Ebd., S. 393.
29 SAPMO BArch DY 30/IV 2/2.037/006.

Weisungsberechtigt gegenüber dem Fernsehen waren in der SED nur Generalsekretär Honecker, Herrmann und der Leiter der Abteilung Agitation Geggel. Das
entsprach der generell im Apparat des ZK der SED gültigen Arbeitsordnung.
Niemand sonst durfte von sich aus in das Fernsehen hineinregieren und redaktionelle Aufträge an die *Aktuelle Kamera* leiten, bis auf Günter Mittag. Der Sekretär
des ZK der SED für Wirtschaft ließ wiederholt Statistiken über Wirtschaftsangaben
in den Nachrichten verlesen. Diesen Zahlenkolonnen galt der ganze Unmut der
Redaktion der *Aktuellen Kamera*. Auf Anweisung aus dem Büro Mittag liefen
minutenlang die Planerfüllungszahlen in der Hauptausgabe über den Bildschirm.
Dies war nach Meinung der Redaktion nicht nur eine besonders fernseh-ungeeig-
nete Form der Informationsvermittlung, sondern auch eine Information, die auf
Grund ihrer geschönten Angaben vielerorts in der DDR Empörung hervorrief. Die
Zahlenkolonnen wurden in keinerlei Relationen gesetzt und vermittelten stets den
Eindruck, dass die Wirtschaft der DDR Erfolge verzeichnete. Die Auslagen in den
Geschäften demonstrierten den Zuschauern das Gegenteil. Dieser Spagat zwischen
„Weißmachung" und Realität führte zu Verdruss und Unglaubwürdigkeit.[30]

Die medienpolitische Abhängigkeit Herrmanns von Honecker verdeutlichen
zahlreiche Vorgänge aus den achtziger Jahren. Die Absolutheit von Entscheidungen
führte zu Widersprüchen. So legte beispielsweise Herrmann bereits Wochen vor dem
traditionellen Leipziger Messerundgang fest, an welchen Ständen Honecker mit oder
ohne Originalton für die aktuelle Berichterstattung im Fernsehen aufzunehmen sei.
Kompliziert sei die Lage geworden, wenn Honecker anschließend bestimmte Bilder
in der *Aktuellen Kamera* sehen wollte, deren Herstellung Herrmann zuvor verboten
hatte. Um diesen Komplikationen vorzubeugen, wurde in den letzten Jahren der
DDR ein spezielles Kamerateam eingesetzt, das ohne Kenntnis von Herrmann extra
Bilder aufnahm.[31] Nur durch diesen Trick sei es gelungen, zwischen Honecker und
Herrmann die richtigen Einstellungen für den Filmbericht zu finden.

Dieter Langguth, von 1984 bis 1989 stellvertretender Abteilungsleiter für
Agitation im SED-Zentralkomitee und damit ebenfalls verantwortlich für die
Medienlenkung, schildert einen Vorgang aus dem August 1989: Herrmann hatte in
den 19.00-Uhr-Nachrichten des ZDF einen Bericht über die Wallfahrt-Teilnahme
Norbert Blüms in Polen gesehen, mit dem Ausspruch des Arbeitsministers „Marx
ist tot. Jesus lebt".[32] Unmittelbar nach der ZDF-Sendung rief Herrmann in der
Abteilung Agitation an, ob die *Aktuelle Kamera* etwa auch diese Stelle mit Blüm in
Warschau zeigen würde. Die Mitarbeiter Geggels verneinten, riefen aber sicherheits-
halber in der Redaktion der *Aktuellen Kamera* an. Auch von dort wurde beruhigt
mit den Worten: „Natürlich nicht."

---

30 Interview Schickhelm 1999.
31 Vgl. Mühl-Benninghaus 1999, S. 865.
32 Vgl. Langguth 1990. Vorabdruck aus Langguths Erinnerungen im *Stern* vom 31.5.1990, die im Dietz-Verlag im
    Sommer 1990 unter dem Titel: „Alltag im ZK" erscheinen sollten. Das Buch wurde jedoch nie herausgegeben.
    Dieter Langguth war Diplom-Journalist, von 1977 bis 1984 Chefredakteur der FDJ-Zeitung *Junge Welt* und
    Sekretär im FDJ-Zentralrat.

Herrmann hat sich am Telefon nie mit Namen gemeldet, aber jeder wusste sofort, dass er dran ist.[33] In einem anderen Fall hatte Herrmann drei Minuten vor Beginn der Hauptausgabe der *Aktuellen Kamera* bei der Abteilung Agitation angerufen, um eine Änderung durchzugeben. Langguth hatte erwidert, dass es jetzt schon ziemlich spät sei. Darauf antwortete Herrmann: „Ich habe schon drei Minuten nach halb angerufen, die schaffen's trotzdem."

Gängelungen, Anweisungen und Anleitungen zielten auf das „Gefügigmachen" journalistischer Darstellungsformen in der DDR. Die Instrumentarien der Lenkung liefen formal über ideologische Ziele, funktionierten aber nur über die persönliche Handhabung täglicher Absicherung und Kontrolle. Die Entmündigung journalistischer Leitungsebenen durch ständige Bevormundung von oberster Instanz ließ Kollegen zurück, die dann mit größter Vorsicht penibel und detailgetreu die Vorgaben weiterleiteten.

Die Gängelung zwischen ZK-Ebene und Redaktionsleitung setzte einen Sender und einen Empfänger voraus. In Ermangelung pluralistischer Gegenkräfte führte die Seite der Sender ihre Gängelung wie zu Zeiten feudaler Machtausbreitung durch. Der Repressionsstaat nutzte seine Kompetenzen und machte die Empfänger zu Gehilfen. Dieses Geflecht hielt so lange, wie sich alle daran hielten. Der Zusammenbruch stellte die Strukturen auf den Kopf.

Das Ende der Einflussnahme Herrmanns und Honeckers kam am 18. Oktober 1989. Dem Zuschauer blieben die Mechanismen der Hintergründe von Programmentscheidungen sowie der inhaltlichen Einflussnahme auf die Sendungen verborgen. Drei Wochen später fand Joachim Herrmann zu einer Erklärung, auf der 10. Tagung des ZK der SED vom 8. bis 10. November 1989 in Berlin: „Ich trage alle Konsequenzen aus den Fehlern, die hier zur Sprache gekommen sind im Zusammenhang mit der Lage, die dadurch entstanden ist."[34] Erst vor dem zeitweiligen Ausschuss der DDR-Volkskammer zur Untersuchung von Amtsmissbrauch, Korruption und persönlicher Bereicherung nahm er am 17. Januar 1990 ausführlich zu seiner Rolle in den Medien Stellung. Zu der von ihm selbst vorangetriebenen Bevormundung und Gängelung der Medien erklärte er, dass seine Medienpolitik den Verfassungsgrundsätzen widersprochen hätte. Wörtlich sagte er: „Ich fühle mich persönlich nicht nur vollverantwortlich für die Fehler in der Medienpolitik, sondern ich fühle mich auch mitverantwortlich für die entstandene Lage mit all ihren Folgen für unsere Republik."[35]

Herrmann bestätigte, dass es direkte Anweisungen gegeben habe, worüber nicht berichtet werden durfte. Es hatte Vorlagen von seinen Abteilungen gegeben, ausgearbeitet von ADN, die er bei regelmäßigen Besprechungen dem Generalsekretär vorgelegt hatte. Es habe die strikte Einhaltung des Mottos „Den Anfängen wehren..."

---

33 Ebd.
34 Tagung des ZK der SED, 3. Beratungstag, 10.11.1989. In: Hertle/Stephan 1997, S. 433.
35 Anhörung von Joachim Herrmann vor dem Untersuchungsausschuss der DDR Volkskammer am 17.1.1990. Stenografische Niederschrift. BArch DA/1, 16348.

gegolten.[36] Zynisch wirkte sein späterer Beschwichtigungsversuch, dass er mit den meisten Chefredakteuren „kameradschaftlich zusammengearbeitet" hätte.[37] Das Verhältnis war vielmehr von Unterwerfung, Opportunismus und Befehlsstrukturen gekennzeichnet, eine gehörige Portion Anbiederung und Karrieredenken inklusive.

Herrmann bezog sich in der Befragung des Untersuchungsausschusses auf das „absolute Gesetz der Anleitung der Massenmedien durch den Generalsekretär". Eine Schutzbehauptung, die durch keinen Paragraphen des DDR-Gesetzbuches oder der DDR-Verfassung zu belegen war. Die Anmaßung Herrmanns, aber auch diejenige Honeckers war nach der Wende Anlass für die Anklage wegen Hochverrats gemäß § 96 StGB wegen Beeinflussung der Medienpolitik. Honecker entgegnete auf die Anklage: „Wenn Herr Herrmann vor dem Untersuchungsausschuss erklärt, dass er die Verfassung verletzt hat, so möchte ich darüber mein Erstaunen zum Ausdruck bringen. Der Punkt 1 der Verfassung legte die Verantwortung eindeutig fest, die Rolle der Partei, und man kann daher nur nach diesem Recht zur Verantwortung gezogen werden und nicht nach heutigem Recht."[38]

Laut Honecker sei Herrmann allein für die Presse zuständig gewesen. Nach gemeinsamen Besprechungen habe man zwar diskutiert, die schriftlichen Argumentationshilfen seien aber von der Agitationskommission in der Verantwortung von Herrmann verfasst worden. Eine Zensur habe es laut Honecker in der DDR nie gegeben, anders als in Polen oder der Sowjetunion. „Rundfunk und Fernsehen liefen ohne Zensur. Nur kraft des Verantwortungsbewusstseins des Einzelnen wurde die Sache gestaltet. Der Adameck war verantwortlich für sein Fernsehen, der andere für den Rundfunk."[39] Nach dem Fall der Mauer hat sich Honecker verschiedentlich zur Medienlenkung geäußert. Im Interview mit Reinhold Andert und Wolfgang Herzberg erklärt er, dass Joachim Herrmann „vollkommen verantwortlich für die Massenmedien" gewesen sei, allerdings nur so weit, „als da überall Genossen" gewesen seien, „die einen eigenen Kopf gehabt" hätten.[40] Herrmann hätte aber die Anleitung gegeben und hätte auch kontrolliert. „Natürlich hatten wir nach der Sitzung täglich für die neuesten Nachrichten eine Besprechung und diskutierten, wie reagiert man." Allerdings seien vom Politbüro keine schriftlichen Argumentationshilfen herausgegeben worden, dafür wäre die Agitationskommission zuständig gewesen.

Ein Dissens zwischen beiden Aussagen liegt nicht vor, da der Generalsekretär die Entscheidungskompetenz auf seiner Seite hatte. Die Abstimmung zwischen Herrmann und Honecker lief letztlich immer auf Honeckers Zustimmung hinaus. Wie weit Herrmann eigenständig und eigenmächtig handelte, ist nur von relativer Bedeutung. Die prinzipielle Kompetenz lag bei Honecker, die eilfertige und geflissentliche Umsetzung lag bei Herrmann. Juristisch mussten sich weder Honecker noch Herrmann für die Meinungsbeschneidung und den damit auch nach DDR-

36   Ebd.
37   Ebd.
38   Strafsache gegen Erich Honecker und andere, Aktenzeichen: 111-1-90, 01.1/1. In: Przybylski 1991, S. 32.
39   Zitiert nach Andert/Herzberg 1990, S. 324f.
40   Ebd.

Strafrecht verbundenen Verfassungsbruch verantworten. Der Ex-Generalsekretär bestand auf seine Freilassung und war sich keiner Schuld bewusst. Trotz eines angestrengten Verfahrens wurde er nie für seine Handlungen juristisch belangt. Aufgrund seines Krankheitszustandes entließ ihn das Oberlandesgericht 1993 aus der Haft, so dass er nach Chile ausreisen konnte. Joachim Herrmann musste auf keiner Anklagebank sitzen.

Die Agitationskommission hatte strategische Überlegungen zur Anleitung und Entwicklung der Medien zu entwickeln. Ihr gehörten die Hauptverantwortlichen der wichtigsten Medien der DDR an. Formal hieß sie „Agitationskommission beim Politbüro des ZK der Sozialistischen Einheitspartei Deutschlands". Die Agitationskommission war eine Art Beratergremium auf oberster Medien- und Politikebene. Mitglieder der Agitationskommission waren Spitzenfunktionäre aus dem Medienbereich, wie die Chefredakteure des *Neuen Deutschlands*, der *Berliner Zeitung*, von ADN, der *Jungen Welt*, der *Tribüne* und die Intendanten des DDR-Fernsehens und des Rundfunks.

1953 schuf das Politbüro eine „Kommission für Presse und Rundfunk", die am 15. März 1955 die Bezeichnung „Kommission für Agitation beim Zentralkomitee" erhielt. Mit der Leitung wurde Albert Norden beauftragt.[41] Ins Leben gerufen wurde die Agitationskommission mit dem Ziel, „strategische Überlegungen zu erarbeiten für die Entwicklung der Massenmedien in der Deutschen Demokratischen Republik". Sie hat sich dann aber immer mehr zu einem „Steuerungsinstrument" entwickelt.[42]

In einem Arbeitsplan der Agitationskommission vom 18. Dezember 1961 wurde die Zusammensetzung des Gremiums beschrieben: Die Genossen Albert Norden, Horst Sindermann, Gerhart Eisler, Werner Eberlein, Paula Acker (Nationale Front und Frauen), Emil Dusiska, Bruno Wagner, Hermann Axen, Hans Hübner, ein Vertreter der Westkommission sowie ein Vertreter von Handel und Versorgung. Die Arbeitsweise sah vor, dass einmal pro Woche die eine „Grundsatzargumentation" stattfand. Mit der ebenso umständlichen Formulierung, „Argumentationen über längere Zeit zu führen", war gemeint, dass die Zielvorgaben der politischen Leitung langfristig umzusetzen gewesen seien. „Grundsätzliche Fragen der Aufklärungsarbeit, wie das Wirken der ökonomischen Gesetze", müssten so aufgearbeitet werden, dass die Bevölkerung wirkungsvoll beeinflusst werde.[43] Die Agitationskommission befasste sich beispielsweise mit Themen wie: Mit welchen Hauptargumenten gewinnt man die Werktätigen für die Lösung der Aufgaben des Volkswirtschaftsplanes? Oder: Mit welchen Hauptargumenten innerhalb der Jugend setzt man sich auseinander, um sie durch „kluge und leidenschaftliche Agitation" zu gewinnen?

Die detaillierte Darstellung der Aufgaben geht aus der stenographischen Niederschrift der konstituierenden Sitzung der „Agitationskommission beim Politbüro"

---

41 Vgl. Holzweißig 1994, S. 62.
42 Interview Fensch 1999.
43 SAPMO BArch DY 30/IV 2/2.106/1.

vom 14. März 1963 im Hause des Zentralkomitees hervor, die von Albert Norden verfasst wurde. Tages- und Wochenpresse, Rundfunk und Fernsehen sollten zu „Organen der sozialistischen ökonomischen Erziehung der ganzen Bevölkerung" werden. Laut Beschluss des Politbüros gab die Agitationskommission die zentralen Richtlinien für die Anleitung aller Pressebereiche heraus. Dazu zählte auch die Gestaltung der Auslandspropaganda und eine Mitverantwortung für die militärpolitische Agitation, insbesondere die sozialistische Wehrerziehung der ganzen Bevölkerung.[44] Ab 1964 verfügte die Agitationskommission über acht hauptamtliche und siebzehn ehrenamtliche Mitglieder. Dienstags tagte in der Regel das Politbüro, mittwochs zunächst erst das Sekretariat des ZK der SED und am Nachmittag beide Gremien zusammen. Anschließend versammelte Joachim Herrmann die Mitglieder der Agitationskommission bei sich. Hans-Dieter Schütt, der als Chefredakteur der *Jungen Welt* an den Sitzungen der Agitationskommission teilgenommen hat, schätzte nach der Wende selbstkritisch die Treffen so ein: „Es handelte sich um eine Vergatterung auf höherer Ebene; und ich habe eine Runde eingeschüchterter, nickender, emsig notierender und vor allem schweigender Medien-Leiter in Erinnerung, mich einbegriffen."[45]

Die Bedeutung der Agitationskommission schwand unter Joachim Herrmann. Hatte sie Albert Norden noch als wichtigstes Instrument seiner Medienlenkung betrachtet, fand sie zwar in den achtziger Jahren noch regelmäßig statt, aber ohne den Stellenwert früherer Jahre.[46] Den qualitativen Abstieg der Kommissionsarbeit von Norden zu Herrmann in die Niederungen der substanzlosen, ausschließlich gegen den äußeren und inneren „Klassenfeind" gerichteten Propagandapolitik fassten die ehemaligen Teilnehmer der Agitationskommission Karl-Heinz Arnold und Otfrid Arnold zusammen. Anfänglich habe ein weiter Spielraum bestanden. In den siebziger und achtziger Jahren sei die Agitationskommission mehr und mehr zur bloßen Zwischenstation bei der Weitergabe der Weisungen und Meinungen des Generalsekretärs geworden. Während sich in den sechziger Jahren noch einige Mitglieder wie Rundfunkchef Gerhard Eisler oder Ulbrichts Mitarbeiter Gerhard Kegel Rededuelle um Argumente und Bewertungen politischer Ereignisse lieferten, beherrschte in den achtziger Jahren der Monolog von Joachim Herrmann dieses Gremium.[47]

Die Gängelung der Medien ging de facto vom ZK-Sekretär der SED für Agitation und Propaganda, Joachim Herrmann, aus. Umgesetzt wurden generelle Richtlinien und direkte Anweisungen von der Abteilung Agitation, die von Journalisten „das Büro Geggel" genannt wurde. Die Abteilung Agitation beim ZK war dem ZK-Sekretär zugeordnet. Ihr unterstand die ideologische Überwachung, Information und Anleitung aller Medien. Nach etlichen organisatorischen Veränderungen wurde am 3. Januar 1961 ein „Arbeitsplan der Abteilung Agitation und Propaganda und

---

44 Ebd.
45 Zimmermann/Schütt 1992, S. 196f.
46 Vgl. Holzweißig 1994, S. 62.
47 Vgl. Arnold 1994, S. 99.

der Kommission für Agitation für das erste Halbjahr 1961" verabschiedet. In einem Satz wird als Aufgabe der Abteilung definiert: „Wir haben den Nachweis der Überlegenheit der DDR über den imperialistischen Staat in Westdeutschland auf allen Gebieten zu führen."[48] Für das Fernsehen bedeutete das eine Konzentrierung auf die „Hauptabteilung aktuelle Politik". In den Mittelpunkt der Arbeit wurden Themen gestellt wie: „Ein Angebot der DDR auf einen 10-jährigen Frieden in Deutschland" oder „die Entlarvung der Bonner Außen- und Innenpolitik und ihrer typischen Vertreter, Strauß und Schröder" sowie „die Rolle unserer Republik innerhalb des Sozialistischen Weltsystems – die neuen Beziehungen unserer Menschen".[49]

Der langjährige Leiter der Abteilung Agitation Heinz Geggel steigerte die Bedeutung der Einrichtung maßgeblich.[50] Geggel amtierte ab 1973 als Leiter und war mit 16 Dienstjahren länger in dieser Führungsposition als seine Vorgänger. Geggel, Jahrgang 1921, Sohn eines jüdischen Münchener Kaufmanns, emigrierte 1936 ins westliche Ausland und wurde vorübergehend in Frankreich 1940 interniert. Im Exil in Kuba arbeitete er zunächst als Diamantenschleifer und übernahm ab 1943 unter anderem die Leitung des Komitees der Deutschen Antifaschisten als deren Erster Sekretär. 1944 trat er in die KPD ein, kehrte 1948 nach Deutschland in die SBZ zurück und begann als Redakteur bei der Rundfunkredaktion der Sowjetischen Militäradministration. Von 1949 bis 1956 war Geggel Redakteur und später Chefredakteur beim Berliner Rundfunk und Deutschlandsender und stieg anschließend bis 1960 zum Intendanten des Deutschlandsenders auf. In der SED-Hierarchie war er von 1963 bis 1971 Kandidat, von 1971 bis 1989 Mitglied des ZK der SED und von 1973 bis 1989 Leiter der Abteilung Agitation des ZK der SED.

Unterhalb der Ebene des Leiters der Abteilung gab es im Wesentlichen vier zentrale Verantwortungsbereiche: 1.) Dieter Langguth war ab 1984 als Erster Stellvertreter für den Bereich „Presse" zuständig, den vor ihm Klaus Raddatz leitete. Zur Verfahrensweise der Anleitung der Presseorgane vor 1984 sagte Raddatz wörtlich: „Das passierte durch einen nach Zweckmäßigkeit organisierten telefonischen Kontakt. Übrigens hatten wir in dieser Eigenschaft auch Kontakt zu den Agitprop-Sekretären der Bezirksleitungen der Partei, die ja nun wiederum die zweite Leitungsebene für die Bezirkszeitungen waren. Kreiszeitungen in dem Sinne gab es ja zu meiner Zeit eigentlich keine mehr. Sondern die Bezirkszeitungen der SED hatten Kreisseiten. Und wir haben uns in die Kreisarbeit dort nicht eingemischt. Für uns waren die Ansprechpartner der Chefredakteur oder seine Stellvertreter der Bezirkszeitungen und die Chefredakteure der zentralen Zeitungen, der zentralen Tageszeitungen (ausgenommen *ND*), der zentralen Wochenzeitungen und so weiter. Und die Anleitung erfolgte im Wesentlichen über diesen, nach Bedarf mündlichen Kontakt, manchmal auch über Fernschreiben (...). Da gab es mal Zeiten, wo es tägliche Kontakte gab. Dann gab es wieder mal Zeiten, wo es gar keine, wenige Kontakte

---

48 Agitation und Propaganda, 3.1.1961. SAPMO BArch DY 30/IV 2/9.02/105.
49 Ebd.
50 Cerny 1992, S. 131f., sowie Holzweißig 1997, S. 19.

gab."[51] Zu diesem Bereich gehörten sechs Mitarbeiter für ADN, Illustrierte- und Wochenpresse, Bezirks- und Betriebszeitungen sowie den Journalistenverband.[52]
2.) Im Bereich „Rundfunk und Fernsehen" verfügte Eberhard Fensch über vier Mitarbeiter für Rundfunk, Fernsehdramatik und Unterhaltung, Fernsehpublizistik, SED-Parteiorganisation des Fernsehens.[53]
3.) Der Bereich „Massenagitation" unterstand Erwin Müller und war wiederum untergliedert in drei Sektoren für Sichtagitation, mündliche Agitation und die Redaktion *Was und Wie*. Außerdem zählte hierzu der Unterbereich „Bibliothek und Zeitungsarchiv" des ZK. In diesem Bereich waren die meisten der insgesamt 49 politischen und 20 technischen Mitarbeiter der Abteilung Agitation beschäftigt.[54]
4.) Der Bereich „Betreuung der ausländischen Journalisten" gehörte zu Hans-Joachim Kobert, der einen politischen Mitarbeiter hatte.[55]

Gesondert von diesen Bereichen gab es noch einen weiteren kleinen Bereich mit der Bezeichnung „B-Sektor", der von dem NVA-Oberst Kurt Langnese geleitet wurde, für die Vorbereitung auf den Mobilisierungsfall.

Für die konkreten Aufgaben der einzelnen Bereiche gab es im ZK schriftliche Arbeitsordnungen, die sämtliche Verantwortlichkeiten und Kompetenzen regelten. Die parallelen Strukturen sind allerdings schwer zuzuordnen, so dass ein Verwirrspiel um Kompetenzen entstand. Diese Parallelstrukturen und die Undurchsichtigkeit der Kompetenzebenen waren in Bezug auf die unteren Arbeitsebenen gewollt. Schriftlich ausformulierte Abgrenzungen der einzelnen Kompetenzbereiche lagen für jeden Arbeitsbereich vor, einzusehen waren sie nicht. Um die Bezugsebenen zuordnen zu können, wurde selbst den Mitarbeitern des SED-Archivs zu DDR-Zeiten kein vollständiger Zugang zu den Akten gestattet, selbst wenn sie im dienstlichen Auftrag die Strukturveränderungen im Parteiapparat zu untersuchen hatten.[56]

Die Gleichschaltung der Medien erfolgte über die bereits dargelegten täglichen telefonischen und fernschriftlichen Anweisungen. In der täglichen Arbeit hatten sich ganz pragmatische Abläufe eingespielt. Günter Böhme war in der Agitationskommission hauptamtlich für die außenpolitische Berichterstattung der DDR-Medien zuständig und hatte in dieser Eigenschaft mit der *Aktuellen Kamera* fast täglich korrespondiert.[57] Böhme war in den achtziger Jahren ein wichtiges Bindeglied im Anleitungsapparat.

Die hierarchische Anbindung, so Eberhard Fensch, musste nicht zwingend Auskunft über die Funktion geben. Formell war für die Anleitung des Fernsehens Fensch selber zuständig oder einer seiner vier Mitarbeiter. Da die Leitungen aller Redaktionen und Institutionen fast ausschließlich aus SED-Mitgliedern bestanden und einige auch Mitglieder der Agitationskommission waren, ergab sich eine direkte

---

51 Interview Raddatz 1999.
52 Schreiben Eberhard Fensch an den Verfasser vom 16.2.2000.
53 Ebd.
54 Vgl. SAPMO BArch DY 30/IV 2/2.037/44, Bl. 124.
55 Punkte 3 und 4 aus: Schreiben Eberhard Fensch an den Verfasser vom 16.2.2000.
56 Holzweißig 1994, S. 59.
57 Schreiben Eberhard Fensch an den Verfasser vom 8.11.2004.

Verzahnung zwischen ZK-Apparat und Redaktionsleitungen. Faktisch keine wichtige Entscheidung in den Medien wurde ohne oder gar gegen die Abteilung Agitation getroffen.

Das in den ersten Jahrzehnten besonders im Fokus des Interesses stehende SED-Zentralorgan *Neues Deutschland* musste die Spiegel der Seiten mit der entsprechenden Platzierung aller Beiträge bei der Abteilung Agitation einreichen. So kam die Uniformität der Medien zustande: Die Spitzenmeldung der *Aktuellen Kamera* hatte das gleiche Thema, oft denselben Wortlaut wie am nächsten Morgen die Seite eins im *Neuen Deutschland*. Die Nachrichtenagentur ADN unterlag ebenfalls diesem strengen Reglement. ADN erhielt die aus Sicht der Abteilung Agitation zentralen Themen direkt aus dem ZK. Die Agitatoren um Heinz Geggel begutachteten die ihr wichtig erscheinenden ADN-Nachrichten, bevor sie verbreitet wurden.[58] Insofern bestand unzweideutig eine Vorzensur in der DDR, da ADN für die zentralen politischen Themen einen Alleinvertretungsanspruch hatte und die Redakteure der *Aktuellen Kamera* wie auch die Mitarbeiter der Bezirkszeitungen nur diese eine Quelle verwenden durften. Eine Pressezensur war es nicht in dem Sinne, dass ein Zensor unerwünschte Nachrichten und Artikel vor der Drucklegung oder Ausstrahlung entfernte. In der DDR existierte vielmehr eine Zensur mit umgekehrter Methode, nämlich der Freigabe von zuvor mit festgelegtem Tenor gefertigten und gefilterten Informationen.

Die Überschneidungen der Verantwortung und die Häufung der Doppelstrukturen ließen klare Entscheidungsbereiche nicht zu. Die administrative Überbürokratisierung und die undurchsichtigen Kompetenzen nutzten allein dem kleinen Zirkel im Politbüro, der Staats- und Parteiführung. Nur dieser Kreis hatte über alle Bereiche die Kompetenzkompetenz, nur hier konzentrierte sich die Macht. Sämtliche anderen Institutionen, Ministerien oder Parteiorganisationen waren in Bezug auf die Machtfrage nachgeordnet. Die Doppelstrukturen irritierten und verunsicherten, so dass dieses Ungleichgewicht die Position der Staats- und Parteiführung stärkte.

Donnerstags fanden die Argumentations-Sitzungen statt, die die zentralen Anleitungsveranstaltungen für die wichtigsten Journalisten in der DDR waren. Zum Verständnis ist ein Rückblick auf die Anfänge dieser Regelung bis in die fünfziger Jahre erforderlich. Laut Beschluss des ZK-Sekretärs für Agitation und Propaganda wurde am 15. Dezember 1952 eine aus drei „Genossen bestehende aktuelle Argumentationsgruppe" gebildet. Ziel war es, kurzfristig auftauchenden Fragen der Bevölkerung zu begegnen und zum Kontern „neuer Argumente des Gegners wirkungsvolle Argumentationen" entgegenzusetzen.[59] Diese Gruppe unterstand dem Leiter der Abteilung Agitation, aus ihr ging später die so genannte Donnerstags-Argu hervor. Während die Abteilung Agitation beim ZK der SED sowie das Presseamt als staatliche Institution eigene ständige Mitarbeiter hatten, stellten Agitationskommission und Argumentations-Sitzung regelmäßig tagende Gremien dar. In der Agitationskommission war das Fernsehen durch den Inten-

---

58 Vgl. Arnold 1994, S. 102f.
59 Ebd., S. 2.

Bereich Agitation in den siebziger und achtziger Jahren

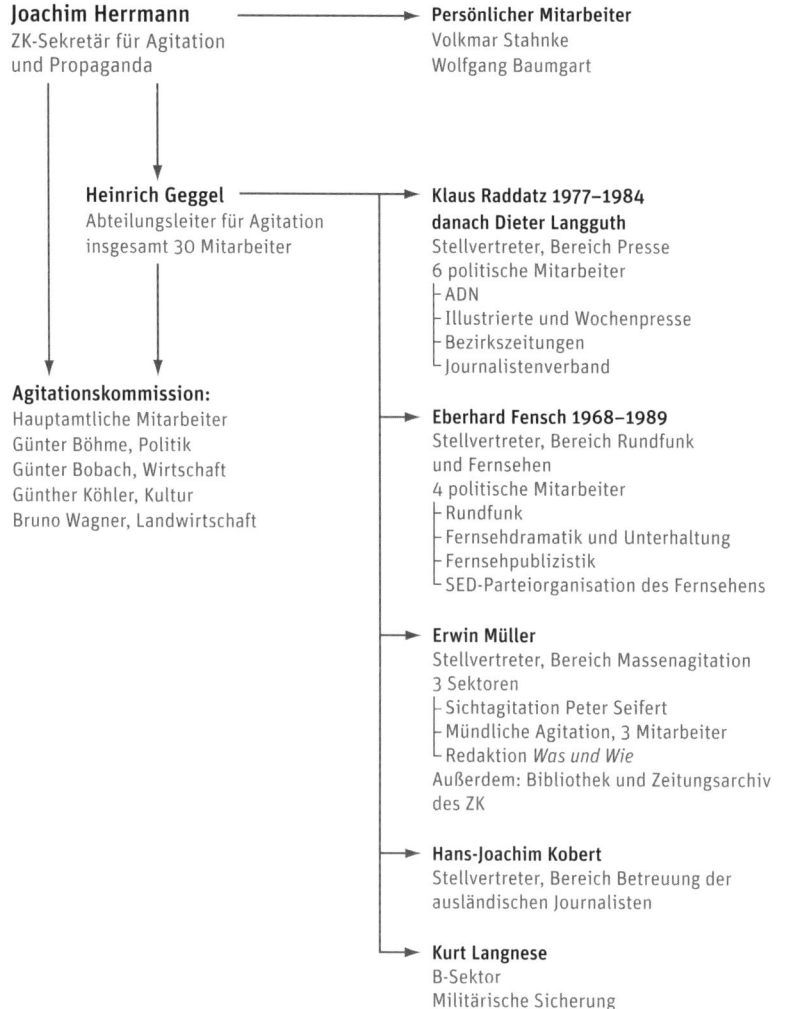

Joachim Herrmann ⟶ **Persönlicher Mitarbeiter**
ZK-Sekretär für Agitation   Volkmar Stahnke
und Propaganda   Wolfgang Baumgart

Heinrich Geggel ⟶ **Klaus Raddatz 1977–1984**
Abteilungsleiter für Agitation   **danach Dieter Langguth**
insgesamt 30 Mitarbeiter   Stellvertreter, Bereich Presse
      6 politische Mitarbeiter
      ├ ADN
      ├ Illustrierte und Wochenpresse
      ├ Bezirkszeitungen
      └ Journalistenverband

Agitationskommission:
Hauptamtliche Mitarbeiter   **Eberhard Fensch 1968–1989**
Günter Böhme, Politik   Stellvertreter, Bereich Rundfunk
Günter Bobach, Wirtschaft   und Fernsehen
Günther Köhler, Kultur   4 politische Mitarbeiter
Bruno Wagner, Landwirtschaft   ├ Rundfunk
      ├ Fernsehdramatik und Unterhaltung
      ├ Fernsehpublizistik
      └ SED-Parteiorganisation des Fernsehens

Erwin Müller
Stellvertreter, Bereich Massenagitation
3 Sektoren
├ Sichtagitation Peter Seifert
├ Mündliche Agitation, 3 Mitarbeiter
└ Redaktion *Was und Wie*
Außerdem: Bibliothek und Zeitungsarchiv
des ZK

Hans-Joachim Kobert
Stellvertreter, Bereich Betreuung der
ausländischen Journalisten

Kurt Langnese
B-Sektor
Militärische Sicherung

danten vertreten, in der „Donnerstags-Argu" saß gewissermaßen nachgeordnet der Chefredakteur der *Aktuellen Kamera.*

Die „Donnerstags-Argu" hatte eine „differenzierte Übermittlung der Argumentationen an die Genossen Chefredakteure" zu liefern.[60] Der Ort der Sitzung war das „Große Haus", der Sitz des ZK der SED am Ost-Berliner Marx-Engels-Platz. In den nachfolgenden Jahren erweiterte sich der Kreis der Teilnehmer auf die Chefredakteure aller zentralen Parteiorgane der Tages- und Wochenpresse, des Rundfunks und des Fernsehens. Joachim Herrmann nutzte die Agitationskommission für die zentrale Weitergabe grundsätzlicher Richtlinien. Die „Argu" dagegen, die Heinz Geggel unterstand, war für das Tagesgeschäft mit den Chefredakteuren zuständig.

Medieninformationen über Produktionsleistungen hatten in der Regel Erfolgsmeldungen für die Parteihierarchie zu folgen. Das Vorgetragene wurde von den Teilnehmern in der oft fachsprachlichen Hilflosigkeit und meist mit exakten Zahlenangaben unredigiert übernommen. So wurde beispielsweise in der *Aktuellen Kamera* vom 4. August 1986 der Getränkeverbrauch des Getränkekombinats Berlin exakt mit „47 399 Kästen alkoholfreier Getränke und 45 446 Kästen Bier" angegeben. Die Detailangaben führten zu einer sehr geringen Verwendung von Zahlenangaben in „ca.", „rd." oder „ungefähr".[61] DDR-Journalisten wurden ausdrücklich zu exakter Berichterstattung angehalten, um den Eindruck einer umfassenden und präzisen Wiedergabe zu vermitteln. Das Schwarz-Weiß-Schema schlug sich in einem stereotypen publizistischen Eigenlob der DDR nieder, deren Leistungen allerdings ohne Vergleichsmöglichkeiten für den Zuschauer dargestellt wurden.

Organisationsstrukturen und personelle Besetzung von Agitationskommission und Argumentations-Sitzung sind in der Forschung bislang vernachlässig worden, nicht jedoch die Auswirkung ihrer Steuerungsfunktionen. Gunter Holzweißig hat sich ausführlich mit den zugänglichen Akten befasst. Ergänzt werden diese Quellen durch autobiographische Schilderungen, wie von Ulrich Ginolas, Franz Loeser oder Hans-Dieter Schütt. Die Darstellungen dieser drei DDR-Journalisten lieferten ab 1984 erste Einblicke in die Arbeitsweise der Argumentations-Sitzungen aus der Perspektive der Teilnehmer, die auch im Westen veröffentlicht wurden. Ginolas hatte als stellvertretender Pressestellenleiter der Nationalen Front von 1982 bis 1989 Zugang zu einigen „Argus" und veröffentlichte im Jahr 1990 seine „Aufzeichnungen im Parteijargon" unter dem Pseudonym Ulrich Bürger.[62] In seiner Schilderung der „Donnerstags-Argu" spiegelt er in drastischer Weise die Verhältnisse. Zunächst, so Ginolas, seien so genannte Gäste in der sechzig- bis achtzigköpfigen „Öffentlichkeit" zu Wort gekommen, darunter auch ZK-Abteilungsleiter, Staatssekretäre oder sonstige hohe Funktionäre, die über ihr Wirkungsfeld berichteten. Sie hätten zwanzig bis dreißig Minuten vom Blatt gelesen. Das Themenspektrum habe aus Hinweisen und einfachen Protokoll-Terminen bestanden, wobei man erfahren konnte, „wer

---

60 SAPMO BArch DY 30/IV 2/3/348.
61 Hellmann 1986, S. 170.
62 Ulrich Ginolas' Buchtitel entstammt der vielzitierten Äußerung von Heinz Geggel: „Das sagen wir natürlich so nicht!" Vgl. Bürger 1990.

wann wohin zu fahren gedachte oder wie wer hierorts empfangen werden würde". Meist habe sich die Sitzung mehr als eine Stunde hingezogen, denn manch einer habe sich gern reden gehört. „Von der Möglichkeit, Fragen zu stellen, wurde selten Gebrauch gemacht."[63]

Loeser, führendes Mitglied der SED, bekleidete zahlreiche Funktionen, verfasste Artikel für Zeitungen, war mit vielen Chefredakteuren vertraut und nahm einige Male an den „Donnerstags-Argus" teil.[64] Er beschrieb die anwesenden Chefredakteure und führenden DDR-Funktionäre als „Schuljungen". Geradezu demütig hätten sie vor dem Genossen Geggel gesessen und seine Anweisungen, die „exakt und präzise" gewesen seien, notiert. Diese Anweisungen legten die politische Linie für die kommende Woche fest, über welche Fragen mit welcher Priorität und wie zu berichten sei. Nicht selten seien sogar detaillierte Formulierungen vorgegeben worden, gegen die Widerspruch oder Protest undenkbar gewesen seien. Schon eine Frage an den Genossen Geggel sei als suspekt angesehen worden. Jeder habe gewusst, dass selbst die geringste Abweichung von Geggels Anleitung das Ende der Chefredakteurskarriere hätte bedeuten können. Die Chefredakteure seien deshalb „im wahrsten Sinne des Wortes mit schlotternden Knien in das Große Haus gekommen, von der ständigen Angst gequält, sie könnten trotz aller ihrer Bemühungen etwas veröffentlichen", was „den Unwillen der Abteilung Agitation und Propaganda erregt" hätte. Schwer nachzuvollziehen sei „diese gedrückte, entwürdigende Atmosphäre der Anleitung" gewesen, „den starren Blick der Chefredakteure, der die innersten Gedanken des Genossen Geggel zu ergründen" gesucht habe und der „Hass, den sie fühlen, aber nicht zu ergründen wagen". Hinter Geggels Rücken allerdings, mit vorgehaltener Hand, hätten sie dann gesagt, was sie wirklich dachten.[65] Im September 1983 flüchtete Loeser aus der DDR und erhielt politisches Asyl in den USA.

Die Darstellungen von Ginolas und Loeser bestätigt auch Hans-Dieter Schütt. Er war Mitglied der Agitationskommission und nahm an der „Donnerstags-Argu" teil, die nach einem feststehenden Ritual verlaufen sei. Die Aussagen wie auch weitere Quellen belegen, dass die vortragenden Teilnehmer parteiinternes Informationsmaterial über wirtschaftliche, aber auch außen- und innenpolitische Vorgänge zusammengefasst haben. Diese Angaben waren in der Regel zutreffend, standen aber im Gegensatz zu dem, was veröffentlicht werden sollte. Es ging hauptsächlich um Erklärungen politischer Zusammenhänge. Die Journalisten mussten den schwierigen Schritt leisten, zu unterscheiden, was von dem Erfahrenen zu berichten war und was nicht. Nur ein trainiertes Ohr und großer Erfahrungshintergrund bewahrte sie vor Fehltritten. Die einzelnen Chefredakteure der „Donnerstags-Argu" gingen anschließend in die Redaktionen und gaben die neuen Vorgaben an einen engen

---

63 Ebd., S. 17.
64 Loesers Aufzeichnungen müssen heute mit einiger Distanz bewertet werden. Zu viele kleinere und größere Fehler sind ihm nachgewiesen worden. Vgl. Loeser 1984.
65 Ebd., S. 71f.

Kreis von Mitarbeitern weiter. In der *Aktuellen Kamera* dauerte diese Instruktion der Redaktion etwa zwanzig Minuten.[66]

Die Unfreiheit der Journalisten, die immer obskurer werdenden Vorstellungen der Parteiführung, aber vor allem die Diskrepanz zwischen Wirklichkeit und veröffentlichter Darstellung ließen das Prinzip in schizophrene Bahnen gleiten. Fensch, der diese Runde in Vertretung von Heinz Geggel leitete, hebt den Informationscharakter der Argumentations-Sitzungen hervor und bewertet die „Donnerstags-Argus" auch im Rückblick in einem anderen Licht als Loeser, Ginolas und Schütt. Für Fensch waren die Argumentationen im Sinne des Systems Hintergrundinformationen für die Redaktionen. Wenn beispielsweise ein neues Gesetz über die Bildung des Amtes für Preise beschlossen wurde, dann sei als Gesprächsgast der zuständige Staatssekretär zu der „Donnerstags-Argu" eingeladen worden und habe als Fachmann den Redaktionen erläutert, wie der Beschluss aussehe. „Er hat informiert", umschreibt Fensch diese Art und Weise der Vermittlung staatlicher Politik.[67]

Auf die negativen Auswirkungen der „Donnerstags-Argus" geht Fensch ebenfalls ein. Die Sitzungen seien „immer mehr entartet zu einer gewissen Gängelei der Medien". So sei beispielsweise Erich Honecker einmal aufgefallen, dass der größte Zirkus der DDR „Staatszirkus" hieß. Das hätte Honecker als „schrecklich, fast beleidigend" empfunden. Deshalb sollte der Begriff „Staatszirkus" nicht mehr verwendet werden, obgleich eine Änderung unmöglich war. Der Zirkus war unter dem Namen Staatszirkus eingetragen und hatte internationales Renommee. „Bis zu solchem Unsinn", so Fensch, „ist das gegangen."[68]

Im Fernsehen gab es parallel zur wöchentlichen Argumentations-Sitzung ein tägliches Pendant zur Instruktion der politischen Berichterstattung. Im Plan für 1971 wurde vom Staatlichen Fernsehkomitee festgelegt, dass der Zugriff auf die *Aktuelle Kamera* über die Leitungsebene verfestigt werden müsse. Auf dem Gebiet der Informationspolitik und Journalistik sei zu sichern, dass die „gesellschaftliche Entwicklung der DDR und ihre allseitige Stärkung" mehr in den Mittelpunkt gestellt werde. „Um ständig eine auf diese Schwerpunkte gerichtete konkrete Leitungsarbeit zu sichern, wird bei dem Stellvertreter des Vorsitzenden für die publizistischen Bereiche eine tägliche Argumentationsberatung eingerichtet."[69] Sie hatte die Aufgabe, die „Hauptargumente und Kernsätze für die politische Tagesarbeit festzulegen", „die aktuellen Argumentationen wirkungsvoll umzusetzen" und die „Konsequenzen für Inhalt und Bau der *Aktuellen Kamera*, für Inhalt und Platz des Tageskommentars, für die Konzeptionen der Magazine und für die Konzeptionen der publizistischen Einzelsendungen festzulegen." Diese täglichen Anleitungssitzungen waren von

---

66   Interview Schickhelm 1999.
67   Interview Fensch 1999.
68   Ebd. Fensch wurde wiederum von anderen Mitarbeitern vorgeworfen, selber oft und rigoros eingegriffen zu haben. Helmut Lange, Leiter der Publizistik in den siebziger und achtziger Jahren, schildert, dass von Fensch „schlimme Festlegungen" gekommen seien, „die bar jeden Verständnisses für die Realität waren". Vgl. Müller 1991, S. 3.
69   Konzentrationspunkte in der Führungs- und Leitungstätigkeit (Plan 1971). In: DRA Babelsberg, Schriftgut FS, Sammlung Glatzer: Geschichte des Fernsehens 1966–1971.

kurzer Dauer, spiegelten aber das Bestreben auf allen Ebenen wieder, so umfang-reich wie möglich die Linie der Staats- und Parteiführung umzusetzen. Über die Hintergründe der Beendigung der täglichen Argumentations-Sitzung und das even-tuelle Aufgehen der Funktion in anderen Sitzungen ist nichts bekannt.

Das Streben nach Perfektionismus in der Informationsvermittlung staatlich sanktionierter Perspektiven beschäftigte letztlich tausende von Mitarbeitern in den Institutionen. Geprägt vom Misstrauen und geleitet von der Furcht, Freiräume oder Lücken entstehen zu lassen, wurde die Anweisungsmaschinerie immer wei-ter getrieben. Das zu Recht als Gängelei bezeichnete und zur Verkümmerung ent-artete Kommunikationsverhalten der Staats- und Parteiführung existierte in den Rahmenbedingungen trotz aller Widersprüche nur mittels des Repressionsapparates bis zur Implosion 1989.

Ergänzend zu den allgemeinen Vorgaben und Vorschriften in der mündlichen „Donnerstags-Argu" erhielten die Medienvertreter täglich vom Presseamt der DDR aktualisierte Anweisungen.[70] Diese „Informationen" waren medienpoliti-sche Anweisungen. Die medienpolitisch maßgebliche Bedeutung des Presseamtes lag mithin in der Herausgabe so genannter Tabu-Listen über das, was gesagt wer-den durfte und was nicht. Die Urheber dieser „Tabu-Listen" waren entweder die Agitationskommission, die Abteilung Agitation oder das Presseamt.

Die Listen für verbotene Wörter kamen aus dem Verantwortungsbereich von Joachim Herrmann. Dieter Langguth hat unter anderem folgende Verbote, die allen Chefredakteuren mitgeteilt wurden, festgehalten:

- Nichts über Formaldehyd (die Bürger könnten Angst vor Krebs bekommen)
- Nichts über Putten, Bowlingbahnen, Schlösschen und Boulevards (das weckt Bedürfnisse, die wir nicht befriedigen können)
- Nichts über Pakistan (wir müssen uns die Start- und Landerechte in Karatschi erhalten)
- Kein Protokollobst auf den Tischen fotografieren (sonst wird die Bevölkerung neidisch)
- Nichts über selbst gebastelte Fluggeräte (sonst hauen uns die Leute ab)
- Nichts über Formel-1-Rennen (wir können uns die nicht leisten)[71]

Wenn ein Staatsbesuch in einem Land bevorstand, in dem es politische Probleme gab, wurde mit Rücksicht davor nicht über landesinterne Krisen berichtet.[72] Die Ver- und Gebotsanweisungen nahmen im Verlauf subtile und zum Teil primitive Ausmaße an. So lauteten die Anweisungen vom 12. November 1968:

70 Vgl. Holzweißig 1991.
71 Langguth 1990.
72 Anhörung von Joachim Herrmann vor dem Untersuchungsausschuss der DDR Volkskammer am 17.1.1990, Stenografische Niederschrift, BArch DA/1/16348.

In diesem Jahr wurden noch vor den vom Ministerrat beschlossenen Grundsätzen über die Ordnung und Sicherheit von zentralen staatlichen Organen bzw. von der Agitationskommission folgende Hinweise auf Tabus gegeben:

1.) Keinerlei Veröffentlichungen zur Erprobung des ökonomischen Systems in der VVB Schiffbau, im Kombinat Ruhla, im VEB Carl Zeiss und über Betriebe, die Teile des ökonomischen Systems erproben (Agitationskommission). [...]

9.) Keine Veröffentlichungen über Neubau von Tankstellen, Tanklagern und anderen Objekten des VEB Minol (Ministerium für Materialwirtschaft – strategische Gründe). [...]

11.) Keine Berichterstattung über die Projektierung und den Neubau von Interhotels außer denen, die in der Hauptstadt der DDR und in den Bezirkshauptstätten entstehen.[73]

Über die Hintergründe, warum über bestimmte Themen nicht berichtet werden durfte, gab es vom Presseamt keine Erklärungen. Ein Bericht beispielsweise über neue Tankstellen für PKW in der *Aktuellen Kamera* habe, laut Raddatz, dazu geführt, dass andere Bezirke in der DDR gekommen seien, um auch neue Tankstellen zu bekommen. Somit habe man „alle Geister" geweckt, die nicht genügend Tankstellen hätten, wofür wiederum die Baukapazität nicht ausreichte. Eine unterlassene Information diente also nicht nur dem „Gegner" in der Bundesrepublik, dem man nicht „in die Hände spielen wollte", sondern auch der Steuerung nach innen.[74]

Im Kontext der Anleitungsstrukturen der *Aktuellen Kamera* war das Staatliche Komitee für Fernsehen (SKF) von besonderer Bedeutung. Im Vergleich zur ZK-Abteilung Agitation und zur Agitationskommission hatte das Komitee zwar nur eine nachgeordnete Bedeutung, es ist aber in den Gesamtapparat der Anleitung als elementarer Baustein einzufügen.

Fernsehen und Rundfunk waren beim Staatlichen Rundfunkkomitee seit 1952 vereint unter einem Dach. Diesem Komitee war ein besonderer „Intendanzbereich Deutscher Fernsehfunk" zugeordnet. Am 4. September 1968 fasste die Führung der DDR den Beschluss, das Staatliche Rundfunkkomitee aufzulösen und an seiner Stelle gleichberechtigt ein „Staatliches Komitee für Rundfunk beim Ministerrat der DDR" und ein „Staatliches Komitee für Fernsehen beim Ministerrat der DDR" (SKF) zu bilden. Das Staatliche Fernsehkomitee war Rechtsnachfolger des Staatlichen Rundfunkkomitees für seinen Bereich. Für diese Neugründungen gab es zwei Gründe. Gerhart Eisler, der langjährige Vorsitzende, war am 21. März 1968 gestorben. Somit ergab sich die Möglichkeit, die zunehmenden Aufgaben im Fernsehbereich und die damit verbundene größere Organisationsstruktur neu zu regeln. Das Fernsehen war hinsichtlich der ideologisch-propagandistischen Wirkungsmöglichkeiten im Laufe der sechziger Jahre von der Parteiführung als das wichtigere Massenmedium eingeschätzt worden und sollte direkter angeleitet werden. Die Neustruktur erleichterte

73 Langguth 1990.
74 Interview Raddatz 1999.

eine tägliche Kontrolle und kam den machtpolitischen Intentionen der SED-Spitze näher.[75]

Die anfänglich nur räumliche Distanz zum Rundfunk hatte sich immer weiter ausgeprägt. Das Fernsehen erhielt seine finanziellen Mittel und technischen Ausrüstungen direkt von der Regierung und musste sich nicht mit dem Rundfunk um die Verteilung der Mittel streiten. Heinz Adameck wurde als Vorsitzender des Staatlichen Komitees für Fernsehen vom Ministerrat ernannt, die Programm- und Personalkontinuität wurde gewahrt. Das Präsidium des Ministerrates legte im Gründungsbeschluss vom 4. September 1968 über die Bildung beider Komitees fest, dass die Vorsitzenden der Staatlichen Komitees jeweils die sich aus ihrem Verantwortungsbereich ergebenden Aufgaben und Kompetenzen wahrzunehmen haben.[76] Daraus resultierte eine Fortsetzung der bisherigen Arbeitsweise und Einbindung in staatliche Strukturen.[77] Es war die staatliche Institution „zur politischen Leitung der Entwicklung des Fernsehens in der DDR". Die Arbeitsweise des Komitees und der ihm unterstellten Einrichtungen und Bereiche regelte eine Weisung des Vorsitzenden vom 20. März 1969. Der Vorsitzende und seine Stellvertreter wurden ebenfalls durch Beschluss des Ministerrates vom Vorsitzenden des Ministerrates in diese Funktion berufen, die weiteren Mitglieder des Komitees berief der Vorsitzende selbst.[78] Sie sollten „erzieherisch" auf ihre Mitarbeiter einwirken, so dass „dem Klassengegner keinerlei Möglichkeit des Eindringens geboten" werde. Das Komitee löste das Kollegium als oberstes Leitungsgremium im Fernsehen ab und setzte sich wie folgt zusammen:

1) der Vorsitzende,
2) Erster Stellvertreter des Vorsitzenden,
3) ein weiterer Stellvertreter des Vorsitzenden,
4) Information und Aktuelle Publizistik (hier *Aktuelle Kamera*),
5) Wirtschaftspublizistik und Wissenschaftspolitik,
6) die publizistische Arbeit über das ökonomische System des Sozialismus,
7) Jugend, Bildung und Sport, Kunst,
8) Unterhaltung und Musik,
9) Programmpolitik und Koordination,
10) Leiter der Kommentatorengruppe.[79]

---

75 Vgl. Herbst/Ranke/Winkler 1994, S. 970.
76 Vertrauliche Ministerratssache Nr. 1021/68 23. Ausf., Beschluss des Ministerrates 02 - 50/4/68, 4.9.1968. Dieser Beschluss wurde bestätigt und auszugsweise im Gesetzblatt veröffentlicht. Beschluss über die Bildung des Staatlichen Komitees für Rundfunk beim Ministerrat und des Staatlichen Komitees für Fernsehen beim Ministerrat, 4.9.1968. In: DRA Babelsberg, Schriftgut FS, Sammlung Glatzer: Geschichte des Fernsehens 1966–1971.
77 Arbeitspapier „Weisung Nr. 4" vom Staatlichen Komitee für Fernsehen, Der Vorsitzende, 20.3.1969. In: DRA Babelsberg, Schriftgut FS, Sammlung Glatzer: Geschichte des Fernsehens 1966–1971.
78 Karl-Marx-Universität Leipzig, Sektion Journalistik 1973a, S. 212.
79 Arbeitspapier „Weisung Nr. 4" vom Staatlichen Komitee für Fernsehen, Der Vorsitzende, 20.3.1969. In: DRA Babelsberg, Schriftgut FS, Sammlung Glatzer: Geschichte des Fernsehens 1966–1971.

In der Gründungsphase gab es neben dem Vorsitzenden neun Komiteemitglieder, zeitweilig wurde es später bis auf zwölf Mitglieder erweitert. Die zweite Führungsebene unterhalb des Komitees bildeten die Hauptabteilungsleiter, Chefredakteure und Studioleiter. Diese Ebene bestand aus 32 Personen.

Als Zeichen der Kontinuität wie auch als Zeichen der Beharrlichkeit ist die Tatsache zu bewerten, dass die Komiteemitglieder außer im Jahr 1984 kaum ausgewechselt wurden.[80] Eine Fluktuation an Führungsspitzen war in der DDR generell eher selten. In der vierzigjährigen DDR-Geschichte stand Ulbricht 22 Jahre an der Spitze und Honecker 18 Jahre. Fluktuation wurde als unstete Situation empfunden und galt als Signal für Schwäche. Die Beibehaltung einmal entstandener Personalstrukturen war Ausdruck der Ängstlichkeit vor Veränderungen.

Das SKF wurde zu einem Bindeglied zwischen Politbüro und der zuständigen ZK-Abteilung auf der einen Seite und der Redaktion *Aktuelle Kamera* auf der anderen Seite. Im Komitee wurden Entscheidungen für die *Aktuelle Kamera* umgesetzt, die bereits an übergeordneter Stelle, im ZK der SED und in der Abteilung Agitation entwickelt worden waren. Aus den Protokollen des Komitees lassen sich Rückschlüsse auf die jeweilige Einbindung und den Stand der Anleitungen ziehen. Die Leitung der *Aktuellen Kamera* war stets in den Sitzungen des Komitees vertreten und erfuhr hier die gewünschten Programmvorhaben, wie Direktübertragungen und Sonderaufgaben.

Die größte Umstrukturierung im Fernsehkomitee fand 1984 im Zuge einer Programmreform statt. Diese Umstrukturierung, so Raddatz, sei als „echte Verstärkung" gekommen, weil man unzufrieden gewesen sei mit „verschiedenen Produkten des Fernsehens". Die neuen Mitglieder seien zum Fernsehen gewechselt, als „Genossen unter Genossen, um zu helfen"[81]. Der Aufbau der Leitungsebene des Fernsehens wurde dem von Kombinaten angepasst, den Staatskonzernen der DDR. Die Neuen in der Führung, wie Klaus Raddatz, hatten ihre Erfahrungen zum Teil direkt in der Abteilung Agitation bei Heinz Geggel gemacht. Raddatz war von 1977 bis 1984 bereits Erster Stellvertreter des Abteilungsleiters Geggel und zuständig für den Bereich Presse (Zeitungen). Die Bezeichnung „Erster Stellvertreter" bedeutete, dass er den Vorsitzenden in allen Fragen vertreten durfte, während ein regulärer „Stellvertreter" den Vorsitzenden lediglich in seinem speziellen Arbeitsbereich zu vertreten hatte.

Das Komitee spiegelte die zentralistische Leitungsstruktur des Staates und führte wie diese zur Stagnation und Lähmung der Entscheidungsfreiheit auf fast allen Ebenen.[82] Adameck selber war einer Entmachtung entgangen. Die neuen Mitglieder des Staatlichen Komitees für Fernsehen an seiner Seite wurden von ihm mit organisatorischen Aufgaben versehen und somit in die Mitverantwortung genommen. Was

---

80 Heinz Adameck blieb Intendant des Fernsehen quasi vom ersten bis zum letzten Tag. Die Stellvertreter von Adameck (Glatzer, Kleinert, Leucht, Raddatz) wechselten jedoch. Auch an der Spitze der *Aktuellen Kamera* sowie in der Fernsehdramatik war eine gewisse Fluktuation auszumachen.

81 Raddatz habe nach eigenen Angaben keinen Auftrag erhalten, „als Kommissar mit der Pistole rumzurennen". Vgl. Interview Raddatz 1999.

82 Vgl. Hoff 1993, S. 281.

die Partei in den achtziger Jahren der Fernsehleitung abforderte, war eine bedingungslose Akzeptanz der Weisungen des Generalsekretärs. Die Funktion des SKF bestand vordringlich in der Steuerung des Programms, verbunden mit einem feindifferenzierten Genehmigungswesen, in einer mittel- und langfristigen Planung von Programminhalten und im Personaleinsatz. Kaderpolitik, Programmsteuerung und Sprachregelungen erwiesen sich bis zur Auflösung des Komitees als tiefgestaffeltes System staatlicher Willensbekundung im Medienbereich. In der Kausalkette der Befehlsausgabe war in der Achse Honecker–Herrmann–Geggel–Adameck das SKF die vorletzte Stufe, während die *Aktuelle Kamera* die letzte bildete. Die Auflösung des Fernsehkomitees am 21. Dezember 1989 vollzog in Kontinuität der Geschichte ebenfalls der Ministerrat der DDR, diesmal jedoch als Folge der gesellschaftlichen Umbrüche und nicht auf Betreiben des Politbüros. Das Staatliche Komitee für Fernsehen setzte sich ab 1984 aus folgenden Männern zusammen:

Heinz Adameck: Vorsitzender
Klaus Raddatz (neu): Erster Stellvertreter des Vorsitzenden (neue Funktion), früher Stellvertretender Leiter der Abteilung Agitation Bereich Presse
Dr. Günter Leucht: Erster Stellvertreter des Vorsitzenden, verantwortlich für Programmstrategie und -planung
Horst Sauer: Erster Stellvertreter des Vorsitzenden, Programmdirektor
Dr. Wolfgang Mannheim (neu): Erster Stellvertreter des Vorsitzenden, Direktor für Ökonomie und Bilanzierung, neue Funktion, früher Hauptbuchhalter im Kombinat Robotron
Dr. Hans-Joachim Seidowsky: Stellvertreter des Vorsitzenden, Direktor für internationalen Programmaustausch und Film
Klaus Schickhelm: Stellvertreter des Vorsitzenden, Leiter der *Aktuellen Kamera*
Heinrich Grote: Stellvertreter des Vorsitzenden, Leiter des Bereichs Publizistik
Erich Selbmann: Stellvertreter des Vorsitzenden, Leiter des Bereichs Fernsehdramatik
Horst Rentz: Stellvertreter des Vorsitzenden, Leiter der Fernsehunterhaltung
Werner Hannig (neu): Stellvertreter des Vorsitzenden, Leiter des Kinder-, Jugend- u. Bildungsfernsehens, früher Mitarbeiter der Abteilung Jugend des ZK
Ulrich Meier: Stellvertreter des Vorsitzenden, Chefredakteur Sport
Dr. Siegfried Möller (neu): Direktor des Fernsehbetriebs, früher Stellvertretender Vorsitzender des Wirtschaftsrates und Leiter der Abteilung Örtliche Versorgungswirtschaft beim Magistrat von Berlin
Gerhard Heine (neu): Direktor für Kader und Bildung, neue Komiteefunktion, früher Mitarbeiter der Abteilung Kaderfragen des ZK
Bernd Martin: Sekretär des Komitees, Mitarbeiter der Abteilung Sozialistische Wirtschaftsführung des ZK
Rolf Kramer: Amtsleiter der Studiotechnik Fernsehen
Karl-Eduard von Schnitzler: Chefkommentator

Mit der SED-Kreisleitung im Fernsehen war noch eine weitere Kontrollebene einge-zogen worden. Die Umsetzung parteilicher Anleitung und Einflussnahme lief über mehrere Institutionen. Direkte Einbindungen betrafen die Kreisleitungen, die im Aufbau der Partei den Bezirksleitungen und ihren angeschlossenen Organisationen unterstellt waren. Von 1966 bis 1984 existierte eine Zentrale Parteileitung (ZPL) des Fernsehens der DDR, die der SED-Kreisleitung in Berlin-Treptow zugeordnet war. Die SED gliederte ihren Organisationsaufbau primär nach einer territorialen Einteilung, verfügte aber auch über so genannte funktionale Kreisleitungen. 1989 wurden 266 Kreisleitungen gezählt mit 9 117 Mitarbeitern. Der Kreisapparat sicherte die Realisierung eigener Beschlüsse, Richtlinien und Anweisungen, hauptsächlich aber die „höherer Machtgruppen und ihrer Apparate"[83].

Auf Beschluss des Sekretariats des ZK am 23. Mai 1984 wurde in Folge der Umstrukturierungen im SKF die Kreisleitung Fernsehen der DDR gebildet, die als kleinere Einheit im Gliederungssystem der Kontrolle über das Fernsehen diente. Andere Einrichtungen der DDR von zentralem Rang hatten bereits eigene Kreisleitungen, wie die Kombinate in Leuna oder die Werften, die Universitäten, die Fluggesellschaft Interflug, die Akademie der Wissenschaften oder Ministerien. Kreisleitungen waren ausschlaggebend für die Umsetzung der Politik und wur-den enger angebunden an das Zentralkomitee. Die Kreisleitung Fernsehen war dem Sekretariat des ZK direkt unterstellt und wurde ebenfalls von der Abteilung Agitation des ZK angeleitet. Ihr Erster Sekretär nahm an den Komiteesitzungen im Fernsehen teil, unterstand aber nicht dem Vorsitzenden. Kreisleitungsmitglieder und hauptamtliche Sekretäre wurden von der darüber liegenden hierarchischen Ebene ausgewählt und von den SED-Mitgliedern per Akklamation bestätigt. Der Kreisleitung gehörten sieben Mitglieder an:

– Erster Sekretär: Johannes Schäfer, hauptamtlich von 1984 bis 1989
– Zweiter Sekretär: Reinhard Irmschler, hauptamtlich von 1984 bis 1989
– Sekretär für Agitation und Propaganda: Harry Mehner, hauptamtlich von
  1984 bis 1989
sowie als Mitglieder des Sekretariates:
– Vorsitzende(r) der Kreisparteikontrollkommission: Lothar Zarncke von 1984
  bis 1988, Heidemarie Lahl von 1988 bis 1989
– Erster Stellvertreter des Vorsitzenden des Staatlichen Komitees für Fernsehen:
  Günter Leucht von 1984 bis 1989
– Vorsitzender der Betriebsgewerkschaftsleitung: Kurt Seeger von 1984 bis 1989
– Erster Sekretär der FDJ-Grundorganisation: Rainer Haupt von 1984 bis 1988,
  Jörg Reichardt von 1988 bis 1989.

---

83   Vgl. Herbst/Stephan/Winkler 1997, S. 135.

Neben den hauptamtlichen Mitarbeitern der Kreisleitung gab es dreißig bis vierzig gewählte Mitglieder aus allen Bereichen in einer Zusammensetzung vom Chefredakteur bis zum Produktionsleiter, so dass alle Berufsgruppen vertreten waren.

Die ZPL hatte bei Personalentscheidungen eine Art Mitspracherecht, nahm an den Komiteesitzungen teil und organisierte die ideologische Schulung der Mitarbeiter. Bei ungewöhnlichen Vorfällen, beispielsweise dem Suizid des ehemaligen Mitglieds der Leitung der Grundorganisation (GO), Kurt Pickat, hatte der Erste Sekretär Ursachen und Schlussfolgerungen dieses Vorkommnisses nachzugehen.[84]

Die Kreisleitung hatte die medienpolitischen Forderungen der SED an das Fernsehen umzusetzen. Protokolle von deren Sitzungen belegen dies. Auf die Bedeutung der politischen Schulung und Qualifizierung der SED-Mitglieder verweisen Berichte der Kreisparteischule.[85] Die ZPL nahm Einfluss auch bei der *Aktuellen Kamera*. Dies geschah zum einen bei so genannten Aussprachen mit den Leitungen der Grundorganisation (GO) *Aktuelle Kamera* und der Abteilung Partei-Organisation zur Qualität der ideologischen Arbeit und Kollektivität der Leitung. So hatte die Abteilung aktiven Anteil an der kaderpolitischen Veränderung in der Chefredaktion der *Aktuellen Kamera*, im Programmaustausch und beim Film.[86]

Die GO der *Aktuellen Kamera* bestand aus drei Abteilungs-Partei-Organisationen (APO): APO 1: Redaktion Innenpolitik, APO 2: Fernsehnachrichtenredaktion, APO 3: Redaktion Außenpolitik. Die APO 1 bestand aus vier Gruppen: DDR I (17 Mitglieder), DDR II (24 Mitglieder), Kamera (19 Mitglieder), Produktion (17 Mitglieder). APO 2 bestand ebenfalls aus vier Gruppen: Information/Planung (8 Mitglieder), Fernsehnachrichten/a (27 Mitglieder), Fernsehnachrichten/b (27 Mitglieder), Technik *Aktuelle Kamera* (18 Mitglieder). Die APO 3 (Außenpolitik) war nicht weiter unterteilt in Gruppen, sondern in Bereiche: Außenpolitik *Aktuelle Kamera*, Magazin *Objektiv*, Korrespondentenabteilung, die über 32 Mitglieder verfügten.

Zuletzt besaß diese Parteiorganisation eine Stärke von über 2 000 Mitgliedern und so genannten Kandidaten.[87] 1985 hatte die *Aktuelle Kamera* bei 362 Mitarbeitern einen Anteil von 52,4 Prozent SED-Genossen. Das durchschnittliche Alter der Mitarbeiter der *Aktuellen Kamera* lag bei 35 Jahren, das der Partei-Genossen bei 37 Jahren.[88] In einer „Einschätzung der Kampfkraft der GO *Aktuelle Kamera*" vom 28. Juni 1985 bestätigte Arndt Greve, der GO-Sekretär der *Aktuellen Kamera*, man sei bemüht, Voraussetzungen zu schaffen, dass die Nachrichtensendung ihre „aktive Einflussnahme auf die weitere Festigung des sozialistischen Bewusstseins" steigere.

---

84 Die näheren Hintergründe des Suizids gehen aus den Unterlagen nicht hervor. Vgl. Fernsehen der DDR, Parteiorganisation der SED, Zentrale Parteileitung, 1.3.1983, Protokoll der Beratung des Sekretariats der ZPL mit den Sekretären der Grundorganisationen, 22.2.1983. SAPMO BArch DY 30/IV2/30/489.

85 Vgl. Ausführungen im Deckblatt des Findbuches zur SED-Kreisleitung im BArch, Bestand 1996, Verfasser Kumberg.

86 Vgl. Zentrale Parteileitung, Protokoll, 26.10.1979. SAPMO BArch DY 30/IV2/30/487, Blatt 135 und 139.

87 Kandidat: Vor dem Eintritt in die SED war eine Art Probezeit erforderlich, die meist ein Jahr umfasste. Diese Probezeit diente der Beobachtung, inwieweit sich der Neuling für die Aufnahme in die SED eignete.

88 Vorlage für das Sekretariat der Kreisleitung der SED, Fernsehen der DDR, Betreff: Einschätzung der Kampfkraft der Grundorganisation *Aktuelle Kamera*, 2.7.1985. SAPMO BArch DY 30/509.

Neben häufig artikulierten Anerkennungen der Arbeit in der *Aktuellen Kamera* für eine „erfolgreiche Erfüllung des journalistischen Auftrags" beklagte andererseits die Kreisleitung, dass die Durchführung des Parteilehrjahres problematisch geworden sei wegen der arbeitsbedingten Abwesenheit der Redakteure für Reportagen oder „Protokolleinsätze". Die Kreisleitung wollte erreichen, dass auch bei extremer Arbeitsbelastung durch personelle Absicherung die Parteiarbeit funktionsfähig bliebe. Selbst bei der APO Fernsehnachrichten wurde bemängelt, dass die Teilnahme am Parteilehrjahr nur bei 80 Prozent gelegen habe.

In puncto Parteidisziplin hatte die Grundorganisation, wie es Arndt Greve protokollierte, einen „Prozess erzieherischer Arbeit aufgenommen". Es gab eine Reihe von Parteistrafen, durchgeführt von der SED-Kreisleitung im Fernsehen. Die graduelle Steigerung sah so aus: Missbilligung, Verwarnung, Rüge, strenge Rüge und schließlich Ausschluss aus der SED. Rügen und Missbilligungen wurden beispielsweise wegen eines erhöhten Alkoholmissbrauchs am Arbeitsplatz, dem Verlust des Parteidokuments oder vertraulicher staatlicher Dokumente ausgesprochen. Dies ist allenfalls als ein Hinweis auf den Alkoholkonsum zu bewerten, quantifizierbar sind die Angaben nicht.[89] Höhere Parteistrafen wurden für politische Entgleisungen verhängt und hatten immer berufliche Nachteile als Konsequenz. Für ein Mitglied, das aus Überzeugung der Partei angehört hatte, bedeutete der Ausschluss eine schwere Herabsetzung, gewissermaßen eine gesellschaftliche Ächtung. Die Partei ging davon aus, durch derartige „moralische Maßnahmen", entsprechenden Druck ausüben zu können.

Die SED-Kreisleitung diente sowohl der ideologischen Schulung als auch der Überwachung von Entscheidungen. Sie bildete eine Art Außenstelle der Parteizentrale, um über Vertrauensleute eine mehrfach abgesicherte kongruente Kontrolle bei Personal- und Programmentscheidungen ausüben zu können. Die Rückkoppelung zur Staats- und Parteiführung lieferte interne Informationen über Abläufe und Stimmungen an das ZK der SED. Die genauen Kompetenzen der Kreisleitung sind nicht auszumachen, die permanente Beteiligung an Sitzungen auf oberster Ebene gab der Parteiführung jedoch das Gefühl, nie die Einblicke in die Vorgänge des Fernsehens zu verlieren.

Journalistische Freiräume existierten nicht, das Fehlen wurde aber nicht als Defizit empfunden. Dieser als Widerspruch erscheinende Umstand konnte nur dadurch gelöst werden, dass die ideologische Zustimmung vorlag und die absonderliche Umsetzung als zu ertragendes Dilemma hingenommen wurde, weil man sich in einer vorgeblich „kämpferischen" Situation des Kalten Krieges befunden habe. Ohne eine innere Überzeugung der Beteiligten hätte der Anleitungs- und Kontrollapparat nicht funktionieren können. Nur die ideelle Beflissenheit der Chefredakteure, Redakteure und Reporter machte die *Aktuelle Kamera* zu einem „Belehrungs-Instrument" mit latent aktuellen Bezügen zur Nachrichtenlage, zu jenem manipulierenden Verteilungssystem von Informationen, das selektiv die

---

89 Vgl. Grundsätze der Leitungstätigkeit und der Kaderarbeit des Staatlichen Komitees für Fernsehen und der politischen Führungstätigkeit der Parteiorganisation des Fernsehens. SAPMO BArch DY 30/IV 2/3/3665.

Wahrnehmung der Staats- und Parteiführung allabendlich verbreitete. Der Erfolg zeigte sich darin, dass die militärischen Blöcke die politischen Konstellationen bewahrten und dass im Inland genügend Unterstützung für die Linie der Partei vorhanden war. Insofern fühlte sich die Parteispitze auf dem richtigen Weg und bewertete das Instrumentarium als effektiv und gefestigt.

Vorgaben für die *Aktuelle Kamera*

Verfahren direkter staatlicher Einflussnahme auf die Medien zeigten sich schon vor dem Programmstart des Fernsehens beim *Neuen Deutschland*. Jede Redaktion dieser größten Tageszeitung der DDR hatte täglich bis 14.00 Uhr dem Sekretariat des ZK der SED eine Anmeldung von Themen mit Überschriften, Länge, Autor und eventuellen Illustrationen abzuliefern. Für die Ausgabe, die am selben Tag hergestellt wurde, meldete jede Abteilung für „die A-Ausgabe bis 10.00 Uhr, für die B-Ausgabe bis 17.00 Uhr" ihre Themen für die ersten Seiten des nächsten Tages an. Jede Redaktion hatte zu gewährleisten, dass der „organisierende Sekretär" von allen wichtigen neuen Meldungen informiert werde. Dem „lesenden Sekretär" wiederum war die von der Abteilung Agitation überprüfte Seite mit ihren Korrekturen zu übergeben, abgezeichnet vom diensthabenden Redakteur des *Neuen Deutschland*.[1] Bis zum Fall der Mauer musste die Absprache über Inhalte und Platzierung der Artikel mit der Abteilung Agitation vor der Drucklegung erfolgen. Das System einer Vorkontrolle war somit bereits etabliert, bevor die *Aktuelle Kamera* zum ersten Mal auf Sendung ging. Eine Vorzensur war zwar verfassungsrechtlich ausgeschlossen, in der Praxis verfügten jedoch die Machtträger diese Handhabung ohne Beschluss und ohne nennenswerten Widerspruch seitens der Redakteure. Eine ideologische Rechtfertigung für dieses Vorgehen leitete die SED-Führung aus der „1. Pressekonferenz" 1950 ab. Auf dieser Zusammenkunft wurde – daran sei noch einmal erinnert – die Entwicklung der „Presse der SED zu einer Presse neuen Typs" gefordert. Eisernes Gesetz jeder Redaktion war von da an, dass Beschlüsse des Zentralkomitees, relevante Reden und Artikel seminaristisch in der Hauptredaktion durchgearbeitet wurden.[2]

Im Fernsehen sind politische Vorgaben aus dem Politbüro in gleichlautender Weise in den Protokollen der Kollegiumssitzungen wiederzufinden. Der Empfehlungscharakter und die ideologische Ausrichtung sollen anhand einiger Problemfelder verdeutlicht werden. Sie sind inhaltlich getrennt und berücksichtigen in dieser Zuordnung keine zeitliche Abfolge. Die ausgewählten Themenfelder spiegeln

---

1   SAPMO BArch DY 30/IV 2/9.02/66.
2   Entschließung des Politbüros vom 13.3.1951. In: Sozialistische Einheitspartei Deutschlands 1952, S. 398f.

beispielhaft den Umfang der Anweisungen aus dem Politbüro wider, die über die Abteilung Agitation, das Staatliche Komitee für Fernsehen bis zur Redaktion *Aktuelle Kamera* durchgestellt wurden. Für die hier vorgelegte Analyse wurden zunächst die Protokolle der Kollegiumssitzungen des Staatlichen Rundfunkkomitees und ab 1968 des Staatlichen Komitees fürs Fernsehen im monatlichen Rhythmus ausgewertet. Der Duktus des Empfehlungscharakters, der den Protokollen der höchsten Leitungsgremien des Fernsehens zu entnehmen ist, war symptomatisch für den Anleitungsmodus in der DDR.

Jedes Protokoll, jede Anweisung, jedes ideologisch untersetzte Schriftstück enthält Sprachhülsen und floskelhafte Ausdrucksweisen im Funktionärsdeutsch. Die beschwörenden Formulierungen und indoktrinierenden Aufforderungen veränderten sich in den Jahren in ihrer Schärfe kaum. Sie waren gespickt mit kämpferischen Formulierungen, die immer wieder dazu aufforderten, „bei der Stange" zu bleiben und kein „Abweichen" zuzulassen. Der eigentliche Informationsgehalt ist dabei manchmal schwer herauszufiltern.

Das erste Themenfeld behandelt nachweisbare Anweisungen vom ZK der SED und der Fernsehleitung an die *Aktuelle Kamera* zur Darstellung von Politik und Politikern im Inland als Motor ideologischer Prägungen. Als das Fernsehen der DDR im Dezember 1952 mit seinem Programm startete, waren die Vorstellungen von einem sozialistischen Journalismus weitgehend entwickelt und in anderen Medien-Einrichtungen bereits durchgesetzt. Alle Entscheidungen, die für die Rahmenbedingungen des Fernsehens von zentralem Belang waren, legte das Sekretariat des ZK der SED fest. Dazu zählten der Start des regulären Programms 1956 anlässlich des Geburtstags des DDR-Präsidenten Wilhelm Pieck und die Sendezeiten dienstags bis sonntags von 20.00 Uhr bis 22.00 Uhr. Ebenfalls im ZK wurden die wöchentlichen Sendetermine der *Aktuellen Kamera* festgelegt („zweimal wöchentlich") und beschlossen, dass „das Fernseh-Zentrum (...) als wichtiges politisches Instrument die weitgehendste Popularisierung" erhalten müsse.[3]

Machterhalt und die Lösung der für das ZK politisch wichtigen wirtschaftlichen und kulturellen Aufgaben forderten eine breitere Berichterstattung über die Erfolge des Aufbaus und eine größere Hilfe bei der Überwindung von Schwierigkeiten – so der offizielle Sprachgebrauch. Im Gegensatz zur DEFA-Wochenschau konnte das Fernsehen ausführlicher und umfassender berichten. Mitarbeiter der *Aktuellen Kamera* produzierten deshalb zusätzlich die Reihe *DDR im Aufbau*, die von einem schnell zu schaffenden Inlands-Korrespondentennetz Beiträge aus der gesamten Republik erhalten sollte,[4] was nur durch eine direkte tägliche Steuerung über die redaktionellen Planungen durchzusetzen war.

Die SED-Spitze meinte, dass die Überzeugungsarbeit im Fernsehen noch nicht ausreiche und „bedeutend verbessert" werden müsse.[5] „Der patriotische Kampf

---

3   Vorlage des SED-Sekretariats: Die Verbesserung des Fernsehprogramms und der Beginn des offiziellen Programms zum Geburtstag des Präsidenten, 3.1.1956. SAPMO BArch DY 30/IV 2/9.02/86.
4   Ebd.
5   Vgl. Deutscher Fernsehfunk 1957.

unseres Volkes" spiele noch eine ungenügende Rolle im Fernsehprogramm. Es fehle an „wirksamen" Beiträgen, die „den Kampf gegen den Militarismus in Westdeutschland unterstützen" und „Kriegsverbrecher und andere Reaktionäre entlarven" würden.[6] Als Konsequenz wurde angeordnet, dass in den folgenden Jahren mehr Mitglieder und Kandidaten des Politbüros in der *Aktuellen Kamera* auftreten sollten.[7] Durch die Präsenz der führenden Parteimitglieder, so die Annahme, könne die Verbreitung der staatspolitischen Ziele verstärkt und die Bekanntheit der SED-Führung erhöht werden.

Die Beziehungen der Abgeordneten zu ihren Wählern müssten als „normaler Bestandteil der DDR-Information noch besser widergespiegelt" und entwickelt werden. Die Forderung wurde so formuliert, dass „besonders die Qualität der Darstellung von Abgeordneten, die unmittelbar die herrschende Arbeiterklasse repräsentieren, zu erhöhen" sei.

Die Präsentation von Politikern verlangte auch das Staatliche Fernsehkomitee. Die Interviews von maximal vier Minuten Dauer sollten im zweiten Teil der Hauptausgabe der *Aktuellen Kamera* gesendet werden, möglichst jeweils freitags, so die Vorgaben. Die tatsächliche Reihenfolge ergebe sich aus der aktuellen Situation. Die Interviewpartner sollten natürlich ideologisch besonders gefestigt sein. Personell und thematisch sah das beispielsweise so aus:

- Alfred Wilke, FDGB-Bundesvorstand, Kinderferienaktion.
- Günter Sieber, Minister für Handel und Versorgung zur Getränkeversorgung.
- Heinz Matthes, Vorsitzender der „Arbeiter-und-Bauern-Inspektion", gegen Preisverstöße.
- Dr. Erler, Stellvertretender Minister im Gesundheitswesen, Wartezeiten beim Arzt.
- Vorsitzender eines Volkskammer-Ausschusses, Aktuelle Erkenntnisse nach einem Betriebseinsatz.
- Leiter FDGB-Feriendienst, überfüllter Ostseestrand.[8]

Die Fernsehleitung wirkte fast vier Jahrzehnte nach innen und außen als staatliche Institution und formulierte als politische Aufgabe, mit „propagandistischen und agitatorischen Möglichkeiten" die „Werktätigen von der Richtigkeit der Politik von Partei und Regierung" zu überzeugen und sie für die „Lösung der Aufgaben" zu „begeistern" und zu „mobilisieren". Die Chefredaktion der *Aktuellen Kamera* habe dafür Sorge zu tragen, dass jedem redaktionellen Mitarbeiter die „politische

6   Vorlage des SED-Sekretariats: Die Verbesserung des Fernsehprogramms und der Beginn des offiziellen Programms zum Geburtstag des Präsidenten, 3.1.1956. SAPMO BArch DY 30/IV 2/9.02/86.
7   15.1.1957: Auftreten von Mitgliedern und Kandidaten des Politbüros in Rundfunk und Fernsehen. Protokoll Nr. 2/57 der Sitzung des Politbüros des Zentralkomitees, 5.2.1957. SAPMO BArch DY 30/IV 2/2/522.
8   Vgl. Komiteebereich *Aktuelle Kamera*. Berlin, 8.7.1971. SAPMO BArch DR 8/113.

Argumentation vermittelt" werde, so dass sie in allen „Plänen und Sendungen des Fernsehzentrums ihren Niederschlag" finde.[9]

Die gesamte publizistische und künstlerische Tätigkeit wurde im Kollegium festgelegt. Für die *Aktuelle Kamera* hatte im Vordergrund die publizistische Wirksamkeit zu stehen und das schnelle Reagieren auf aktuelle Ereignisse. Sollte das nicht erreicht werden, so das Kollegium, sei die Notwendigkeit der aktuellen Berichterstattung im Fernsehen in Frage gestellt. Konkrete Programmforderungen sind dem Herbst- und Winterprogramm 1957/1958 zu entnehmen.[10] Das Kollegium forderte eine Berichterstattung von :

- der Leipziger Herbstmesse (Beginn am 1. September 1957),
- dem Tag der Republik (7. Oktober 1957),
- dem 40. Jahrestag der Großen Sozialistischen Oktoberrevolution
  (7. November 1957),
- der Vorbereitung des Volkswirtschaftsplanes 1958 in der DDR.

Qualitativ richteten sich die Ansprüche auf eine „konsequente Orientierung auf die zentralen Aufgaben in allen Sachgebieten", eine „Steigerung der publizistischen und filmkünstlerischen Wirksamkeit der Einzelbeiträge" und eine Verbesserung der Aktualität, insbesondere auf dem Gebiet einer offensiven Konterpropaganda. Nachrichtliche Hierarchien, welches Ereignis am Beginn der Sendung zu stehen hatte, sollten sich nur noch nach dem politischen Interesse der SED richten.

Als besonders „wirksam" wurde im Jahresprogramm des DDR-Fernsehens für das Jahr 1975 gefordert, dass ständig Werktätige aus allen Bereichen und nicht nur Persönlichkeiten aus der Politik zu Wort kommen sollen. Erich Honecker hatte die Wiederbelebung der Volkskorrespondenten-Bewegung gewünscht, die Ende der sechziger Jahre nur noch wenig Beachtung fand. Für das Fernsehen setzte jedoch der Einsatz von Volkskorrespondenten Grenzen. Stattdessen wurde zur Erweiterung der Inlandsberichterstattung die Zahl der Bezirkskorrespondenten der *Aktuellen Kamera* erhöht.[11] Die Direktion für Programmplanung des DDR-Fernsehens hatte am 25. November 1976 festgelegt, wie die *Aktuelle Kamera* „zum Bild der DDR und der sozialistischen Staatengemeinschaft" beizutragen habe. Die Vorgabe lautete: Die *Aktuelle Kamera* werde ihre Berichterstattung aus den Bezirken der DDR „verstärken und qualifizieren". Im Mittelpunkt solle die tägliche Information über die „operative Führung des sozialistischen Wettbewerbs in den verschiedenen gesellschaftlichen Bereichen stehen". Mit Filmnachrichten und Korrespondenten, Interviews, Kurzreportagen und Kommentaren sollte die DDR-Berichterstattung die weitere „Verwirklichung der Hauptaufgabe, der Einheit von Wirtschafts- und

---

9 Die Aufgaben der Chefredaktion und der Sendeleitung des Fernsehzentrums Berlin. 11.3.1955. Anlage zum Sitzungsprotokoll Nr. 15, unterzeichnet von Arthur Nehmzow, Sendeleiter. SAPMO BArch DR 8/2.

10 Protokoll der Kollegiumssitzung des DFF, 20.7.1957, Vorlage Nr. 52/57, Betrifft: Herbst- und Winterprogramm 1957/58 der Arbeitsgruppe *Aktuelle Kamera*. SAPMO BArch DR 8/8.

11 DRA Babelsberg, Schriftgut FS, Sammlung Glatzer: Geschichte des Fernsehens 1976–1981.

Sozialpolitik", „die breite Vermittlung der Erfahrung der Besten im Prozess der sozialistischen Intensivierung", „die umfassende Förderung der vielfältigen Initiativen zur Erfüllung der Pläne und der Gegenplanziele" auf den Fernsehbildschirm bringen. Zur Umsetzung derartiger Vorstellungen legte die Programmplanung für die Redaktion *Aktuelle Kamera* die Übertragung so genannter wichtiger Ereignisse und Höhepunkte „im gesellschaftlichen Leben der DDR" fest:

– Demonstration Liebknecht/Luxemburg-Gedenken (16. Januar 1977),
– Festival des politischen Liedes (12. Februar.–19. Februar 1977),
– Kinder- und Jugendspartakiade, Woche der Waffenbrüderschaft
  (23. Februar–1. März 1977),
– Deutsche Kunstausstellung (ab 1. Oktober 1977)."[12]

Der Vorsitzende des Staatlichen Komitees und seine Stellvertreter sollten ihren Arbeitsstil in der Weise verändern, dass sie zur „täglichen Kontrolle der argumentativen Arbeit" und zur „Kontrolle der inhaltlichen, gestaltungsgemäßen und wirkungspolitischen Festlegung durch die regelmäßige Vorführung und Auswertung der Hauptausgabe der *Aktuellen Kamera* und der Hauptvorhaben der Bereiche Dramatische Kunst, Informationspolitik, Journalistik und Unterhaltung" kämen.[13]

Im zweiten Themenfeld wird auf Anweisungen an die *Aktuelle Kamera* eingegangen, die das Verhältnis zur UdSSR und zu anderen sozialistischen Staaten zum Inhalt hatten. Ende 1955 ging es darum, den Monat der deutsch-sowjetischen Freundschaft entsprechend im Programm widerzuspiegeln, der sich wesentlich von den „Freundschaftsmonaten" der vorangegangenen Jahre unterscheiden sollte. Durch den Abschluss eines, wie es hieß, „historischen Staatsvertrages zwischen der DDR und der UdSSR" sei eine neue Etappe in der Entwicklung der DDR und „in der unzerstörbaren Freundschaft zwischen dem deutschen Volk und den Völkern der Sowjetunion" eingeleitet worden.[14] Für die *Aktuelle Kamera* wurde laut Beschlussvorlage Nr. 36/55 vorgesehen, dass die Sendungen die einzelnen bevorstehenden Termine wie folgt wahrzunehmen hatten:

– 2. November 1955: Bericht von einer Eröffnungsveranstaltung in einem
  Bezirk der DDR zum Beginn des Monats der Deutsch-Sowjetischen Freundschaft.
– 6. November 1955: Reportage aus dem Karl-Liebknecht-Werk Magdeburg.
– 9. November 1955: Besuch sowjetischer Fußball-Spieler in der DDR,
  Tonreportage mit den sowjetischen Sportfreunden.
– 13. November 1955: Veranstaltungen zur Woche der Weltjugend 1955.
– 17. November 1955: Sowjetische Soldaten und deutsche Sportler bauen
  gemeinsam ein Stadion, Bildreportage.

12 Ebd.
13 Ebd.
14 Beschlussvorlage Nr. 36/55. SAPMO BArch DR 8/3.

- 19. November 1955: Wilhelm-Pieck-Aufgebot der Suhler Fahrzeugbauer. Kampfgruppen schützen unsere Betriebe.
- 22. November 1955: Reportage vom Beginn des Schriftsteller-Kongresses.
- 26. November 1955: Festveranstaltung im Haus der Freundschaft.
- 29. November 1955: Berufsausbildung im Kunstseiden-Werk-Friedrich-Engels, Patenschaft sowjetischer Offiziere für Kinderheim in Dresden.
- 3. Dezember 1955: Reportage von einer Delegierten-Konferenz zur Vorbereitung des Kongresses der Gesellschaft für Deutsch-Sowjetische Freundschaft.[15]

Die *Aktuelle Kamera* war bereits Mitte der fünfziger Jahre in ihrem Spielraum bei der Widerspiegelung politischer Ereignisse festgelegt, die Vorgaben waren detailliert und umfassend. Diese und weitere Beispiele dokumentieren die Funktionalität der *Aktuellen Kamera* als Transmissionsriemen staatlicher Interessen. Für ein Abweichen von diesen Vorgaben gibt es keine Anzeichen. Das Herausstellen eines guten Verhältnisses zur UdSSR und den anderen sozialistischen Bruderstaaten galt als außenpolitisches Ziel für die Berichterstattung:

> Die wirksame Darstellung der sozialistischen Bruderländer muss täglich mit aktuellen Informationen und Argumenten offensiv erfolgen. Die Korrespondentenbüros sind [...] anzuleiten und haben neben ihren Beiträgen für die *Aktuelle Kamera* monatlich einen großen Beitrag für *Objektiv* oder als selbstständigen Programmbeitrag zu produzieren.[16]

An die Stelle der herkömmlichen Wirtschaftsberichte aus der Sowjetunion und anderen sozialistischen Staaten sollte „der lebendige Bericht über die großen Leistungen der Menschen in unseren Bruderländern" treten. Für die Monate Juli und August 1971 sollten entsprechende Beiträge vorbereitet werden, wie: Moskau – schnellste Stadt der Welt, ein Film über das Verkehrswesen im Sommer. Überhaupt sollte über „wichtige Ereignisse in sozialistischen Bruderländern (...) an der Spitze der *Aktuellen Kamera* mehr als zuvor" berichtet werden. Das „Mosaik mit vielseitigen Filmnachrichten aus sozialistischen Ländern", eine Art Zusammenschnitt von Kurzfilmbeiträgen, hatte zum festen Bestandteil des ersten Teils innerhalb der Sendung zu gehören.

Das dritte Themenfeld behandelt die Einflussnahme des Fernsehkomitees auf die Berichterstattung über die Bundesrepublik Deutschland und andere nichtsozialistische Länder. Der Tenor der Berichte war geprägt von einer Gefährdung der „Politik des Weltfriedens" durch die Westmächte, speziell die USA und die Bundesrepublik Deutschland. Die Beziehung „Militär gleich Krieg" wurde dabei

---

15 Ebd.
16 *Objektiv* war das Auslandsmagazin des DDR-Fernsehens. Hervorhebung im Zitat durch den Verfasser. Direktion für Programmplanung, 25.11.1976: Zum Bild der DDR und der sozialistischen Staatengemeinschaft. DRA Babelsberg, Schriftgut FS, Sammlung Glatzer: Geschichte des Fernsehens 1976–1981.

immer mit dem Ziel in Relation gestellt, die Regierung der Bundesrepublik zu diskreditieren. Stereotype Termini waren „Militarismus" und „Kriegspolitik".

Mit so genannten „bewährten außenpolitischen Kurzdokumentationen" müsse gezeigt werden, wie treffend beispielsweise im Bericht des ZK festgestellt worden sei, „dass der Imperialismus jeden Tag sein wahres Gesicht" zeige. Nach dem Vorbild bereits ausgestrahlter Sendebeiträge über die USA, die als „gelungen" eingestuft wurden, seien ebenfalls Beiträge „zur direkten Entlarvung und Konterpropaganda vorzubereiten", und zwar über die Vereinigten Staaten von Amerika wie über die Bundesrepublik Deutschland. Als gelungen wurde ein Bericht über „New York – das Pompei Amerikas" bezeichnet, der die sozialen Probleme aufzeigte, die zum Untergang der Stadt führen können:

> Nach wie vor ist der Antikommunismus und Antisowjetismus die politisch-ideologische Hauptwaffe der imperialistischen Bourgeoisie. Er ist der konzentrierteste Ausdruck der Furcht des Imperialismus vor dem wachsenden Einfluss des Sozialismus. Alle Varianten der reaktionären Ideologie, einschließlich des Sozialdemokratismus und Revisionismus, haben – offen oder versteckt – antikommunistischen Inhalt.[17]

Die *Aktuelle Kamera* sah sich selbst innen- wie auch außenpolitisch als Argumentationsstütze für die Ziele der DDR-Führung. Erkennbar wird die Funktion der *Aktuellen Kamera* als Instrument einer visuellen Wiedergabe der Aktivitäten der DDR außerhalb der Landesgrenzen. Dafür wurden Kameraleute mit Messe- und anderen Delegationen ins Ausland entsandt. Erwartet wurden ausführliche Sonderberichte, die die DDR als ein sich positiv entwickelndes Land zeigten, auch im Wettbewerb mit anderen Staaten.

Eine völlig ungenügende Rolle im Fernsehprogramm spielte aus Sicht des Sekretariats der SED noch „der patriotische Kampf unseres Volkes". Zur Umsetzung dieser Ziele erhielt das Fernsehzentrum neben den selbstproduzierten Berichten auch die Möglichkeit, benötigtes Filmmaterial aus der Bundesrepublik Deutschland und West-Berlin anzukaufen, gewissermaßen als Unterstützung „des gesamtdeutschen Kampfes"[18].

Eingesetzt wurde für die Berichterstattung aus der Bundesrepublik Deutschland ein westdeutscher Kameramann, weil die Akkreditierung eines eigenen Korrespondenten noch nicht möglich war. Laut Plan des Staatlichen Komitees fürs Fernsehen sollten der Redaktion zwei Beiträge in jeder Woche zur Verfügung stehen. In der Vorgabe der Themenausrichtung findet sich eine Berichterstattung gegen die Politik der CDU-regierten Bundesrepublik. Eine Auswahl:

- Popularisierung unabhängiger Kandidaten in Westdeutschland,
- die Stellung der Frau in West-Deutschland am Beispiel einer alleinstehenden Frau mit Kindern,

17 Komiteebereich *Aktuelle Kamera*. Berlin, 8.7.1971. SAPMO BArch DR 8/113.
18 SAPMO BArch DY 30/IV 2/9.02/86.

- die soziale Lage derjenigen Rentner, die keine Pension beziehen (alte Arbeiter in Altersheimen), um das „kapitalistische Klassenprinzip" in der Altersversorgung anzuprangern,
- West-Deutschland als Basis zur Vorbereitung eines neuen Krieges vorzuführen, in dem die Herstellung von Raketenwaffen in der Bundesrepublik sowie Nato-Manöver gezeigt werden.[19]

Signifikant für das Ende der fünfziger Jahre war die politische Ausrichtung der Berichterstattung in der *Aktuellen Kamera* auf beide Teile Deutschlands. Für die Bundestagswahlen am 15. September 1957 sollte eine „Entlarvung Adenauers und seiner CDU-Clique als Hauptfeind des deutschen Volkes" erreicht werden. Die Losung „schlagt Adenauer" wurde mit allen zur Verfügung stehenden Mitteln möglichst wirksam vorangetrieben. Die Zuschauer in West-Deutschland sollten beeinflusst werden, Adenauer nicht zu wählen. Gleichzeitig sollten die Zuschauer in der DDR überzeugt werden, um „wie vieles die Macht der Arbeiter und Bauern dem Bonner Staate überlegen" sei.[20]

Das vierte Themenfeld beinhaltet Zielvorgaben an die Redaktion der *Aktuellen Kamera* als Transmissionsriemen zur Propagierung von Parteitagen. Bei der Vorbereitung der Volkskammerwahlen 1976 wurde die *Aktuelle Kamera* zur Beantwortung von Wählerfragen genutzt, obwohl diese Aufgabe zu einer anderen Sendung, der Reihe *Antworten* gehörte und somit nicht ursächlich in den Bereich der *Aktuellen Kamera* fiel. Filmbeiträge sollten gezielt auf Fragen der Wähler Antworten geben. Der Wahlkampf im eigenen Land definierte sich mangels Konkurrenz in der DDR in der Auseinandersetzung mit dem politischen Gegner im Westen. Bestandteil der Wahlwerbung war eine „direkte Polemik" gegenüber den „Entspannungsfeinden" sowie eine „wirkungsvolle Darstellung der Krise des kapitalistischen Systems".[21]

Immer wenn Parteitage bevorstanden, wurde Wochen im Voraus festgelegt, was in welcher Form in der *Aktuellen Kamera* zu erscheinen habe, ohne dass die Inhalte bereits bekannt gewesen wären; die von der Parteispitze hervorgehobene Bedeutung eines Parteitages allein reichte völlig aus. Nach Auftrag des Vorsitzenden sah die Konzeption für die Berichterstattung vom IX. Parteitag der SED vom 18. bis 22. Mai 1976 vor, dass die „besten Kader des Fernsehens und alle materiell-technischen Mittel" dafür einzusetzen seien, um möglichst viel von den Reden „mitzuerleben". Verbindlich angeordnet wurde, dass am Eröffnungstag, dem 18. Mai 1976, und am Abschlusstag die Hauptausgabe der *Aktuellen Kamera* auf 45 Minuten zu verlängern sei. Die Spätausgabe der *Aktuellen Kamera* sollte an allen Sendetagen nach 22.00 Uhr in einer Sendelänge von 25 Minuten ausgestrahlt werden, wovon zwanzig

19 Rahmenplan der *Aktuellen Kamera* über Beiträge aus Anlass der bevorstehenden Bundestagswahlen. Berlin, 30.7.1957. SAPMO BArch DR 8/8.
20 Ebd.
21 Vorlage Nr. 15/76-1, 17.9.1976, Staatliches Komitee für Fernsehen, Wahlführungsplan zur Vorbereitung der Volkswahlen 1976 (vom 13.9.1976 bis 16.10.1976). SAPMO BArch DR 8/157.

Minuten dem zusammenfassenden Tagesbericht vom Parteitag vorbehalten war. Neben der *Aktuellen Kamera* gab es an diesem Tag zusätzlich Sendungen aus einem Sonderstudio, dem Studio IX, die von der Redaktion *Aktuelle Kamera* betreut wurden.

Vom 19. bis 22. Mai 1976 sollten in Ergänzung der Direktübertragungen zusammenfassende Sendungen vom IX. Parteitag der SED im 1. Programm ausgestrahlt werden. Auch die Sendeachsen, die Länge und Position der Beiträge innerhalb der Sendungen, wurde im Komitee eingebracht und verabschiedet. Wenn der Ablauf des Parteitages nicht eingehalten werden könne, sollte mit der *Aktuellen Kamera* später auf Sendung gegangen werden, was eine Verschiebung der Hauptnachrichtensendung bedeutet hätte.[22] Die Vorlage des Fernsehkomitees sah einen exakten zeitlichen Ablauf der Berichterstattung über den Parteitag vor.[23]

Zur Wahrnehmung derartiger Protokolltermine wurde in der *Aktuellen Kamera* eine redaktionelle Gruppe, der „Protokollstab", gebildet, hierarchisch der DDR-Redaktion der *Aktuellen Kamera* unterstellt. Aus Sicht der Redaktionsleitung war diese Gruppe sinnvoll,[24] weil einerseits Umfang und Bedeutung der Aktivitäten der Parteiführung zugenommen hatten und andererseits Redakteure dieser gesonderten Einsatztruppe die Wünsche und Empfindlichkeiten der Parteispitze gut einschätzen konnten. Die Parteispitze hatte es fortan immer mit denselben Fernsehleuten zu tun und musste sich nicht auf neue Reporter bei der *Aktuellen Kamera* einstellen.

Als beispielhaft wurde die Wahl- und Vorwahlberichterstattung für die Volkskammerwahlen vom 17. Oktober 1976 in nachfolgenden Jahren immer wieder aufgegriffen. Auch in Zukunft sei zu sichern, dass die in der politischen Berichterstattung während der Wahlvorbereitung 1976 erreichte „Breite in der Widerspiegelung der politischen Haltungen und Motive" unbedingt beibehalten werde und weiterhin Vertreter aller Klassen und Schichten in den verschiedensten Formen zu Wort kommen müssen.[25]

Die Anleitungen, die unmissverständlich als Anweisungen bezeichnet werden können, hatten einen kaum noch zu steigernden Grad erreicht. Die *Aktuelle Kamera* war zum Fernseh-Dienst des Politbüros geworden. Eine redaktionelle Eigenverantwortung für die Gewichtung der Tagesinformationen wurde nachweislich der Redaktion aus der Hand genommen. In Form einer so genannten Selbstverpflichtung bekannte sich Anfang der siebziger Jahre die Leitung der *Aktuellen Kamera* dazu, den Anweisungen des Fernsehkomitees folgen zu wollen. Den Zuschauern sollte anschaulich vor Augen geführt werden, dass ein einziges Ziel die Politik der SED bestimme: „Alles zu tun für das Wohl des Volkes, für die Interessen der Arbeiterklasse und aller Werktätigen."[26] Die Redaktion der *Aktuellen Kamera* erstellte Leitlinien, wie sie diesen Ansprüchen nachkommen wollte. Der Leitgedanke verlangte, dass alle ver-

---

22 Komiteevorlage Nr. 7/76, 30.3.1976, Konzeption für die Berichterstattung vom IX. Parteitag der SED. SAPMO BArch DR 8/156.

23 Ebd.

24 Selbmann 1998, S.147.

25 Direktion für Programmplanung vom 25.11.1976: Zum Bild der DDR und der sozialistischen Staatengemeinschaft. In: DRA Babelsberg, Schriftgut FS, Sammlung Glatzer: Geschichte des Fernsehens 1976–1981.

26 Komiteebereich *Aktuelle Kamera*. Berlin, 8.7.1971. SAPMO BArch DR 8/113.

antwortlichen Redakteure zusichern sollten, in einer „lebendige(n) Gestaltung größtes Augenmerk" auf die Filmbeiträge zu legen, um die Zuschauer von den Zielen der Parteitage zu überzeugen. Der Auftrag an die *Aktuelle Kamera* lautete, die Losungen kontinuierlich zu propagieren, damit „keine ideologische Sommerpause zugelassen" werde. Dem Zuschauer wollten sie vermitteln, warum die feste Verankerung im Bündnis der sozialistischen Staatengemeinschaft die „Grundbestimmung für die sozialistische Entwicklung in der DDR" sei.[27]

Der Umfang der Fernsehberichte insbesondere von Parteitagen nahm immer größere Ausmaße an, und damit auch die Selbstinszenierung der Staats- und Parteiführung auf den Bildschirmen. Auf dem X. Parteitag der SED vom 11. bis 16. April 1981 hob Honecker die „außerordentliche Rolle" der Massenmedien hervor. Sie seien ideologische Kampfinstrumente in den Händen der Arbeiter- und Bauernmacht. Im März 1981 gab es eine Absprache zwischen dem Chefredakteur des *Neuen Deutschlands*, Günter Schabowski, und dem Abteilungsleiter Agitation, Heinz Geggel, darüber, wie dieser Parteitag in den Medien möglichst breitflächig platziert werden sollte. Schabowski war 1981 außer Chefredakteur auch Mitglied der Agitationskommission und Mitglied des ZK der SED. Für das Fernsehen wurden Direktübertragungen von der Eröffnung und Konstituierung festgelegt, für den folgenden Tag die Live-Übernahme der FDJ-Manifestation zum X. Parteitag und weiterer Veranstaltungen bis zum Ende des Parteitages. Für die *Aktuelle Kamera* hatten Schabowski und Geggel gemeinsam die Programmanteile vorgegeben: Die Hauptausgabe sollte am 11. April und am 16. April 1981 auf 45 Minuten verlängert werden, davon 40 Minuten Parteitagsberichte, analog zum IX. Parteitag 1976. An den vier Tagen vom 12. bis 15. April 1981 hatte die Hauptausgabe der *Aktuellen Kamera* die normale Länge von 30 Minuten, davon 25 Minuten Parteitagsberichte.[28] Diese Vorgaben wurden auf die anderen Ausgaben der *Aktuellen Kamera* übertragen. Die Spätausgabe hatte an allen Abenden des Parteitags gegen 21.45 Uhr in einer Länge von 20 Minuten gesendet zu werden, davon 15 bis 18 Minuten Parteitagsberichte. Das „Prinzip" sollte sein, dass alle Diskussionsredner und ausländischen Gäste in der Haupt- oder Spätausgabe mit einer kurzen Aussage selbst zu Wort kamen. Für die Ausführung der Vorgaben hatten die Fernsehleitung und die Chefredaktion zu sorgen.

Redaktionell war die *Aktuelle Kamera* für sämtliche Großübertragungen zuständig. Beim Pioniertreffen 1982 in Dresden begleitete sie beispielsweise in Abstimmung mit dem Bereich Kinder- und Jugendfernsehen die Pionierrevue vom 20. August und hatte einen zusammenfassenden Bericht über das Pioniertreffen vom 22. August um 14.30 Uhr im 1. Programm zu liefern. Entsprechend der Komiteevorlage vom 11. Mai

---

27 Ebd.

28 Abteilung Agitation, Chefredakteur *Neues Deutschland*, Berlin 9.3.1981, Vorlage für das Sekretariat des Zentralkomitees, Betrifft: Berichterstattung der Massenmedien der DDR über den X. Parteitag der SED vom 11.-16.4.1981, Beschlussentwurf. Den Vorschlägen zur Berichterstattung der Massenmedien der DDR über den X. Parteitag der SED wird zugestimmt. Verantwortlich Abt. Agitation des ZK und Chefredakteur *Neues Deutschland*. SAPMO BArch DY 30/IV 2/2.037/001.

1982 lagen in der Verantwortung der *Aktuellen Kamera* die Direktübertragungen vom Thälmann-Appell am 18. August und von der Demonstration am 21. August.[29]

Zusammenfassend kann festgestellt werden, dass die *Aktuelle Kamera* das vermittelte, was von ihr erwartet wurde: eine erste zentrale politische Orientierung und eine für die SED zuverlässige Auskunft über die Position der Partei der Arbeiterklasse und des sozialistischen Staates zum aktuellen Weltgeschehen. Es wurde nicht die Informationsaufgabe in den Vordergrund gestellt, sondern die Funktion für die Parteispitze.

Die von Wolfgang Mühl-Benninghaus vertretene Auffassung, dass die SED-Führung bis Ende der fünfziger Jahre dem Fernsehen eine geringe Bedeutung beimaß[30], kann nicht geteilt werden. Die dargestellten Themenfelder aus den fünfziger Jahren dokumentieren eindeutig die frühe Instrumentalisierung des Programms. Im Vergleich zu den Printmedien war das Fernsehen etwas Neues, das in der Anfangszeit sogar eher einen Unterhaltungsanspruch haben sollte als eine politische Kompetenz. Lediglich die geringe Zahl der verkauften Apparate relativierte die Wirkung fernsehpublizistischer Produkte. Die Nachrichten aus Adlershof hatten von Anfang an mit einzustimmen in die Auseinandersetzung mit dem politischen Gegner in eine, wie es wörtlich hieß, „ideologische Offensive gegen die Politik des Militarismus der Bonner Regierung". Der Arbeiterklasse sollte auf diese Weise erklärt werden, dass die Wiedervereinigung Deutschlands möglich sei, wenn in Westdeutschland der Militarismus und die Macht der Monopole beseitigt wären. Durch die „erzieherische Funktion" der *Aktuellen Kamera* sollten die Bürger der DDR so prinzipienfest auftreten, dass sie bei Besuchen in der Bundesrepublik, die in den fünfziger Jahren noch möglich waren, „aufklärend wirken können"[31]. Frühzeitig hatte somit die Agitationsabteilung für die *Aktuelle Kamera* eine klar definierte Ausrichtung im Gesamtkonzept medienspezifischer Aufgaben.

Der nachgewiesene Umfang der Vorgaben und die damit verbundene Einengung waren bereits so erheblich, dass von Spielräumen und publizistischen Freiheiten keine Rede sein kann. Zu differenzieren ist, was einerseits strukturell und ideologisch entwickelt war und was andererseits täglich bei der praktischen Arbeit Relevanz hatte. Vor diesem Hintergrund erscheint es angebracht, die Erinnerungen der Zeitzeugen bei journalistischen Eingriffen zu bewerten. Dabei sind unterschiedliche individuelle Wahrnehmungen und nachweisbare Vorgaben zu berücksichtigen.

Die befragten Zeitzeugen reflektieren die gewonnenen Erkenntnisse unterschiedlich beziehungsweise gar nicht. Günter Nerlich, der erste Chefredakteur der *Aktuellen Kamera*, bewertet die Frage nach Freiräumen im Journalismus als sehr variierend. Die politische Einflussnahme auf den Deutschen Fernsehfunk sei, bei völlig gleichen Strukturen, in den verschiedenen Zeitabschnitten extrem unterschiedlich gewesen. Die Abteilung für Agitation und Propaganda im ZK der SED hätte unter der Leitung von Albert Norden den Journalisten „große Freiräume bei

---

29 Vgl. Komiteevorlage Nr. 13/82, 16.7.1982. SAPMO BArch DR 8/182.
30 Vgl. Mühl-Benninghaus 1999, S. 822 sowie S. 825.
31 Agitationsplan, 7.2.1957. SAPMO BArch DR 8/7.

der Gestaltung ihrer Sendungen" gegeben. Auch mit Nordens Nachfolger Werner Lamberz habe Intendant Adameck immer einen praktikablen Kompromiss für eine medienwirksame Form gefunden. Erst als Joachim Herrmann die Leitung der Abteilung übernahm, hätten sich die Dinge radikal geändert und die Bevormundung der Journalisten, Schriftsteller und Künstler extreme Formen angenommen.

Heinrich Grote zufolge hat es eine durchgreifende staatliche Einflussnahme auf Entscheidungen im begrenzten Umfang zwar gegeben, doch sei dies konform gegangen mit seinen Vorstellungen von einem sozialistischen Staat. Für die Jahre von 1954 bis 1956 seien die Sendungen nicht „völlig autonom gelaufen", nicht ohne „irgendwelche Anweisungen" von außen. Das Programm und die Sendungen habe man im Kollektiv beraten. Auch Adameck habe mal gefragt: „Was bringt ihr denn heute? Was steht an der Spitze, womit macht ihr heute auf?" Man habe dann entsprechend „informiert", was die aktuellen Themen gewesen seien. Es habe mal abweichende Meinungen gegeben, aber der Grundtenor habe Zustimmung signalisiert.[32]

Dieses gegenseitige „sich verständigen" habe Grote nicht als politischen Einfluss durch den Intendanten empfunden. Auch an Eingriffe aus dem ZK der SED könne er sich nur vage erinnern. Lediglich einen Anruf habe er von 1956/1957 im Gedächtnis, der sei von Norden gekommen.[33] Norden habe zu ihm am Telefon gesagt: „Lieber Genosse Grote, ich habe da gerade eure Sendung gesehen. Ihr nennt euch ja immer gerne die größte elektronische Zeitung, da müsst ihr doch auch die wichtigsten Nachrichten bringen. Ihr habt aber ‚das und das' nicht angemessen gemeldet." Grote habe ihm darauf in einer Antwort die Gründe erklärt, man habe die entsprechende Meldung an einem anderen Platz untergebracht.[34] In den sechziger Jahren, so Grote in einem anderen Interview, wurde damit begonnen, inhaltlich vorzugeben, „wie ein Beitrag aufzubauen war, und worauf man Wert zu legen hatte"[35].

Zu bestätigen ist, dass die Aufmerksamkeit der SED-Führung für das Fernsehen der fünfziger Jahre noch nicht mit dem für Zeitungen und Rundfunk vergleichbar war. Die Anfangsjahre seien wenig durch äußere Einflüsse deformiert worden, erklärt Edith Franke, eine Redakteurin, die seit dem 1. Dezember 1953 beim Fernsehen war. „Wir gestalteten damals eine ehrliche *Aktuelle Kamera*", sagt sie, „es wurde nicht hineingeredet." Es sei wirklich eine objektive Berichterstattung möglich gewesen, auf die sie alle stolz gewesen seien. Das habe daran gelegen, so Franke, dass das Fernsehen in den fünfziger Jahren noch einen geringen Verbreitungsgrad gehabt habe, dass es einfach nicht interessant genug war für den Einsatz als politisches Propaganda-Instrument.[36]

Erich Selbmann führt in seinem Rückblick aus, dass die Abteilung Agitation nicht mehr als die Grundpositionen festgelegt und den allgemeinen Rahmen abgesteckt habe. Den einzelnen Medien und ihren Leitungen sei jedoch ein relativ großer

---

32 Interview Grote 1999.
33 Ebd.
34 Ebd.
35 Das Interview wurde für die Magisterarbeit von Klaus Müller geführt. Vgl. Müller 1991, S. 4.
36 Interview mit Edith Franke. Vgl. Maly 1990. In: Deutsches Technikmuseum Berlin, Depositum Manfred Hempel.

Spielraum gelassen worden. „Selbst die Anleitung der *Aktuellen Kamera* war zu meiner Zeit (also bis über die Mitte der siebziger Jahre hinaus) noch keineswegs so umfassend, so kleinlich und schließlich lähmend wie dann in der letzten Phase der DDR – noch funktionierte es auch ohne Tagesbefehle."[37]

Für Selbmann war die Zeit nach dem VIII. Parteitag 1971 trotz der Vorgaben mit positiven Vorzeichen versehen. Vorhandene Befürchtungen einer Unstetigkeit beim Wechsel von Ulbricht zu Honecker seien in den Hintergrund gedrängt worden. Es sei sogar die Formulierung gebraucht worden, „dass eine konstruktive Kritik Widersprüche in der sozialistischen Entwicklung aufdecken sollte, um sie zu überwinden."[38] Selbmann resümiert, dass er in dem halben Jahr, als er 1978 noch Chefredakteur der *Aktuellen Kamera* war und Joachim Herrmann bereits ZK-Sekretär für Agitation und Propaganda, „von Seiten Herrmanns immer etwas breitere Freiräume für selbstständige Entscheidungen" gehabt habe als die nachfolgenden Chefredakteure. „Bei mir war er immer etwas zurückhaltender als bei anderen und als in den späteren Jahren. Später wurde das alles so viel strenger, so rigide wir nie zuvor."

Fensch bestätigt, dass es für die wichtigsten Meldungen des Tages keinen Spielraum gegeben habe, vor allem nicht für die außen- oder innenpolitischen Meldungen des Tages. Aus seiner Sicht sei der Spielraum der Journalisten insgesamt sehr zeitabhängig gewesen. Man habe im Fernsehen durchaus für DDR-Verhältnisse recht kritische Sendungen gehabt, wie beispielsweise die Sendung *Prisma* mit wissenschaftlichen Untersuchungen. Schließlich sei es nicht so gewesen, dass die Journalisten alle von morgens bis abends gegängelt worden seien. Er selber habe als Redaktionsleiter im Rundfunk einen wesentlich größeren Spielraum gehabt als alle seine Nachfolger, auch für nicht „konforme Beleuchtungen" der Vorgänge in der Gesellschaft.[39]

Griebel meint, dass ein Chefredakteur im Hinblick auf die journalistischen Belange Spielraum gehabt habe, nicht jedoch im Hinblick auf die Personalentscheidungen. Meier, der die Bevormundung durch die tägliche Abstimmung der Themen mit der Abteilung Agitation zuerst erlebte, bewertet den Spielraum im Alltagsdurchschnitt als sehr gering. Für die Reporterin Marion Titze sei der politische Spielraum gleich „Null gewesen". Wenn eine Partei für die Arbeit der „gesamten Massenmedien ihre Vorstellungen klar durchstellt" und „jede Eigeninitiative inquisitorisch ahndet", dann sei nicht nur kein Spielraum, sondern „keine Initiative mehr" möglich gewesen. Und was einem Reporter an Kompositionsmöglichkeiten bei der Erstellung eines Beitrags blieb, das sei „bestenfalls von belletristischem Interesse" gewesen.[40]

Die von den Zeitzeugen der frühen Jahre geäußerten Einschätzungen einer geringen Beeinflussung stellt eine Diskrepanz zu den Quellen dar. Eine Erklärung mag sein, dass die täglichen Eingriffe und Kontrollen wirklich als Normalzustand empfunden und als „Alltag" hingenommen wurden. In der Nachbetrachtung wird

---

37   Selbmann 1998, S.143.
38   Ebd.
39   Interview Fensch 1999.
40   Interview Titze 2000.

die Anweisungspraxis nicht als einschneidend empfunden. Die Unterordnung und selbst ernannte Parteilichkeit war so fortgeschritten, dass Selbstverpflichtungen und Identifizierungen mit dem Staat zu keiner ideellen Abweichung von den Rahmenbedingungen führten.

Eine andere Erklärung erscheint allerdings als wahrscheinlicher: Die späteren Gängelungen waren wesentlich dirigistischer und durchgreifender, so dass der Zeitraum der fünziger bis siebziger Jahre in der Rückbesinnung verharmlost wird. Die schriftlich überlieferten Vorgaben belegen nachweislich, dass alles, was zu einem journalistischen Spielraum gehört, nie wirklich existierte.

In der Gesamtbewertung bestreiten die befragten Zeitzeugen eine direkte, tägliche, politische Einflussnahme auf die journalistische Arbeit in der *Aktuellen Kamera* für den Zeitraum von 1952 bis 1961, jedoch nicht für die achtziger Jahre. Das mag zum Teil daran liegen, dass die Formulierung „politische Einflussnahme" unterschiedlich interpretiert wird. Wenn alle Journalisten in der DDR sich darin einig waren, dass die Presse parteilich zu sein habe und ganz im Sinne des Sozialismus arbeiten müsse, dann wurden Vorgaben und Absprachen nicht als Eingriffe empfunden, sondern lediglich als Hinweise für die journalistische Arbeit. Sie waren nicht reflektierte Grundlagen für ihre Denkgebäude.

Aktivistenleistungen wie beispielsweise die 387 Prozent Normerfüllung des Steinkohlehauers Adolf Hennecke vom 13. Oktober 1948 sollten Signalwirkung haben sowie Ausdruck eines Wandels der Arbeitsauffassung sein. Auch im Journalismus ging es um Planerfüllung. Die Bereitschaft zu dienen, Leistung zu steigern sollte andere mitreißen, so die Zielvorstellung der Propagandisten. Die Realität sah anders aus. Viele Beschäftigte waren wenig motiviert, Entlassungen wurden kaum befürchtet. Das System des Prämien- und Lohnfonds in der DDR musste eine Lücke füllen. Lohnunterschiede waren gering. Akademiker und Arbeiter verdienten meist sogar ähnlich viel, so dass durchaus ein Arbeiter einen gleichen oder besseren Lohn als ein Arzt oder Lehrer haben konnte.

Die Arbeitsdisziplin wurde deshalb nach sowjetischem Vorbild durch materielle Anreize, wie Prämien, oder durch ideelle, wie Auszeichnungen und Ehrungen, gefördert. Bewährten Werktätigen oder erfolgreichen Arbeitskollektiven wurden Wimpel und Ehrenbanner verliehen, man zeichnete sie durch Orden, Medaillen und Ehrentitel aus. Einem Arbeiter wurden Titel wie „Held der Arbeit" oder „Aktivist der sozialistischen Arbeit" verliehen. Um einen besonders großen Effekt zu erreichen, wurden solche Ehrungen über die Medien publik gemacht. Außerdem wurden an den Eingängen zu Fabriken positive Meldungen über die Planerfüllung veröffentlicht. Innerhalb der Betriebe standen die Mitarbeiter im Gruppenwettbewerb. Die Wettbewerbsanstrengungen zahlten sich in Monats- und Jahresabschlussprämien aus. Dieses Prämiensystem führte dazu, dass sich die Arbeitsbereiche für möglichst niedrige und somit leicht zu erreichende Planziele einsetzten. Die vorzeitige Erfüllung verschaffte den Genuss von Prämien.

Im Fernsehen der DDR wurde analog zu anderen Bereichen in der DDR ebenfalls ein Prämiensystem eingeführt. Die Sonderzahlungen erfolgten zusätzlich zu den Einkommen der Journalisten und der Verwaltungsmitarbeiter. Vor allem im Unterhaltungsbereich waren finanzielle Anstrengungen erforderlich, um ein Verbleiben der Mitarbeiter im Osten zu bewirken. Fernsehansager und Künstler wollten sich für ihre neuen Tätigkeiten entsprechend bezahlen lassen. Da die Nachrichtensprecher der *Aktuellen Kamera* als künstlerische Mitarbeiter galten, wurden mit ihnen Jahresverträge geschlossen. Die Einzelabrechnungen standen in keinem Verhältnis zu den normalen Einkommen in der DDR. Kommentare in der Aktuellen Kamera brachten 150 bis 400 Mark. Bei Originalübertragungen erhielten Fernsehreporter je nach Dauer und Art der Übertragung 200 bis 500 Mark, für aktuelle Kurzfilme bei Redaktion, Regie, Schnitt und Text und einer Beitragslänge von drei bis fünf Minuten 150 bis 250 Mark pro Tag. Auch für das Sprechen unter Bild gab es einen Honorarposten. Jahresverträge für künstlerische Mitarbeiter.[41]

Die Einkommensfrage stand bei den meisten Mitarbeitern im Vordergrund. Nach Abschluss der Verhandlungen über neue Jahresverträge sah die Beschlussvorlage vom 14. Dezember 1954 für die künstlerischen Mitarbeiter Monatseinkünfte von bis zu 1 800 Mark vor. Diese Beträge lagen mehr als das Dreifache über den Durchschnittsverdiensten. Später wurden die Redakteure der *Aktuellen Kamera* auch bei der Wohnungssuche unterstützt und die Chefredakteure hatten Anspruch auf einen kostenlosen Fernseher, der ab den siebziger Jahren als Farbgerät zur Verfügung gestellt wurde.

Eine andere Quelle weist auf die Einkommen der freien Mitarbeiter in den sechziger Jahren hin. Aus dem Jahr 1965 liegt eine Liste der Tageshonorare in Mark der Deutschen Notenbank (DDR-Währung von 1964 bis 1967) vor: 40 MDN bis 60 MDN erhielten Praktikanten; 80 MDN bis 100 MDN Redakteure an Wochentagen; 100 bis 120 MDN Redakteure an Sonn- und Feiertagen. Die Höhe der jeweiligen Honorare bestimmte eine Benotung der abgelieferten Beiträge, die von der Redaktionsleitung vorgenommen wurde. Für die Note 2 bis 3 gab es den jeweils unteren Honorarsatz, für eine 1 bis 2 die höhere Summe.[42]

Zusätzliche Verdienstmöglichkeiten über Prämien führte Heinrich Grote mit dem „Grotesche(n) Pfund" ein. Das waren 20 MDN. In seiner Zeit als Chefredakteur bei der *Aktuellen Kamera*, Anfang der sechziger Jahre, erhielt die Redaktion vom Intendanten einen Prämienfonds zur eigenen Verfügung. Damit sollten besonders gelungene Tagesleistungen bewertet und ausgezeichnet werden. Diese Einschätzungen sollten in eigener Handhabung vorgenommen werden. Grote berichtet, dass zwischen der Chefredaktion und der Gewerkschaft ausgehandelt worden sei, die Jahresgesamtsumme auf die einzelnen Tage aufzuteilen. Das ergab den Betrag von 20 Mark. So konnten jeden Tag für die beste Leistung des Tages 20 Mark ausgegeben werden. Dieser Betrag, so Grote, sei im Sprachgebrauch der Journalisten „ein Pfund" gewesen. Ausgezahlt wurde der Betrag nach Abschluss der Sendung,

---

41 Fernsehzentrum Berlin, 26.1.1955. SAPMO BArch DR 8/3.
42 Chefredaktion *Aktuelle Kamera*. Nehmzow/Schütze, Leistungshonorare und Prämien aus dem Fonds des Intendanten für die VAR-Berichterstattung, Berlin, 5.4.1965. DRA Babelsberg, Schriftgut FS, Alt, Aktuelle Politik B21.

wenn in der gemeinsamen Einschätzung und Beratung entschieden worden war, „wer den Zwanziger kriegen sollte". Irgendwann habe sich die Bezeichnung „das Grotesche Pfund" eingebürgert. Ein Prämiensystem habe es schon seit den vierziger Jahren gegeben. Das „Pfund" sei nur ein Anreiz gewesen in einer Zeit, als es in der Redaktion noch zu wenig Mitarbeiter gab und mit nicht ausgereifter Technik gearbeitet werden musste.[43]

Neben den regulären Honorarzahlungen verfügte der Intendant des Fernsehens über einen Fonds für so genannte Leistungshonorare und Prämien. Leistungshonorare gingen an einzelne Redakteure in der Höhe bis zu 1 000 Mark pro Kopf. So gab es beispielsweise für die Berichterstattung aus Ägypten am 5. April 1965 für „das Kollektiv des Archivs" 100 Mark Prämie, andere Summen lagen zwischen 20 und 75 Mark. Die Reportage von der Ankunft Ulbrichts in Ägypten am 5. März 1965 wurde mit 80 Mark zusätzlich belohnt.[44]

Der Stellenplan für die *Aktuelle Kamera* im Jahr 1966 wies 145 Arbeitskräfte mit einem monatlichen Lohnfonds von MDN 125 250 aus. Das bedeutete ein Durchschnittseinkommen pro Kopf von 863 MDN, während das durchschnittliche Haushaltsnettoeinkommen 1965 für Ein-Personen-Haushalte bei 451 MDN lag. Zusatzleistungen wurden in der Regel auf den Leitungssitzungen der Mitarbeiter besprochen, beispielsweise am 29. Juni 1966 der Wunsch Karl-Eduard von Schnitzlers nach einer besseren Bezahlung. Sein Einzelvertrag sah bislang 1 000 MDN pro Monat vor. In der schriftlichen Begründung für eine Erhöhung wurden seine besonderen „Verdienste um die DDR-Fernsehpublizistik" hervorgehoben, die ihm bereits zu dem Titel „Chefkommentator" verholfen hatten. Die Hauptabteilung Politik war der Meinung, dass ihm für alle journalistischen Leistungen außerhalb der Sendungen *Der schwarze Kanal* und *Treffpunkt Berlin* ein Honorar nach den üblichen Bedingungen für freischaffende Mitarbeiter zusätzlich gezahlt werden solle.[45] Dem Antrag wurde stattgegeben. Über die Qualität und die damit verbundene Sonderhonorierung befand der Chefredakteur.[46]

Die Verbesserungen für sämtliche Mitarbeiter des Fernsehens waren vielschichtig. Mal gab es Zuschläge für Außenproduktionen, ein anderes Mal gab es Zusatzurlaub für Schichtarbeiter. Seit dem 1. August 1982 wurde in der Studiotechnik Fernsehen ein umfangreiches Programm zur schrittweisen Einführung von Produktivlöhnen realisiert. Dafür wurden 1983 insgesamt 3,3 Millionen Mark zusätzliche Lohnkosten gegenüber 1981 aufgewandt. 91 Prozent der beschäftigten Mitarbeiter waren in diese lohnpolitischen Maßnahmen einbezogen.

Die Leitung des Fernsehens betreute über die Gewerkschaften die Ferienplätze der Mitarbeiter, was eine Art der Versorgung und Betreuung war, die zu allen Betrieben in der DDR gehörte. Nach der Programmreform 1982 kam es zu einer

43 Interview Grote 1999.
44 Chefredaktion *AK*. Nehmzow/Schütze, Leistungshonorare und Prämien aus dem Fonds des Intendanten für die VAR-Berichterstattung, Berlin, 5.4.1965. DRA Babelsberg, Schriftgut FS, Alt, Aktuelle Politik B21.
45 DRA Babelsberg, Schriftgut FS, Alt, Chefredaktion *Aktuelle Kamera*, Bestand Aktuelle Politik, Mappe VII, 1965/1966.
46 Ebd.

Verbesserung bei den Freizeitangeboten. Für die Mitarbeiter des Fernsehens bedeutete dies, dass 1983 eine „hohe Zahl an Ferienplätzen zur Verfügung" standen. Insgesamt 4 149 Ferienplätze, davon 2 336 mit Vollverpflegung, 94 im sozialistischen Ausland und 167 Austauschplätze im sozialistischen Ausland. Für die Mitarbeiter der Studiotechnik Fernsehen standen 2 859 Ferienplätze bereit, davon 1 139 mit Vollverpflegung.

Mit den Verbesserungen sollte gegengesteuert werden. Vorschriften, Weisungen und Rapportsysteme hatten zu Verdruss geführt. Als Reaktion der Leitung wurden 1983 erhebliche Verbesserungen in Aussicht gestellt. Eingeleitet von der Parteiorganisation der SED im Fernsehen wurden auf der Delegiertenkonferenz am 3. Dezember 1983 die Veränderungen mitgeteilt. Durch die Inbetriebnahme des journalistischen Zentrums M1[47] wurden 264 neue redaktionelle Arbeitsplätze geschaffen, die in neuen Räumen eine Verbesserung der Arbeitsbedingungen für die publizistischen Bereiche möglich machten.

Die Prämienfonds existierten bis Ende 1989. In der Redaktion der Korrespondentenabteilung gab es eine Prämienliste, die im Jahresbericht „Stimulierungsübersicht" zusammengefasst wurde. Aufgeführt waren insgesamt fünf unterschiedliche Kategorien: Prämien gesamt, Einmal-Zahlungen, Prädikat, Honorare und Treuegelder. Belohnt wurden besonders gelungene Beiträge, aber auch Direktübertragungen von Großveranstaltungen, wie Kundgebungen, Parteitage oder FDJ-Aufmärsche. Die „Stimulierungsübersicht" von 1988 weist eine Nettogesamtzahlung von 33 288 Mark an 55 Personen aus. Der höchste Betrag, den eine Einzelperson erhielt, betrug 3 835 Mark, der niedrigste 149 Mark. Es gab diverse Methoden der Beurteilung und Benotung von Sendeleistungen mit dem Ziel, deren Qualität finanziell zu „stimulieren", „Prädikate" wurden deshalb vergeben. „Honorare" waren so genannte „Muggen", Verdienste außerhalb des Arbeitsvertrages. „Treue" – diese Bezeichnung war einmal vorgesehen als ökonomischer Hebel gegen Fluktuation, wurde aber praktisch nie angewandt beim DFF, wohl aber in der Studiotechnik.[48]

Neben dem Prämien- und Lohnfonds gab es für die ausgestrahlten Filmberichte in der *Aktuellen Kamera* Zensuren wie in der Schule. Vom Leiter der Auslandskorrespondentenabteilung, Siegfried Leske, wurden handschriftliche Listen für Bewertungen bis einschließlich Juni 1989 geführt. Die Korrespondentenberichte wurden Ende der achtziger Jahre aus 13 Städten miteinander verglichen: Moskau, Warschau, Prag, Budapest, Sofia, Kairo, Paris, Bonn, Washington, Lissabon, London, Peking und Harare. Die aufgelisteten Noten gab es nur noch in den Kategorien „sehr gut", „gut" und „mangelhaft". Exemplarisch ist hier der Zeitraum April und Mai 1988 angegeben.[49]

47 M 1, ein Baukörper des Erweiterungsbaues der *Aktuellen Kamera*. M1 war die Architektenbezeichnung.
48 Stimulierungsübersicht für 1988, 30.11.1988. DRA Babelsberg, Schriftgut FS, *Aktuelle Kamera*, Korrespondentenabteilung 1988.
49 „Bewertungsblätter". Rekord: 860, 026/00/04, Verfasser Siegfried Leske. DRA Babelsberg, Schriftgut FS, *Aktuelle Kamera*, Korrespondentenabteilung, 1988.

Bewertung der Korrespondentenberichte April und Mai 1988[50]

	April 1988					Mai 1988				
	gesendete Beiträge	sehr gut	gut	mangel-haft	Platz	gesendete Beiträge	sehr gut	gut	mangel-haft	Platz
Moskau	10	-	6		4.	13	2	5		2.
Warschau	8	-	3	1	10.	7	1	4		8.
Prag	4	-	-		13.	-	-	-		13.
Budapest	6	-	1		9.	10	-	7		3.
Sofia	7	-	1		8.	7	-	-		9.
Kairo	19	5	7		1.	10	-	4		6.
Paris	15	2	6		2.	17	3	9		1.
Bonn	17	1	9	1	3.	15	-	6		4.
Washington	5	-	1		11.	10	-	4		7.
Lissabon	3	1	-		12.	1	-	1		11.
London	8	-	5		5.	1	-	1		11.
Peking	11	1	2		7.	8	-	1	1	10.
Harare	10	-	5		6.	2	-	-		12.

Bewertet wurden neben der ideologischen Aussage die Gestaltung, die Aktualität und die Gesamtaussage der Filmberichte. Einmal pro Monat wurde ein Gewinner ermittelt. Im Januar 1988 lag auf Platz eins der Pariser Korrespondent mit 26 Beiträgen und auf Platz zwei der Bonner Korrespondent mit 17 Berichten, von denen einer die Note mangelhaft erhielt. Ganz am Schluss rangierten in der angegebenen Zeit fast immer die Korrespondenten in London und Prag, während Moskau, Bonn und Paris vorn lagen. Die Gründe für unterschiedliche Benotungen sind in den individuellen Leistungen der Korrespondenten zu suchen. Geringfügig soll die jeweilige Landeskultur Auswirkungen auf die politische Festigkeit gehabt haben. Ulrich Makosch, langjähriger Leiter der Auslandskorrespondenten, bestätigt, dass beispielsweise dem Korrespondenten in Portugal das Aufrechthalten straffer sozialistischer Ziele nicht immer gelungen sei.[51]

Benotungen, Prämien und überproportional hohe Löhne kennzeichneten das Prinzip der Leistungsbewertung im Fernsehen der DDR. Durch Festlegung neuer Arbeitsnormen und Leistungskennziffern sowie durch ein System von Geld- und Urlaubsprämien wurden die Mitarbeiter zu größeren Leistungen angespornt.

Mit diesem System von Vergünstigungen wird deutlich, dass selbst die ausdrückliche Unterstützung der Staatsziele der DDR weithin durchmischt war mit inter-

---

50 Bewertungsblätter. Rekord: 860, 026/00/04, Verfasser Siegfried Leske. DRA Babelsberg, Schriftgut FS, *Aktuelle Kamera*, Korrespondentenabteilung, 1988.
51 Interview Makosch 1999.

essegeleitetem Wohlverhalten.[52] Selbst in einer „durchherrschten" Gesellschaft[53] wie der DDR definierten sich die Menschen nicht allein über die Anerkennung durch die Partei- und Staatsführung, sondern auch über einen kleinen bescheidenen Rahmen von Wohlstand. Die Akkumulation von Geld war allerdings nur von relativer Bedeutung, weil die Kaufkraft und das Angebot dürftig waren. Die dennoch zu registrierenden Forderungen nach höheren Löhnen dokumentieren ein Wertebewusstsein, dass den offiziellen Normen und Darstellungen widerspricht. Inwieweit die Normvorstellungen traditionell bürgerlicher Werte für die Mitarbeiter der *Aktuellen Kamera* und des Fernsehens der DDR tatsächlich als Leistungsanreiz griffen, darüber geben die Quellen wenig Auskunft.

---

52 Vgl. Meuschel 1992, S. 22ff.
53 Lüdtke 1994, S. 188.

Die *Aktuelle Kamera* als Medium

Die Nachricht soll nunmehr in ihrem funktionalen Charakter bewertet werden. In Ost- und Westdeutschland zeigte das Verständnis von Nachrichten – unabhängig von ideologischen und politischen Standpunkten – zahlreiche Parallelen. Die Nachricht ist sowohl zu einem Synonym für eine wichtige Mitteilung von publizistischem Wert geworden wie auch zu einer journalistischen Darstellungsform, mit der Vermittlung von aktuellen Informationen in knapper und verständlicher Weise.[1] Als Leitlinie gilt die Beantwortung der sechs W-Fragen: Wer? Was? Wann? Wo? Wie? Warum? Auch die Genres der Nachrichtenformen wie Reportage, Bericht und Meldung zeigen Parallelen.

Der Unterschied von Nachrichten ergibt sich aus der Informationsfunktion der Medien. In einem freiheitlich-demokratischen Gesellschaftssystem mit einer Gewaltenteilung orientiert sich die Nachricht an dem Gegenstand, über den berichtet wird, und am Interesse des Publikums. Weiterführend könnte man an dieser Stelle auch noch auf die Unterschiede zwischen kommerziellen und öffentlich-rechtlichen Anbietern von Nachrichten eingehen.

In einer parlamentarischen Demokratie wie der Bundesrepublik Deutschland verbrieft der Artikel 5 des Grundgesetzes neben der Meinungs- und Pressefreiheit auch das Recht auf Informationsfreiheit. Journalistisches Verantwortungsbewusstsein wird bei der Themenauswahl und Umsetzung gefordert. Das Konstruktionsprinzip einer Nachricht zwingt den Journalisten zur Gewichtung: Was hält er für das Wichtigste? Bei Streitfragen mit gegensätzlichen Meinungen müssen beide Positionen dargestellt werden. Die Trennung von Information und Wertung wie auch die Forderung nach einer unparteiischen Darstellung ist das Ziel,[2] das allerdings auch in liberal geprägten Gesellschaftssystemen nicht immer erreicht wird.

In einem sozialistischen Gesellschaftssystem prägt die Nachricht der ideologische Impetus, die hierdurch geprägte eigene Nachrichtenselektion. In den internen Lehrbüchern der Sektion Journalismus der Karl-Marx-Universität Leipzig

1 Mast 1998, S. 227.
2 Vgl. Weischenberg 1988, S. 16.

wird betont, dass es sich bei der Nachrichtenauswahl in der DDR zuerst und vor allem um eine Auswahl nach informationspolitischen Gesichtspunkten handelt, ein Aspekt, der in der westlichen Theorievermittlung keine Rolle spielt.[3] In der DDR ging es vordringlich um die Umsetzung der politischen Linie, die bereits die Festschreibung der journalistischen Pläne maßgeblich beeinflusste. Journalisten in der DDR sahen in der Nachricht die von Lenin geforderte „Agitation durch Tatsachen". Nachrichten-Definitionen in der einschlägigen DDR-Literatur nutzten das Repertoire des Klassenkampfes. Das Wörterbuch der sozialistischen Journalistik hebt den politischen Anspruch der Nachricht hervor: „Es werden Aussagen ideologischer Natur anhand konkreter, unverwechselbarer Sachverhalte getroffen." Ein weiterer Gesichtspunkt ist dabei die bereits erwähnte „Parteilichkeit der Information"[4]. Für die Fernsehnachricht wird zusätzlich ein hoher Grad an Anschaulichkeit, Authentizität, Beweiskraft und emotionaler Wirkung gefordert.[5] Karl-Heinz Röhr, Mitarbeiter der Leipziger Karl-Marx-Universität, definierte die Nachricht als die „zweckbestimmte Mitteilung von Erkenntnissen, Gefühlen usw. mit dem Ziel der Einwirkung auf menschliches Denken und Handeln"[6]. Auch für das Politbüromitglied Lamberz vertraten die Redakteure das „Klasseninteresse sozialistischer Nachrichtenjournalisten, die für die beste Sache der Welt, den Sozialismus und das Wohlergehen der werktätigen Menschen, kämpfen"[7].

Das Bedürfnis des Fernsehens nach Nachrichten wurde von Dieter Glatzer analysiert und inhaltlich gegliedert. Zuvorderst stellte Glatzer das Bedürfnis nach aktuellen innen- und außenpolitischen Informationen. Es folge das Bedürfnis nach weltanschaulicher Orientierung und Beratung in allen Fragen der sozialistischen Lebensweise.[8] Interessant ist diese Reihenfolge deshalb, weil es in der Praxis genau umgekehrt war. Die Nachricht war das wichtigste Mittel des ideologischen Klassenkampfes[9] zur Vermittlung eines staatsbürgerlichen Bewusstseins sozialistischer Prägung. Während die Presse in der DDR von der Staats- und Parteiführung als Instrument der Machtausübung genutzt wurde, fungierte nachgeordnet die *Aktuelle Kamera* als Multiplikator zur inhaltlichen Ausformung dieses Machtinstruments. Die Journalisten übernahmen im Laufe ihrer Berufserfahrungen ein Muster, welches Ereignis als nachrichtenrelevant einzustufen sei, ohne dass die Journalisten diesen Konsens genauer erklären konnten.[10] Die Themen-Relevanz bezog sich auf eine mögliche Betroffenheit der eigenen Gesellschaft. In dieser Hinsicht sind Reize relevant, die den Status quo veränderten und damit eine Bedrohung der Lebensbedingungen im Staate darstellten, und zwar auch dann, wenn eine solche Wirkung über mehrere

---

3   Vor allem Zeitungen lassen in ihrer Nachrichtenvermittlung, speziell in der Diktion der Kommentare, auch eine politische Hauptorientierung erkennen. Vgl. Grobe 1995, S. 86.
4   Karl-Marx-Universität Leipzig, Sektion Journalistik 1973a, S. 152.
5   Ebd.
6   Röhr 1983, S. 14.
7   Lamberz 1971, S. 9.
8   Glatzer 1985, S. 15.
9   Vgl. Wieland 1968, S. 25.
10   Schütte 1994, S. 189.

Schritte gesellschaftlich vermittelt wird, beispielsweise durch Proteste oder Krisen im eigenen Land.[11] Die Steuerungsmechanismen der Nachrichtenselektion vermieden infolgedessen die Veröffentlichung negativer Meldungen über die DDR, um Auswirkungen auf die eigenen Lebensbedingungen zu vermeiden.

Die *Aktuelle Kamera* war von ihrem ersten Sendetag an bis fast zu ihrem letzten die einzige in der DDR hergestellte Fernseh-Nachrichtensendung.[12] In der Anfangszeit war sie eine spärlich illustrierte Hörfunksendung, die noch nicht einmal täglich gesendet wurde. Zwischen dem Start des Versuchsprogramms am 21. Dezember 1952 und dem 14. November 1954 wurden nur 137 Sendungen ausgestrahlt. Es waren Wortnachrichten mit stehenden Bildern: Fotos, Karten, Grafiken. Ab November 1954 erhöhte sich die Frequenz jedes Jahr. Bis 1955 wurde die *Aktuelle Kamera* zweimal pro Woche ausgestrahlt, bis 1956 viermal und danach fünfmal. Am 22. Mai 1956 erschien der erste Auslandsbericht, am 18. August 1958 präsentierte der DFF die 1 000. Ausgabe der *Aktuellen Kamera*.

Nachdem der DFF im September 1957 zur vollen Programmwoche übergegangen war, sendete ab dem 11. Oktober des Jahres auch die *Aktuelle Kamera* täglich ab 20.00 Uhr. Bis zu diesem Zeitpunkt war der Montag sendefrei und freitags wurde anstelle der *Aktuellen Kamera* die *Wochenschau* ausgestrahlt. Äußerlich hatte die *Aktuelle Kamera* noch das Erscheinungsbild einer Filmwochenschau. Aufgrund der technischen und publizistischen Möglichkeiten wurde sie jedoch wesentlich aktueller und agitatorisch wirksamer.

Neben der *Aktuellen Kamera* gab es Ende der fünfziger Jahre die *Berichte der Woche*, sonntags von 22.00 bis 22.30 Uhr. Sie fassten die wichtigsten Beiträge der *Aktuellen Kamera* aus der zurückliegenden Woche zusammen. Die Sendung *Rund um die Welt* wurde im vierwöchentlichen Rhythmus ebenfalls sonntags ausgestrahlt. Auch diese Sendereihe umfasste Geschehnisse der Welt, die am Rand der Politik lagen. Es waren Sujets, die nicht in der *Aktuellen Kamera* gesendet worden waren. Die Redaktion „Sport" innerhalb der Arbeitsgruppe *Aktuelle Kamera* war zuständig für alle Original- oder Filmsendungen von besonderen Sportereignissen.[13]

Ab 1958 wurden letzte Nachrichten jeweils am Ende des Sendeprogramms wiederholt, wie auch am darauf folgenden Vormittag um 10.00 Uhr für die Schichtarbeiter (ab 8. Oktober 1958). Ab 11. Januar 1960 wurden die letzten Nachrichten von einer *Spätausgabe der Aktuellen Kamera* abgelöst, die damit gleichzeitig erweitert wurde. In dieser Spätausgabe kommentierte ein Journalist im Studio – also kein Nachrichtensprecher – die aktuellen Ereignisse. Dazu kamen Wortmeldungen, die durch Fotos und Karten illustriert wurden sowie Filmbeiträge mit einer Länge unter einer Minute. Zeitweise wurden, einmal wöchentlich reportagenhafte Filmberichte von Auslandskorrespondenten über andere Länder und ihre Bewohner gezeigt. Diese Form der Spätausgabe konnte jedoch nicht lange durchgehalten werden. Es

---

11 Eilders/Wirth 1999, S. 37f.

12 Ab dem 30.10.1989 wurde im 2. Programm von Montag bis Freitag die AK Zwo ausgestrahlt.

13 Vgl. Deutscher Fernsehfunk, Kollegium, Berlin im Mai 1957. DRA Babelsberg, Schriftgut FS, Sammlung Glatzer: Geschichte des Fernsehens 1952–1961.

fehlten Journalisten für die Moderation und genügend Korrespondenten für die Berichterstattung über das Ausland.

Gravierende Veränderungen im DDR-Fernsehen wurden als Reaktion auf das Westfernsehen eingeführt. Die Hauptausgabe wurde auf 19.45 Uhr vorverlegt. Durch diese Programmänderung konnte das Hauptabendprogramm in der DDR um 20.00 Uhr beginnen – die Hoffnung bestand, durch attraktive Spielfilme die Zuschauer der DDR von der *Tagesschau* wegzuholen. Dieser Schritt war Teil eines Eingeständnisses der Programmverantwortlichen, dass die DFF-Nachrichten nicht gegen die *Tagesschau* konkurrieren konnten. Die Vorverlegung war ein strategischer Schritt zur Steuerung der Fernsehgewohnheiten, da die Spielfilme einen höheren Akzeptanzgrad hatten als die eigenen Nachrichten. Am 1. Oktober 1960 wurde die *Aktuelle Kamera* mit einer Sendelänge von dreißig Minuten schließlich auf 19.30 Uhr verlegt, einen Sendeplatz, den sie bis 1990 beibehalten sollte. Ab 1. Januar 1964 gab es sonnabends und sonntags gegen 17.00 Uhr fünf Minuten Kurznachrichten. Am 13. März 1965 erschien bereits die 5 000. Sendung in der Rubrik *Aktuelle Kamera*, die 10 000. war am 19. Mai 1972 zu sehen.

Die Redaktion der *Aktuellen Kamera* wuchs im Laufe der Jahre beständig, bezogen auf die Anzahl der Mitarbeiter, die technische Ausstattung und die Präsenz im In- und Ausland. Neben den Studios in Berlin-Adlershof und Berlin-Johannisthal hatte das DDR-Fernsehen noch Studios in Rostock, Halle und Dresden sowie Produktionsstätten in Leipzig und Karl-Marx-Stadt. Die wöchentlichen Sendestunden hatten sich von 14 im Jahr 1953 auf bis zu 160 Sendestunden 1986 gesteigert. Die *Aktuelle Kamera* wurde täglich um 19.30 Uhr im 1. und 2. Programm ausgestrahlt sowie um 21.30 Uhr im 2. Programm. Hinzu kamen mehrere Nachrichtensendungen im Laufe des Tages. Die letzte Klappe für die *Aktuelle Kamera* fiel am 14. Dezember 1990 mit der Einstellung von DFF 1 und DFF 2 nach 30 513 Sendungen. Bis zur Auflösung wurde die Hauptausgabe durchgehend zwischen 19.30 Uhr und 20.00 Uhr ausgestrahlt.

Die Redakteurin der *Aktuellen Kamera* Edith Franke zeigte 1961 in ihrer Diplomarbeit auf, wie die Filmberichte die Vorzüge des Sozialismus darstellen müssten. Der Titel ihrer Arbeit: „Wie löst die *Aktuelle Kamera* die Aufgabe, die Mehrheit der westdeutschen Bevölkerung durch polemische Auseinandersetzung für die Verwirklichung des Deutschlandplanes des Volkes zu gewinnen?"[14] Aus Sicht der Autorin bestand kein Zweifel, dass das endgültig wiedervereinigte Deutschland ein sozialistisches sein würde. Deshalb hätten die Reporter der *Aktuellen Kamera* die Aufgabe, für den Sozialismus zu werben und auf die Bewusstseinsbildung der westdeutschen Bevölkerung Einfluss zu nehmen.[15] Ein Mittel dazu biete sich in der *Aktuellen Kamera* durch die Gegenüberstellung. Um die „polemische Methode" offensiv wirksam werden zu lassen, müsste der positive Beitrag, der die sozialistische Lösung des Problems zum Inhalt hat, an zweiter Stelle stehen. Durch diese Anordnung würde indirekt im zweiten Beitrag die Gegenargumentation gegeben

14 Franke, 1961. Hervorhebung im Titel durch den Verfasser.
15 Ebd., S. 50ff.

und die Widerlegung geführt. Die Schlussfolgerung könnte dann unausgesprochen bleiben. Ob diese Schlussfolgerung vom Zuschauer im beabsichtigten Sinne gezogen werde, hänge von der journalistischen Qualität vor allem des zweiten Beitrags ab, von der geschickten Anwendung der besseren Argumente, wie beispielsweise bei der Ernte in Ost- und West-Deutschland: Die Ernte des Getreides in Bayern bliebe liegen, weil Maschinen und Männer zu teuer seien. Im Osten, in Cottbus, hätten die Soldaten geholfen. Sie würden also „nicht nur das Korn schützen, nein, sie bergen es auch"[16].

Die agitatorischen Züge der inhaltlichen Ausrichtung zeigt auch die von Heinrich Grote verfasste und bereits erwähnte Diplomarbeit „Zur erzieherisch-politischen Funktion der *Aktuellen Kamera*". Ein „kollektiver Organisator" müsse zu Verbesserungen im Lande beitragen. Grote stellt dazu als Beispiel ein Schweißverfahren dar, das Berliner Handwerker nicht von Dresdner Handwerkern übernehmen wollten. In einem kurzen Filmbeitrag könne ein „operatives organisierendes Element liegen"[17]. So müsse die organisierende Rolle der *Aktuellen Kamera* bei der sozialistischen Umgestaltung verstanden werden. Für Grote hatte „jede politische Information" immer auch eine erzieherische Funktion.

Der Anspruch, über das gesamte Deutschland zu berichten, war 1962 stark vertreten.[18] Den Bewohnern der DDR und auch der Bundesrepublik müsse als eine der wichtigsten Aufgaben bewusst gemacht werden, dass die DDR die Zukunft der deutschen Nation verkörpere. Um diesen Gedanken auch in der täglichen aktuellen Berichterstattung sichtbar zu machen, müsse dafür der *Aktuellen Kamera* nicht nur der entsprechende Platz eingeräumt werden. Unter der Losung „filmt schöne Bilder" sollten Redakteure und Kameraleute den Zuschauern den Aufbau des Sozialismus bewusst machen. Dabei dürfe nicht nur das Alte und dann das Neue im Bild zu sehen sein, sondern auch der Konflikt müsse vermittelt werden, wie man von alten zu neuen Gedanken gekommen sei, denn der Aufbau des Sozialismus gehe „nicht konfliktlos vor sich"[19]. „Ich bin gegen Schönfärberei, denn es ist eine Schande, wenn ein Journalist die Wirklichkeit ständig rosarot übertüncht, um einen ‚schönen' Bericht zu machen." Nichts spreche jedoch dagegen, bei der Einweihung eines Kindergartens lachende Kindergesichter zu zeigen oder in einem aktuellen Bericht über den Hochofen in Schwarze Pumpe die „riesige Bedeutung dieses Werkes für unsere Wirtschaft" hervorzuheben. Man müsse sich hüten, „echte Parteilichkeit der Aussage mit Schönfärberei zu verwechseln!"[20] In allen untersuchten Sendungen hat die „politische Berichterstattung" den weitaus größten Anteil. Über nichts anderes berichtete die *Aktuelle Kamera* in auch nur annähernd ähnlicher Kontinuität und in ähnlichem Ausmaß,[21] was wiederum zu einer Konzentration auf Handelnde aus der Politik führte. Unter „politischer Berichterstattung" wurde die Wiedergabe insze-

16 Ebd., S. 51f.
17 Grote 1960b, S. 14f.
18 Vgl. Grote 1962, S. 3.
19 Ebd., S. 4.
20 Ebd., S. 5
21 Ludes 2001, S. 111.

nierter Ereignisse der Staats- und Parteiführung verstanden. Vertreter der Regierung wurden zu Hauptakteuren auf dem Bildschirm. Staatsbesuche standen stets an erster Stelle der Berichterstattung.

Zur Verdeutlichung der inhaltlichen Ausrichtung wird exemplarisch die Themenauswahl und Aufgabenzuteilung von Marion Titze angeführt, die ab 1976 als Reporterin bei der *Aktuellen Kamera* arbeitete. Titze fertigte Filmberichte beispielsweise über einen Testverkauf im Kaufhaus Hoyerswerda (29. Oktober 1976), den Erntebericht aus dem Kreis Jessen (26. Juli 1978), die Angebotsmesse der Backwarenindustrie (8. Februar 1979) oder eine Lehrwerkstatt für Glasbläser in Rietschen (6. Oktober 1979). Titze gehörte nicht zu dem Reporterstamm, der aktuelle politische Beiträge produzierte, die meist im ersten Teil der Sendung platziert waren. Ihre Filmberichte liefen häufig in der Spätausgabe. Wenn man einmal öfter in der „Späten" gelandet sei, dann habe man es grundsätzlich schwer, wieder an Berichte zu kommen, die in die Hauptausgabe eingerückt wurden. An die Gesprächspartner und die Betriebe zu kommen war umständlich und kurzfristig nicht möglich. Telefonate waren immer mit Anmelden und Warten verbunden. Man ging in den Betrieben zur Parteileitung oder zur Öffentlichkeitsarbeit, manche Kombinate hatten auch einen Pressereferenten. Je nachdem, wo die Anlaufstelle war, gab es Empfehlungen. Ihren Ehrgeiz sah sie darin, Leute zu interviewen, die sonst nicht mit dem Fernsehen gesprochen hätten, weil sie sich für politische Statements nicht missbrauchen lassen wollten. Das sei eine besondere Herausforderung für sie gewesen. So habe sie immer andere Leute gehabt als ihre Kollegen von der *Aktuellen Kamera*, weil sie auch anders gefragt habe, „spontaner, humorvoller"[22].

Die Aussagen der Werktätigen wirkten gestellt und unnatürlich. Die Interviewpartner waren von den Betriebsleitern angewiesen worden, die Antworten wurden – bis auf Ausnahmen – vorgegeben. Marion Titze ist eine gewisse „Aufspaltung in Bezug auf den Umgang mit Interviewpartnern" in der Redaktion in guter Erinnerung. Es gab Kollegen, so Titze, die das Präparieren von Beiträgen willfährig betrieben, während andere diese Vorgehensweise nicht nur vermieden, sondern sich auch auf Redaktionssitzungen und Parteiversammlungen gegen derartige Machenschaften wandten. Hier schieden sich die Geister. Wenn Filmberichte mit inszenierten Statements innerhalb der Redaktion für eine Prämie zur Debatte standen, konnte man sich nur dadurch distanzieren, indem man diesen Beitrag als nicht „prämienwürdig" bezeichnete. Die Art und Weise, wie sich Marion Titze zur Einbettung aktueller Statements von Werktätigen in der *Aktuellen Kamera* äußert, lässt auf die Inszenierung einer Scheinrealität schließen.[23]

Die *Aktuelle Kamera* begann mit wechselnden Themen, die jedoch immer einen politischen Hintergrund hatten, abwechselnd aus der Außen- und Innenpolitik. Fast immer, so der Medienwissenschaftler Peter Hoff, begann die *Aktuelle Kamera* mit „einer innenpolitischen Hauptnachricht, weitere Meldungen aus der DDR folgten, daran schloss sich die Berichterstattung aus dem Ausland an. Den Schluss bilde-

22 Interview Titze 2000.
23 Ebd.

ten wieder Nachrichten aus der DDR. Der Volksmund reagierte darauf mit dem Witz, dass ein eventueller Untergang Australiens erst nach den Berichten über die Planerfüllung in der DDR-Landwirtschaft seinen Platz in der *Aktuellen Kamera* finden würde."[24]

Alle Themen waren auf ein im Zeitverlauf variierendes Freund-Feind-Schema abgestellt. Das positive Bild der gesellschaftlichen Entwicklung in der DDR und der Beziehungen zu den anderen sozialistischen Staaten stand dem negativen Bild vom Westen, insbesondere der Bundesrepublik Deutschland gegenüber. Nach dem Wechsel von Ulbricht zu Honecker und der internationalen Anerkennung der DDR war in den siebziger Jahren im Zuge der Entspannung und der Ost-West-Annäherung eine neue Phase der Gewichtung und Diktion in den Themen auszumachen, die einen leichten Rückgang der Schärfe und Polemik aufwies. In Folge der Hochrüstung Ende der siebziger Jahre und der Verhärtung im Kalten Krieg tendierten das Themenspektrum und die Diktion wieder hin zur Konfrontation mit dem westlichen Ausland. Erst der veränderte Kurs in der UdSSR Mitte der achtziger Jahre durch Michail Gorbatschow und schließlich der Sturz der DDR-Regierung beendete die konfrontative Gestaltung in der *Aktuellen Kamera*.

Im Deutschen Rundfunkarchiv Potsdam-Babelsberg existieren Fragmente der ersten noch zur Verfügung stehenden Ausgaben der *Aktuellen Kamera* aus den fünfziger Jahren. Die *Aktuelle Kamera* bestand in dieser Zeit aus acht bis zwölf Beiträgen pro Tag, die jeweils eine Länge von zwei Minuten (ca. 60 m Film im Format 35 mm oder 25 m Film im Format 16 mm) hatten, so dass die Sendung insgesamt fünfzehn bis zwanzig Minuten dauerte. Die Sendeelemente bestanden aus Filmberichten, nur selten wurden Originalgespräche aus dem Studio, Kommentare oder Direktsendungen mittels Übertragungswagen ausgestrahlt. Frühe Ausgaben sind oftmals ohne einen Nachrichtensprecher im Bild gesendet worden, die Beiträge waren aneinander geschnitten und lediglich durch eine grafische Gestaltung für den Zuschauer optisch erkennbar getrennt. Heinrich Grote erinnert sich, dass es in den fünfziger Jahren häufig Sendungen ohne Sprecher im Bild gegeben habe. Es sei nur dann ein Sprecher eingesetzt worden, wenn es Wortmeldungen gab, die nicht ohne Bild unterzubringen waren.[25] Erst Anfang der sechziger Jahre, im Umfeld einer Nachrichtenkonferenz in der DDR vom Januar 1961 und der in dieser Zeit gebildeten Nachrichtenredaktion innerhalb der *Aktuellen Kamera,* wurde stets mit einem Sprecher im Bild gearbeitet.

In ihrer Diplomarbeit über die Geschichte der *Aktuellen Kamera* schildert die Leipziger Absolventin Gabriele Loke die Sendungen der ersten Jahre als eine Art der Information, die dem Hörfunk und den Printmedien eindeutig unterlegen war. Die Ursache hierfür sah sie darin, dass man versuchte, die *Aktuelle Kamera* ähnlich dem *DEFA-Augenzeugen* zu gestalten, dem für ein Kinopublikum produzierten Wochenrückblick. *Der Augenzeuge* war von 1946 bis 1980 das Pendant der DDR zur *Deutschen Wochenschau* in der Bundesrepublik Deutschland. Er war

24 Hickethier/Hoff 1998, S. 397f.
25 Telefonat Grote vom 8.3.2000.

ein Propagandamedium zur „Bildung proletarischen Bewusstseins" in der DDR. Die wichtigsten Themenfelder von 1946 bis 1980 waren: Produktion, Versorgung, Sozialismus und Kapitalismus, Frieden und Krieg, internationale Solidarität sowie Sport. Die Sendung hatte eine Länge zwischen 20 und 24 Minuten. Da aktuelle Filmberichte und Nachrichtenfotos fehlten, entnahm man Filmausschnitte aus dem *Augenzeugen*. Diese Bildsequenzen waren zum Zeitpunkt der Ausstrahlung in der *Aktuellen Kamera* bereits einige Tage alt, manchmal sogar eine ganze Woche. Somit waren die Bilder der Nachrichten nicht wirklich aktuell.[26]

Aufbau und Gestaltung der *Aktuellen Kamera* passten sich dem veränderten technischen Fortschritt an. Ein anderer regelmäßiger Beobachter der ersten Jahre der *Aktuellen Kamera* war der Schriftsteller Uwe Johnson, der für den Berliner *Tagesspiegel* das DDR-Fernsehen rezensierte. Für Johnson war der formale Aufbau der Nachrichtensendung aus Adlershof dem technischen und gestalterischen Verfahren des ersten Westprogramms vergleichbar. Es waren gesprochene Nachrichten, deren Ort durch Projektionen hinter dem Sprecher angedeutet war, sowie ein Wechsel von Filmberichten, Kurzinterviews und Sportinformationen. Den Vor- und Abspann der *Aktuellen Kamera* bildete ein „zu schmales Hochhaus ab, von dem konzentrische Kreise ausgehen, so wie man sich vor dreißig Jahren die Zukunft" vorgestellt habe.[27]

1972 wurde nach der zwanzigminütigen Ausgabe der *Aktuellen Kamera* von der Redaktion eine zehnminütige Sendung mit dem Titel *Zehn vor acht* angefügt. In ihr wurde versucht, das umzusetzen, was bei der *Aktuellen Kamera* selbst nicht möglich schien. Es entstanden Kurzreportagen, Dokumentationen und Feuilletons. Für diese neue Reihe gab es viel Zustimmung bei den Zuschauern. Das neue Genre sei weniger dogmatisch als die *Aktuelle Kamera* gewesen und die Themenreihen bunter gemischt, wie beispielsweise *Leute heute*, *Entdeckungen bei uns zu Haus*, *Kulturjournal*, *Soldaten-Report*, *Ach, du liebe Freizeit* oder *Das Wochenende am Bildschirm*.

In der *Aktuellen Kamera* selbst wurde in Folge der Neugliederung und der damit verbundenen kürzeren Sendezeit von zwanzig Minuten häufiger auf eine überlange Darstellung offizieller Termine der SED-Spitze weitgehend verzichtet. Der neue Generalsekretär der SED, Erich Honecker, wollte 1971/72 noch nicht in epischer Länge seine Auslandsbesuche oder Empfänge von ausländischen Delegationen abgefilmt und wiedergegeben wissen. Am 16. September 1972 wurde die Reihe *Zehn vor acht* wieder abgesetzt und damit die neue Sendeform zurückgenommen. Auf direkte Initiative des Generalsekretärs sei die Anweisung mit dem Argument gekommen, man könne nicht weniger harte Politik als der „Gegner", also das bundesdeutsche Fernsehen, verbreiten und stattdessen „irgendwelchen Schnickschnack senden"[28].

---

26 Loke 1983, S. 4.
27 Johnson 1993, S. 31. Uwe Johnson zog im Juli 1959 als 25-Jähriger aus der DDR nach West-Berlin. Grund hierfür war die Publikation seines Romans *Mutmaßungen über Jakob*, der im Herbst 1959 im Frankfurter Suhrkamp-Verlag erschien. In ihm wurden erstmalig in einem deutschsprachigen Roman die Methoden der DDR-Staatsführung detailgetreu beschrieben.
28 Selbmann 1998, S. 178.

Auch Ulrich Makosch, Anfang der siebziger Jahre einer der stellvertretenden Chefredakteure des Bereichs Reportagen und Dokumentationen, erinnert sich, dass mit viel Akribie daran gearbeitet worden sei, die Qualität und die Akzeptanz bei den Zuschauern anzuheben. Dominierend, so auch seine Schlussfolgerung, sei aber immer die Festlegung der Linie außerhalb von Adlershof gewesen. Die Linie sei im ZK der SED festgelegt worden, und wichtig sei nicht unbedingt die Umsetzung der Filmberichte gewesen, sondern, dass „die Linie erfüllt wurde"[29].

Nachgeordnet waren Errungenschaften im wissenschaftlichen, wirtschaftlichen oder sportlichen Bereich. Die Themen, die nicht die DDR oder die sozialistische Staatengemeinschaft betrafen, diskreditierten in der Regel den Westen in seinem angeblich imperialistischen Streben, seiner kapitalistischen Wirtschaftsstruktur oder seinem militärischen Rüstungsdrang.

Die verantwortlichen Journalisten verbanden mit den jeweiligen Veränderungen den Versuch, mit den technischen Möglichkeiten des Fernsehens auf der einen Seite und den politischen Grenzen auf der anderen Seite eine Sendung herzustellen, die ihren Ansprüchen gerecht werden konnte und in ihrem Erscheinungsbild ansprechend war. Für die Redaktion war das Streben nach einer mit dem Westen vergleichbaren Nachrichtensendung sehr relevant, auch als Ausdruck journalistischer Professionalität. Zweiteilung und Aufbau der Sendung wie auch die Gewichtung unterschiedlicher Themen spielten dagegen in der Auseinandersetzung mit dem Fernsehkomitee und der Abteilung Agitation die dominierende Rolle.

Die ständige Reflexion zur Gestaltung westdeutscher Nachrichtensendungen gehörte zum Selbstbildnis der Journalisten in der *Aktuellen Kamera*. Die Länge der eigenen Sendung von zwanzig Minuten entsprach der *heute*-Sendung des ZDF und in etwa der Länge der fünfzehnminütigen *Tagesschau* der ARD. Erstrebenswert war eine komprimierte Sendung, die durch eine Vielzahl von kleineren Berichten eine gewisse Kurzweiligkeit erzeugt, während bei einer Dreißig-Minuten-Ausgabe die Gefahr des „In-die Länge-Streckens" gesehen wurde. Bei der *Aktuellen Kamera* bedeutete die Ausdehnung stets eine Verlängerung von Wortmeldungen und endlos erscheinenden Zahlenkolonnen über wirtschaftliche Ergebnisse. In Bezug auf die Gestaltung wurde den westdeutschen Nachrichtensendungen redaktionsintern Respekt gezollt. Das Bestreben nach Verknappung und der zusätzlichen Möglichkeit der länger planbaren Reportagen in einer zehnminütigen Rubrik kam den journalistischen Vorstellungen der Redaktion am nächsten.

Neben der Auseinandersetzung um eine Aufgliederung innerhalb der Sendung lief parallel ein ständiges Bemühen um eine optisch verbesserte Präsentation der *Aktuellen Kamera*. Innovativ war die Präsentation auf dem Bildschirm nie gewesen. Die Anmutung des Studios und des Sprechers war sehr sachlich und hing von den technischen Möglichkeiten der grafischen Unterstützung ab. Erst in den siebziger Jahren wurden Verbesserungen der studiotechnischen Gestaltung erzielt. Während ARD und ZDF für längere Nachrichtenformate wie *Tagesthemen* und *heute-Journal*

---

29   Interview Makosch 1999.

zur Gestaltung einen Moderator einsetzten, der seine Texte selber formulierte und Interviews führte, blieb die *Aktuelle Kamera* konsequent beim Nachrichtensprecher, der die von der Redaktion verfassten Meldungen vom Blatt las.

Ab dem Jahr 1976 begann die Hauptausgabe der *Aktuellen Kamera* nach dem Vorspann optisch mit einer großflächigen Ansicht des Studios. Im Bild zu sehen war der Sprecher und, in einer Art Kabine, eine Unter-Bild-Sprecherin. Die grafische Unterstützung einer optischen Verdeutlichung von Themensujets wurde mit der Blue-Box-Technik, einem System zum Austasten von Bildpigmenten erreicht. Der Nachrichten-Sprecher saß für den Zuschauer vor einer Wandtafel, einem Foto oder einer Landkarte, die während des Sprechens ausgetauscht wurde. Die farbliche Gesamtanmutung ging ins graue, die Farbe der besonders hervorzuhebenden Länder war orange. Bei einer später eingeführten anderen Variante saß der Sprecher vor einem Emblem des DDR-Fernsehens in hellblau.[30] Die grafische Unterstützung für alle Wortmeldungen reichte jedoch nicht aus.

Der Kommentar wurde durch eine andauernde Schrifteinblendung als Kommentar gekennzeichnet. Die früher gehandhabte Praxis, während des Kommentars noch Bilder einzuspielen, war nun nicht mehr zu beobachten. Die hiermit verbundene Vermengung von nachrichtlicher Erstinformation und kommentierender Wertung fand vorübergehend nicht mehr statt. Die *Aktuelle Kamera* war im europäischen Vergleich zu einer professionellen Nachrichtensendung geworden, die allerdings stets andere Auswahlkriterien und abweichende Sichtweisen besaß als vergleichbare Sendungen im Westen.

Vom technischen Standpunkt aus war für den Fernsehzuschauer ein Unterschied zwischen *Aktueller Kamera* und westlichen Programmen noch immer erkennbar. Die stets schlichte Form der Nachrichtenpräsentation, die Eindimensionalität der grafischen Elemente und die geringe Anzahl von Filmberichten unterschieden sich vom Angebot aus der Bundesrepublik. Das DDR-Fernsehen lag im Nachrichtensegment immer um einige Jahre zurück.

Wegen des Mangels an technischen Möglichkeiten, schnell und aktuell zu reagieren, war die *Aktuelle Kamera* in der Berichterstattung aus dem Ausland fast immer langsamer als vergleichbare Nachrichtensendungen in der Bundesrepublik Deutschland. Der Begriff „Aktualität" wurde in der *Aktuellen Kamera* von den verantwortlichen Chefredakteuren anders gewichtet, als es ZDF und ARD definierten, die unabhängig von einer politischen Intention stets versuchten, so schnell wie möglich mit einem Filmbericht ins Programm zu kommen. Das Ziel ist dabei, dass sich der Begriff Aktualität über die Aufmerksamkeit definiert, die diesem Ereignis zugewendet wird.[31] Aktuell war im Fernsehen der DDR vor allem etwas wegen seiner gesellschaftlichen Relevanz. Aktualität und Wichtigkeit waren dann von Bedeutung, wenn sie „die Beziehung der Gesellschaft zu einem Geschehen" reflektierten.[32] Nachrichten sollten zwar „aktueller, schlagkräftiger, operativer und lebensnäher"

---

30   *Aktuelle Kamera* vom 6.6.1977. DRA Babelsberg.
31   Vgl. Merten 1973, S. 219.
32   Selbmann 1998, S. 139.

sein, wonach die Redaktion der *Aktuellen Kamera* streben würde,[33] aber die ideologischen Motive standen im Vordergrund, wie Selbmann in seiner Rückblende schreibt.

Aktualität bedeutete, dass es sich um Ereignisse, Erklärungen und Personen eines jeweiligen Tages oder einer jeweiligen Stunde handeln musste. Auch Ereignisse der Vergangenheit, Erfahrungen und Entwicklungen einer zurückliegenden Zeit konnten durch aktuelle Vorgänge zu erneuter Aktualität gelangen, wenn sie die „Entstehung neuer Phänomene und deren gegenwärtige Bedeutung erklärten, bestätigten, bekräftigten oder auch in Frage stellten"[34]. Jedes Thema wurde auf die Ebene ideologischer Zusammenhänge gehoben, erst danach fand die Selektion von Nachrichten statt. Das Konzept stützte sich auf zwei Komponenten: auf die politische Gewichtung aus marxistisch-leninistischer Sicht und auf eine aktuelle Information der Fernsehzuschauer auf Grund der Ereignislage. Entscheidend war stets die politische Gewichtung.

Zur Verbesserung der Umsetzung inhaltlicher Ziele in der tagesaktuellen Berichterstattung hatte das Fernsehen in Adlershof im Herbst 1954 ein Filmkopierwerk gebaut, um Schwarzweißfilme selber entwickeln zu können.[35] Der Ausbau ging kontinuierlich voran, doch noch 1968 lag der Anteil der Filmberichte, die nicht tagesaktuell waren, bei über 30 Prozent, wie die Auswertung der Beiträge in der *Aktuellen Kamera* vom 8. bis 21. Januar ergab.[36] Die Außenpolitik nahm mit 52,8 Prozent mehr als die Hälfte der Gesamtsendezeit ein, gefolgt von der Wirtschaft mit 16,6 Prozent, der Innenpolitik mit 9 Prozent, der Kunst und Literatur mit 6,2 Prozent.

Terminplanungen für berichtenswerte Ereignisse in der DDR gingen in der Redaktion der *Aktuellen Kamera* schriftlich von unterschiedlichen Bereichen und Organisationen ein. Die Kontakte zwischen der Redaktionsleitung und dem Regierungsapparat waren durch persönliche Kontakte gefestigt. Ein Beispiel aus dem Jahr 1965 dokumentiert die Verbindung zwischen einem Mitarbeiter des DFF und dem Ministerrat. Edmund Thiele, Journalist der *Aktuellen Kamera*, der kurzzeitig auf der Kommentatorenliste der *Aktuellen Kamera* stand, traf sich am 5. November mit dem Leiter des Büros des Ministerrats. Es ging aus seiner Sicht darum, einen besseren Kontakt zwischen der *Aktuellen Kamera* und dem Büro des Ministerrats herzustellen. Die *Aktuelle Kamera* wollte vor allem rechtzeitig informiert werden, da der Vorlauf der Produktion für die Berichterstattung Vorbereitungszeit beanspruche. Die zu der Zeit gehandhabten Gepflogenheiten des Presseamtes und von ADN bedeuteten, dass die *Aktuelle Kamera* erst mit 24-stündiger Verspätung über Ereignisse mit Filmbeiträgen berichten konnte.

Zunächst ging es bei diesem Gespräch formal um organisatorische Hinweise, die die aktuelle Berichterstattung erleichtern sollten. Thiele erkundigte sich, ob nicht

---

33 Schröter 1977.
34 Selbmann 1998, S. 138.
35 Löblich 1989. In: Deutsches Technikmuseum Berlin, Depositum Manfred Hempel.
36 Stock 1968.

nach einer Ministerratstagung ein Mitglied in einer Kurzfassung Stellung nehmen könnte, „da das lediglich Vorlesen des Kommuniqués nicht sehr fernsehgerecht" sei.[37] Der Büroleiter des Ministerrates versprach daraufhin, sich bei den Ministern um eine noch größere Fernsehfreundlichkeit zu bemühen. Thiele versuchte, die Ängste vor einer etwaigen Negativ-Berichterstattung auszuräumen, indem er auf die im DDR-Fernsehen existierenden „mehrfachen Sicherheitsmaßnahmen" verwies, die eine Garantie dafür seien, dass „dabei nichts Schädigendes über den Sender" gehe.[38]

Selbstverständlich und in vorauseilendem Gehorsam erklärte ein Redaktionsmitglied dem Regierungsvertreter, niemals mit der Berichterstattung gegen die Interessen des Staates zu verstoßen. Thiele verwies auf die Möglichkeit der gelegentlichen Benutzung eines bestimmten Telefonapparates, um direkt den Redakteur zu erreichen. Dieses Beispiel zeigt, inwieweit Nähe zwischen der Redaktion und den übergeordneten staatlichen Instanzen bestand und gewollt war. Einzelabsprachen, wie die dargestellte, ergänzten das Spektrum der Planungs- und Zielvorhaben.

Gesellschaftliche Ereignisse, politisch-ideologische Zielsetzungen, Anregungen für journalistische Vorhaben führten zur Anlegung von Wochen- und Monatsplänen. Inhaltliche Erwartungen waren für den Bereich „Aktuelle Informationspolitik" beispielsweise bei der Vorbereitung des 20. Jahrestages der DDR zu entnehmen. Die Anleitung vom 27. Oktober 1969 sah zur Verbesserung der Leitungs- und Führungstätigkeit langfristige ideologische Vorgaben vor. Der Einsatz der „besten publizistischen Kräfte des Fernsehens", die Kombination der „journalistischen Potenz" und der Bereiche Studiotechnik und Produktion bei Schwerpunktaufgaben sollten neue Möglichkeiten für bessere Sendeergebnisse bieten.

Das Procedere der Themenvorsortierung lief in der Regel über die Redaktionssitzungen. Die Planungs- und Vorbereitungspraxis in der *Aktuellen Kamera* geht aus einer fernsehinternen Vorlage vom Juni 1975 hervor.[39] Vorausgegangen waren Teile langfristiger Planungen, deren Ursprung eine Jahresplanung war. Gebündelt wurden beispielsweise innen- und außenpolitische Ereignisse, Beschlüsse über den Volkswirtschaftsplan, Parteitage oder Kongresse gesellschaftlicher Organisationen. Für diese Ereignisse wurden zur fernsehgerechten Umsetzung Konzeptionen erarbeitet, um Vorentscheidungen über eine angemessene Form der Berichterstattung festzulegen. Darauf folgte ein Quartalsplan mit Argumentationslinien und journalistischen Ausgangspunkten für ausgewählte Ereignisse, Reihen, Rubriken oder Aktionen innerhalb der *Aktuellen Kamera*. Einen Monat vor dem Sendetermin mussten auf der Grundlage des Quartalsplanes und der präzisierten Ereignisvorschau die Entscheidungen über die jeweilige Sendewoche fallen.

---

37 Aktennotiz vom 6.11.1965 über eine Unterredung zwischen Rost und Thiele. DRA Babelsberg, Schriftgut FS, Alt, Aktuelle Politik B21.
38 Ebd.
39 Vorschläge zur Verbesserung der Planung der *Aktuellen Kamera*. Vorlage vom 17.6.1975. In: Krone 1977, Anlage.

Der Wochenplan wurde mittwochs vor der Sendewoche bestätigt und bestand aus verbindlichen Vorplänen von Montag bis Montag. Diese Vorpläne gaben Auskunft über:

– das Spitzenereignis des Tages und den journalistischen Ausgangspunkt bzw. die Idee der Umsetzung, den Argumentationsschwerpunkt, den Journalisten und den verantwortlichen Leiter,
– die weiteren Positionen des Tages in der geplanten Reihenfolge einschließlich empfohlener Interviewfragen, Gestaltungsideen, Fragestellungen der Kommentare bis hin zur vorgegebenen Länge.

Die Vorpläne sollten die Grundlage der Tagespläne bilden und dem tagesverantwortlichen Redakteur Zeitersparnis bringen. Gleichzeitig wurden in jeder Planungsrunde am Mittwoch 15.15 Uhr die Vorpläne des unmittelbar bevorstehenden Wochenendes präzisiert.[40]

Generell gehören Vorpläne zum journalistischen Alltag jeder Nachrichtenredaktion. Die Tagesaktualität bedingte letztlich auch den Aufbau der *Aktuellen Kamera*. Zwar veränderte die zunehmende Geschwindigkeit in den elektronischen Medien auch den Arbeitsrhythmus bei der *Aktuellen Kamera*, doch unterschied sich die Nachrichtensendung des DDR-Fernsehens immer von anderen, indem sie Prioritäten abweichend zu westlichen Nachrichten gewichtete. So genannte Hauptaufgaben zur Weiterentwicklung des Sozialismus dominierten die Herangehensweise.

Von der Vorplanung war das tagesaktuelle Reagieren abzukoppeln. 1975 fand die Beratung der jeweiligen Tagesausgabe der *Aktuellen Kamera* um 11.00 Uhr statt, mit einer Einschätzung der Sendung vom Vortag, der Auswertung der aktuellen Nachrichtenlage sowie der Umgang mit nicht geplanten Ereignissen für die Haupt- und die Zweit-Ausgabe. Der Kommentar für den Tag wurde besprochen, der meistens bis zur Konferenz bereits im Rohentwurf vorzuliegen hatte. Dazu kam eine Abstimmung der Aufgabenstellung und der Hauptargumentationslinien der *Aktuellen Kamera* für den nächsten Tag. Um 14.30 Uhr erfolgte die Bestätigung des bis dahin detailliert ausgearbeiteten Tagesplanes durch den Chefredakteur. Als Informationsquelle wurden die ADN-Meldungen und die Bezirkszeitungen von einem Mitarbeiter in der Redaktion durchgesehen.

Ereignisse wurden tagesaktuell reflektiert, aber in eigenen Interpretationen und in eigene Relationen gesetzt. Aktualität bedeutete in diesem Zusammenhang nicht, unbedingt jedes Ereignis, das vergleichbare westliche Medien aufgreifen würden, auch im Programm zu verarbeiten. Vielmehr wurden bewusst Themen gesetzt, um damit eine erzieherische Wirkung zu verfolgen. Analog zur Parteilichkeit verschob sich die Bedeutung von Aktualität in den Nachrichten zu einer sorgfältigen Auswahl von Informationen einer gelenkten Ausrichtung und Zielsetzung.

40   Ebd.

Anders als die reine Nachricht ist die Funktion des Kommentars in der *Aktuellen Kamera* einzuordnen. Im Unterschied zur Nachricht oder zum Filmbericht stellt der Kommentar im Allgemeinen eine Meinungsäußerung dar, so die Beschreibung in den gängigen journalistischen Handbüchern des westlich-pluralen Mediensystems.[41] Meinung wird als Oberbegriff für eine meinungsbetonte Darstellungsform verwendet. Neben dem Kommentar wird dazu der Leitartikel, die Glosse, die Kritik und die Rezension sowie die Kolumne und die Karikatur gezählt. Der gemeinsame Nenner dieser Formen liegt im Unterschied zu den tatsachenbetonten Darstellungsformen im Bewerten und Interpretieren. Die persönliche Meinung eines Journalisten steht beim Kommentar stärker im Vordergrund, im Fernsehen ist der Verfasser selber zu sehen, und sein Name wird eingeblendet. Meinungsbetonte Darstellungsformen wie der Kommentar bereiten Ereignisse und Themen für den Zuschauer auf, provozieren ihn zum Nachdenken, zur eigenen Meinungsbildung oder geben ihm Argumente für Diskussionen an die Hand. Der Journalist kann dem Publikum zu einem aktuellen Thema die Wichtigkeit des Problems erläutern, stellt Vergleiche an und wägt die in der Öffentlichkeit vertretenen Auffassungen ab.

Zwischen der idealtypischen Trennung von Meinung und tatsachenbetonter Darstellungsform zeigten sich im journalistischen Alltag in Ost und West erhebliche Unterschiede. Die Steuerung über das Weglassen oder das Hinzufügen von Informationen ist ebenfalls eine Meinungsbeeinflussung und trägt zur Gewichtung von Nachrichten bei. Somit ist auch eine sachliche Wiedergabe einer Information mit einer Wertung verknüpft. Zwar ist zur klaren optischen Kennzeichnung im Fernsehen der sichtbare Schriftzug „Kommentar" als Kenntlichmachung obligatorisch, die Trennung im westlichen Journalismus von Kommentar und Nachricht lässt sich in der Realität jedoch nur unzureichend umsetzen.

In Ost- und Westdeutschland existierten unterschiedliche Anwendungsformen für das Nachrichtenelement Kommentar. Rein formal wird in ZDF und ARD der Zuschauer über eine persönliche Einschätzung bei einem Kommentar entsprechend in Kenntnis gesetzt. In der DDR wurde der Kommentar dagegen bewusst in einen anderen Kontext gestellt. Der sozialistische Journalismus nutzte die „Komposition journalistischer Ensembles" als propagandistische und agitatorische Wirkungsmöglichkeit. Nur unter der Bedingung ihrer zweckgerichteten Auswahl, abgestimmten journalistisch-methodischen Gestaltung, Proportionierung und Platzierung sollten Einzelaussagen für die Verwirklichung der Politik der SED verarbeitet werden.[42] Es ging dabei um zielgerichtetes, politisch begründetes Auswählen, Ordnen und Zusammenfügen von journalistischen Beiträgen. Durch dieses Komponieren sollte eine über die Inhalte der Einzelbeiträge hinausgehende Bewertung erreicht werden. Diese Handhabung der Elemente im Journalismus war Teil der nonverbalen Aussage in Ergänzung zu verbalen Wertungen.

Der Kommentar stellte ein Spezifikum des sozialistischen Journalismus dar, weil er den Journalisten offen das Prinzip der Parteilichkeit einräumt und sich

---

41 Vgl. u.a. Reumann 1990, S. 179; Schneider/Raue 1998, S. 137; Mast 1998, S. 268; Pürer 1991, S. 178.
42 Pötschke 1988, S. 12.

als propagandistisches Stilelement besonders eignet. Der Kommentar wurde als ereignisbezogenes journalistisches Mittel genutzt im „Kampf gegen imperialistische Anschauungen".[43] Die sich häufig hinter den Aussagen Dritter versteckende Wertung wurde mittels des Kommentars direkt von den einzelnen Journalisten im Bild und mit Namen eingefordert. Der Kommentar in der DDR sollte gesellschaftlich bedeutsame Fragen beantworten und marxistisch-leninistische Standpunkte begründen. Er hatte, wie andere journalistische Formen auch, die Politik der Partei und der sozialistischen Staatengemeinschaft zu erläutern. Formal sollte dabei die Herausarbeitung von Zusammenhängen zwischen Ereignissen verwirklicht werden, wie auch die „Gegenüberstellung von richtigen und falschen, fortschrittlichen und reaktionären Auffassungen".[44]

Die Meinungssteuerung mittels eines Kommentars wird durch eine Studie aus dem Jahr 1983 gestützt. Anhand von 651 Artikeln aus der gesamten DDR-Presse, 513 Hörfunkbeiträgen und 88 Fernsehsendungen des 1. Programms, wurde die Berichterstattung der DDR-Medien über die Bundesrepublik Deutschland untersucht.[45] Wie zu erwarten wurden bei Kommentaren zu Themen aus der Bundesrepublik Deutschland fast ausschließlich Beiträge mit negativen Akzenten ausgewählt, Kommentare über DDR-Themen enthielten jedoch nur Erfolgsmeldungen. Dabei wurden in den Kommentaren häufig Fakten miteinander verknüpft, die nicht wirklich in Beziehung zueinander standen.

Die Herausbildung der Darstellungsform des Kommentars in der *Aktuellen Kamera* veränderte sich im Verlauf der Jahrzehnte. In den fünfziger, sechziger und siebziger Jahren war zunächst keine grafische Kennzeichnung gegeben. Der Schriftzug „Kommentar" wurde nicht in das Fernsehbild eingeblendet. Kommentiert wurde im ON und im OFF, der kommentierende Journalist war sowohl im Bild zu sehen oder aber nur zu hören, wenn zur Illustration des Themas eingespielte Bildsequenzen verwendet wurden. Auf Grund dieses Stilmittels fand für den Zuschauer zwischen Information und Kommentar keine erkennbare Abgrenzung statt. Die Ausdifferenzierung von persönlicher Einschätzung und tatsachenbetonter Darstellung wurde erschwert. Manch längere Nachricht oder Korrespondenz wurde so zu einem Kommentar.[46]

Das Ziel des Fernsehkommentars bestand darin, dem Zuschauer eine aus Sicht der Fernsehredakteure „richtige Einschätzung" eines bestimmten Ereignisses oder Problems zu vermitteln. „Die Logik der verwendeten Tatsachen und die Logik des Gedankenablaufs" sollte mittels Kommentar „den Zuschauer nicht nur zu richtigem politischen Denken, sondern auch zur richtigen politischen Entscheidung führen".[47] Darüber hinaus sollte er nicht nur das gesprochene Wort vermitteln, sondern durch Grafiken oder Filmeinblendungen „Tatsachen und Beispiele" zeigen.

43 Karl-Marx-Universität Leipzig, Sektion Journalistik 1973a, S. 122f.
44 Ebd., S. 121.
45 Vgl. Scharf 1985.
46 Diese Absicht bestätigte Schickhelm in einem Schreiben vom 26.3.2000.
47 Grote 1960a, S. 213.

Um die Zielrichtung zu verdeutlichen, seien aus den zahlreichen Kommentaren zwei exemplarisch herangezogen. Der erste Kommentar bezieht sich auf die Landtagswahlen in Nordrhein-Westfalen am 1. Juli 1958:

> Millionen Wahlschmiergelder der Monopolherren haben der Adenauer-Partei in Nordrhein-Westfalen die Alleinherrschaft gebracht. Bei den Landtagswahlen am letzten Sonntag gelang es der CDU mit Massenbetrug und Terror, 54,4 Prozent der abgegebenen Stimmen für sich einzuheimsen und die SPD damit vom Regierungssessel des größten Landes der Bundesrepublik zu stoßen. Die Wahlbeteiligung, hier Adenauer bei der Stimmabgabe, war außerordentlich niedrig. Sie betrug nur wenig mehr als dreiviertel aller Wahlbeteiligten. Trotz Ihres Erfolges büßten jedoch die Atombombenstrategen etwa 800 000 Stimmen gegenüber der letzten Bundestagswahl ein. Der KPD-Vorsitzende Max Reimann erklärte nach der Wahl, dass es nun darauf ankomme, die Lüge der Adenauer-Partei zu zerschlagen. Die Bevölkerung hätte mit ihrer Wahlentscheidung der Atomrichtung zugestimmt.[48]

Die Kommentierung politischer Verhältnisse im anderen Teil Deutschlands hatte in der DDR weit vor dem Mauerbau an Schärfe erheblich zugenommen. Der Kommentar spricht für sich.

Das zweite Beispiel bezieht sich auf einen Kommentar anlässlich eines Treffens des Ministerratsvorsitzenden Willi Stoph mit Bundeskanzler Willy Brandt am 21. Mai 1970 in Kassel. Der Austausch galt ersten Vorgesprächen für einen Vertrag über gegenseitige Beziehungen. Während des Treffens wurde die DDR-Flagge von westdeutschen Demonstranten heruntergerissen und zerschnitten. NPD-Anhänger stoppten kurzzeitig die Fahrzeugkolonne mit Willi Stoph und verhinderten so seine Weiterfahrt. Die *Aktuelle Kamera* berichtete an diesem Abend ausführlich in einer Gesamtlänge von fünfzig Minuten von dem innerdeutschen Gipfel. Obwohl es erste Annäherungsschritte im deutsch-deutschen Verhältnis gab, kommentierte Heinrich Grote außergewöhnlich polemisch:

> Diese Bilder aus Kassel verurteilen das ganze Bonner System. Wer die Ereignisse heute mit wachem Verstand verfolgt hat, der hat sehen können, meine Damen und Herren, dass dieser Tag die ganze ungeheuerliche Gefahr des Revanchismus und Neonazismus Westdeutschlands widergespiegelt hat. Sie standen heute sozusagen in voller Blüte. Nicht nur die Schlägerkolonnen der NPD, sondern auch die konservativen Kräfte der CDU/CSU waren aufmarschiert, und niemand kann angesichts dieser gefährlichen Situation das Verhalten des Herrn Brandt übersehen, der die Gefahr zu bagatellisieren versuchte (...). In den Straßen von Kassel machte sich der braune Ungeist breit, der von den Neonazis und der CDU/CSU gemeinsam gefördert wird. In diesem Ungeist ist die ganze Bonner Bundeswehr erzogen, mit diesem Ungeist ist eine ganze junge Generation verseucht

---

48 *Aktuelle Kamera* vom 1.7.1958. DRA Babelsberg.

worden. Das ist der gefährliche Ungeist des Revanchismus. Was heute in Kassel sichtbar geworden ist, (...) beweist, dass unter der Regierung Brandt/Scheel die alte verderbliche CDU/CSU-Politik in allen entscheidenden Grundfragen weitergeführt wird.[49]

Von dieser Art der Kommentierung und Berichterstattung war die *Aktuelle Kamera* durchgehend geprägt. Es gehörte zur Machart, den politischen Gegner ständig zu bekämpfen, durch unvollständige und einseitige Darstellungen zu diffamieren. Nicht zusammenhängende Fakten wurden vermengt. Die Verbindung „Bonner Bundeswehr" zu einem „gefährlichen Ungeist des Revanchismus" entbehrte jeder Beziehung, wie auch ein „Aufmarschieren konservativer Kräfte der CDU/CSU" im Zusammenhang mit Willy Brandt.

Die Polemik war zumeist ein Schattenboxen mit gegnerischen Argumenten, die aber in ihren Originalzitaten nicht genannt wurden, weil Meinungen des Gegners kein Forum geboten werden sollte. Auch in westlichen Mediensystemen wird häufig gefordert, dass ein Kommentar provozieren soll, weil „Polemik das Salz in der Suppe" sei. Ein polemischer Kommentar, so die weit verbreitete Auffassung, sei legitim, er „wärme jedoch nur jenen das Herz, die so denken wie der Polemiker"[50]. Insofern wird der polemische Kommentar beispielsweise in der Bundesrepublik Deutschland nur dort eingesetzt, wo ein Medium ein homogenes Publikum hat, wie zum Beispiel in einer Gewerkschaftszeitung. In der DDR war aus Sicht der Staats- und Parteiführung dieses homogene Publikum vorhanden. In der Konsequenz war die Polemik eine für die ideologische Tätigkeit bedeutsame Erscheinungsform der Kritik. Polemik wurde im sozialistischen Journalismus als antithetische Argumentation verstanden, indem sie andere Standpunkte bekämpfte, um den eigenen Standpunkt durchzusetzen. Sie war ein wichtiges Instrument der Agitation und Propaganda und sollte zur politischen Scharfsicht sowie Wachsamkeit erziehen. In Zeiten des Voranschreitens einer Politik der friedlichen Koexistenz zwischen Staaten unterschiedlicher Gesellschaftsordnung hatte sie gegenüber dem Gegner wachsende Bedeutung. Alle publizistische Polemik richtete sich in den fünfziger Jahren ausschließlich gegen die Politik Adenauers, später gegen den „Atomstaat" und den aggressiven Imperialismus, wobei die USA stets mit einbezogen wurden.

Die Macht des gesprochenen Wortes – in besonderer Weise im Bereich des Kommentars – war allen bewusst. Die Betriebsakademie des DFF nahm regelmäßig stilistische Untersuchungen vor. Im Periodikum *Kultur der Sprache* wurde für den internen Dienstgebrauch im Deutschen Fernsehfunk Lesematerial für Fernsehmitarbeiter zur Verfügung gestellt. Ein Beispiel aus einem Kommentar:

Ist es nicht pure Heuchelei, jetzt „Abscheu" zu bekunden in jenen Senats- und Redaktionsstuben, wo man doch tagaus, tagein seinen ganzen Ehrgeiz daransetzt, die Sowjetmenschen und alles Kommunistische zu verteufeln? Auch jenen Westberlinern, die ehrlichen Abscheu empfinden, sei gesagt: Abscheu genügt nicht (...) [vom 7.11.1970].

49 *Aktuelle Kamera* vom 21.5.1970. DRA Babelsberg.
50 Mast 1998, S. 274.

„Auch" ist ein anreihendes (kopulatives) Adverb. Es verbindet hier die Senatsbeamten und Journalisten mit den Westberlinern, die ehrlichen Abscheu empfinden. Das war vom Autor bestimmt nicht beabsichtigt. Er hätte auf „auch" verzichten und es bei einer gedanklichen Verknüpfung (Abscheu – Abscheu) bewenden lassen müssen.[51]

Um die selbst gesteckten Ziele zu erreichen, wurde die Sprache in besonderer Weise eingesetzt. Durch die Verwendung verschiedener stilistischer und syntaktischer Mittel wurden Aussagenkomplexe verstärkt. Ein weiteres Verfahren galt der wertenden Charakterisierung mit einem oder mehreren Adjektiven. Auch die Kombination ausdrucksstarker Adjektive und Substantive wurde in der DDR-Journalistik propagiert.[52] Der DDR-Medienwissenschaftler Peter Hackenschmidt wies in einer Auswertung die Verwendung wertender Adjektive in Nachrichten von 40,7 Prozent nach, mit expressiven Substantiven wurde in 9,5 Prozent der Fälle gewertet, die Kombination von expressivem Adjektiv und Epitheton folgte mit 23,7 Prozent. Die Aufzählung unterstreicht die Absicht, im sozialistischen Journalismus kommentierende Tatsachen und Gedanken mit der Argumentfunktion in Bezug zu bringen.

Die politisch-ideologische Sprache offizieller Verlautbarungen gab sich in ihrer Monosemierung und formelhaften Detailversessenheit wie eine Fachsprache, die um der Eindeutigkeit willen ohne jede Variation benutzt wurde. Neben typischen Parteijargonismen wie „dynamisch" und „schöpferisch", die inflationär verwendet wurden, zählte der Gebrauch der bürokratendeutschen Wörter zum Vokabular der Kommentatoren. Die „fortschrittliche Arbeiterklasse" stand stets der „fortschrittsfeindlichen Bourgeoisie" gegenüber, ein antagonistisches Weltverständnis des Freund-Feind-Bildes kommunistischer Doktrin. So genannte politisch-ideologische „Hochwertwörter" charakterisieren in den Kommentaren „emotional-expressive sprachliche Mittel".[53] Als Substantive wurden Wörter eingesetzt wie: „Anerkennung für gute Initiativen", „hoher Wettbewerbselan bringt mehr Konsumgüter", „zielstrebige Entwicklung des Bruderlandes" oder „Triebkraft für höhere Qualität und Effektivität". Bei den Verben sind folgende Beispiele zu nennen: „Mit allen verschönern wir unsere sozialistische Heimat", „ökonomische Beziehungen werden weiter gefestigt" und „Kumpel meistern Rechner im Brückenbaubetrieb". Als drittes Beispiel seien typische Adjektive genannt: „Feste Solidarität des Volkes", „herzliches Beisammensein" und „tiefe Verbundenheit"[54]. Verschiedene ältere Stiltraditionen fanden in den Kommentaren ihren Niederschlag, die in der Bundesrepublik seit den sechziger Jahren so gut wie untergegangen sind. Eine Expressivität und Pathetik der politischen Rede, die vor 1933 von fast allen politischen Parteien gepflegt worden war, nach der Korrumpierung durch die nationalsozialistische Rhetorik im Westen jedoch in Misskredit geriet.[55]

51 Lade 1970, S. 9.
52 Vgl. Bursch 1985; Hackenschmidt 1987.
53 Schlosser 1999, S. 116.
54 Ebd., S. 116f.
55 Vgl. Kinne 1973.

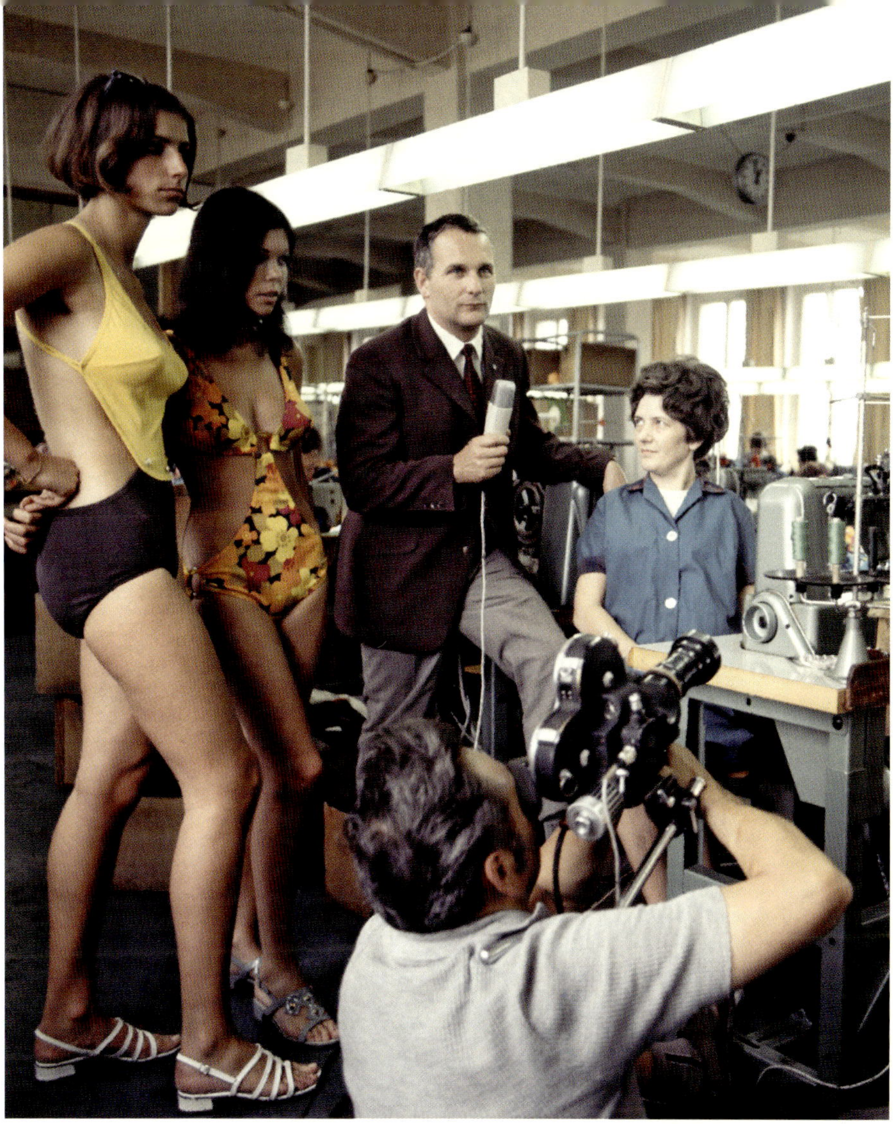

DRA/Denger

Aktuelle Kamera unterwegs. Im Fokus immer das Geschehen in der sozialistischen Produktion, hier in einer Spinnerei 1970. Neue Modelle werden vorgestellt.

1970

AK-Korrespondent Günter Nerlich trifft 1970 im Irak den Kurdenführer Barzani.

Privatarchiv Nerlich

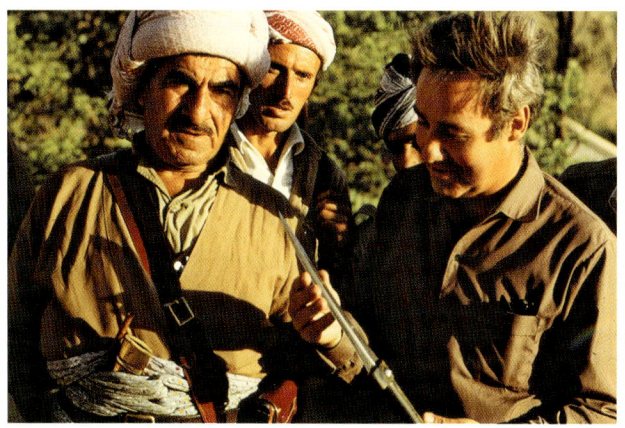

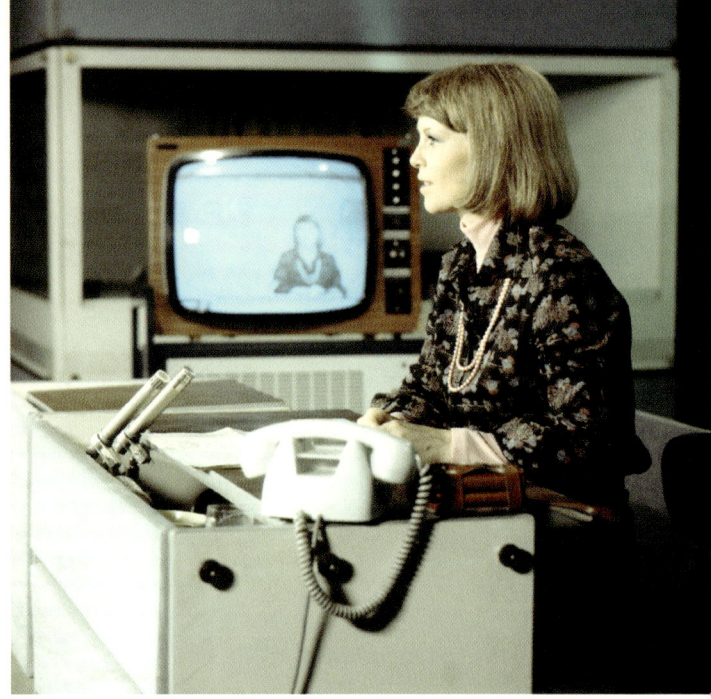

1975

AK-Sprecherin Elisabeth Süncksen im Studio 1975.

DRA/Schorsch

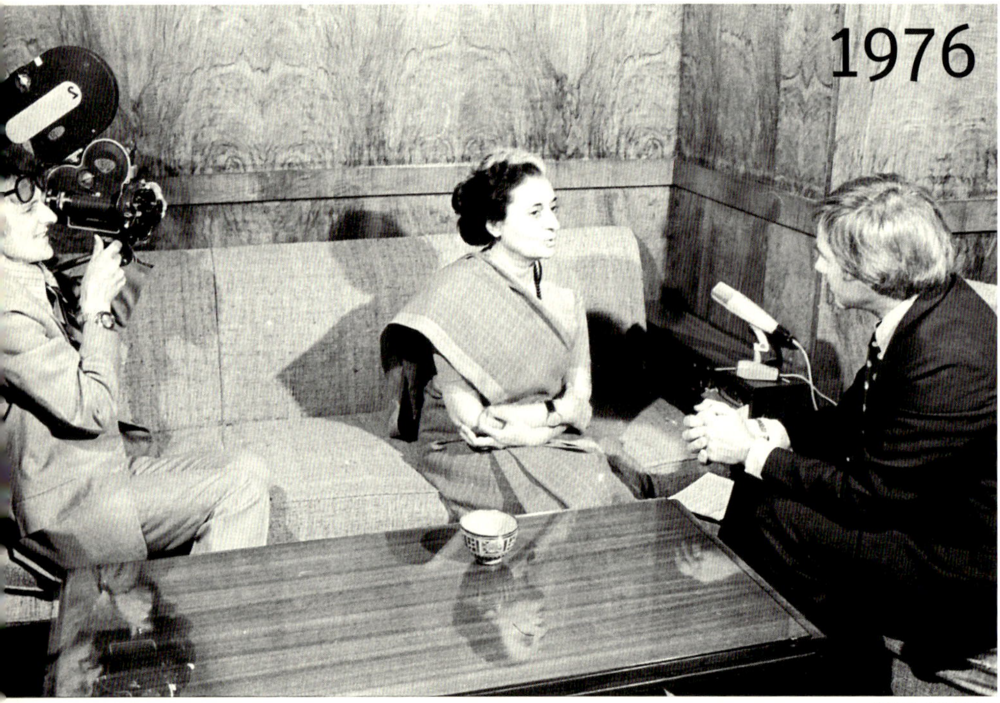

1976

Privatarchiv Nerlich

Kameramann Armin Wünsche filmt das Interview von Günter Nerlich mit Indira Gandhi 1976. Es wurde als Vorbereitung zum Staatsbesuch von Indira Gandhi in der DDR als Sondersendung der *AK* gesendet.

Heinz Adameck gratuliert 1977 zu Erich Mielkes Geburtstag. Links im Bild Markus Wolf mit Filmrollen.

1977

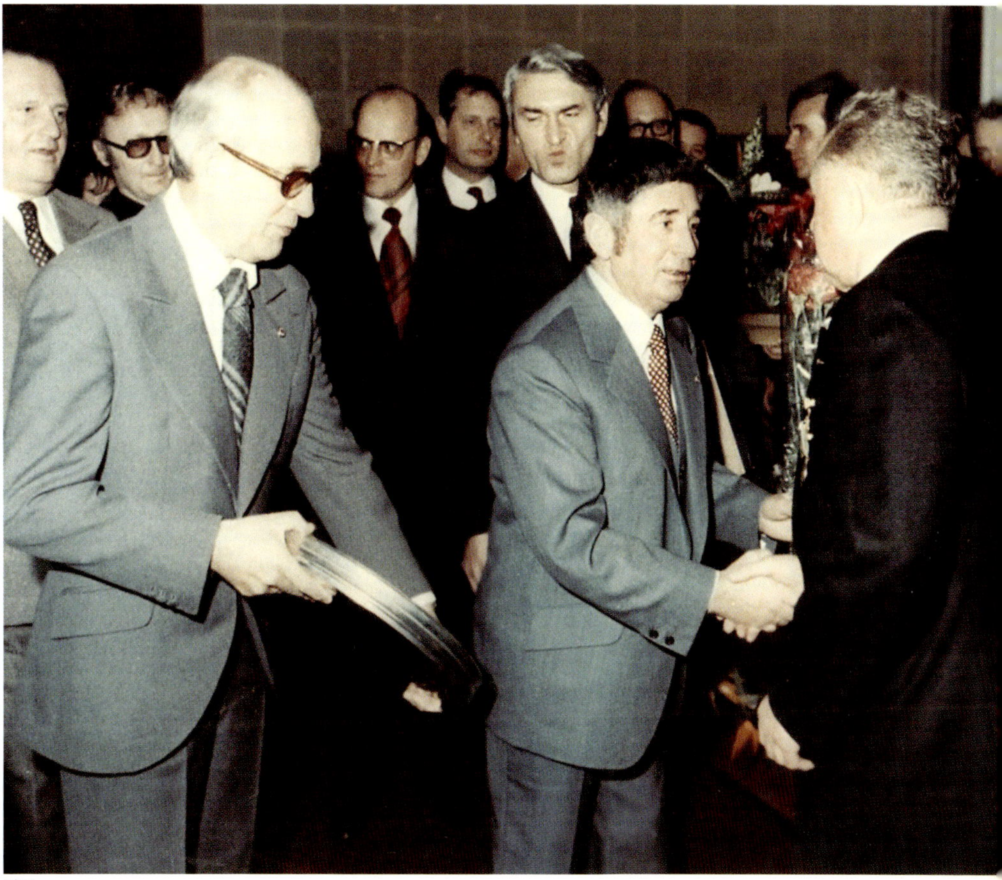

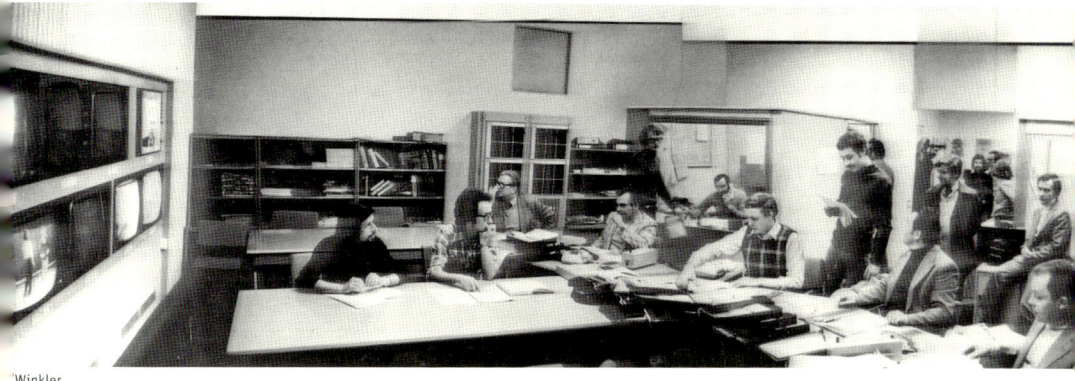

BStU

Redaktionelle Sendezentrale „Cockpit“ der *Aktuellen Kamera* 1977.

Winkler

1978

Eine Woche nach dem Sturz des afghanischen Präsidenten Daud fuhr das *AK*-Team um Günter Nerlich 1978 ohne Schwierigkeiten über den Salang-Pass im Hindukusch.

Privatarchiv Nerlich

1979

AK-Drehort Rostocker Hafer 1979. Aufmerksam verfolgt die „Strömungsleitkammer" die Erprobung der Schiffsmaschine.

DRA/Vent

65. Geburtstag des Intendanten Heinz Adameck 1986:
Heinz Adameck, Heinz Geggel (Abteilungsleiter Agitation),
Joachim Herrmann (ZK-Sekretär für Agitation) (v.l.n.r.).

1986

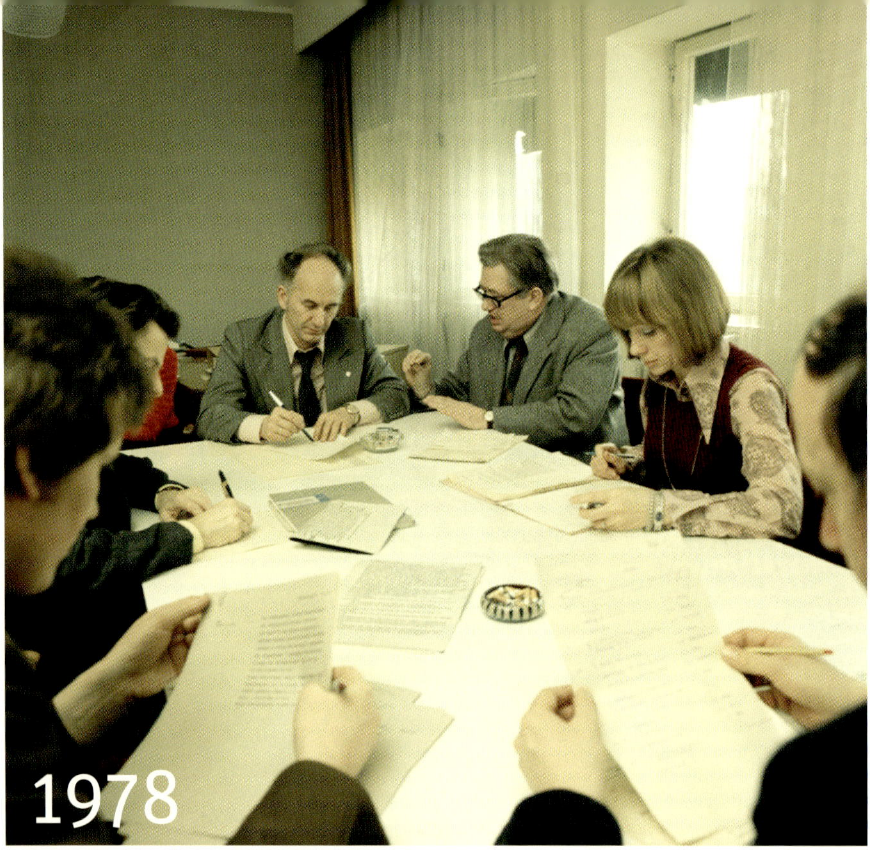

1978

Redaktionskonferenz der *AK*
1978: An der Stirnseite
Günter Herlt (Chefredakteur für
Auslandsreportagen), rechts
daneben Erich Selbmann
(Chefredakteur der *AK*).

AK-Sprecherin Angelika
Unterlauf 1986 vor Bluebox
im Studio.

1986

1986

Der langjährige *AK*-Sprecher
Hans-Dieter Lange
(1963–1989), hier 1986.

DRA/Nickel

/Hedemann

1988

Stellvertretende Chefredakteurin
Siegrid Griebel 1988 im „Cockpit".

1989

Senderegie in Berlin-Adlershof 1989.

So sah die *Aktuelle Kamera* auf dem Bildschirm aus. Vorspänne und Sendesignets zwischen 1958 und 1989.

Kommentare als Instrument der politischen Auseinandersetzung nutzten die Redakteure mit besonderem Ehrgeiz. Das führte ab dem 26. April 1966 zur Aufnahme der Senderubrik *Der aktuelle Kommentar* in das Tagesprogramm.[56] Kommentiert wurde in den sechziger Jahren regelmäßig auch von Mitgliedern des Zentralkomitees der SED und von Hochschulprofessoren. Eine der Neuerungen unter Chefredakteur Erich Selbmann war die Gründung einer Kommentatorengruppe in der *Aktuellen Kamera*. Ihr gehörten die Journalisten Günter Herlt, Günter Leucht, Karl-Eduard von Schnitzler und Heinrich Grote an. Die Kommentatorengruppe wurde gebildet, um einen festen Personenkreis zu haben, der für diese redaktionellen Einsätze jederzeit zur Verfügung stand. Die Kommentatoren bildeten eine gewisse „ideologische Speerspitze" im elektronisch geführten Kalten Krieg. Internationale Konflikte, wie in Korea oder auf Kuba, mussten eingeordnet werden. Nach der Niederschlagung des Prager Frühlings 1968 nahmen die ideologischen Auseinandersetzungen im Nachbarstaat DDR erneut zu. Die Kommentatoren hatten die Entwicklung in der Tschechoslowakei so auszulegen, dass keine innenpolitischen Auswirkungen daraus entstanden. Beinahe täglich wurden innen- und außenpolitische Ereignisse bewertet. Selbmann warnte 1970 vor einer Überkommentierung. Vermieden werden sollte eine für den Zuschauer nicht nachvollziehbare Interpretation durch den Journalisten.[57] Selbmann befürchtete, dass die polemischen Kommentare beim Zuschauer einen eher kontraproduktiven Effekt erzielen könnten. Zu „martialisches verbales Säbelrasseln" sprach eher den Parteifunktionär an als den normalen Bürger in der DDR. Dennoch ließen die Kommentare an Schärfe und an Klassenkampf-Getümmel nichts vermissen. Nach einer Umstrukturierung 1972 wurde die Kommentarengruppe aufgelöst, fortan wurden Bewertungen von unterschiedlichen Redaktionsmitgliedern vorgenommen.

In den achtziger Jahren war der Kommentar so gut wie abgeschafft. Dennoch wurden aktuelle Themen hin und wieder kommentiert. Die Texte wurden in der Abteilung Agitation verfasst und über die Nachrichtenagentur ADN verbreitet. Der Nachrichtensprecher der *Aktuellen Kamera* verlas die Kommentare, manchmal in einer Länge von fünf Minuten und mehr. Nicht selten sei auch angewiesen worden, die Texte von einem Auslandskorrespondenten vortragen zu lassen.[58] Der Text wurde nach London oder Moskau telegrafiert und dort vom Korrespondenten leicht mundgerecht zugeschnitten. Zurück kam der Kommentar als Statement via Leitung nach Adlershof. Wenn die Zeit zu knapp war, übernahm ein in Berlin verfügbarer Journalist der *Aktuellen Kamera* die Aufgabe des Vortragens.

Mit der grafischen Kennzeichnung „Kommentar" wurde im Verlauf der Jahrzehnte unterschiedlich umgegangen. Die Einblendung des Schriftzugs ist von 1976 bis Dezember 1987 nachzuweisen. In der Folgezeit wechselte die Kennzeichnung häufig. Anfang 1988 fiel die Kennung wieder weg, während nach 1988 sogar eine Kommentierung üblich wurde, die optisch überhaupt nicht mehr von einer Nach-

---

56 Vgl. Glatzer/Hempel/Schmotz 1972, S. 142.
57 Selbmann 1970, S. 5.
58 Schickhelm an den Verfasser, 26.3.2000.

richtenmoderation zu unterscheiden war. Ende 1988 und dann 1989 wurde der Schriftzug „Kommentar" erneut eingeführt. Die Texte von Kommentaren aus den letzten beiden Jahren vor dem 9. November 1989 stammten nahezu ausnahmslos von der Abteilung Agitation, also nicht von den Journalisten der *Aktuellen Kamera*, sondern aus dem ZK der SED.[59] Das Weglassen der Kenntlichmachung war eine bewusste Täuschung des Zuschauers, der nicht zwischen Information und Meinung unterscheiden konnte. Die Irreführung war wiederum Teil der manipulativen Absicht, mittels einer vermeintlichen Information in den Nachrichten Meinung zu verbreiten.

Erfolg oder Misserfolg dieses Stilmittels journalistischer Darstellungsform lässt sich nicht verifizieren. Als parteiliche Ausdrucksform der journalistischen Herangehensweise in der *Aktuellen Kamera* stellte der Kommentar aber eine der wirkungsvollsten Möglichkeiten dar. Die Lösung von einem Text-Bild-Bezug, wie er bei Filmberichten erforderlich ist, erweiterte die sprachlichen Optionen der Ideologievermittlung. Insofern passte der Kommentar in der *Aktuellen Kamera* in das Gesamtkonzept der Pressepolitik der DDR und erfüllte im Rahmen seiner Möglichkeiten den Zweck der Meinungsbildung aus Sicht der Staats- und Parteiführung.

In beiden Gesellschaftssystemen waren aufgrund weltanschaulicher Grundlagen zentrale Begriffe unterschiedlich besetzt. Historiker und Sozialwissenschaftler haben gelernt, Sprache in der Auseinandersetzung mit der DDR in neuer Weise zu interpretieren.[60] Zum Machtapparat von Diktaturen gehört unerlässlich eine gelenkte Sprache, eine Sprache, die nur für Eingeweihte verständlich ist und andere ausgrenzt.[61]

Redakteure und Reporter der *Aktuellen Kamera* verstanden unter dem Begriff „Ökonomie" etwas anderes als Journalisten in der Bundesrepublik unter dem Begriff „Wirtschaft". Geläufige Termini wie „Kritik" und „Demokratie" hatten in beiden Teilen Deutschlands jeweils unterschiedliche Bedeutungsinhalte. Es war aber keine „Sprache der DDR", sondern eine „deutsche Sprache in der DDR"[62]. Die DDR hatte eine Begrifflichkeit der Amtssprache entwickelt. Nach Berechnung des Mannheimer Instituts für deutsche Sprache lagen die Differenzen zwischen Ost- und Westdeutschen auf lexikalischem Gebiet durchschnittlich nur bei drei bis vier Prozent. Das Belegmaterial stammt aus einer Zeit, in der die DDR offiziell versuchte, auch sprachpolitisch einen scharfen Abgrenzungskurs gegenüber der Bundesrepublik zu steuern. Der Sprachforscher Horst Dieter Schlosser führt in seiner umfangreichen Untersuchung über die Sprache der DDR frühere Schätzungen ad absurdum, die von einem Unterschied von 24.000 sinnverschiedenen Wörtern in der Alltagssprache zwischen Ost und West ausgingen, so die Meldung der Nachrichtenagentur AP vom 25. Januar 1981. Schlosser gliedert dabei in sprachliche

---

59   Ebd.
60   Vgl. Münkler 1987. Ausführlicher dazu: Sider/Smith 1997.
61   Lüdtke 1997, S. 11.
62   Fleischer 1983.

Wendungen, wie zum einen in Lexemspezifika (Ost: Eingabe; West: Petition) und zum anderen in Bezeichnungsspezifika (Ost: Kombine; West: Mähdrescher). Damit sind Widersprüche vorgezeichnet, und eine Verständigung war trotz ursprünglich identischen Sprachmaterials besonders schwierig. Zum anderen werden manche Begriffe im Zusammenhang der jeweiligen Zeitabschnitte verwendet und dennoch auf der Grundlage des heute üblichen Ausdrucks erklärt.

Bei aller scheinbaren Verschlüsselung der Akten durch aufgeblähte Worthülsen fallen immer Fakten auf, deren Informationsgehalt relevante Rückschlüsse zulässt. Dazu zählen beispielsweise Angaben in Arbeitsverträgen, das Weglassen von Begrüßungsfloskeln in Protokollen oder der Umfang von Anwesenheitslisten bei Komitee-Sitzungen. Ideologisierte Sprache findet sich vor allem in Einleitungen zu Berichten, Planvorschlägen, Verordnungen oder Gesetzen. Charakteristisch für diese Floskeln war das Aneinanderreihen von Positiv-Attributen, die oft als Ehrerweisung für einzelne hohe Parteifunktionäre, das Zentralkomitee oder die SED insgesamt gebraucht wurden. In archivarischen Dokumenten kommt derartigen Floskeln nur dann eine inhaltliche Bedeutung zu, wenn mit ihnen die jeweils offizielle Terminologie geändert wurde, was auf eine Liberalisierung oder auf eine Verhärtung von Positionen innerhalb der DDR schließen ließ. Je älter die DDR wurde, desto mehr wurden Standardfloskeln und Propagandaformeln zum Ersatz für reale Informationen. Das Verwenden von gängigen Formulierungen zu unterschiedlichen Zeitabschnitten führte unter Umständen zu umgekehrten Wirkungen. So konnte der jahrzehntelang in der staatlichen Propaganda gebrauchte Satz „Von der Sowjetunion lernen, heißt siegen lernen" nach dem Beginn der Reformen unter Michail Gorbatschow durchaus als Provokation des Staates gewertet werden.

Versuche der DDR-Führung, bestimmte Termini in einem staatstragenden Sinne festzuschreiben, gelangen nie vollständig. Das terminologische Inventar blieb von einer dauerhaften Schwäche. Diese anhaltende Unschärfe galt vor allem für jene Begriffe, die in erster Linie für agitatorische und propagandistische Verwendungen gedacht waren. Beispielhaft sei hier der Begriff „Argumentation" näher erläutert. *Argumentation* (lateinisch „argumentum" – Beweisgrund, Beweis, Grund) war in der DDR eine wissenschaftliche Angelegenheit. Als theoretische Grundlage der Argumentation im sozialistischen Journalismus wurde der dialektische und historische Materialismus einschließlich der Erkenntnistheorie und Semiotik herangezogen. Die Argumentation im sozialistischen Journalismus sollte dem Inhalt nach wissenschaftlich korrekt, der Form nach volkstümlich sein. Der Schlüssel zur inhaltsbezogenen Einordnung dieser DDR-Amtssprache muss dem Leser an die Hand gegeben werden. Sonst bleibt das „Hoch-DDRsch", wie es Stefan Heym einmal genannt hat[63], unverstanden.

Was Stefan Heym im *Stern* am 10. Februar 1977 über die Sprache und den Stil der *Aktuellen Kamera* veröffentlichte, schmerzte die Regierenden in der DDR zutiefst.

---

63 Heym 1993, S. 94. Erstveröffentlichung des Textes im Magazin *Stern* am 10.2.1977.

Der Artikel konnte nur in der Bundesrepublik veröffentlicht werden, keine Zeitung in der DDR hätte ihn jemals gedruckt.

In einem zynischen und viel zitierten Erfahrungsbericht über seinen selbst auferlegten ausschließlichen Nachrichtenbezug aus der *Aktuellen Kamera* schrieb er einen Essay, der auf große Resonanz stieß. So fragte er sich nach dieser vierwöchigen „Tortur", ob die Struktur der *Aktuellen Kamera* nur erfunden sei, um ihn und andere, die nervös nach Neuigkeiten hungern würden, in einen „angenehm komatösen Zustand" zu versetzen. „Vielleicht sehe ich die Dinge mit kranken Augen, und sie sind es, die recht haben mit ihrer Betrachtungsweise, dass der Empfang des Genossen Vorsitzenden der Revisionskommission im Zentralkomitee einer Bruderpartei durch den Genossen Generalsekretär der hiesigen Partei ein so bemerkenswertes Ereignis ist, dass es an die Spitze der Sendung gehört, oder dass die Fertigstellung des 59. Waggons einer neuen Serie von Eisenbahnwagen solche Beweiskraft für die Überlegenheit des Sozialismus hat, dass sie an zweiter Stelle kommen muss?" „Veränderung", so Heym, sei in der *Aktuellen Kamera* immer „tiefgreifend", „Verwirklichung" stets „zielstrebig", „Gedankenaustausch" „umfassend", „Atmosphäre" „schöpferisch" und „Bekenntnis" „eindrucksvoll". Heym nannte diese Berichterstattung „Hofnachrichten", die Sprache sei „gepflegt bürokratisch", voll „hochtönender Substantiva", die mit „entsprechenden Adjektiven" verbrämt würden.

Die Kritik Heyms saß tief und traf Redakteure wie Funktionäre an empfindlicher Stelle. Heym war kein westlicher Kritiker, sondern einer aus der DDR, der allerdings nicht mit der DDR auf Linie lag. Heym war Träger des Nationalpreises (1959) und hatte 1953 den Heinrich-Mann-Preis bekommen. Der überzeugte Antifaschist und angesehene Schriftsteller hatte in der DDR einen besonderen Status. Eine so gravierende Kritik konnte deshalb nicht ignoriert werden.[64]

Anfang der siebziger Jahre hatte ein Schriftstück in ähnlich unverschnörkelter Weise die Sprache in der *Aktuellen Kamera* kritisiert. Nur: dieses Papier kam aus den eigenen Reihen des Fernsehens. Datiert mit dem 14. Mai 1970, kurz vor dem politischen Führungswechsel von Ulbricht zu Honecker, legte Dieter Glatzer eine regelrechte Schmähkritik dem Staatlichen Komitee für Fernsehen vor. Die Überschrift lautet: „Probleme der Wirkungspolitik, zur Vorbereitung der Vorgabe 1971". Die Aussagefähigkeit der *Aktuellen Kamera* wird hier von Glatzer in Frage gestellt:

Unnötige Ärgernisse:
1. Die Sprache unserer Nachrichten, einschließlich der Nachrichtentexte unter Film, sie ist eine Schreibe, sie ist keine Rede. Und wenn sie eine Rede ist, dann ist sie eine schwerfällige Rede, monoton. Es ist eine Rede voller komplizierter Nebensätze, sie führen zu einer Fülle grammatischer Fehler, (sic!) die das Publikum daran zweifeln lassen, ob wir immer verstehen, was wir sagen.

---

64   Ebd., S. 104ff.

2. Stereotype Formulierungen. Sie durchwuchern unser Programm wie die Quecken. Es findet kein Ereignis mehr statt, das nicht als „bedeutsam" charakterisiert wird. An der ökonomischen „Front" dominieren die Ausdrücke aus der Kriegsberichterstattung. „Die Werktätigen" sind anonymer Sammelbegriff, hinter dem der Einzelne mit seiner Leistung, seinen Motiven und seinen Gedanken verschwindet.

Ins gleiche Gebiet gehört der Substantivismus. Aus Tätigkeitswörtern werden komplizierte Strukturen, die unglückselige Ansagesprecher hervormahlen. Schriftsteller lernen, wie man statt eines Alltagswortes zehn, zwanzig, dreißig andere (mit feinen Bedeutungsunterschieden) einsetzen kann. Warum lehren wir das die Texter im Fernsehen nicht? Es gibt übrigens auch Stereotype im Bild.

3. Wir beherrschen noch immer nicht die Kunst, in der *Aktuellen Kamera* eine durchgehend interessante, von den Menschen, ihren Leistungen und Motiven ausgehende Wirtschaftsinformation zu geben. Die Produktionspropaganda alter Art ist nicht überwunden.

Wir wollen nicht einem bestimmten Typ halbanarchistischer Mitarbeiter das Wort reden, die sich an die im Fernsehen notwendige Partei- und Staatsdisziplin nicht gewöhnen wollen. Aber es muss uns zu denken geben, dass wir im Allgemeinen mit eifrigen, aber unschöpferischen Menschen leichter zurechtkommen als mit unbequemen, aber ideenreichen, nicht immer ins Leitungsschema zu pressenden, sagen wir es ruhig – Fernsehbesessenen. Es gibt zu viel Resignation bei zu vielen schöpferischen Mitarbeitern, die noch immer eine gute Sendereihe wert sind, die sich aber nicht gefordert fühlen.[65]

Die Eindeutigkeit dieser Kritik ist beeindruckend, aber eine Ausnahme. In ihrer vernichtenden Haltung stellt sie die Qualität der Programmarbeit nicht nur in Frage, sondern führt sie sogar ad absurdum. Dennoch ist der Ansatz systemimmanent. Die Funktion der *Aktuellen Kamera* wird zwar zur Disposition gestellt, aber eben nur, weil sie ihre Funktion als staatliches Instrument nicht mehr erfüllte.

Eine verlässliche Einordnung dieser Kritik wäre möglich, wenn sich die Resonanz bei den zuständigen Redakteuren feststellen ließe. Der ehemalige Chefredakteur Erich Selbmann kann sich jedoch nicht mehr an dieses Kritik-Papier erinnern. Dennoch bestätigt Selbmann, dass an verschiedenen Stellen im Fernsehen der DDR heftig diskutiert worden sei, auch mit „strengeren Konsequenzen", wenn die inhaltlichen Vorgaben nicht eingehalten wurden oder wenn von der Redaktion etwas unterlassen worden war, auf das besonderen Wert gelegt wurde. In der Zeit unter Honecker habe dieses Umdenken mit detaillierten Vorschlägen nicht nur zu einem neuen Aufbau geführt, sondern auch zu einer veränderten Sprache und zu einem veränderten Stil der *Aktuellen Kamera*. Adameck hat „häufig seinen breiten Rücken hinhalten müssen, um seine Mannschaft vor deutlichem Ärger zu bewahren"[66].

---

65 Staatliches Komitee für Fernsehen, „Probleme der Wirkungspolitik", Zur Vorbereitung der Vorgabe 1971, lag dem Komiteevorsitzenden Heinz Adameck in der Sitzung des Komitees vom 14.5.1970 vor. DRA Babelsberg, Schriftgut FS, Sammlung Glatzer: Geschichte des Fernsehens 1966-1971.
66 Vgl. Interview Selbmann 1999.

Man habe schon versucht, Anregungen für Neuerungen umzusetzen, um möglichst viele Zuschauer anzuziehen, „immer im Rahmen dessen, was die Partei und damit auch wir für richtig, nützlich und notwendig hielten". Die Neuerungen allerdings auch durchzusetzen, sei immer anderen, meist „aktuellen Zwängen zum Opfer gefallen". Die Konzentration auf technische Verbesserungen lenkte von der inhaltlichen Diskussion ab. Anfang der siebziger Jahre fielen zahlreiche Entscheidungen zur Verstärkung der *Aktuellen Kamera*, wie der Übergang zu Farbsendungen, die Erweiterung des Auslandskorrespondenten-Netzes und der Bezirksstudios im Lande.

Mit der Kritik Dieter Glatzers liegt ein Papier vor, dass von kenntnisreicher Hand verfasst, in den Verteiler – zumindest der Kollegiumsmitglieder – gelangt war. Der Autor dieser Thesen musste sich einer gewissen Rückendeckung an höchster Stelle sicher sein, sonst hätte dieses Papier seine Zeit beim DFF schnell beendet. Die Direktheit der Kritikform ist außergewöhnlich, weil sie auf die Grundfesten der bisherigen journalistischen Darstellungsformen zielte. Beinahe ins Lächerliche zieht Glatzer die inhaltliche Ausrichtung der *Aktuellen Kamera*: Die zu Ritualen verkommenen Huldigungen von Jahrestagen, die floskelhafte Sprache bis hin zur Unwirksamkeit politischer Erziehung mittels der *Aktuellen Kamera*. Im Kern forderte die Kritik eine Abkehr von der bisherigen steifen und stereotypen Gestaltung, hin zu schöpferischer Kreativität. Die Intention, gegen die Resignation der Mitarbeiter kämpfen zu wollen, war ein unmissverständliches Signal, wie auch die Aussage, dass es Kreise von Journalisten gegeben haben muss, die frustriert über die steife, indoktrinierende und anachronistische Form der Nachrichtengestaltung waren.

Die Ebene der devoten Gefälligkeit wurde von Glatzer massiv durchbrochen. Es ist nicht zu bestreiten, dass er damit der *Aktuellen Kamera* die Fähigkeit zur Massenanleitung aberkannte. Das Ziel dieser Kritik kann nur darin gesehen werden, dass die redaktionelle Arbeit sich aus den auferlegten Begrenzungen lösen sollte, um weitere Zuschauergruppen zu erreichen. Das aber hätte einen großen Schritt hin zu einer beweglicheren Lenkungsform bedeutet, die mehr Spielräume hätte zulassen müssen und damit eine Abwendung von den dirigistischen Zügen.

In der *Aktuellen Kamera* waren die Probleme der fünfziger Jahre mit einem zu geringen Bildanteil und einer mangelnden Aktualität auch noch in den sechziger Jahren vorhanden. Zum zehnjährigen Jubiläum rügte Albert Norden in seiner Festansprache, dass die *Aktuelle Kamera* immer noch versuche, „gewollt oder ungewollt, der Nachrichtensendung des Rundfunks Konkurrenz zu machen".[67] Das Bild sei nur Staffage des Wortes und nicht der Kern der Information. Das Arbeitsleben und der sozialistische Aufbau kämen in den Filmberichten zu kurz. Eine Untersuchung der *Aktuellen Kamera* vom 26. Oktober bis 1. November 1964 ergab, dass 42 Prozent der Meldungen ohne visuelle Umsetzung blieben. Bei den außenpolitischen Beiträgen waren es sogar 75 Prozent.[68]

---

67 Norden 1962, S. 17.
68 Vgl. Geserick 1989, S. 134.

Um Nachrichten mit Filmberichten für das Fernsehen herzustellen, musste ein technisch komplizierter und besonders für die DDR kostspieler Aufwand betrieben werden. Die Berichterstattung aus dem Ausland stand besonders häufig im Gegensatz zur Aktualität, weil die Filmsequenzen zumeist zeitlich überholt waren. In den sechziger Jahren benötigte Bildmaterial aus Südamerika 48 Stunden, um nach Berlin zu gelangen. Es kam zum Beispiel vor, dass ein Filmbericht über die Kämpfe im Kaschmir-Gebiet erst zwei Tage später in Adlershof eintraf, die Kämpfe aber zur Ruhe gekommen waren und sogar zwischenzeitlich eine pakistanische Delegation zu Verhandlungen mit indischen Regierungsvertretern in Neu-Delhi zusammengetroffen war. Der Filmbericht war also in seiner aktuellen Aussage überholt, er widersprach sogar dem aktuellen Stand und der Nachrichtenlage von ADN. Dennoch brachte man den Filmbericht im Programm.

Dieter Ross, ein Mitarbeiter des DDR-Fernsehens, führt dazu aus, dass es zwei Möglichkeiten gegeben habe, durch Trennung oder Verflechtung aus dem Dilemma der „Nicht-Aktualität" herauszukommen.[69] Zum einen sollte man die Wortnachricht von ADN vorwegstellen mit der aktuellen Lage und dann den Filmbericht über die vergangenen Ereignisse nachstellen (Trennung), zum anderen könne auch der Filmbericht die vergangenen Ereignisse und die aktuelle Entwicklung mit einbeziehen (Verflechtung). Das Ergebnis müsse wie folgt gestaltet werden: „Über den indisch-pakistanischen Grenzkonflikt, der noch vor zwei Tagen zu schweren Kämpfen im Grenzgebiet führte, wird seit heute in Neu-Delhi verhandelt."[70] Auf diese Weise konnte mit zeitlich überholten Bildern ein Ausweg gefunden werden.

Der Mangel an aktuellem Filmmaterial zur besseren Illustration der Nachrichten war ein Dauerproblem für die *Aktuelle Kamera*. Als Selbmann 1966 sein Amt als Chefredakteur antrat, waren von 479 Meldungen, die in der *Aktuellen Kamera* im Laufe einer Woche ausgestrahlt wurden, 219 (47 Prozent) nicht durch Filmmaterial belegt. Noch am Ende des Jahres 1966 war das Verhältnis von Wort und Bild, gemessen an den Sendeminuten, 40 zu 60 und, gemessen an den Themen, sogar 72 zu 28 Prozent zum Nachteil der bebilderten Nachrichten. Das heißt, dass von allen in einer Woche gesendeten Nachrichtentiteln nur 28 Prozent Filmbeiträge waren, und davon war noch nicht einmal die Hälfte vom selben Tag, während bei allen anderen Nachrichten, selbst wenn man Fotos zeigte, der Vorteil der filmischen Anschaulichkeit fehlte.[71]

Dieser Bildermangel wird in einer Diplomarbeit aus dem Jahre 1968 noch genauer belegt. Sie unterscheidet zwischen Filmberichten und so genannten „gesprochenen Beiträgen". Unter einem „gesprochenen Beitrag" ist eine Wortnachricht zu verstehen. Unter dem Titel „Kriterien für die Komposition von Nachrichtensendungen des Fernsehens"[72] wurden 337 Beiträge vom Januar 1968 miteinander verglichen. Von den 142 Fernsehfilmbeiträgen (= 42 Prozent) waren 53 tagesaktuell, von den

---

69 Vgl. Ross 1965, S. 24f.
70 Ebd.
71 Vgl. Selbmann 1998, S. 120.
72 Stock 1968, S. 110-125.

195 gesprochenen Beiträgen (= 52 Prozent) 124, wovon 58 mit Fotos oder Grafik illustriert waren. Eine Durchschnittssendung enthielt zehn Fernsehfilmbeiträge, zehn gesprochene Beiträge und vier gesprochene Beiträge mit Foto oder Grafik.[73] Die durchschnittliche Länge einer Sendung betrug 14,52 Minuten, der Filmanteil lag bei 9,20 Minuten, das entsprach 62,7 Prozent. Die Wortmeldungen machten 5,32 Minuten aus, somit 37,3 Prozent. Die durchschnittliche Länge der Einzelbeiträge lag bei 56 Sekunden, die der Wortmeldungen bei 24 Sekunden. Im Vergleich zu späteren Zeiten waren dies Kurzformen der Nachrichten. Die Filmlänge lag in den achtziger Jahren zwischen 90 und 120 Sekunden, die der Wortmeldungen konnte schon seit den siebziger Jahren pro Einzelmeldung bis zu fünf Minuten lang sein.

Um die Vielfalt der Themen optisch erhöhen zu können, nahm der Umfang der Verbindungen ins Ausland ständig zu. Da es aber an Richtfunkstrecken zu anderen osteuropäischen Staaten fehlte, verzögerte sich die Auslandsberichterstattung jeweils um einen Tag. Schneller gelang die Berichterstattung durch die Bezirkskorrespondenten der DDR. Im Inland wurde das Filmmaterial nach dem Dreh nach Berlin gebracht, manchmal sogar dem Lokführer eines D-Zuges mitgegeben, um es per Bahn schneller zu transportieren. Diese Idee soll dem Redakteur Hans Thiel gekommen sein, der im Bezirksbüro Leipzig von 1960 bis 1969 arbeitete. Er hatte die Idee, die Filmbüchsen mit einem Aufkleber „Achtung! Filmmaterial wird mit Zugführer transportiert" zu versehen. Die ersten wurden in Leipzig bei der Firma Gersöhne gedruckt. Die damit versehenen Filmbüchsen wurden dann dem Zugführer eines D-Zuges in die Hand gedrückt, in Berlin abgeholt und kamen so zum Sendeeinsatz."[74]

Anfang der sechziger Jahre entwickelten sich die technische Ausstattung und auch die Übertragungsmöglichkeiten in großen Schritten. Im August 1962 lief die erste Direktübertragung über Moskau aus dem Kosmos. Dabei waren die sowjetischen Kosmonauten Andrijan Grigorjewitsch Nikolajew und Pawel Romanowitsch Popowitsch an Bord ihrer Raumschiffe Wostok 3 und Wostok 4 zu sehen. Das 2 800 km lange Fernsehkabel Moskau–Prag–Berlin wurde im November 1963 in Betrieb genommen. Im April 1965 begann der tägliche Austausch aktueller Nachrichtenbilder mit der Sowjetunion, und am 1. Mai 1965 konnte erstmalig eine Satellitenübertragung von Molnija 1 übernommen werden.

Mit 13 Ländern bestand ein vertraglich vereinbarter Filmaustausch: UdSSR, Polen, CSSR, Ungarn, Rumänien, Bulgarien, Jugoslawien, China, Finnland, Ägypten, Irak, Japan und Kuba. Fernsehkorrespondenten der *Aktuellen Kamera* arbeiteten in der Sowjetunion, in Polen, Kuba, Ägypten, Österreich, Belgien, China, Italien, Libanon und Indien, Mali, Burma, Schweiz, CSSR und auf mehr oder minder nicht offizielle Weise in einigen westlichen Ländern, beispielsweise auch in der Bundesrepublik Deutschland.

Da die Korrespondenten des DFF und später die des DDR-Fernsehens bis zum Schluss nicht über eigene Schnittkapazitäten im Ausland verfügten, auch nicht über

---

73 Ebd.
74 Vgl. Merl 1986. In: Deutsches Technikmuseum Berlin. Depositum Manfred Hempel.

eigene Überspielmöglichkeiten aus den jeweiligen Studios, wurde das Filmmaterial ungeschnitten nach Deutschland, meistens per Flugzeug, geschickt. Der Korrespondent legte eine Schnittliste und einen Textentwurf bei. Eine Ansage des Korrespondenten im Bild vor Ort wurde mitgeschickt, um die Authentizität der Berichterstattung zu erhöhen. Nur in seltenen Fällen wurden in den achtziger Jahren Schnittkapazitäten angemietet, beispielsweise in Moskau bei Parteitagen oder auch in der Bundesrepublik beim Staatsbesuch Erich Honeckers in Bonn 1987. Produktionen im nichtsozialistischen Ausland mussten als Anmietung regulär bezahlt werden. Eine Verrechnungsmöglichkeit mit westdeutschen Fernsehteams und entsprechender Gegenleistung gab es nicht, weil ARD und ZDF zur Endfertigung in den Westen, vor allem nach West-Berlin, fuhren.

Das Verhältnis Wortmeldung/Filmberichte veränderte sich zugunsten bebilderter Nachrichten, erreichte aber nie den Standard westlicher Sendungen. Ab 1975 war die *Aktuelle Kamera* weltweit am Austausch internationaler Bildquellen beteiligt. Die Redaktion war an den so genannten Aktualitäten-Austausch der Intervisionsländer angeschlossen und kam somit auch an die Bilder von allen Kontinenten. Außerdem benutzte die *Aktuelle Kamera* die täglichen Überspiele der Eurovision und weiterer Fernsehorganisationen.[75] Sie wertete Filmmaterial von UPI und Visnews aus und war ständig bemüht, den bilateralen Nachrichtenaustausch mit Fernsehstationen in aller Welt zu erweitern.

Um die politischen Ziele im Fernsehen umzusetzen, wurde eine Meisterschaft in der „Beherrschung der Formen und Genres"[76] gefordert. Für das Fernsehen waren das die Reportage, der Kommentar, das Interview, die grafische Skizze, das Feuilleton sowie der Bericht. Diese Mittel seien in den fünfziger und sechziger Jahren noch nicht so wirksam gewesen wie in der Presse. Während man die gedruckte Illustration zur Hand habe, sei das Fernsehen zu „flüchtig" und mit den gegenwärtigen Mitteln nicht bequem und beliebig reproduzierbar, so Glatzer.[77]

Nachdem die Verbreitung der Fernsehgeräte die Millionengrenze in den sechziger Jahren überschritten hatte, wurden die Vorzüge des Fernsehens gepriesen. Die Nutzung des Fernsehens zu publizistischen Zwecken wurde als die optimale Umsetzung von Agitation und Propaganda angesehen. Das Fernsehen sei zur Tribüne der führenden Persönlichkeiten des gesellschaftlichen Lebens geworden. Das persönliche Auftreten von Repräsentanten des Staates wurde als bildend und erziehend für Millionen Menschen empfunden.[78]

In Anlehnung an Lenin sollten die Werktätigen selbst mit Hilfe der Massenmedien ihre besonders fortgeschrittenen Erfahrungen austauschen können: „Unsere Massenmedien sind im Gegensatz zu denen des Kapitalismus eine Tribüne des Volkes".[79] Zur „Tribünefunktion" zählte der Leipziger Medienwissenschaftler

---

75 Vgl. Fernsehen der DDR 1976.
76 Vgl. Glatzer 1965, S. 13.
77 Ebd., S. 14.
78 Ebd., S. 27.
79 Erich Honecker: Bericht des Zentralkomitees an den VIII. Parteitag der Sozialistischen Einheitspartei Deutschlands. In: *Neues Deutschland* vom 16.6.1971, Ausgabe B, S. 9. Vgl. auch Hickethier 1998, S. 383.

Preisigke die politische Vertretung der Werktätigen und deren Einflussnahme auf die Programmplanung.[80] Von dieser Tribüne herab sollte sich fortan die politische Führung präsentieren können, wozu das Fernsehen noch stärker als früher instrumentalisiert werden müsse.

Anfang der siebziger Jahre bildete sich ein Stilelement heraus, das die *Aktuelle Kamera* bis zum Schluss beibehalten sollte. Werktätige aus den Betrieben kamen stärker zu Wort. Die Einbindung eines großen Bevölkerungsanteils in die industrielle Produktion gab Berichten aus der Arbeitswelt im Fernsehen einen hervorgehobenen Rang. Berichte aus dem Arbeitsalltag hatten ein hohes Identifikationspotential. Positive Reaktionen ganzer Kollektive auf die Zuwendung der Massenmedien („Hast du meinen Betrieb im Fernsehen gesehen?") waren der politischen wirtschaftlichen Führung des Landes gewiss.[81] Vor der Kamera sollten Ingenieure, wie Genossenschaftsbauern und Parteifunktionäre, aber besonders Vertreter der Arbeiterklasse über Erfahrungen und Initiativen sprechen. Der Fernsehbildschirm sollte auf diese Weise die Tribüne des gesellschaftlichen Erfahrungsaustausches sein, eine Tribüne der sozialistischen Demokratie.[82] Indem man den Werktätigen noch mehr das Wort gebe, würden ihre Teilhabe an der Macht, ihre Ideen und Erfahrungen und die politischen Motive ihres Handelns besser dargestellt.

Die „Tribünefunktion" war nur eine Ausprägung gestalterischer Methoden in der *Aktuellen Kamera*. Stärkere Beachtung fanden die Eigenschaften, die ein Ereignis besitzen musste, um als Nachricht in die *Aktuelle Kamera* zu gelangen. Diese so genannten Nachrichtenfaktoren – die im Westen von einer wahrnehmungspsychologischen Interpretation journalistischer Erfahrungen gesteuert werden[83] – sind auf die Selektion von Nachrichten in der DDR nicht zu übertragen. Nachrichtenfaktoren bestimmen in der Bundesrepublik in der Regel die Ereignisentwicklung, die Bedeutsamkeit eines Nachrichtenereignisses, die Eindeutigkeit des Geschehens und auch eine Erwartungstreue der Rezipienten.[84]

In der DDR spielten diese Faktoren nur eine untergeordnete Rolle. Die zweckbestimmte Mitteilung von Erkenntnissen und vor allem das Klasseninteresse des sozialistischen Nachrichtenjournalisten führten zu einer Neuorientierung redaktioneller Prämissen. In der *Aktuellen Kamera* steuerten inhaltliche Ausrichtung und – damit immer eng verbunden – die optische Umsetzung durch Anschaulichkeit, Beweiskraft und emotionale Wirkung die Gestaltung der Nachrichten. Bild und Inhalt standen reziprok untrennbar im Zusammenhang. Die optische Vermittlung ideologischer Ziele mittels Platzierung und Gewichtung dominierte die aus sozialistischer Sicht relevante Themensetzung.

---

80 Vgl. Preisigke 1981.
81 Schlosser 1999, S. 115.
82 Glatzer 1965, S. 67.
83 Zu den Nachrichtenfaktoren vgl. Schulz 1989.
84 Vgl. Ruhrmann 1994, S. 240f.

Die von Joachim Wendorf und Michael Lina untersuchten Bildsequenzen aus Nachrichtenfilmen verweisen auf die Probleme von Haupt- und Nebensujets.[85] Die von ihnen gewonnenen Einsichten lassen sich mühelos auf die *Aktuelle Kamera* übertragen. Die *Aktuelle Kamera* transportierte Informationen in kurzer Zeit, was eine scharfe Herausstellung des Hauptsujets erforderte. Das zum Hauptereignis ernannte Thema stand pointiert im Vordergrund und transportierte nebenher eine Fülle weiterer Informationen, wie die Anzahl von Zuschauern bei Großveranstaltungen sowie Modernität und Wirtschaftswachstum bei Einweihungen von Industrieanlagen. Wie der Text hatte auch das Bild die Möglichkeit, etwas Wirkliches zu verleugnen oder etwas wiederzugeben, was nicht der Wirklichkeit entsprach.[86] Das Herausschneiden ganzer Filmsequenzen, die gegen die vorgegebenen Paradigmen staatlicher Informationsrichtlinien verstießen, war eine der Steuerungsoptionen fernsehtechnischer Manipulation. Dazu zählte das Weglassen unliebsamer Äußerungen von Politikern anderer Staaten[87] sowie die Beachtung der so genannten Tabu-Listen.

Zur Unterstützung der eigenen ideologischen Linie wurde die *Aktuelle Kamera* zur Darstellung staatskonformer Ziele eingesetzt, wie beispielsweise einer Vertragsunterzeichnung oder eines Staatsbesuches, um die vermeintlich guten Beziehungen zu sozialistischen Partnerländern zu untermalen. Das Fernsehen vermittelte Authentizität, darüber hinaus die Faszination des bewegten Bildes und das Gefühl, dabei gewesen zu sein. Die symbolische Bedeutung bildlicher nonverbaler Transmission politischer Ziele unterstützte den Sinngehalt, der nicht vergleichbar mit Worten im Rundfunk oder in Zeitungsartikeln zu transportieren war. Eine verbale Polarisierung, die bewusst Elemente der Polemik als Stilmittel einsetzte, ergänzte die gestalterischen Formen nachrichtlicher Informationsvermittlung. Kriterien objektiver Vermittlung wurden nicht berücksichtigt, da eine bewusste parteiliche und wertende Stellungnahme von den Journalisten selbst als Grundlage ihrer Arbeit verstanden wurde.[88]

Diese Verhaltensmuster begleiteten die Nachrichtengestaltung des DDR-Fernsehens vom Anfang bis zum Ende. Der Unterschied zwischen den beiden Auffassungen von Journalismus in den gesellschaftlichen Systemen ist eindeutig. Während im westlich-pluralen Mediensystem von Journalisten ein Angebot mit vielen Informationen gemacht wurde, aus denen die Rezipienten ihre Nachrichten heraussuchten, wurde vom sozialistischen Journalismus ein Angebot gemacht, das immer einer bestimmten politischen Zielrichtung diente. „Wir hielten eine zweckbestimmte Vermittlung von Tatsachen, von Gedanken und Gefühlen für das Wesen der Information, in jedem Falle für unsere Pflicht."[89] Man glaubte an die „aktive, bewusstseinsbildende Rolle der Information", die immer zielorientiert verstanden wurde. „Wir folgten Marx und seiner berühmten elften ‚Feuerbach'-These: ‚Die

85   Wendorf/Lina 1987.
86   Vgl. Körber 1994, S. 142.
87   Vgl. Scharf 1993.
88   Vgl. Grote 1960b.
89   Selbmann 1998, S. 139f.

Philosophen haben die Welt nur verschieden interpretiert, es kommt aber darauf an, sie zu verändern'." Information hatte für ihn, wie andere Formen der Meinungsbildung auch, die Aufgabe, „an der Schaffung eines Weltbildes mitzuwirken"[90].

Dieser selektive Blick auf die Ereignisse mit missionarisch motiviertem Ansatz, eine „Wir-erklären-euch-die-Welt-Ideologie", führte bei den Zuschauern zunehmend zur Verweigerungshaltung und dem Gefühl, immer weniger wirkliche Nachrichten zu erfahren. Zur Vollständigkeit einer Nachrichtensendung gehörten die Erfahrungen im Alltag, die Konsumeinschränkungen, die Meinungskontrolle und letztlich die Existenz der Mauer und die damit verbundenen Repressalien. Die Nachrichtengestaltung entsprach nicht der Wirklichkeit, und deshalb gehörte es zur Methodik, ein anderes, geschöntes Bild zu erzeugen.

90 Ebd.

Historische Meilensteine
in der *Aktuellen Kamera*

Außen- und innenpolitische Ereignisse veränderten Inhalte und Strukturen der *Aktuellen Kamera*. Besonders Krisen oder Umbrüche im Inland waren von nachhaltig prägendem Charakter. Dies verdeutlicht abermals die herausgehobene Stellung der Fernsehnachrichten im Mediensystem der DDR sowie die besondere Nähe zur politischen Führung. Exemplarisch seien an dieser Stelle zeitgeschichtlich relevante Ereignisse in Bezug zur Berichterstattung in der *Aktuellen Kamera* gesetzt. An ihnen lässt sich zeigen, wie man journalistisch mit diesen Geschehnissen umging und welche Auswirkungen dies auf die Programmstruktur und Planung im Fernsehen der DDR hatte.

Für die *Aktuelle Kamera* brachte die **Volkserhebung am 17. Juni 1953** eine erste Zäsur, die sich vor allem auf die Sendefrequenz auswirkte. Infolge der Ereignisse wurde die *Aktuelle Kamera* für 17 Monate aus dem Programm genommen. Der gesellschaftlichen und medienpolitischen Entwicklung gingen grundsätzliche Veränderungen voraus. Die Umgestaltung der DDR-Gesellschaft, die Beseitigung noch vorhandener wirtschaftlicher und sozialer Überreste einer nichtsozialistischen Ausrichtung und die Stärkung der Staatsmacht führten Anfang 1953 zu einer erheblichen Bevorzugung der Schwerindustrie, was letztlich eine Einschränkung in der Konsumgüterindustrie bedeutete und Versorgungsengpässe zur Folge hatte. Vor allem die Beschlüsse der 2. Parteikonferenz vom 9. bis 12. Juli 1952 zum „Aufbau des Sozialismus" wurden nicht nur von der Bevölkerung, sondern auch von Teilen der SED-Basis mit Unmut und Widerwillen registriert. Damit hatte die zweite Phase des revolutionären Umwandlungsprozesses begonnen, und das hieß: völlige Zentralisierung der Verwaltung, strikte Unterordnung des Staatsapparates unter die Befehlsgewalt der SED, Umgestaltung der Justiz, Aufbau nationaler Streitkräfte, volle Verstaatlichung der Industrie und Teilkollektivierung der Landwirtschaft. Den dadurch entstandenen innergesellschaftlichen Spannungen konnte auch eine „Tauwetterperiode" in der DDR nichts mehr entgegensetzen, die von sowjetischer Seite empfohlen wurde. Am 17. Juni 1953 kam es in 250 Orten zu Streiks und

Demonstrationen, an denen 300 000 bis 400 000 Arbeiter beteiligt waren. Die Führung der Partei der Arbeiterklasse erfuhr auf diese Weise, dass ihr Führungsanspruch mehr auf Macht als auf Zustimmung beruhte. Der Aufstand selbst richtete sich nicht eindeutig gegen die Sowjets, sondern gegen die SED-Regierung. Niedergeschlagen wurden die Demonstrationen jedoch von sowjetischem Militär.[1] Der 17. Juni ging in die Geschichte als der Tag des Aufstandes gegen erzwungene Lebensumstände ein, die der DDR-Bevölkerung im Vergleich zu den Menschen in der Bundesrepublik in vielerlei Hinsicht schlechtere Verhältnisse bescherten.

Die Proteste um den 17. Juni führten in der Folge zu massiven Repressionen. Die Sowjetunion entzog den Trägern der Tauwetterpolitik das Mandat für die Verfolgung der bisherigen Ziele. Das bedeutete eine Destabilisierung der Partei- und Staatsführung, die sich über Jahre hinzog. Die unterschiedliche Wahrnehmung und Auslegung der gesellschaftlichen und politischen Verhältnisse spiegelte zugleich die publizistische Handhabung der deutsch-deutschen Verhältnisse. In den DDR-Medien wurde dieser Tag als die Zerschlagung des von der „BRD und Westberlin gesteuerten konterrevolutionären Putschversuchs" in Berlin und einigen anderen Städten bezeichnet.[2] Die vorangegangene Berichterstattung des RIAS Berlin hatte zu einem gewissen Teil die Proteste in Ost-Berlin befördert. Der von den Amerikanern beeinflusste RIAS hatte provozierend die Verhältnisse in der DDR angeprangert und sich damit auf westlicher Seite mit einer ins Propagandistische gehenden Berichterstattung an der gesellschaftlichen Auseinandersetzung beteiligt. Der Aspekt der Aufwiegelung durch die westdeutschen Medien sollte nicht überbewertet werden, weil der Aufstand auch in den Teilen der DDR stattfand, die außerhalb der Reichweite des westlichen Senders lagen.

Die Massenerhebungen und Proteste zeigten Konsequenzen für den Fernsehbereich. Das Zentrum in Berlin-Adlershof wurde am 17. Juni von der Volkspolizei umstellt und abgeriegelt. Alle Mitarbeiter, die an diesem Tag Dienst hatten, wurden für ihren Einsatz für die Politik der DDR belohnt und mit einer Prämie ausgezeichnet. Obwohl die *Aktuelle Kamera* seit Anfang des Jahres 1953 bereits immer unregelmäßiger erschien, gab es an diesem Tag eine Ausgabe. Bezeichnend für das Ignorieren der aktuellen Ereignisse ist die Themenauswahl an diesem Abend des Volksaufstandes. Statt das zweifellos wichtigste Ereignis des Tages zu berücksichtigen, stand die Tagung des Weltfriedensrates in Budapest im Vordergrund. Die einzigen Filmsequenzen in der *Aktuellen Kamera* an diesem Tag waren Wiederholungen aus dem *Augenzeugen*[3]. Gefüllt wurde die Sendung mit einem Filmbericht über das Jugendklubhaus „Philipp Müller" in Brandenburg, den sozialistischen Wettbewerb im Edelstahlwerk Böhlen und über eine Wohnungsbesichtigung im Hochhaus Weberwiese. Angesichts der aktuellen Tagesereignisse mit vielen Todesopfern mutet

---

1 Vgl. Steininger 1983, S. 456ff.
2 Heil 1967, S. 269.
3 *Der Augenzeuge* war von 1946 bis 1980 das Pendant der DDR zur *Deutschen Wochenschau*. Er war ein Propagandamedium in der DDR. Die wichtigsten Themenfelder von 1946 bis 1980 waren: Produktion, Versorgung, Sozialismus und Kapitalismus, Frieden und Krieg, internationale Solidarität sowie Sport. *Der Augenzeuge* hatte eine Länge zwischen 20 und 24 Minuten.

der Originaltext zynisch an: „In der Stalinallee leben in gut eingerichteten Wohnungen frohe Menschen, die diese Bauten für sich errichtet haben. Küche, Bad, Schlafzimmer, Kinderzimmer und Wohnzimmer sind modern und komfortabel. Die Monatsmiete beträgt 69 Mark."[4] Der Arbeiteraufstand wurde mit keinem Wort erwähnt. Die aktuellen Ereignisse fanden keinen Einzug in die Nachrichten, weil die Redaktion mit den unvorhergesehenen Ereignissen nicht umzugehen vermochte. Außerdem hatte man zunächst kein eigenes Bildmaterial von den Ereignissen. In diesen Anfangs-monaten der *Aktuellen Kamera* wurde praktiziert, was später zur Routine werden sollte: abwarten, die Meinungsbildung beobachten.

Ab dem Frühjahr 1953, so Heinrich Grote, der zu der Zeit noch beim Rundfunk war, habe es das Bemühen gegeben, so genannte „populärere Elemente" in das Programm mit einzubauen. Unter anderem gab es die Idee, am Vormittag eine Sendung für Hausfrauen zu machen. Es war beabsichtigt, dass denen, die zu Hause sitzen, ein spezielles Programm geboten wird, mit dem Information, Spaß, Unterhaltung und natürlich aktuelle Politik vermittelt werden sollte. Mit einer kleinen Redaktionsgruppe brachte Grote dieses Vorhaben selber innerhalb eines halben Jahres an den Programmstart.[5]

Politisch wurde auf höchster SED-Ebene rigoros reagiert. Das ZK-Plenum befasste sich mit Pressefragen. Auf der 15. ZK-Sitzung vom 24. bis 26. Juli 1953 wurde die Presse scharf kritisiert. In einer Entschließung unter der Überschrift „Der neue Kurs und die Aufgaben der Partei" heißt es wörtlich: „Die Arbeit der Parteipresse und des Rundfunks war unbefriedigend."[6] Auch auf der 16. ZK-Sitzung vom 17. bis zum 19. September desselben Jahres ging der damalige Sekretär für Agitation und Propaganda, Fred Oelßner, ausführlich auf die kritisierten Mängel der Presse in seinem Referat „Über die Verbesserung der Arbeit der Presse und des Rundfunks" ein.[7] Fragen der Planung und Organisation der Redaktionsarbeit spielten dabei eine Rolle.

Ab dem 16. August 1953 gab es deutliche erste Anzeichen durch Kurt Heiß, den Vorsitzenden des Staatlichen Rundfunkkomitees, für eine Korrektur des Kurses und eine Orientierung an den Hörerwünschen. Heiß reagierte damit auf die Medienschelte. Die Abgrenzung der drei bestehenden Hörfunkprogramme wurde ausgebaut, der gesamtdeutsche Charakter stärker betont, und die Bezirksstudios strahlten wieder zwischen 18.00 und 19.00 Uhr eigene Programme aus, was eine erneute Hinwendung zu einer dezentralen, regional betonten Rundfunkversorgung bedeutete. Sogar die von der SED-Führung kritisierte westliche Tanzmusik wurde wieder ins Programm aufgenommen.[8]

Für die *Aktuelle Kamera* waren die Auswirkungen des 17. Juni von existenzieller Bedeutung. Die tief greifenden Konsequenzen waren zunächst nicht sichtbar.

---

4   DRA Babelsberg, Schriftgut FS, Korrigierter Sendeplan vom 17.6.1953.
5   Interview Grote 1999.
6   Sozialistische Einheitspartei Deutschlands 1951, S. 449.
7   Vgl. Löckenhoff 1966, S. 307.
8   Geserick 1992, S. 19.

Lediglich acht Ausgaben folgten noch 1953 nach dem Arbeiteraufstand bis zum 18. Juli. Dann trat eine Sendepause ein, deren Ende zunächst nicht abzusehen war. Bis zu dieser Abschaltung war die *Aktuelle Kamera* im ersten Halbjahr 1953 in der Regel zweimal pro Woche produziert worden, wie auch die DEFA-Wochenschau *Der Augenzeuge*.[9]

Die Hintergründe, die *Aktuelle Kamera* einzustellen, blieben dem Fernsehzuschauer verborgen. Weder die Programmzeitschrift *Unser Rundfunk* noch sonstige Printmedien verbreiteten Angaben über ihre Absetzung. Auch in der letzten Sendung vor der Einstellung, am 18. Juli 1953, fiel bezüglich der Nachrichten im Fernsehen kein Wort über die zukünftigen Pläne des Fernsehzentrums Adlershof. Da sich ein halbes Jahr nach der Erstausstrahlung das Publikum nur aus einigen hundert Zuschauern zusammensetzte, löste die Einstellung kein großes Aufsehen aus. Der parallel produzierte *Augenzeuge* übernahm nach außen die Funktion der *Aktuellen Kamera*, so dass für die interessierten Fernsehzuschauer eine latent aktuelle Berichterstattung aufrechterhalten blieb. Nur die in der DDR veröffentlichte „Zeittafel" von Dieter Glatzer und Manfred Hempel erwähnt das Datum 19. Juli 1953 und führte kommentarlos die drei Nachfolgesendungen auf.

In späteren Publikationen werden für das Abschalten der *Aktuellen Kamera* unterschiedliche Gründe genannt. So sei es wegen der ständigen Kritik und dem Mangel an technischen Mitteln zu einer Einstellung der aktuellen Informationssendungen gekommen. Die *Aktuelle Kamera* sei nicht aktuell genug gewesen, umfassendere Informationen habe es in Presse und Rundfunk gegeben, außerdem sei die *Aktuelle Kamera* optisch nicht so wirkungsvoll wie die DEFA-Wochenschau.[10] Technische Schwierigkeiten, zu wenig Kameras und zu lange Entwicklungszeiten im DEFA-Kopierwerk wurden ebenso als Gründe für die Zwangspause der *Aktuellen Kamera* genannt. Weit verbreitet war die Meinung, dass aktuelle Filminformationen „Sache der Wochenschau und nicht des Fernsehens sei".[11] Für Selbmann hatten sich die Mitarbeiter in den ersten Monaten so verausgabt, dass ihnen die Kraft ausgegangen sei.[12] Grote vermutet, dass die *Aktuelle Kamera* im Zusammenhang mit dem 17. Juni eingestellt worden sei, weil man „das etwas gefälliger anbieten" sollte.[13] Mit „gefälliger" kann nur eine weniger politisch indoktrinierende Ausrichtung der Informationssendungen gemeint sein. Die Zuspitzung in der Ost-West-Kontroverse hatte demnach zu einer unbeabsichtigten Polarisierung geführt. Das Aussetzen der Fernsehnachrichten nach dem 17. Juni muss gleichsam in Relation gesehen werden und sollte nicht überinterpretiert werden. Es gab noch einen verschwindend kleinen Teil von Zuschauern, das Fernsehprogramm wie die *Aktuelle Kamera* steckten in

9   Diese Zulieferungen der DEFA liefen wie die *Aktuelle Kamera* um 20.00 Uhr, meistens mittwochs und freitags. Die aktuellen Wort- und Bildinformationen wurden durch die Sendungen *Aus unseren Tagen*, *Blick in die Welt* und *Die Woche im Bild* ersetzt. Sendedaten der *Aktuellen Kamera* und der DEFA-Wochenschau nach dem 17. Juni 1953 siehe Bösenberg 2004, S. 234, FN 123. Dazu auch DRA Babelsberg, Schriftgut FS, Korrigierte Sendepläne. Ebenso: Glatzer/Hempel/Schmotz 1972, S. 29.
10   Vgl. Preisigke 1965, S. 25.
11   Ebd., S. 25.
12   Interview Selbmann 1999.
13   Interview Grote 1999.

den Kinderschuhen, zu viel konnte in dieser Zeit von einer Nachrichtensendung im Fernsehen noch nicht erwartet werden. Welches Argument letztendlich die Entscheidung für die Wiederaufnahme der Regelsendung *Aktuelle Kamera* ins Programm brachte, ist aus den Unterlagen nicht zu ersehen. Es ist davon auszugehen, dass der Bedarf nach einer tagesaktuellen Informationssendung den Ausschlag gegeben hat. Ab dem 14. November 1954 war die *Aktuelle Kamera* im Fernsehen der DDR wieder zu sehen, maßgeblich entwickelt von den späteren Chefredakteuren Günter Nerlich und Heinrich Grote.

Als nächstes soll die Rolle der *Aktuellen Kamera* vor dem Hintergrund des **Mauerbaus am 13. August 1961** betrachtet werden. An diesem Tag wurden die *Aktuelle Kamera* und die dazugehörige Redaktion eindeutig als Propagandainstrument in das Vorhaben der Regierung einbezogen. Auf den zeitgeschichtlichen Vorlauf des Mauerbaus kann an dieser Stelle nur fragmentarisch eingegangen werden. Das Jahr 1961 war von erheblichen politischen Spannungen geprägt. Die Sowjetunion forderte immer nachdrücklicher den Abschluss eines deutschen Friedensvertrages und drohte damit, ihn notfalls mit der DDR allein abzuschließen, was schwerwiegende Folgen für die Positionen der drei West-Mächte in West-Berlin gehabt hätte. Diese gaben jedoch dem Druck Chruschtschows nicht nach. Seine Begegnung mit John F. Kennedy am 3. und 4. Juni 1961 in Wien endete in fast drohendem Ton. Den Bau einer Mauer hatte Walter Ulbricht noch am 15. Juni mit den Worten von sich gewiesen: „Niemand hat die Absicht, eine Mauer zu errichten." Trotz dieser Aussage gaben schließlich die massiven Flüchtlingsströme aus der DDR den Ausschlag für die Errichtung der Grenzsicherungsanlagen. In den Jahren von 1956 bis 1960 hatten bei abweichenden Erhebungszahlen etwa 1,5 Millionen Menschen der DDR den Rücken gekehrt.[14] In einigen Kreisen und Orten der DDR fehlten Ärzte und andere hoch qualifizierte Fachleute.

Eingeweiht in die Planungen waren am 12. August 1961 gut zwanzig unbedingt vertrauenswürdige Spitzenkader aus Walter Ulbrichts Machtapparat. Einbezogen waren Kommandeure der Grenzpolizei, der Volkspolizei und der Betriebskampfgruppen sowie der Volksarmee. Zu den ebenfalls Eingeweihten zählten die Drucker der Plakate, die am 13. August 1961, einem Sonntag, von den Litfasssäulen Ost-Berlins die Maßnahmen der Schließung der Grenze verkünden sollten. Ab 0.01 Uhr rückten Einheiten der Volkspolizei, der Bereitschaftspolizei, der NVA sowie Verbände der Kampfgruppen in zugewiesene Abschnitte, besetzten die Sektorengrenze und riegelten sie mit Stacheldrahtverhauen und spanischen Reitern ab. Die NVA-Truppen sollten mindestens 300 Meter hinter der Sektorengrenze den Bereich sichern, während die Grenze selbst Sache von Polizei und Betriebskampfgruppen war. Um 1.11 Uhr verbreitete ADN als erste Nachrichtenquelle in der DDR eine ausführliche Proklamation der Regierungen der Warschauer-Pakt-Staaten. Im letzten Absatz stand die entscheidende Formulierung, dass Maßnahmen ergriffen worden sind, um „eine

---

14   Vgl. Stöckigt 1990, S. 651; Otto 1996, S. 240; sowie SAPMO BArch, DY 30/IV 2/2/775. Abweichend sind die Angaben anderer Autoren, besonders die von Schroeder. Er kommt nur auf 1 088 008 Flüchtlinge aus der DDR. Vgl. Schroeder 1998, S. 91–95.

zuverlässige Bewachung und eine wirksame Kontrolle" der Sektorengrenze einzuleiten. Das *Neue Deutschland* brachte eine Sonderausgabe heraus, auch hier müssen Journalisten und Drucker vorab informiert gewesen sein.

Das Sonderprogramm im Fernsehen war umfangreich. Die Redaktion der *Aktuellen Kamera* sendete ab 8.00 Uhr morgens zu einer für sie völlig ungewohnten Zeit bereits in längeren Sondersendungen. Insgesamt elf Ausstrahlungen begleiteten den Tag der Grenzschließungen: Von 8.00 bis 8.23 Uhr, von 8.46 bis 8.59 Uhr, von 9.53 bis 10.06 Uhr, von 10.59 bis 11.20 Uhr, von 12.19 bis 12.28 Uhr, von 17.04 bis 17.27 Uhr, ein aktuelles Gespräch von 19.00 bis 19.31 Uhr, die Regelausgabe der *Aktuellen Kamera* von 19.31 bis 20.01 Uhr, Sonderberichte von 22.44 bis 22.47 Uhr, von 23.03 bis 23.06 Uhr und die Spätausgabe der *Aktuellen Kamera* von 23.29 bis 23.45 Uhr sowie *Der schwarze Kanal* von 21.25 bis 21.44 Uhr.[15] Die Fernsehleitung hatte an diesem Tag umfangreich reagiert. Da Nachrichtensprecher für das Programm fehlten, rekrutierte Intendant Adameck den Hörfunksprecher Klaus Feldmann für die Ansagen zum Mauerbau für das Fernsehen.[16] Feldmann erinnert sich, dass in Adlershof Hektik geherrscht habe, da man von der Entwicklung völlig überrascht gewesen sei. Als redaktionelles Material gab es nur die Sonderausgabe des *Neuen Deutschlands*, einzelne Berichte waren ausgeschnitten und auf Papier geklebt.

Die *Aktuelle Kamera* fungierte als Verbreitungsinstrument staatlicher Erklärungsmuster für die Schließung der Berliner Verbindungswege. Immer wieder trug Feldmann die Erklärung des Ministerrates der DDR und der Regierungen der Paktstaaten des Warschauer Vertrages vor. In den Pausen hätten sie ihn wie einen „Superstar" behandelt. Adameck habe mit seinen Mitarbeitern im Büro gesessen und ihn aufgefordert, er möge sich auf dem Intendantensofa langstrecken. Vom Sofa aus habe er „genüsslich" zugesehen, wie die Führung des Fernsehens die Weltlage diskutiert habe.[17] Der Inhalt der Kommuniqués rechtfertigte den Einsatz uniformierter Kräfte bei der Grenzbefestigung. „Maßnahmen zur Sicherung des Friedens" und „zur Gewährleistung der Sicherheit anderer sozialistischer Staaten" hätten zu einem Beschluss geführt, der die „von Westberlin ausgehende ‚Wühltätigkeit'" unterbinden sollte. Wörtlich hieß es in dem Kommuniqué: „Diese Wühltätigkeit schädigt nicht nur die Deutsche Demokratische Republik, sondern berührt auch die anderen Länder des sozialistischen Lagers." Die Regierungen der Warschauer Vertragsstaaten hätten sich an die Volkskammer und an die Regierung der DDR gewandt mit dem Vorschlag, „an der Westberliner Grenze eine solche Ordnung einzuführen", damit „eine verlässliche Bewachung und eine wirksame Kontrolle gewährleistet" sei.[18] In der Erklärung, die auch in der Hauptausgabe der *Aktuellen Kamera* um 19.30 Uhr von Klaus Feldmann verlesen wurde, erfuhren die Zuschauer, dass die Bürger der DDR nur noch mit einer besonderen Genehmigung die Grenzen passieren durften.

15 Um 20.02 Uhr sendete der DFF an diesem Abend *Die verkaufte Braut*. DRA Babelsberg, Schriftgut FS, Korrigierter Sendeplan vom 13.8.1961.
16 Vgl. Feldmann 1996, S. 35.
17 Ebd., S. 36.
18 *Aktuelle Kamera* vom 13.8.1961. DRA Babelsberg.

Filmberichte der *Aktuellen Kamera* zeigten an diesem Tag Ulbricht beim Truppen-
besuch im Ostteil Berlins. Ulbricht fragte vor laufender Kamera die um ihn ver-
sammelten Uniformierten, was sie von den neuen Maßnahmen halten würden.
Die Antworten waren zögerlich, unterstrichen aber eine Unterstützung der neuen
Regelungen. Das Fernsehen suggerierte, direkt bei den Gesprächen mit der Grenz-
polizei dabei zu sein. Die Ausschnitte waren verhältnismäßig lang und umfangreich.
Auch das Fernsehstudio der *Aktuellen Kamera* hatte sich an diesem Abend dem
Anlass optisch angepasst, mittels eines dunklen Vorhangs vor dunklem Hintergrund.
Die Einspielbeiträge zeigten Menschen, die offenbar an diesem Tag die Grenzen von
West nach Ost passiert hatten. Die Grundausrichtung der Berichterstattung sollte
Normalität signalisieren. Die Abfertigung an der Sektorengrenze – so der Sprecher-
text – sei wie immer „höflich" gewesen. Alle von den Reportern der *Aktuellen
Kamera* Befragten unterstützten die neuen Grenzsicherungen. Wörtlich lautete
der Text im Filmbericht der *Aktuellen Kamera*: „Es war ein ganz normaler Tag, die
Regierung beschließt, was das Anliegen der Bevölkerung ist." Das wurde durch
Aufnahmen von einer Busreise für Touristen, die mit klassischer Musik unterlegt
war, belegt. Vom Stacheldraht, der Volkspolizei und den Betriebskampfgruppen an
der Sektorengrenze erschien kein einziges Bild in der *Aktuellen Kamera*.

Am 14. August wurde die Sonderberichterstattung fortgesetzt, allerdings weniger umfangreich. Der Sendeablaufplan weist die nachfolgenden Themen aus: Ruhe
an der Demarkationslinie, Alliierte Soldaten nach wie vor im demokratischen
Berlin zu Gast, die Schlagzeile der *Bild-Zeitung* „Berlin kocht vor Empörung", dazu
Arbeiter-Stimmen, anschließend folgten Berichte aus dem Ausland.[19] Chefredakteur
Grote sprach einen Kommentar. Seine Worte wurden immer wieder unterlegt
mit Bildsequenzen vom Tag. Gezeigt wurden wartende enttäuschte Reporter, die
auf Sensationen aus gewesen seien. Das Erscheinen gewisser „Schreihälse" an der
Grenze hätte zu Provokationen geführt, deshalb hätte man ab 15.00 Uhr an die-
sem 14. August 1961 das Brandenburger Tor schließen müssen. „Angehörige der
Kampfgruppen der Berliner Betriebe und Einheiten unserer Nationalen Volksarmee
übernahmen den Schutz an diesem Teil unserer Staatsgrenze", so kommentierte
Grote, deshalb „wird [es] nichts mit den erwünschten Provokationen an unseren
Grenzen. Nicht etwa, weil die Möchtegern-Krieger nicht energisch genug gemöch-
tet hätten". Die Maßnahmen, so der generelle Tenor, würden sich nur gegen die
„Westberliner Schreihälse" richten und nicht gegen die „friedliebenden Bürger
Westberlins".[20] Es sollte den Zuschauern in Ost und West suggeriert werden, dass
der Mauerbau ein ganz normaler Vorgang sei.

Alle Bewertungen der journalistischen Arbeit rund um den 13. August 1961 wurden in nachfolgenden Publikationen in der DDR positiv dargestellt. Die Diplomandin
und Chronistin der *Aktuellen Kamera* Gabriele Loke sah diesen Tag so, wie er von
der gesamten Presse damals behandelt wurde. Die Sicherung der Staatsgrenze sei
„erläutert" und mit der „Festigung des Friedens" in Einklang gebracht worden.

19 *Aktuelle Kamera* vom 14.8.1961. DRA Babelsberg.
20 Ebd.

Insgesamt sendete das Fernsehen und vor allem die Redaktion *Aktuelle Kamera* ein bis „dahin ungewöhnliches Programm"[21]. Umfang, Ausrichtung und Zielrichtung der Berichterstattung waren dabei ganz im Sinne der agitatorischen Intention der Staats- und Parteiführung. Während nach dem Volksaufstand vom 17. Juni 1953 die *Aktuelle Kamera* vorübergehend abgeschaltet wurde, ging die Nachrichtensendung aus der Berichterstattung rund um den 13. August 1961 gestärkt hervor. Der Anteil des informationsgeprägten Programms nahm in der Folge ständig weiter zu.

Das Fernsehen und die *Aktuelle Kamera* hatten es im Sinne der SED-Spitze geschafft und waren ihrer Aufgabe in einer Krisensituation gerecht geworden. Das Herrschaftsinstrument Fernsehen hatte seine Bewährungsprobe bestanden.

Über das planmäßige Einbeziehen des Fernsehens im Vorfeld des 13. August gibt es allerdings keine Hinweise. Weder Zeitzeugen noch sonstige Quellen geben Auskunft, wann und wie die Redaktion der *Aktuellen Kamera* über die Schließung der Grenzen informiert wurde. Es kann somit nur davon ausgegangen werden, dass seit Mitternacht die Redakteure und Techniker zusammengerufen wurden, um ab 8.00 Uhr morgens eine aktuelle Fernsehsendung produzieren zu können. Die Zeittafel über das DDR-Fernsehen führt unter dem Datum vom 13. August 1961 ein „Sonderprogramm aus Anlass der Sicherung der Staatsgrenze der DDR mit Nachrichten, Kommentaren, Unterhaltungsbeiträgen und Filmen" auf.[22]

Die Sondersendungen vom 13. August 1961, so Peter Hoff, wurden später immer wieder als Beispiel für die „operative Wirksamkeit" des DDR-Fernsehprogramms erwähnt. „Das Fernsehen hatte seine Aufgabe, nach außen Stärke und Entschlossenheit des DDR-Staates zu demonstrieren, nach innen den Überraschungscoup der plötzlichen Schließung der Grenze zu kaschieren und zugleich zu signalisieren, dass dagegen nichts zu machen war"[23], bestens bewältigt. Die Konfrontation mit dem politischen Gegner hatte schon vor dem Mauerbau in heftiger Art und Weise stattgefunden. Der in der Wortwahl aggressiver werdende Stil nahm nach dem Mauerbau weiter zu. Die Konfrontation im Kalten Krieg erreichte ihren vorläufigen Höhepunkt.

Die Polemik gegen den Feind im Westen sollte eine „ständige Wachsamkeit" suggerieren, im Fernsehprogramm sah man vermehrt zu Großereignissen stilisierte Massenveranstaltungen: Aufmärsche, Paraden, Kundgebungen, Ansprachen, Staatsbesuche, Einweihungen. Das Fernsehen und vor allem die *Aktuelle Kamera* waren zum wichtigsten Transportmittel der sozialistischen Propaganda geworden. In Nachrichtensendungen und Magazin-Beiträgen wurden die Vorzüge der sozialistischen Gesellschaft gepriesen. Gleichzeitig wurden beim Gemeinschaftsempfang in öffentlichen Räumen und Betrieben die Kanalempfänger der Fernsehgeräte durch Schlösser versperrt, um den Empfang des Westprogramms unmöglich zu machen. Als am 18. Oktober 1961 bekannt wurde, dass in West-Berlin zwei Fernsehmasten zur Programmabstrahlung gebaut werden sollten, ließ Albert Norden prüfen, ob durch „Störstrahlung" der Empfang westdeutscher Programme verhindert werden könne.

---

21   Loke 1983, S. 10.
22   Glatzer/Hempel/Schmotz 1972, S. 97.
23   Vgl. Hickethier/Hoff 1998, S. 283.

Es blieb jedoch bei politischen Appellen gegen den Empfang des Westfernsehens, bis ihn Honecker 1971 als „Grundrecht der DDR-Bürger", ausgenommen Polizei und Volksarmee sowie Mitarbeiter der Volksbildung, freigab.[24]

Nunmehr wichtigste Aufgabe war, den Bürgern in der DDR und auch in der Bundesrepublik bewusst zu machen, dass die DDR die Zukunft der deutschen Nation verkörpere.[25] Positive Zukunftsoptionen sollten suggeriert werden. Die Wirkung „schöner Bilder" und der damit verbundene Optimismus dienten der Beruhigung und sollten die Bevölkerung beschwichtigen. Funktion der *Aktuellen Kamera* war es, diese Aufgabe umzusetzen.[26]

Jede technische Herausforderung wurde angenommen, um die Verbreitungswege und damit die Erreichbarkeit der Fernsehbilder innerhalb der DDR zu verbessern. Die als Hauptaufgabe verstandenen Ziele vom Aufbau des Sozialismus, die später als „Einheit von Wirtschafts- und Sozialpolitik" definiert wurden, standen dabei im Vordergrund. Die programmliche Ausrichtung ins Inland war wichtiger geworden als die Ausrichtung in die Bundesrepublik. Die Konfrontation mit dem Gegner im Westen fand in der *Aktuellen Kamera* statt, richtete sich aber innenpolitisch auch gegen Abweichler und Feinde.

Der Mauerbau hatte begleitende Folgen. Die Mitarbeiter der *Aktuellen Kamera* mussten sich nun endgültig für einen Wohnort entscheiden. Immer noch hatten einige ihren Wohnsitz in West-Berlin. Eine andere Konsequenz betraf die westdeutsche *Tagesschau*. Wegen des Fehlens einer Regelausgabe der *Tagesschau* am Sonntag konnte die ARD auf den Mauerbau lediglich im *Wochenspiegel* und in *Panorama* reagieren. Die ARD-Gremien entschieden daher, die *Tagesschau* ab dem 3. September 1961 fortan auch sonntags zu produzieren.

Für die Schwerpunktsetzung im Fernsehen der DDR bedeutete der Mauerbau einen Auftakt für mehr politische Berichterstattung. So addierten sich die aktuell-politischen Sendungen 1961 auf 695 Sendestunden, etwas mehr als ein Fünftel der Gesamtsendezeit.[27] Beachtenswert ist die erhebliche Zunahme der aktuellen politischen Programme im Vergleich zu anderen Sendeleistungen. Nur der Anteil an Spiel- und Dokumentarfilmen stieg ähnlich wie bei diesen Formaten. Dies unterstreicht noch einmal die zunehmende Bedeutung des Fernsehens als Massenkommunikationsmittel für die Beachtung durch die Politik.

24 Ebd., S. 285.
25 Vgl. Grote 1962, S. 3.
26 Ebd., S. 4.
27 Vgl. Fischer 1961, S. 53f.

Jährliche Sendestunden[28]

	1955	1960	1961	1962	1963	1964	1965
Aktuelle Politik, Reportagen, Dokumentationen	74	566	695	584	685	753	742
Wirtschafts- und Wissenschaftssendungen	1	146	139	161	171	189	246
Dramatische Kunst, Kulturpolitik	189	454	433	362	351	353	210
Musik-, Tanz- und Unterhaltungssendungen	97	441	385	558	604	507	452
Kindersendungen	47	267	306	326	425	360	194
Sportsendungen	23	455	442	524	510	534	463
Spiel- und Dokumentarfilme	307	403	494	641	691	664	740
Sendestunden des Deutschen Fernsehfunks insgesamt	786	3007	3259	3420	3807	3767	3774

Der Aufbruch in die **Ära Honecker im Jahr 1971** bedeutete für die DDR einen Generations- und Politikwechsel. Ulbricht musste auf einer Politbürositzung am 27. April 1971 die Macht an den von ihm aufgebauten und unterstützten „Kronprinzen" Erich Honecker abgeben. Der Meister politischer Intrigen und taktischer Kurswechsel unterlag einem Widersacher, der mit Hilfe der Sowjetunion vor allem eine wirtschaftspolitische Kurskorrektur erreichen wollte. In der schwierigen Phase der beginnenden Entspannungspolitik schien er der Führungsmacht gefügiger und berechenbarer.

Honecker nutzte die sich abzeichnenden Schwierigkeiten und erstellte im Sommer 1970 gemeinsam mit Mittag und Stoph eine wirtschaftspolitische Bilanz, die auf einer anschließenden Politbürositzung zu einer Korrektur des wirtschaftspolitischen Kurses führte. Ulbricht, der krankheitsbedingt auf dieser Politbürositzung fehlte, versuchte, die Revision auf dem 14. ZK-Plenum im Dezember 1970 zumindest abzumildern, was ihm jedoch misslang. In einem Vier-Augen-Gespräch mit Breschnew forderte Honecker seinerseits wenige Wochen später die Ablösung Ulbrichts. Am 21. Januar 1971 schrieben 13 von 20 Mitgliedern und Kandidaten des Politbüros einen als „geheime Verschlusssache" deklarierten Brief an Breschnew, in dem die Abberufung Ulbrichts als Erster Sekretär des ZK der SED erwartet wurde. Am 12. April forderte Breschnew Ulbricht zum Rücktritt auf. Offiziell trat er am 3. Mai 1971 auf einer kurzfristig einberufenen ZK-Tagung aus Altersgründen ab.

Von zentraler Bedeutung war bei diesem Machtwechsel der VIII. Parteitag der SED vom 15. bis 19. Juni 1971. Mit der Korrektur der Vorstellungen vom „gesellschaftlichen System des Sozialismus" und der „sozialistischen Menschengemeinschaft"

---

28   Staatliche Zentralverwaltung für Statistik 1966, S. 481.

sowie mit der endgültigen Aufgabe des Ökonomischen Systems des Sozialismus (ÖSS), das nur noch in den Parteitagsreden weiterlebte, brachte dieser Parteitag den ideologischen Abschied von der Ulbricht-Ära. Der Parteitag, auf dem Honecker und sein neues Konzept bestätigt wurden, galt in der nachfolgenden Zeit als „Wendepunkt" in der SED-Geschichte.[29] In einer „entwickelten sozialistischen Gesellschaft" sollte der Bevölkerung mehr sozialer Wohlstand auf der Grundlage wirtschaftlichen Wachstums ermöglicht werden. Parallel dazu betonte Honecker die enge Anbindung an die Sowjetunion und die „feste Verankerung in der sozialistischen Staatengemeinschaft".[30] Der von Honecker nach seinem Amtsantritt verkündete Kurs suchte die internationale Anerkennung der DDR, bei gleichzeitiger Abgrenzungspolitik insbesondere gegenüber der Bundesrepublik. Die in den sechziger Jahren vertretene Auffassung von einer Wiedervereinigung Deutschlands unter sozialistischen Vorzeichen war vom Tisch.

Diesen neuen Linien mussten sich Presse, Rundfunk und Fernsehen anpassen. Die Forderung nach Massenverbundenheit der Medien nahm dabei einen zentralen Platz ein. Massenverbundenheit erfordere einerseits die Massenwirksamkeit der Medien und andererseits die „unmittelbare Mitarbeit der Massen am sozialistischen Journalismus". Die Massenwirksamkeit sei abhängig von der Parteilichkeit, der Volkstümlichkeit und der Unterhaltsamkeit journalistischer Produkte, während sich die Massenverbundenheit aus dem Charakter der Wechselbeziehungen zwischen der Partei als Führer der Massen und den Massen als den Hauptakteuren und Schöpfern der Geschichte ergebe. Der sozialistische Journalismus sei eines der wichtigsten Mittel zur Gewährleistung dieser Wechselbeziehung.[31] Die beschworene Verbundenheit mit den Werktätigen lässt sich bereits aus der 3. Pressekonferenz 1959 herauslesen, als die Volkskorrespondenten hervorgehoben wurden, während die „Tribüne des Volkes", das „Zu-Wort-kommen-lassen" der Werktätigen aus der 4. Journalistenkonferenz 1964 hervorgeht. So zeigte die Ablösung Ulbrichts zunächst strukturell keine Veränderung für das Fernsehen. Der Intendant des Fernsehens in Adlershof, das ZK-Mitglied Heinz Adameck, überstand die politische Verschiebung. Nach dem 3. Mai 1971, der 16. Tagung des ZK, teilte er seinen leitenden Mitarbeitern mit: „Wir haben seit heute einen neuen Ersten Sekretär – und es gibt für uns nur diesen einen!" Und er fügte hinzu: „Jetzt wird unsere Arbeit sicher etwas leichter – sie wird nicht weniger, aber doch beweglicher und mit nicht so vielen Vorschriften und Kontrollen sein."[32]

Es zeigten sich viele Anzeichen, um die Verkrustungen aufzubrechen. In seinen Ausführungen zum VIII. Parteitag lobte Honecker die Massenmedien als zuverlässige Instrumente der SED, drängte aber gleichzeitig auf Veränderungen.

---

29 Vgl. Herbst/Stephan/Winkler 1997, S. 71.
30 Vgl. Schroeder 1998, S. 211.
31 Vgl. Karl-Marx-Universität Leipzig, Sektion Journalistik 1973a.
32 Zit. nach Selbmann 1998, S. 151.

Wir brauchen nicht hochtönende Worte, sondern überzeugende Argumente. Wir meiden allgemeine politische Deklarationen und geben verständliche Antworten. Unser Fernsehen (...) sollte verstärkt bemüht sein, die Programmgestaltung zu verbessern, eine bestimmte Langeweile zu überwinden, den Bedürfnissen nach guter Unterhaltung Rechnung zu tragen, die Fernsehpublizistik schlagkräftiger zu gestalten und den Erwartungen jener Teile der werktätigen Bevölkerung besser zu entsprechen, deren Arbeitstag sehr zeitig beginnt und die deshalb schon in den frühen Abendstunden Zuschauer wertvoller Fernsehsendungen sein möchten.[33]

Das Ende der „Langeweile" wurde im Fernsehen in den Folgejahren als Synonym für die Veränderungen und als Aufbruchstimmung nach dem VIII. Parteitag verstanden. Für die Redaktion der *Aktuellen Kamera* bedeutete das, sich im Einklang mit der Partei zu fühlen und gleichzeitig das Empfinden zu haben, mit der bevorstehenden Programmreform Neuland betreten zu können.

Die *Aktuelle Kamera* berichtete in dieser Zeit der politischen Veränderungen wie bisher nur über das, was offiziell verkündet wurde. Kritisches Nachfragen zum Machtwechsel oder Informationen über die Hintergründe zum Rücktritt Ulbrichts blieben im DDR-Fernsehen wie selbstverständlich tabu. Die Wachablösung setzte dennoch unverkennbare Zeichen, die zunächst als eine Art Öffnung verstanden wurden.

Eine Programmreform im Fernsehen vor dem Hintergrund verschiedener Zuschauerbefragungen führte Anfang 1972 zu erheblichen Veränderungen. Die Neuerungen in Folge des VIII. Parteitages teilte Adameck im *Neuen Deutschland* am 23. Januar 1972 mit. Auf die Frage des Reporters, wie die Fernsehpublizistik und besonders die *Aktuelle Kamera* schlagkräftiger gestaltet werden könne, antwortete Adameck, dass ab sofort „mit noch größerer Aufmerksamkeit auf die Fragen, Bedürfnisse und Gedanken der Bürger" eingegangen werde. Schlagkräftige Publizistik sei eine Aufgabe für alle journalistischen Programme. In diesem Zusammenhang sei beabsichtigt, die *Aktuelle Kamera* ausschließlich als „tagesbezogene Informationssendung über das Geschehen im In- und Ausland" zu gestalten. Durch bessere Arbeit mit Film, Bild und Wort solle die Sendung verdichtet werden. Das erlaube dem DFF, die Hauptausgabe künftig mit zwanzig Minuten Sendezeit, in der Regel von 19.30 Uhr bis 19.50 Uhr, auszustrahlen. Nur bei „politischen Ereignissen von besonderem Gewicht" würde eine noch ausgiebigere Information der Zuschauer erfolgen.[34]

Neben diesen Veränderungen für die *Aktuelle Kamera* gab es weitere grundlegende Neuerungen im Fernsehen. Am 11. Februar 1972 wurde zunächst der Deutsche Fernsehfunk umbenannt in „Fernsehen der DDR". Mit der Umbenennung sollte das Fernsehen klarer als Institution des Staates erkennbar sein. Programmdirektor Heinz Prohl gab per Hausmitteilung die veränderten gebräuch-

---

33 Erich Honecker: Bericht des Zentralkomitees an den VIII. Parteitag der Sozialistischen Einheitspartei Deutschlands. In: *Neues Deutschland* vom 16.6.1971, S. 9.
34 Welche Pläne hat unser Fernsehen? Interview mit Heinz Adameck. In: *Neues Deutschland* vom 23.1.1972, S. 4.

lichen Redewendungen für die Fernsehansagen bekannt. Während es früher hieß: „Meine Damen und Herren, der Deutsche Fernsehfunk sendet für Intervision (...)", sollte es nun heißen: „Das Fernsehen der DDR sendet für (...)." Für das 2. Programm galt bis dato: „Meine Damen und Herren, das 2. Programm des DFF beginnt heute (...)." Nun mussten die Ansagerinnen verkünden: „Meine Damen und Herren, das 2. Programm des Fernsehens der DDR beginnt (...)."[35] Neben den Formalien und der Verkürzung der *Aktuellen Kamera* wurden 1972 im Abendprogramm neue Sendeformate eingeführt, die zum Teil bis Ende 1991 von Bestand blieben. Eine gewisse Entpolitisierung der Programminhalte und eine deutliche Ausrichtung zu mehr Unterhaltung prägten die Programmreform. Hier einige Beispiele:

- 9. Januar 1972:   Senderubrik *Telelotto*
- 10. Januar 1972:   Reihe *Tele-Atlas*
- 29. Januar 1972:   Reihe *Ein Kessel Buntes*
- 1. Februar 1972:   Senderubrik *Hobby*
- 16. Februar 1972:   Senderubrik *Antworten*, ab 15. März als Reihe
- 1. März 1972:   Reihe *Treff im Studio III*
- 4. März 1972:   Senderubrik *Noten im Gepäck*
- 20. März 1972:   Reihe *Jugend-Magazin*
- 23. März 1972:   Reihe *Fragen Sie Professor Kaul*, Ratgebersendung[36]

Die Veränderungen für die *Aktuelle Kamera* griffen ab Montag, dem 14. Februar 1972. Nach der Hauptausgabe wurde von der Redaktion die bereits erwähnte zehnminütige Sendung *Zehn vor acht* angefügt. Die Hauptausgabe vermittelte nun konzentriert Film- und Wortnachrichten, um „sie von jeder aufgesetzten, entbehrlichen, ja oft überflüssigen und aufdringlichen Kommentierung der einzelnen Beiträge zu befreien". Auch die politische Wertung sollte sich ändern. Auf die richtige Reihenfolge der Meldungen kam es hauptsächlich an. Nicht nur die Auswahl der Bilder in einem sich vergrößernden internationalen Angebot war zu berücksichtigen, auch die Auswahl der „richtigen, treffsicheren, für alle verständlichen und nicht verschlüsselten Worte" war zu leisten.[37]

Eine „unmissverständliche Wertung der Dinge" sollte weiterhin vorgenommen werden, um zu zeigen, dass dies die Auffassung von Journalismus in der *Aktuellen Kamera* war. „Aber wir wollten diese Wertung nicht mehr so didaktisch, so doktrinär wir früher mitteilen", der Zuschauer sollte deutlicher als bisher erkennen, was „sachlich recherchierter und übermittelter Tatbestand einer Meldung – und was die Meinung seines Senders dazu war"[38]. Die Umstellung innerhalb der *Aktuellen Kamera* bedeutete jedoch keine radikale Abwendung von der bisherigen Auswahl

---

35   Vorlage Nr. 53-71-1: Betrifft: Namensänderung des DFF, Programmdirektor Prohl. SAPMO BArch DR 8 Nr. 115.
36   Vgl. Glatzer/Hempel/Schmotz 1972, S. 194–197.
37   Selbmann 1998, S. 174.
38   Ebd., S. 175.

der Themen. Vielmehr wurde das, was bisher in der dreißigminütigen Sendung untergebracht wurde, nun verkürzt innerhalb der zwanzig Minuten gezeigt.

Insgesamt war ein veränderter politischer Führungsstil auszumachen. Die Lenkungsmechanismen blieben zwar unverändert, jedoch zeigte sich eine differenzierte Spielart des Genres Nachrichten. Mehr Hintergrund in einer verlängerten Darstellungsform bedeutete einerseits eine vertiefende Berichterstattung zu einem Thema, andererseits eine Verkürzung des Gesamtumfangs des Themenangebots. Die Vertiefung sah in der Theorie politische Sujets vor, in der Praxis waren es Themen, die nicht immer einen vordergründig gesellschaftspolitischen Aspekt hatten. Die Verkürzung betraf im Wesentlichen die Darstellung der Aktivitäten der politischen Führung.

Fortan wurde in der *Aktuellen Kamera* auf eine überlange Darstellung offizieller Termine der SED-Spitze weitgehend verzichtet. Honecker wollte 1971/72 noch nicht in epischer Länge seine Auslandsbesuche oder Empfänge von ausländischen Delegationen abgelichtet und gesendet wissen. Als beispielsweise das Vier-Mächte-Abkommen über Berlin am 3. September 1971 paraphiert wurde, berichtete die *Aktuelle Kamera* am selben Abend in einer Zusammenfassung betont neutral: „Über 150 Journalisten aus europäischen und außereuropäischen Ländern, darunter Vertreter von Presse, Rundfunk und Fernsehen der DDR, wohnen dem feierlichen, von einer Atmosphäre der Sachlichkeit geprägten Unterschriftszeremoniell bei: Nach 17-monatigen, von der Sowjetunion initiierten Verhandlungen, die international stark beachtete Unterzeichnung eines Dokuments, das inzwischen in aller Welt als ein weiterer wirksamer Schritt zur Entspannung im Zentrum Europas gewürdigt wird." Ausführlich wurde ein Interview mit dem Botschafter der UdSSR ausgestrahlt, in dem Pjotr Abrassimow das Abkommen als das bedeutendste Dokument der Vier Mächte in den letzten fünfzehn Jahren bezeichnete, mit dem „die Sicherung des Friedens und der Entspannung im Zentrum Europas" geregelt werde.[39] Auch am Tag darauf wurde in der *Aktuellen Kamera* die internationale Bedeutung des Abkommens gepriesen, gegen das zwar die „Springerpresse ihre Hetzkampagne" fortsetze, in anderen Leitartikeln der Bundesrepublik klinge allerdings die Erkenntnis an, dass eine „Politik der Feindseligkeit gegenüber den sozialistischen Staaten zu nichts führt und dass nur eine Politik der Vernunft sinnvoll ist"[40]. Auch die Wortwahl gegenüber der Bundesrepublik wurde leicht entschärft, indem beispielsweise der Verteidigungsminister nicht mehr „Kriegsminister" genannt wurde. Polemische Attacken wurden weniger gegen einzelne westliche Politiker gerichtet, sondern nur noch allgemein gegen eine imperialistische Politik des Westens. Von den Fernsehjournalisten erwartete Honecker eine differenziertere Präsentation als bisher und die Darstellung der ganzen Bandbreite der Realität in- und außerhalb der DDR.[41]

---

39 Manuskript der *Aktuellen Kamera*, DRA Babelsberg, Schriftgut, Korrigierter Sendeplan vom 3.9.1971.
40 DRA Babelsberg, Schriftgut FS, Korrigierter Sendeplan vom 4.9.1971.
41 Vgl. Geserick 1989, S. 255; Schmidt 1982, S. 138.

Die Jahre zwischen 1971 und 1973 wurden zu einer Zeit des außenpolitischen Wandels. Die Rahmenbedingungen signalisierten ein „Aufeinanderzugehen" der Blöcke. Willy Brandt proklamierte den „Wandel durch Annäherung", im Januar 1971 wurde der Telefonverkehr zwischen Ost- und West-Berlin nach 19-jähriger Unterbrechung wieder aufgenommen. Honecker sprach am 16./17. Dezember 1971 vor dem ZK offiziell von der „Liberalisierung des kulturellen Lebens" sowie von Erleichterungen im Reise- und Besuchsverkehr. Es folgte das Transitabkommen am 26. Mai 1972 für den Verkehr zwischen der Bundesrepublik und West-Berlin. Am 15. Juni begannen Verhandlungen über einen deutsch-deutschen Grundlagenvertrag. Der völkerrechtliche Anerkennungsprozess der DDR durch westliche Staaten, unterstützt durch den Grundlagenvertrag, ermöglichte es Honecker, eines seiner wichtigsten Ziele zu erreichen: die Durchbrechung der außenpolitischen Isolierung. Im Mittelpunkt stand dabei die Aufnahme in die UNO 1973. Gerade nach dem UNO-Beitritt gewann die im Sinne der Abgrenzungspolitik betriebene Berichterstattung über den politischen Gegner an Gewicht.[42] Die noch 1970 als „Grundsätze" herausgegebenen Forderungen, die Prioritäten auf die „Berichterstattung über die sozialistischen Bruderstaaten" zu lenken, erwiesen sich inzwischen als überholt. Die DDR sah sich weltpolitisch anerkannt und orientierte sich neu zwischen den Ostblockstaaten und dem westeuropäischen Ausland. Der Blick auf die Bundesrepublik rückte stärker in das Zentrum der Berichte in den Nachrichten der *Aktuellen Kamera*.

Die Notwendigkeit einer fortwährenden Instrumentalisierung der *Aktuellen Kamera* in der Ost-West-Auseinandersetzung wurde auf die ständige Konfrontation mit den Funkmedien der Bundesrepublik zurückgeführt. Aus der „funktionalen Arbeitsteilung der verschiedenen journalistischen Massenmedien" könne man „Konsequenzen für die inhaltliche und journalistische Gestaltung der einzelnen Ausgaben der *Aktuellen Kamera*"[43] ableiten. Dies sei vor allem bei deren Sonntagsausgaben der Fall, da durch das Fehlen der Sonntagszeitungen eine „Kompensationsfunktion im arbeitsteiligen journalistischen System" gegeben sei.

Sämtliche kurzfristigen Lockerungen bedeuteten jedoch niemals, dass über Mauerflüchtlinge und die Gründe ihrer Republikflucht berichtet werden durfte, nicht über die Lage in den Gefängnissen, den Mangel an Konsumgütern, über etwaige politische Kontroversen im Politbüro. Funktionäre durften auch nicht vor laufender Kamera unangemeldet angesprochen und befragt werden. Pressekonferenzen mit Nachfragen, die konträr zur staatlichen Linie verliefen, gab es bis zum Mauerfall nicht. Recherchen in Ministerien waren nur möglich, wenn negative Auslegungen vermieden wurden.

Die Absicht zur Veränderung stieß also an Grenzen. Dies war ein Rückfall in Verhaltensmuster der Zeit Ulbrichts. Die Enttäuschungen in der Redaktion darüber seien groß gewesen. Auch Honecker wollte mehr und mehr seine Auftritte in der Öffentlichkeit und seine Auslandsreisen in entsprechender Breite im Fernsehen sehen.

---

42 Vgl. Groß 1997, S. 45.
43 Vgl. Krone 1977, S. 62f.

Die Aussprachen mit der Partei- und Staatsführung hätten zwar erbracht, dass die Bedeutung des Fernsehens innerhalb der Massenmedien ernster genommen worden sei, doch die neuerliche Korrektur habe gezeigt, „dass sie die Wirkungsgesetze der modernen elektronischen Medien nicht kannte, nicht verstand, vielleicht nicht verstehen wollte"[44].

Der medienpolitische Kurs wurde nach einer kurzen Phase der Öffnung und einiger hoffnungsvoller Ansätze verhältnismäßig schnell wieder geändert. Alles, was nach 1972 von der SED an Regelungen zur „Massenverbundenheit der Medien" folgte, bezog sich immer auf die Grundsätze des VIII. Parteitages und auf die Grußadresse des ZK der SED an den IX. VDJ-Kongress 1972. Die entsprechenden Passagen sind in vielen Dokumenten über die Medienpolitik der SED wiederzufinden. Sie sind alle ähnlich und bestätigen den Rückfall in doktrinäre Verhaltensmuster, die eine Veränderung journalistischer Gestaltungsweisen in der *Aktuellen Kamera* verhinderten. Diese Rückbesinnung auf Darstellungsformen staatlicher Autorität und Schönfärberei im Fernsehen nahm im Verlauf der Jahre immer engere Formen an und führte zu den bereits skizzierten Anleitungen unter dem Chefredakteur Ulrich Meier ab Ende der siebziger Jahre.[45]

---

44 Selbmann 1998, S. 179.
45 Vgl. Bos 1993, S. 66f.

Von einigen Abweichlern

Der Bau der Mauer, die Grenzsicherungsanlagen, die straffen Strukturen inner-halb der Partei, die zentrale Ausrichtung aller Einrichtungen auf den Staat und die fehlende Gewaltenteilung – all das zeigte seine Wirkung auf diejenigen, die in der DDR den Spielregeln des Systems nicht folgen wollten. Wer sich außerhalb dieser zulässigen Verhaltenskodizes stellte, setzte sich dem ganzen Druck des Repressions-apparates aus. Das galt in besonderer Weise für den Bereich der Medien. Dieser Druck begann lange vor dem Bau der Mauer. Wie es Abweichlern in der Frühphase der SBZ nach 1945 ergangen ist, sollen die nachfolgenden Beispiele zeigen. Die Entmachtungen und Schikanierungen blieben den späteren Mitarbeitern der *Aktuellen Kamera* nicht verborgen und waren direktes und indirektes Druckmittel für systemkonformes Verhalten, da für alle Journalisten in der DDR Grundvoraus-setzung für ihre Laufbahn die Bereitschaft zur Annahme der politischen Linie der SED war. Wer andere ideelle Ziele mit dem Journalismus verfolgen wollte, wechselte in den Westteil Berlins oder in die anderen westlichen Besatzungszonen.

Zu den Instrumentarien der Einbindung sozialistischer Journalisten in die neue Gemeinschaft zählten ganz praktische Fragen, beispielsweise die des Wohnortes. 1948 waren beim Berliner Rundfunk 1 400 Mitarbeiter angestellt, davon wohn-ten 1 200 in den Westsektoren Berlins. SED-Mitglieder und Parteilose in verant-wortlichen Positionen bzw. den Blockparteien angehörende Kollegen erhielten Wohnungen im Ostteil der Stadt angeboten. Wer nicht umziehen wollte, musste mit der Entlassung rechnen.[1]

Konsequent wurde diese Linie in der unmittelbaren Zeit nach 1948 nicht ver-folgt. Heinrich Grote, der vor seiner Tätigkeit beim Fernsehen der DDR beim Berliner Rundfunk gearbeitet hatte, zog erst am 31. Dezember 1952 in den Ostteil der Stadt. Zwei Gründe gibt er dafür an. Zum einen musste er in West-Berlin seine Miete in D-Mark bezahlen. Die Gehälter wurden im Ostteil der Stadt aber in Mark der DDR ausbezahlt. Zum anderen habe für ihn die militärische Abriegelung des Berliner Rundfunks in der West-Berliner Masurenallee am 3. Juni 1952 durch den

[1]   Vgl. Müller 1992, S. 21.

britischen Stadtkommandanten General Coleman den Ausschlag gegeben. In der Masurenallee habe „Menschenraub stattgefunden", die Leute seien „verschleppt worden".[2] Die Wohnsitzfrage zwang zehn Rundfunkmitarbeiter, sich zu entscheiden: Ost-Berlin oder West-Berlin.

Ähnlich wurde mit all jenen verfahren, denen eine abweichende Gesinnungshaltung nachgewiesen werden konnte. Sie wurden konsequent aus ihren Positionen entfernt. Im Oktober 1949 wurde in der Politbürositzung zur „Lage am Berliner Rundfunk" beschlossen, den Genossen Heinz Schmitt (1947 Intendant des Berliner Rundfunks und während des Zweiten Weltkriegs KPD-Emigrant in London) wegen nationalistischer Überheblichkeit und „englischer Krankheit" von seiner Funktion zu entbinden. Alle Mitarbeiter des Berliner Rundfunks, die in der englischen Emigration waren, sollten entlassen werden. Sie standen im Verdacht, von den Erfahrungen der parlamentarischen Demokratie, wie es hieß, „infiziert" worden zu sein und zu sehr zum bürgerlichen Journalismus zu neigen. Die parteimäßige Untersuchung wurde der Zentralen Parteikontrollkommission übertragen.

Intendant Schmitt war vorgeworfen worden, zugelassen zu haben, dass der Berliner Rundfunk sich durch einen „absolut schädlichen Hang zur so genannten Objektivität [...] in einer oft geradezu liebevollen Pflege und wörtlichen Zitierung der Verleumdungen und Verdrehungen des Klassengegners" ausgezeichnet habe.[3] Kurt Heiß wurde daraufhin neuer Intendant des Berliner Rundfunks. In der Folge unterstand der Radiosender der Leitung und Kontrolle des Amtes für Information,[4] das wiederum dem Politbüro unterstand.

Die Hintergründe für die Abberufung Schmitts nannte Hermann Axen nach einer Sitzung, zu der das erweiterte SED-Parteiaktiv im Berliner Rundfunk am 30. Oktober 1949 ins Zentralsekretariat der SED geladen wurde. Axen verwies in seiner Begründung auf einen ähnlich gelagerten Fall, der wegen seines grausamen Endes allen Journalisten in der DDR bekannt war. „Ich vermisse," so Axen, „dass die Genossen genügend Aufmerksamkeit den Worten geschenkt haben, die ich nur angedeutet habe mit der Erwähnung des Rajk-Prozesses." Es gehe in diesem Falle, so Axen, am wenigsten um den Genossen Heinz Schmitt, „sondern es geht um die Frage der Partei, der Partei neuen Typus, um die Frage der Abwehr aller feindlichen Kräfte, auch jener ideologischen Infiltration des Feindes, die man auf den ersten Blick als solche nicht erkennen kann."[5] Dies war eine unmissverständliche Drohung gegenüber Abweichlern.

Die Suche nach Gründen, um Journalisten aus ihren Positionen zu entfernen, zeigte vielschichtige Möglichkeiten. Bruno Goldhammer, Chefredakteur des Berliner Rundfunks, und Erich Böhm, stellvertretender Chefredakteur, sowie die Hörfunkjournalistin Edith Hauser erhielten eine „strenge Rüge wegen ideologischer

---

2   Interview Grote 1999.
3   SAPMO BArch DY 30/IV 2/1.01/125.
4   Protokoll Nr. 51/49 der Sitzung des Politbüros, 18.10.1949. SAPMO BArch DY 30/IV 2/2/51.
5   Rajk wurde in Ungarn am 24.9.1949 wegen angeblicher Zusammenarbeit mit dem Feind zum Tode verurteilt. Vgl. Hodos 1990, S. 101-116. Vgl. auch SAPMO BArch DY 30/IV 2/1.01125.

Sorglosigkeit". Der Vorwurf lautete, ein „unkameradschaftliches Verhalten gegen-über den sowjetischen Genossen" gezeigt zu haben.

Die SED hatte an Schmitt, Goldhammer und Böhm ein Exempel statuiert. Hebel und Ansatzpunkt für derartige Maßnahmen war die Hoheit über Personalfragen. Entlassungen und Neubesetzungen von Leitungspositionen im Rundfunk und Zeitungswesen waren vom Politbüro bereits vereinnahmt worden.[6] Diese Macht-entfaltung über den Rundfunk setzte Signale an alle Medien-Mitarbeiter der frühen DDR, wie im Fall der bereits erwähnten Absetzung des Generalintendanten Hans Mahle.[7] Abberufungen waren nur ein Element der Druckausübung, ein weiteres waren Prozesse vor Gericht.

Unter Spionagebeschuldigungen wurden sogar der Chefredakteur des Deutsch-landsenders, Leo Bauer, wie auch Bruno Goldhammer, zuletzt Abteilungsleiter im Amt für Information, aus der SED ausgeschlossen, ihrer Ämter enthoben und zu mehrjährigen Haftstrafen verurteilt. Goldhammer wurde 1956 rehabilitiert.[8] Insgesamt wurden zum Ende der vierziger Jahre mehr als zwanzig Parteimitglieder des Berliner Rundfunks, vor allem aus der Nachrichtenabteilung, im Zuge stalinisti-scher Säuberungsmaßnahmen entlassen.[9]

1961 wird in einem Bericht „Über die Kaderentwicklung im Deutschen Demo-kratischen Rundfunk" zusammengefasst, dass Anfang der fünfziger Jahre eine durch-greifende Reorganisation erfolgt sei, in der „systematisch etwa tausend Klassen-fremde und schwankende Elemente, vor allem in Berlin, ausgeschaltet" worden seien. Die Bildung des Staatlichen Rundfunkkomitees habe dabei eine entschei-dende Maßnahme bei der Säuberung des Rundfunks gespielt. „Nur die besten, unse-rer Partei und Regierung treu ergebenen Mitarbeiter wurden übernommen."[10]

Repressalien gegen Abweichler im Fernsehen der DDR sind hingegen äußerst dürftig dokumentiert. Der Kameramann Bernd Olbrich beispielsweise entschied sich in Kairo, nicht mehr in die DDR zurückzukehren. Bekannt ist auch, dass der Aufnahmeleiter der *Aktuellen Kamera*, Jörg Koch, sofort seinen Schreibtisch räu-men musste, nachdem er 1984 einen Ausreiseantrag gestellt hatte. Das Fernsehen beschäftigte ihn von einem Tag auf den anderen nicht weiter. Bis zu seiner einein-halb Jahre später erfolgten Ausreise verfügte er über kein Einkommen.

Gabriele Maria Weber war zeitweise als Redakteurin im so genannten Proto-kollstab der *Aktuellen Kamera* tätig, begleitete also die SED-Hierarchen bei Ter-minen. Hauptsächlich arbeitete sie jedoch für den Bereich Kultur, zunächst in der *Aktuellen Kamera*. Auf einer Autobahnraststätte lernte sie einen West-Berliner ken-nen, verliebte sich und wollte heiraten. Ende 1986 gab sie bekannt, dass sie einen Antrag auf Eheschließung gestellt habe. Das war eine Variante, das Land legal verlas-sen zu können. Fortan wurde sie im Fernsehen jedoch geächtet, wie eine Aussätzige.

---

6   Protokoll Nr. 53/51 der Sitzung des Politbüros, 13.3.1951. SAPMO BArch DY 30/IV 2/2/154.
7   Müller 1995, S. 2295.
8   Ebd.
9   SAPMO BArch NY 4036/750.
10   Bericht „Über die Kaderentwicklung im Deutschen Demokratischen Rundfunk", 25.9.1961. SAPMO BArch DR 6/218.

Zunächst wurde ihr gekündigt, nach ihrem Protest wurde sie jedoch wieder eingestellt, da eine Hochzeit mit einem Staatenlosen – West-Berlin wurde von der DDR nicht anerkannt – laut KSZE-Protokoll erlaubt war. Erst im April 1987 endete der Spießrutenlauf, sie konnte heiraten und ausreisen.

Dem Regisseur Wasko-Karsten Krekow ist es ähnlich gegangen, wie auch der Redakteurin der *Aktuellen Kamera* Renate Lieberenz, die eine Familienzusammenführung beantragt hatte. Letztlich einigte alle Abweichler, dass sie „das alles nicht mehr mitverantworten" wollten. Doch so konnten sie ihren Ausreiseantrag nicht formulieren. Es mussten andere Argumente, wie Familienzusammenführung, herhalten.

Trotz dieser Einzelbeispiele bleibt festzuhalten: Die Zahl der Abweichler im Fernsehen, die sich durch ihr Verhalten gegen das System der DDR stellten, ist minimal. Olaf Dietze, einer der fünf stellvertretenden Chefredakteure der *Aktuellen Kamera*, sagte sogar, dass er keinen einzigen Fall von Widerstand kenne, „denn das hätte unweigerlich auch ein Berufsverbot nach sich gezogen"[11]. Schon bei der kleinsten nicht konformen Äußerung wurde unverhältnismäßig hart durchgegriffen. Es fehlte das Bewusstsein, Widerstand leisten zu können. Das Filtersystem vor der Aufnahme in diesen Bereich der Medien war so gut justiert, dass nur systemimmanente Journalisten weiterkamen und in Redaktionen wie der *Aktuellen Kamera* in leitende Funktionen aufstiegen. Systemtreue und Regierungsverbundenheit hatten einen so hohen Effizienzgrad erreicht, dass die wenigen Abweichler kaum eine Rolle spielten. Skeptische oder zuweilen zynische Bemerkungen über die journalistischen und politischen Repressalien blieben auf dem Niveau von Flurgesprächen, sendewirksam wurden sie nie.

---

11 Joachim Hauschild: Bremsen setzt Energie frei. In: *Süddeutsche Zeitung* vom 15.1.1990, S. 24.

Zuschauermeinungen

Wie viele und welche Zuschauer erreichte die *Aktuelle Kamera*? Wurden die Adlershofer Nachrichten auch in der Bundesrepublik gesehen? Wollte die Staats- und Parteiführung überhaupt alle Zuschauer erreichen, oder begnügte sie sich mit dem Teil, der für sie wichtig war? Wie gut war man über die Wirkung des eigenen Programms informiert, und wie gut wollte man über diese Wirkung informiert sein? Mit Blick auf die Kausalkette „Staatslenkung-Fernsehleitung-Programmgestalter-Rezipient" ist also zu fragen, ob die *Aktuelle Kamera* ihre Funktion als Vermittlungsinstrument staatlicher Interessen erfüllte und wie eine Erfolgskontrolle durchgeführt wurde. Das Interesse an der Wirkung von Presseerzeugnissen auf das Publikum hatte in der DDR immer einen ideologischen Hintergrund. Die Forderung nach der „engen Verbindung" zwischen Presse und Lesern – in diesem Fall den Zuschauern – gehörte zu den zentralen Bestandteilen der auf Lenin zurückgehenden Lehre von der „Presse neuen Typs". Offiziell wurde eine Presse angestrebt, die von den Massen für die Massen gestaltet werden sollte. Die Verwirklichung des Prinzips „Massenverbundenheit" stellte ein für die SED durchgängig verfolgtes Ziel dar. Die immer wieder unternommenen Anläufe, Verbesserungen auf dem Gebiet der Zusammenarbeit zwischen Presse und Rezipienten zu erreichen, waren zwar nur bedingt erfolgreich, sie deuteten aber darauf hin, dass die SED ein starkes Interesse hatte, möglichst viel über die Zuschauer, Hörer und Leser in Erfahrung zu bringen.

Mitte der fünfziger Jahre erschienen in der DDR erstmalig Arbeiten, die sich den Medienrezipienten zuwandten. In diesen Zeitraum fallen die ersten Bemühungen, Film und Fernsehen als Mittel einer „klassenmäßigen" und „sozialistischen" Erziehung" zu nutzen. Deshalb wurde in der DDR eine Film- und Fernsehforschung entwickelt, die oft auch unter dem allgemeineren Begriff der Massenkommunikationsforschung firmierte. Beispielsweise veranstaltete die Zeitschrift *Deutsche Filmkunst* Diskussionen um Filmbildung und Filmerziehung in der Schule.[1] 1966 wurde das Zentralinstitut für Jugendforschung in Leipzig gegründet, das auf diesem Gebiet als einzige Forschungsinstitution der DDR bis Oktober 1989 inter-

---

1   Vgl. Wiedemann 1990, S. 344f.

national akzeptiert war. Dieses Institut wurde für viele empirisch arbeitende Medienwissenschaftler in der DDR zur Forschungsstätte und publizierte mit dem Standardwerk *Der sozialwissenschaftliche Forschungsprozess*[2] Mitte der siebziger Jahre methodologische Grundlagen einer Medienwirkungsforschung in der DDR, die auch in der Bundesrepublik veröffentlicht wurde. Die ermittelten Ergebnisse stimmten schon damals nicht mit dem von der Parteiführung erwarteten Bild der Jugend in der DDR überein. So vertrauten nur knapp 30 Prozent der jungen Leute vollkommen der SED-Politik, und etwa die Hälfte der Jugendlichen nutzte 1971 regelmäßig die Fernsehprogramme von ARD und ZDF. In den achtziger Jahren wurde die Arbeit des Instituts erheblich erschwert, da die staatlich nicht zensierte Forschung weitgehend unmöglich gemacht wurde. Alle Forschungsprojekte bis hin zu den Analyseunterlagen mussten befürwortet werden.

Genauere Angaben über das Zuschauerverhalten lieferte eine eigenständige Abteilung Wirkungsforschung des Deutschen Fernsehfunks.[3] Intendant Adameck hatte diese Zuschauerforschung mit einer Weisung vom 15. April 1964 formell gegründet, als ein Instrument der „Nähe zum Zuschauer". Ministerpräsident Stoph forderte mehr Informationen über die Zusammensetzung und die Reaktionen der Fernsehteilnehmer. Die Leitung der Abteilung Wirkungsforschung hatte Christa Seifert bis Mitte der siebziger Jahre inne. Sie gab ihre Funktion auf, weil „in sogenannten Wochenberichten verbindliche, oft schöngefärbte Programm-Einschätzungen nach Vorgaben von ‚oben' [verfasst wurden], in denen nur passende Resultate der Zuschauerforschung berücksichtigt wurden"[4]. Diese Einrichtung wurde später innerhalb der Abteilung Analyse und Information des DDR-Fernsehens betrieben.[5]

Von 1964 bis 1976 gab es lediglich sieben Umfragen, ab 1968 verdichteten sich die Befragungsabstände auf 14 Tage und ab 1972 auf eine Woche.[6] Bis zum Jahr 1990 arbeitete die Zuschauerforschung und führte insgesamt 1 101 Befragungen durch mit über 70 000 so genannten „Sehbeteiligungs- und Gefallenheitswerten".[7] In anderen Unterlagen werden diese Bewertungen „Gefallensgrade" genannt. 200 nebenberufliche Interviewer befragten mit einem in der Programmdirektion ausgearbeiteten Fragebogen die Zuschauer zu Hause,[8] später auch per Telefon. Die fernseheigene Einrichtung lieferte als einzige soziologische Forschungsinstitution in der DDR kontinuierlich Daten über Einstellungen und Verhaltensweisen.

Die Ergebnisse der Zuschauerbefragung und die Rückkoppelung mit Zuschauern auf so genannten Zuschauerforen erbrachte ein gefiltertes und nicht objektives Bild. Aber selbst wenn die Aussagen nicht repräsentativ waren, so ist doch die Wirkung auf diejenigen, die sie zur Kenntnis nahmen, relevant für eine Bewertung. Wenn die

2   Friedrich/Hennig 1975.
3   SAPMO BArch DR 8/9.
4   Vgl. Seifert 1993, S. 27. Hiervon abweichend gab es laut Christa Braumann erst ab 1967 eine Zuschauerforschung im Deutschen Fernsehfunk. In: Braumann 1990. Der Verfasser folgt hier der Darstellung von Christa Seifert.
5   Braumann 1994, S. 525.
6   Hierzu abweichend Gerhard Gmel u.a.. Sie stellten fest, dass die Zuschauerbefragung bereits ab 1968 wöchentlich durchgeführt wurde. In: Gmel/Deimling/Bortz 1994, S. 542.
7   Vgl. Seifert 1993, S. 27.
8   Vgl. Schmidt 1982, S. 134.

sich verändernden Teilergebnisse trotz Kenntnisnahme nicht berücksichtigt wurden, dann lässt das ebenfalls Rückschlüsse auf die Verhaltensweisen der Verantwortlichen für das DDR-Fernsehen zu.

Für die Kommunikatoren in den DDR-Presseerzeugnissen stellte sich grundsätzlich das Problem der Auseinandersetzung mit einem möglichen Glaubwürdigkeitsdefizit.[9] Es ist davon auszugehen, dass der Zuschauer des DDR-Fernsehens in der Lage war, anhand seiner Erfahrungen im Alltag die Diskrepanzen zwischen seiner Wirklichkeit als DDR-Bürger und der konstruierten DDR-Wirklichkeit in der *Aktuellen Kamera* nachzuvollziehen. Dieses Problem erhielt durch die Verfügbarkeit der kontrastierenden Nachrichtenbilder des bundesdeutschen Fernsehens eine zusätzliche und besondere Dimension.

Die Akzeptanz der *Aktuellen Kamera* und ihre Bewertung durch die Zuschauer soll hier anhand zweier Untersuchungsgrundlagen veranschaulicht werden: Die Zuschauerforschung in der DDR und die Befragungen von Übersiedlern durch das Meinungsforschungsinstitut Infratest in der Bundesrepublik Deutschland. Die Zuverlässigkeit der Daten der DDR-Zuschauerforschung ist insofern fragwürdig,[10] weil das Verfahren eine Manipulation der Befragten implizierte. Wöchentlich fanden zuletzt in den achtziger Jahren annähernd 1 000 Befragungen statt, die Stichprobe erfolgte nach dem statistischen Prinzip der „geschichteten Zufallsauswahl", der die Fernsehteilnehmer-Datei der Post zugrunde lag. Das bedeutete: Etwa einen Monat vor der Umfrage wurde auf einer Benachrichtigungskarte gebeten, einer Befragung zuzustimmen. Der Rückteil der perforierten Karte, der keine Anschrift verzeichnete, war vom Befragten aufzubewahren und dem Interviewer zu dessen Kontrolle auszuhändigen. Der genaue Termin des Befragungstages wurde den Zuschauern nicht mitgeteilt. Der Text der Karte war so eindeutig verfasst, dass nicht das Fernsehen schlechthin, sondern nur das DDR-Fernsehen Gegenstand der Befragung war.[11] Erst fünf bis sechs Wochen später erschienen dann die Interviewer an der Wohnungstür und wurden nicht selten mit der „Begrüßungsformel" empfangen: „Jetzt haben wir gar nicht mehr mit Ihnen gerechnet!"[12]

Alle nachfolgenden Zahlen zur Zuschauerakzeptanz sind somit unter Vorbehalt zu betrachten, da die Befragten gewissermaßen „vorgewarnt" waren und sich entsprechend präparierten. Außerdem war das Fernsehen eine staatliche Einrichtung, und das Gros der DDR-Bevölkerung wollte sich nicht dem Verdacht mangelnder Staatstreue aussetzen. Aufgrund der „Vorwarnung" ahnten die angeschriebenen Fernsehteilnehmer, dass von ihnen die Rolle des am offiziellen Staatsleben interessierten Bürgers erwartet wurde.

---

9   Vgl. Schulz 1985, S. 282.
10   Vgl. Braumann 1994, S. 528f.
11   Ebd., S. 528f.
12   Ebd., S. 529.

Trotz dieser Ausgangskonstellation, die nur ein verzerrtes Abbild der Wirklichkeit bieten konnte, lässt sich sagen, dass die Hälfte der Zuschauer in erster Linie gute Unterhaltung wollte. Nur ein knappes Viertel hingegen wollte Informationen. Die unterschiedlichen journalistischen Sendungen des Fernsehens, wie die *Aktuelle Kamera* und die politischen Magazine, wurden ungeschönt schon 1965 als zu „vorgegeben agitatorisch" empfunden. In einem Gebiet ohne Westempfang bekundeten beispielsweise 39 Prozent der Interviewten, dass „vieles zu sehr schwarz-weiß dargestellt werde (,so, als ob im Westen alles schlecht und bei uns alles gut sei')". 33 Prozent fanden, dass „zu vieles beschönigt werde und dass man nicht alles oder erst verspätet erfahre, was in der Welt vor sich geht".[13]

Neben der Erhebung der Einschaltquote wurden für die einzelnen Sendungen Benotungen, so genannte Zufriedenheitswerte, erfragt. Längerfristige Tendenzen des Fernsehverhaltens wurden durch einen Zusatzfragenkatalog nachgewiesen. Um möglichst niemanden zu kompromittieren, wurde nur nach den drei vergangenen Tagen gefragt. Dahinter stand die Absicht, möglichst wenige zu einer Notlüge zu veranlassen, nicht beständig die *Aktuelle Kamera* verfolgt zu haben. Wer angab, mal drei Tage die *AK* nicht verfolgt zu haben – was eher passieren konnte – würde insgesamt auch aufrichtiger antworten.[14] Alle Erhebungszahlen wurden vertraulich behandelt. Anfangs erhielten sie noch etwa 100 Verantwortliche, zum Ende der achtziger Jahre nur noch ein Dutzend Mitglieder des Staatlichen Fernsehkomitees.[15]

Über diese Ermittlung der Akzeptanz wurden Einschaltquoten erstellt, die wegen der abweichenden Erhebungsverfahren aber nicht mit den Quoten aus der Bundesrepublik vergleichbar sind. Einen Einschaltquotenverlauf für die *Aktuelle Kamera* von 1968 bis 1989 zu verzeichnen ist nicht möglich, da die Angaben weder repräsentativ sind noch Statistiken in vergleichbarer Weise über alle Jahre erhoben wurden. Abgesehen von diesen Schwierigkeiten waren die Umfrageergebnisse trotzdem durchaus signifikant für ein Konsumentenverhalten, da vor allem stärkere Schwankungen immer ein Zeichen für ein verändertes Akzeptanzverhalten waren. Erkenntnisse aus dem Zuschauerverhalten blieben jedoch ohne Auswirkungen auf das Programm. Die durchschnittliche Sehbeteiligung der *Aktuellen Kamera* von etwa 26 Prozent sank im Jahr 1970 auf nur noch 16 Prozent. In den folgenden Jahren bis zur Wende ist sogar nur von einer durchschnittlichen Einschaltquote zwischen 8 und 15 Prozent auszugehen.[16]

Aufgrund der Schwankungen in der Sehbeteiligung wird der Quotenverlauf nunmehr exemplarisch in fünf zeitlichen Abschnitten hervorgehoben. Sie erfassen den Zeitraum jeweils vor und nach politisch relevanten Jahrestagen oder Wahltagen in der DDR. Vom 27. Oktober 1969 liegen Zahlen vor, die im Zusammenhang mit den Erfahrungen des DFF bei der Vorbereitung und Gestaltung des 20. Jahrestages

---

13   Vgl. Seifert 1993, S. 26.
14   Vgl. Braumann 1994, S. 528.
15   Vgl. Seifert 1993, S. 27.
16   Vgl. Schütte 1994, S. 93.

der DDR erhoben wurden.[17] Der größte Anteil des als „Publizistik" bezeichneten Programmbereichs lag im besagten Zeitraum bei der *Aktuellen Kamera*. Zu diesem Bereich gehörten auch politische Dokumentationen und Magazinsendungen sowie *Der schwarze Kanal*. Erfragt wurde neben der Akzeptanz auch die Benotung einzelner Sendungen, die zwischen eins und sechs liegen konnte. Beispielhaft sind in der Übersicht die Werte von 1969 aufgelistet.

Sehbeteiligung und Bewertung der Hauptausgabe der *Aktuellen Kamera*, September/Oktober 1969 (durchschnittliche Werte)

Sehbeteiligung in Prozent	Bewertung	
16,9	2,28	Anfang September 1969
17,7	2,22	Mitte September 1969
17,4	2,18	Ende September 1969
12,1	2,18	Anfang Oktober (einschließlich 7.10.1969)

Dieses Ergebnis besagt, dass die Nachrichten und Sondersendungen auf ein relativ geringes Interesse[18] stießen. Bei einem für die Regierung so wichtigen Ereignis, wie dem 20. Jahrestag der Gründung der DDR verfolgte nur ein Zehntel der Bevölkerung die Aufmärsche und Großkundgebungen im Fernsehen. Das lässt folgende Schätzung zu. Bei einer Einschaltquote von 15 Prozent wurden tatsächlich nur 10 Prozent der Bevölkerung mit einer Sendung erreicht. Bei einer Einschaltquote von 25 Prozent lag die Rundung bei 20 Prozent der Bevölkerung, also etwa einem Fünftel. Da nicht jeder Haushalt einen Fernsehapparat besaß, wurde also prozentual gesehen ein noch weit geringerer Teil der Bevölkerung erreicht.[19]

Eine Analyse des Instituts für Meinungsforschung beim ZK der SED ergab im Dezember 1972, dass die Ergebnisse der Arbeit des Staatlichen Komitees zu prüfen seien. Die Zahl der Fernsehteilnehmer wuchs beständig und damit die Option, einen größer werdenden Anteil der Bevölkerung mit den politischen Zielen zu erreichen. 1972 nahm die Zahl der Fernsehteilnehmer am 1. Programm um 180 000 zu, am 2. Programm um 580 000. Damit wurden Voraussagen über die Teilnahme am Fernsehempfang um rund eine viertel Million angemeldete Empfänger übertroffen.

17   1. Entwurf: Die Erfahrungen des Deutschen Fernsehfunks bei der Vorbereitung und Durchführung des 20. Jahrestages der DDR, vom 27.10.1969. DRA Babelsberg, Schriftgut FS, Sammlung Glatzer: Geschichte des Fernsehens 1966–1971.

18   Es muss berücksichtigt werden, dass für den Zuschauer in der DDR lediglich zwei, maximal fünf Fernsehprogramme erreichbar waren. In dieser Relation ist eine Sendeakzeptanz zwischen 12 und 17 Prozent als gering zu bewerten.

19   Am Sonnabend, 4.10.1969, kam um 19.30 Uhr die *Aktuelle Kamera* mit dem *Studio XX* (Sonderstudio) auf eine Quote von 14,7 Prozent, die Bewertung lag bei 2,23. Am Sonntag, 5.10.1969, 19.30 Uhr *Aktuelle Kamera* mit *Studio XX*: Quote bei 9,2 Prozent, Bewertung bei 2,32. Montag, 6.10.1969, 19.30 Uhr *Aktuelle Kamera* mit *Studio XX*, auf 10,9 Prozent, die Bewertung auf 2,10.

Das bemerkenswerte Ergebnis der Umfrage war, dass die Zahl der Zuschauer, die im Fernsehen ein Medium der politischen Information sahen, rasch zugenommen hatte und derartige Sendungen technisch nun Zweidrittel der Zuschauer zumindest zeitweise erreichten. War der Anspruch auf Unterhaltung und Entspannung durch das Fernsehen mit 83 Prozent der Zuschauer praktisch gleich geblieben, so hatte sich der Anteil derjenigen, die über den Bildschirm aktuell-politische Information und Orientierung suchten, seit 1970 fast verdoppelt. Das ständig zunehmende politische Informationsbedürfnis richtete sich laut Umfrage in erster Linie auf die *Aktuelle Kamera*, auf ihre Inhalte und gestalterische Qualität. Für die Programmverantwortlichen und die staatliche Leitung war dieses Abfragen einer Erfolgsbilanz eine Rückkoppelung für die Funktion der *Aktuellen Kamera*.[20] Genaue Zahlen finden sich für das Jahr 1972, die im Zusammenhang mit der bereits erwähnten Reihe *Zehn vor acht* Auskunft geben:[21]

Sehbeteiligung und Bewertung der Hauptausgabe der *Aktuellen Kamera* und der Sendung *Zehn vor acht*, Januar bis September 1972 (durchschnittliche Werte)

1972	Sehbeteiligung in Prozent		Bewertung	
	Aktuelle Kamera	*Zehn vor acht*	*Aktuelle Kamera*	*Zehn vor acht*
Januar	19,1	20,7	3,4	–
Februar	19,7	17,8	3,4	2,9
März	16,4	15,3	3,3	2,8
April	15,3	16,5	3,3	2,8
Mai	16,5	12,2	3,3	2,9
Juni	13,5	11,1	3,2	2,9
Juli	12,0	10,1	3,4	3,2
August	14,8	–	3,4	3,1
September	19,5	–	3,2	–

Die Ergebnisse der Benotung lassen eine unterdurchschnittliche Bewertung erkennen. Je nach Auslegung der Umfrage wurde interpretiert, dass etwa zehn Prozent der Bevölkerung die aktuell-politische Hauptsendung des Fernsehens der DDR verfolgten. Inhaltlich wurde festgehalten, dass die Befragten ein ausgewogenes Bild der „wichtigsten Ereignisse und Prozesse im gesellschaftlichen Leben der DDR, der Sowjetunion, der sozialistischen Staatengemeinschaft, im internationalen Geschehen" erwarteten. Mehr Bürger der DDR als in den Vorjahren hatten in der

---

20   Auf die Frage: „Sehen Sie die *Aktuelle Kamera*?" antworteten 1970 mit „meistens" : 53 Prozent, 1971: 51 Prozent, 1972: 59 Prozent der Befragten. Vgl. Auswertung der Umfrage zur *Aktuellen Kamera*, Februar 1973. DRA Babelsberg, Schriftgut FS, Sammlung Glatzer: Geschichte des Fernsehens 1971-1976.
21   Vgl. SAPMO BArch DR 8, Nr. 125.

Umfrage die Meinung vertreten, dass die *Aktuelle Kamera* seit dem VIII. Parteitag (1971) aktueller und reaktionsschneller geworden sei (1970: 44 Prozent, 1972: 57 Prozent).

Im Ergebnisprotokoll resümierten die Meinungsforscher, dass die Zuschauer den veränderten Aufbau der Sendung bereits nach wenigen Monaten begrüßen würden. Nach einem Überblick zu wichtigen politischen Ereignissen und Entwicklungen folgten im weiteren Ablauf der Sendung zusätzliche Hintergrundinformationen und Kommentare. Während 1970 nur 35 Prozent eine solche politische Vertiefung im Rahmen der Hauptausgabe forderten, waren es 1972 bereits 60 Prozent. Mehr als die Hälfte der Befragten hätten der *Aktuellen Kamera* Aktualität und Informationsgehalt bestätigt. Daneben traten aber auch die wichtigsten Mängel, die die Zuschauer an der *Aktuellen Kamera* kritisiert hatten, in den Umfrageergebnissen erneut hervor: Nur ein Drittel der Zuschauer gestand demnach der *Aktuellen Kamera* „Vielseitigkeit" zu, weniger als ein Drittel „Interessantheit".

Die Bewertung für 1972 wird deshalb so hervorgehoben, weil in dieser Phase nach dem Machtwechsel von Ulbricht zu Honecker ein signifikanter Versuch unternommen wurde, in verschiedenen gesellschaftlichen Bereichen Verbesserungen zu erwirken. Diese Veränderungen betrafen insbesondere auch das Fernsehen mit dem Ziel der Beendigung der bereits erwähnten „Langeweile".

Die Auswertung einer Umfrage zur *Aktuellen Kamera* im Februar 1973 ergab, dass das Fernsehen und die Nachrichtensendung mehr Anerkennung und deshalb mehr Beachtung gefunden hatten. Deshalb haben der VIII. Parteitag und die folgenden Tagungen des ZK der SED das Fernsehen der DDR beauftragt, eine „schlagkräftigere politische Publizistik" zu entwickeln, dem Zuschauer eine „erlebnishafte dramatische Kunst in allen Genres" zu bieten sowie auf dem Bildschirm ein breit gefächertes Programm der Unterhaltung auszustrahlen. Die Sehbeteiligung und Bewertung der Monate Januar bis Mai 1974 im Vergleich zu 1975 spiegelt das wider.

Andere Quellen erwähnen Quoten zwischen 12 und 17 Prozent für 1974 und 1975, so eine „Bilanz der Fernseharbeit seit dem VIII. Parteitag der SED".[22] In dieser Erhebung werden die Ergebnisse als Fortschritt gewertet. Aus einer Veröffentlichung von 1978 für die siebziger Jahre geht eine Diskrepanz zwischen Gewolltem und Erreichtem hervor. Die Sehbeteiligung für die *Aktuelle Kamera* lag selten über 10 Prozent, während die Informationssendungen der Bundesrepublik in der DDR wesentlich höhere Werte erreichten: ARD-*Tagesschau* 22 Prozent und ZDF-*heute* sogar über 40 Prozent.[23]

Besonders hervorzuheben sind darüber hinaus Beispiele, die ein verändertes Sehverhalten vor Wahlen in der DDR dokumentieren. Geleitet von der Sorge vor einer Übersättigung der Zuschauer mit der Vorwahlberichterstattung, wollte

22   Vgl. Dieter Glatzer: Bilanz der Fernseharbeit seit dem VIII. Parteitag der SED. In: Deutsches Technikmuseum Berlin, Depositum Manfred Hempel.
23   Künftig auch wieder mehr an uns denken. Die Bedeutung des Westfernsehens für die DDR-Bewohner. In: *Der Spiegel*, 1978, Nr. 17, S. 41.

die Zuschauerforschung wissen, ob zu viel oder zu wenig über die Wahlen berichtet werde. Gefragt wurde unter anderem: „In den ersten zehn Minuten jeder Hauptausgabe der *Aktuellen Kamera* wird ja über Ereignisse aus der DDR berichtet. Haben Sie den Eindruck, dass hier meistens das Wichtigste und Interessanteste aus dem Leben unserer Republik gezeigt wird, oder erscheint Ihnen das oftmals nicht so, oder ist das schwer einzuschätzen?" Darüber hinaus wurde gefragt: „Empfinden Sie die Berichterstattung in der *Aktuellen Kamera* von den Wahlvorbereitungen insgesamt gesehen zu gering, gerade richtig oder zu umfangreich?"

Je dichter der Wahltermin heranrückte, desto deutlicher wurde die Kritik an der Wahlberichterstattung. Dennoch waren die Angaben nicht so konkret, dass daraus Verhaltensschlüsse für die Programmdirektion abzuleiten waren. Die Gründe sahen die Meinungsforscher selber darin, dass methodisch falsch gefragt worden sei. Je allgemeiner die Frage, desto geringer war die Tendenz zur Kritik. Inhaltlich wurden die Wahlberichte von den Befragten grundsätzlich schlechter bewertet als die „normalen" DDR-Berichte. Die Folge war eine zunehmende Verschlechterung der Akzeptanzwerte. Die Sehbeteiligung der *Aktuellen Kamera* entwickelte sich in den achtziger Jahren in Jahresdurchschnittswerten weiter rückläufig, wie die nebenstehende Statistik verdeutlicht.

Nach den Beschlüssen des Staatlichen Komitees für das Fernsehen aus dem Jahr 1982 hin zu einer alternativen Programmgestaltung, die sich ganz auf die Massenwirksamkeit konzentrieren sollte, nahm im Gegensatz zur *Aktuellen Kamera* die Akzeptanz des Gesamtprogramms wieder zu. Politisch geprägte Programmanteile waren nicht so gefragt wie die Unterhaltungsangebote. Damit war zwar dem Anspruch Genüge getan, das Medium Fernsehen zur Freizeitgestaltung auszubauen, jedoch konnte der Verweigerung gegenüber der politischen Erziehung nicht begegnet werden. Die Zuschauerzahlen nach 20.00 Uhr waren vor der Programmreform 1982 auf dem Tiefpunkt mit 32,9 Prozent. Sie stiegen 1983 auf 40 Prozent, schwankten dann in den folgenden Jahren zwischen 37 und 39 Prozent, bis sie 1988 auf 35,7 Prozent heruntergingen und 1989 auf 32,1 Prozent.[24]

Da in den achtziger Jahren die Erhebungszeiträume für die Zuschauerquoten erheblich verkürzt und der Umfang der Befragung ausgeweitet wurde, liegen für diese Jahre entsprechend detaillierte Angaben vor. Nachfolgende Jahreshöchstwerte der *Aktuellen Kamera* wurden bei hervorgehobenen Anlässen zwischen 1981 und 1989 gemessen:

24 Vgl. Braumann 1990, S. 62.

**Sehbeteiligung der *Aktuellen Kamera*, 1981 bis Oktober 1989,
höchste Werte in Prozent**

Sehbeteiligung in Prozent	Datum	Ereignis
50,5	13.12.1981	Treffen Schmidt/Honecker in der DDR
20,1	11.1.1982	Amtsantritt J. Andropows
17,2	28.2.1983	Übergabe eines Briefes H. Kohl an E. Honecker
17,5	27.11.1984	Beratung Honeckers mit den Blockparteien
21,2	2.12.1985	Tod des Verteidigungsministers H. Hoffmann
24,6	21.4.1986	XI. Parteitag der SED
28,9	7.9.1987	Honecker-Besuch in der Bundesrepublik
16,4	25.4.1988	Auszeichnung der DDR-Olympioniken durch Erich Honecker
24,5	3.10.1989	Rede Honeckers vor antifaschistischen Widerstandskämpfern und Aktivisten der ersten Stunde

Erwartungsgemäß hatte der Helmut-Schmidt-Besuch in der DDR eine Sonderstellung. Auch an anderen Tagen dieses Besuchs waren die Quoten außergewöhnlich hoch: am Freitag, den 11. Dezember 1981, mit 36,2 Prozent, am Sonnabend, den 12. Dezember 1981, mit 36,1 Prozent. Dies waren absolut einmalige Zahlen in der Geschichte der *Aktuellen Kamera*. An „normalen" Tagen, so schrieb Eberhard Fensch an Joachim Herrmann am 6. Januar 1982, lag die Sehbeteiligung der Hauptausgabe der *Aktuellen Kamera* seit „geraumer Zeit zwischen etwa 7 Prozent und 18 Prozent"[25].

Der XI. Parteitag der SED, 1986, und der Besuch Honeckers in der Bundesrepublik, 1987, verringerten in den achtziger Jahren das Desinteresses an den Informationssendungen des DDR-Fernsehens. Im September 1989 wurde die schlechteste Akzeptanz und Bewertung gemessen. Mit einem Monatsdurchschnitt von 9,5 Prozent und einer Benotung von 4,06 bildeten diese Werte den Tiefpunkt seit

25   SAPMO BArch DY 30/IV 2/2.037/016.

Bestehen des DDR-Fernsehens.[26] Das änderte sich mit den Anzeichen der Wende, als in den ersten drei Monaten nach dem 9. November 1989 eine mittlere Sehbeteiligung von 49,5 Prozent ausgewiesen wurde.

Größere politische Ereignisse brachten der *Aktuellen Kamera* nicht automatisch bessere Einschaltquoten. Wenn sich allerdings in der Politik der DDR gegenüber dem westlichen Ausland etwas bewegte, nahm die Hoffnung auf eine Öffnung hin zum Westen zu. Damit änderte sich kurzfristig auch das Sehverhalten. Außenpolitische Initiativen, ob nun von Honecker oder von Gorbatschow, übten einen positiven Einfluss auf die Stimmung der Menschen in der DDR aus, was das Interesse an der *Aktuellen Kamera* steigerte.

Nach 1989 erfolgte ein deutlicher Umschwung der Zuschauerinteressen. Während Anfang 1989 noch an erster Stelle der Erwartungen an das DDR-Fernsehen „Unterhalten und Entspannen" bei 67 Prozent stand, die Information mit 46 Prozent auf Platz drei lag, änderte sich das Zuschauerinteresse Ende 1989 schlagartig. Die *Aktuelle Kamera* hatte Werte von 60 Prozent in der Sehbeteiligung, gleichzeitig stieg die Erwartungshaltung an Sendungen, in denen über „wichtige Ereignisse informiert" wurde, auf 77 Prozent. Die Zuschauer honorierten, dass sich das Fernsehen schnell auf die neuen politischen Verhältnisse einstellte. Dies belegt auch die Fragestellung der DDR-Zuschauerforschung, ob die politisch-aktuelle Berichterstattung des DDR-Fernsehens früher oder jetzt besser sei. Die Ergebnisse waren klar: 5,9 Prozent sagten „früher besser" und 73,4 Prozent antworteten mit „jetzt besser". Allerdings sagten auch 12,1 Prozent, dass es gleich geblieben sei.[27] Vorher waren massenwirksame Sendungen eben nicht die politischen Sendungen. Nach dem Oktober 1989 war es dann umgekehrt.

Völlig loszulösen von den Erhebungswerten des DDR-Fernsehens sind Befragungen, die in der Bundesrepublik über die DDR gemacht wurden. Nur fragmentarisch konnten ausgewählte Zuschauerkreise befragt werden, und deshalb sind diese Zahlen ebenfalls bedingt repräsentativ. Das Münchener Meinungsforschungsinstitut Infratest nahm im Frühjahr 1984 im Umfeld einer Übersiedlerwelle Befragungen vor. Nicht überraschend ist, dass gerade dieser Personenkreis, der der DDR den Rücken gekehrt hatte, die Nachrichtensendungen des DDR-Fernsehens besonders wenig beachtete. Die politischen und weltanschaulichen Einstellungen der Befragten beeinflussten die Bewertungen über das DDR-Fernsehen. Außerdem wurde nach der Stellung eines Ausreiseantrags das Westfernsehen verstärkt genutzt. Das Westfernsehen hatten fast 79 Prozent jeden Tag verfolgt, das Ostfernsehen dagegen nur 8 Prozent. Die Übersiedler offenbarten erwartungsgemäß eine „Verwei-

---

26   Niedrigsten Einschaltquoten der AK 1981 bis 1989: 1981: keine Ausgabe unter 5 Prozent; 1982: keine Ausgabe unter 5 Prozent, 1983: 3,6 Prozent am 6. 7.1983, Anlass: Interviews mit Werktätigen; 1984: 3,4 Prozent, 24.12.1984, Anlass: Soziale Sicherheit und Geborgenheit in der DDR; 1985: 2,5 Prozent, 25.5.1985, Anlass: XII. Parlament der FDJ/dezentrale Pfingsttreffen; 1986: 3,8 Prozent, 24.12.1986, Anlass: Soziale Sicherheit und Geborgenheit in der DDR; 1987: 4,3 Prozent, 8.8.1987, Anlass: Statistik „Volkswirtschaft im Juli"; 1988: 2,5 Prozent, 21.5.1988, Planerfüllung, Interviews mit Werktätigen; 1989: 2,6 Prozent, 24.6.1989, Anlass: Lage in China. Alle statistischen Angaben entstammen dem Aufsatz von Braumann 1994, S. 536f.

27   Braumann 1990, S. 62f.

gerungshaltung" gegenüber den DDR-Medien: 57 Prozent sahen nach ihren eigenen Angaben sehr selten oder nie das DDR-Fernsehen. Übersiedler, die aus technischen Gründen kein West-Fernsehen empfangen konnten, sahen zu 49 Prozent fast jeden Tag das DDR-Fernsehen, häufig zu 20 Prozent, manchmal zu 8 Prozent, sehr selten zu 27 Prozent und nie zu 4 Prozent.[28]

Maßgeblich zur politischen Bewusstseinsbildung der Ausreisewilligen trug das Fernsehprogramm des Westens bei. Die bundesdeutschen TV-Programme erreichten 86 Prozent des Territoriums der DDR. 14 Prozent der Haushalte in Ost-Sachsen, Ost-Mecklenburg und Vorpommern besaßen keine Gelegenheit, die Sender der Bundesrepublik zu empfangen. Nachrichtensendungen aus dem Westen verfolgten die Ausreisewilligen zu 85 Prozent, die *Aktuelle Kamera* sahen dagegen lediglich 14 Prozent. Bei den Westnachrichten lag die *Tagesschau* mit 34 Prozent vorn, gefolgt von *heute* mit 15 Prozent und den *Tagesthemen* mit 5 Prozent. Insbesondere die 20.00-Uhr-Nachrichten der *Tagesschau* stellten auch im DDR-Alltag eine Institution dar.[29] Die chronisch defizitäre Glaubwürdigkeit der politischen Informationssendungen drückte sich in Enthaltsamkeit und Verweigerung der Zuschauer aus. Die Kommunikationsabsichten entsprachen nicht den Zuschauererwartungen, weil die aufgestellten Paradigmen nicht zur Gewinnung der Publikumsgunst[30] beitrugen.

In der DDR trat genau das ein, was nach dem Kommunikationsmodell von Jörg Aufermann nicht hätte passieren dürfen: Wenn bei Sender und Empfänger kein gemeinsamer Zeichenvorrat vorhanden ist, dann kann nur eine minimale Kommunikation stattfinden. Es fand mit den meisten Zuschauern kein Austausch über Kommunikationsinhalte statt, sondern nur ein Austausch darüber, dass kommuniziert werden sollte. Es ging nur noch um die Intention zu kommunizieren. Parallel schwand bei den Zuschauern das Interesse an den Inhalten, so dass die Kommunikation erschwert wurde. Im übertragenen Sinn wurden ausgewählte Nachrichteninformationen zwar gesendet, aber der Rezipient verweigerte sich den Inhalten und damit der Kommunikation.

Das Publikum reduzierte sich auf eine Zuschauerschaft aus staatstreuen Rezipienten. Bei einer ungefähren Einschaltquote der *Aktuellen Kamera* von zwölf Prozent ist von einer Klientel über 1,5 Millionen Zuschauer auszugehen, weniger als die SED Mitglieder hatte. Die Verantwortlichen für das Fernsehprogramm schienen sich dieser Tatsache bewusst zu sein und sprachen gezielt nur noch einen bestimmten Teil der Bevölkerung an. Man gab sich damit zufrieden, nur noch diejenigen mit Erklärungen zu versorgen – und damit zu leiten –, die bereit waren, die Signale anzunehmen. Erreicht wurden die „Multiplikatoren" des eigenen Systems. Deshalb wurde in gewisser Hinsicht ein politischer Teil-Effekt im Sinne der herrschenden Partei erzielt. Doch das Ignorieren der ständig sinkenden Akzeptanz des eigenen wichtigsten Massenmediums verweist auf die Unfähigkeit, zu konstruktivem Handeln zurückzufinden. Der weitaus größere Teil des Publikums informierte sich allabend-

---

28 Befragung von DDR-Übersiedlern im IV. Quartal 1984, veröffentlicht im Februar 1985. In: Infratest 1985.
29 Ebd.
30 Vgl. Marcinkowski 1993 sowie Früh/Schönbach 1984.

lich bei der Konkurrenz, dem politischen Gegner. Das Ziel, diese Entwicklung um-zudrehen, hatte man zunächst unbewusst und dann bewusst aufgegeben.

Die Medienlenkung konzentrierte sich statt auf die Allgemeinheit auf andere Adressaten, insbesondere durch die eigenwillige Gestaltung der *Aktuellen Kamera*. Dieses Klientel aus SED-Funktionären, soziodemographischen Gruppen der Hoch-schulabsolventen oder Mitwirkenden in Block-Parteien und anderen staatlichen Organisationen bildete das so genannte „gesellschaftliche Aktiv". Dieses „gesell-schaftliche Aktiv" stellte aber nur einen Teil des Publikums dar. Die für ein Massenmedium erstrebenswerte Zielgruppe, wozu in der DDR vor allem die Arbeiterklasse zählte, erreichte man immer weniger.

Auf derart uneinsichtiges Vorgehen verweist auch die Schlussfolgerung aus einer Untersuchung, die am 21. Oktober 1976 der Programmdirektion des DDR-Fernsehens vorgelegt wurde.[31] Darin waren die Zuschauer befragt worden, welche Meinung sie zur Programmarbeit des Fernsehens hatten. Die Umfrage ergab unter den Zuschauern der *Aktuellen Kamera*, dass das Fernsehen zu der politischen Erstinformation für das „gesellschaftliche Aktiv" geworden war. Fernsehen sei das Medium, bei dem sich die am politischen Leben Beteiligten zuerst und am inten-sivsten informierten.[32] Bewertungen dieser Art bestätigt auch Ulrich Meier: „Wir wussten natürlich, dass wir so, wie wir die *Aktuelle Kamera* machen mussten, nie vorstoßen in einen breiteren Zuschauerkreis. Das war aber unser Wunsch und unser Anliegen." Das „Totschlagargument" der politischen Führung um Joachim Herrmann sei in solchen Situationen immer gewesen: „Wir machen die *Aktuelle Kamera* in erster Linie für das gesellschaftliche Aktiv." Das „gesellschaftliche Aktiv" waren jene drei Millionen, die in Elternbeiräten, in Konfliktkommissionen, also in gesellschaftlichen Organen tätig waren.[33]

Die Einschätzungen von Meier werden bestätigt durch die Erkenntnisse der ehemaligen Zuschauerforscherin Christa Braumann. Sie stellt das „gesellschaftliche Aktiv" als die Zielgruppe der *Aktuellen Kamera* dar. Das galt auch für alle anderen politischen Sendungen. „Die Daten weisen aus, dass das Ziel erreicht wurde."[34] Die Konzentration auf das „gesellschaftliche Aktiv" beweist, dass die Programm-verantwortlichen sich nur noch auf die Lenkung eines Teils des Publikums kon-zentrierten. Es galt, die Systemtreuen weiterhin zu steuern und mit den Sichtweisen der Staats- und Parteiführung zu versorgen. Der Anspruch der Redaktionsmitarbeiter, eine *Aktuelle Kamera* für das gesamte Publikum in der DDR zu produzieren, hatte sich mit der Realität nicht decken lassen und blieb unerreicht.

Eine qualitativ ebenso aufschlussreiche Erhebung der Zuschauermeinungen bil-deten die im November 1954 eingeführten *Zuschauerforen*, die in der Anfangszeit

---

31 Zur Verwirklichung der Festlegungen über die Weiterführung der Berichterstattung aus der Hauptstadt und den Bezirken der DDR vom 9.6.1976. Maschinenschrift, vorgelegt der Programmdirektion am 21.10.1976. In: DRA Babelsberg, Schriftgut FS, Sammlung Glatzer: Geschichte des Fernsehens 1976–1981.

32 So die Befragung unter leitenden Funktionären im Stahl- und Walzwerk Gröditz. Ebd.

33 Interview Meier 1999.

34 Vgl. Braumann 1994, S. 537.

noch Zuschauerkonferenzen genannt wurden.[35] Die Zuschauerforen vermittelten den Programmverantwortlichen in direktem Kontakt durch Diskussionen, wie das Fernsehprogramm bewertet wurde. Die Gesprächsrunden, die zum Teil gezielt und zum Teil wahllos von den Organisatoren in der Abteilung Agitation und der Leitung des Fernsehens zusammengestellt wurden, sind jeweils protokolliert den Leitungsebenen zur Kenntnis gegeben worden. Eingeladen hatten in den frühen fünfziger Jahren die Leiter von „Fernsehstuben", Klub- oder Kulturhäusern, aber auch Jugendherbergen und Jugendheime, in denen die ersten Fernsehapparate aufgestellt waren. Da sich auf diese Weise Zuschauer zusammenfanden, die relativ regelmäßig das Programm verfolgten, war dieser Austausch die wirkungsvollste Form der Programmkritik für die Journalisten und Künstler des Fernsehzentrums.[36] In der Anfangszeit richtete sich ein Großteil der Kritik und der Beschwerden gegen die mangelhafte technische Qualität der Übertragungen.

Die später regelmäßig stattfindenden Zuschauerforen bildeten Informationsveranstaltungen des Fernsehens in Betrieben oder staatlichen Einrichtungen. Bezeichnet wurden sie als „Aussprache der Mitarbeiter des Fernsehens der DDR mit den Zuschauern". Beteiligt waren an diesen Veranstaltungen immer Parteifunktionäre der Agitationsabteilung und der Fernsehleitung, aber auch Redakteure der *Aktuellen Kamera*. Auf diese Weise hatten sie eine Rückkoppelung für ihre Arbeit, ein Feedback durch Zuschauerkontakte. Zuschauerpost und Äußerungen auf Foren gaben aber nur ein eingeschränktes Bild, weil der Teilnehmerkreis dieser Foren zu einem Teil von der Parteileitung ausgesucht worden war. Kritik sollte nicht zu öffentlich werden. Die Auswertungen und die Ergebnisse wurden deshalb nicht in Zeitungen abgedruckt und blieben vertrauliche Verschlusssachen, wie die Einschaltquoten des Fernsehens. Dafür waren die Äußerungen zuweilen sehr offen und direkt. Die Zuschauer übten heftige Kritik an den Inhalten, der Form und der Gestaltung der *Aktuellen Kamera* und verglichen sie immer wieder mit westdeutschen Nachrichtensendungen.

Auch wenn diese Antworten der Staats- und Parteiführung nicht in das Konzept passten, so bestand dennoch ein großes Interesse an den Auffassungen und Tendenzen in der eigenen Bevölkerung. Dies wird allein durch die Tatsache unterstrichen, dass Äußerungen aus Foren zu Papier gebracht, verteilt und archiviert wurden.[37] Redakteure und Reporter erhielten zwar ein gefiltertes Bild, doch die Vielzahl der Einschätzungen und die zuweilen ungeschönte Kritik ergaben in der Mischung ein Fremdbild, das sich mit dem Eigenbild nicht deckte.[37] Die Ergebnisse der Befragungen wurden zwar besprochen, aber nicht verwirklicht. Kritik hatte eine andere Funktion als in westlich-pluralen Systemen. In der DDR war Kritik stets systemimmanent und musste als konstruktiv und aufbauend verstanden werden. Das Ergebnis waren eine geringe Ausnutzung der Befragungen und so gut wie keine Konsequenzen für die Berichterstattung in der *Aktuellen Kamera*. Insofern hatte

---

35 Vgl. Preisigke 1965, S. 46.
36 Ebd.
37 So der ehemalige *Objektiv*-Redaktionsleiter Gerhard Zazworka im Interview. In: Groß 1997, S. 48.

die als basisdemokratisch angelegte Zuschauerbefragung nur einen vorgetäuschten Zweck, denn substantielle Forderungen nach Veränderungen wurden nie berücksichtigt.

In den Foren erfolgten gezielte Befragungen zur *Aktuellen Kamera*, um Reaktionen auf die Fernsehnachrichten in Erfahrung zu bringen. Je stärker im Verlaufe der Jahrzehnte die *Aktuelle Kamera* für die Staats- und Parteiführung an Bedeutung zunahm, desto umfangreicher wurden, explizit ab den siebziger Jahren, die Aussprachen mit den Zuschauern. Aus der Vielzahl der Foren sind einige hervorzuheben, die besonders treffend Lob und Kritik an der *Aktuellen Kamera* wiedergeben. In einer Erhebung vom 16. August 1971 kristallisierte sich heraus, dass die Nachrichten insgesamt zu wenig unterhaltsam, abwechslungsreich und humorvoll seien. Besonders kritisiert wurde bei Information und Publizistik eine gewisse Einförmigkeit, es sei „immer dasselbe", und obendrein mangele es an Breite. Zu viel beschäftige sich die *Aktuelle Kamera* mit dem Thema Arbeit und zu viel mit der Berichterstattung über kriegerische Auseinandersetzungen in der Welt (Partisanen, Kundschafter, Schießereien jeder Art). Auch gebe es zu „viele Langhaarige und Bartträger", die dauernd im Fernsehen gezeigt würden. „Langhaarige und Bartträger" waren durch ihr optisches Erscheinungsbild eine gewisse Provokation. Die Präsentation im Fernsehen, die bei Aufnahmen in Betrieben oder vor Kaufhäusern zwangsläufig auftrat, verärgerte linientreue Zuschauer. Von einem bewussten Abbilden dieser Personenkreise in der *Aktuellen Kamera* und einem damit verbundenen subversiven Versuch, die politische Opposition in die Nachrichten zu lancieren, kann allerdings nicht ausgegangen werden. [38]

Einschneidende inhaltliche und programmliche Veränderungen im Fernsehen deuteten sich ab August 1971 an. Der DFF ließ Grundsätze einer Programmreform mitteilen, die als direkte Auswirkung der Neuerungen nach dem VIII. Parteitag zu bewerten sind. Die Zuschauer wurden erstmalig umfangreich nach ihrer Programmkritik befragt. Dafür wurden Zuschauerforen und Beratungen mit Arbeitern, Genossenschaftsbauern und Angehörigen der so genannten „werktätigen Intelligenz" durchgeführt. In der sozialistischen Presse fand eine Diskussion über die Qualität und Massenwirksamkeit der Sendungen des Fernsehens statt. Die Programmdirektion veranlasste einen Plan zur „Durchführung von Beratungen mit Zuschauern und andere Maßnahmen zur Verbesserung der Programmgestaltung des DFF".[39] Schließlich fanden Umfragen des Instituts für Meinungsforschung sowie der Zuschauerforschung des Deutschen Fernsehfunks unter Mitarbeitern volkseigener Betriebe sowie unter einem Querschnitt der Gesamtbevölkerung statt. Diese öffentliche Diskussion führte zu einer recht genauen Kenntnis der tatsächlichen Meinungen, Auffassungen, Fernsehgewohnheiten, Erwartungen und Forderungen der verschiedenen sozialen Gruppierungen und Altersgruppen des Fernsehpublikums.

---

38 Probleme, Fakten und Argumente für die Durchführung der Zuschauerforen, S. 15, Programmdirektion, 16.8.1971. SAPMO BArch DR 8/113.

39 Plan zur Durchführung von Beratungen mit Zuschauern und andere Maßnahmen zur Verbesserung der Programmgestaltung des DFF, Programmdirektion, 16.8.1971. Ebd.

4,5 Millionen DDR-Bürger hatten 1971 ein Fernsehgerät, das waren 11 Millionen Nutzer, davon 10 000 mit Farbfernseher.[40] Soziologische Erhebungen hatten ergeben, dass 80 Prozent der potentiellen DDR-Fernsehzuschauer wochentags bis 6.00 Uhr aufstehen und bereits bis 22.00 Uhr schlafen gingen. Die Hauptsendezeit müsse deshalb auf 19.00 Uhr bis 21.30 Uhr festgelegt werden. Es folgte innerhalb des Staatlichen Komitees fürs Fernsehen eine lange Diskussion über den Beginn des Hauptabendprogramms. „Der Gegner scheue sich nicht", hieß es, „vor gebrochenen Anfangszeiten" (wie 19.25 Uhr *Berliner Abendschau* im SFB, 19.45 Uhr *heute* 1971 im ZDF, 20.15 Uhr das Hauptprogramm bei ARD und ZDF – J.B.). Für DDR-Verhältnisse wurde in kurzer Zeit schnell reagiert. Bereits am 30. September 1971 lag das Ergebnis auf die Frage „Wann sollte Ihrer Meinung nach die *Aktuelle Kamera* künftig gesendet werden" vor. 31 Prozent votierten für 19.00 Uhr, 40 Prozent für 19.30 Uhr, der Rest zwischen 5,2 und 12,9 Prozent entfiel auf 19.15, 19.45 und 20.00 Uhr. [41]

Die Befragung ergab eine knappe Mehrheit für den Anfangs-Zeitpunkt 19.30 Uhr. Ob nun die Zuschauermeinung, die nicht veröffentlicht worden war, tatsächlich den Ausschlag gab, bei dem angestammten Sendetermin um 19.30 Uhr zu bleiben, ist nicht überliefert.

Ebenfalls deutliche Einschätzungen über die *Aktuelle Kamera* lieferte eine Aussprache am 21. Juni 1972 mit 25 Parteimitgliedern und Funktionären in der Abteilung Getriebebau im Automobilwerk Eisenach über die außenpolitische Publizistik im Fernsehen. Die hier zugrunde liegenden Auszüge dieser Aussprache halten sowohl die Antworten der Beteiligten fest wie auch eine Interpretation des teilnehmenden Mitarbeiters der *Aktuellen Kamera*, Günter Herlt, der die Veranstaltung anschließend zusammenfasste. Die Teilnehmer setzten sich aus Genossen, Parteilosen sowie einem Mitglied der Ost-CDU zusammen. Die *Aktuelle Kamera* sei besser geworden, so Aussagen in der Aussprache, sie müsste aber schneller informieren und mehr Bildmaterial aus dem Ausland verwenden. Allgemein wurde abgelehnt, dass die *Aktuelle Kamera* in einer Länge bis zu zehn oder zwölf Minuten über Sitzungen verschiedener Art aus der DDR und aus den sozialistischen Ländern berichte und dass ebenso lange Beschlussauszüge oder Wortlaute verlesen würden. Manchmal strotze die Ausgabe nur so vor Titeln und Wiederholungen. Das Westfernsehen dagegen wurde immer wieder gelobt. Die Sendung *Weltspiegel* in der ARD wurde allgemein als sehr interessant empfunden, sie erscheine vielen objektiv und nicht abweisend gegenüber der sozialistischen Welt. Das Fernsehen der DDR müsse ehrlicher auf Fragen aus verschiedenen Gebieten eingehen. Es sei nicht verstanden worden, weshalb es beispielsweise im Gegensatz zu den Verhandlungen in Moskau über die Nixon-Verhandlungen in Peking fast keine Berichte gab. Deshalb, so das Fazit, sei die Berichterstattung „nicht objektiv genug".

---

40 Diese und die folgenden Informationen notierte Peter Hoff auf einer Pressekonferenz des DFF, auf der er anwesend war. In: Hoff 1993, S. 273f.
41 Wann sollte Ihrer Meinung nach die *Aktuelle Kamera* künftig gesendet werden? 30.9.1971. SAPMO BArch DR 8/113.

Das Protokoll dieser Versammlung dokumentiert, dass in diesem Betrieb und im ganzen Kreis Eisenach die Sendungen des Westfernsehens einen außerordentlich großen Einfluss ausübten und weitgehend Gesprächsstoff in der Belegschaft waren. Während die Mehrzahl der Versammlungsteilnehmer sich an der Diskussion beteiligte, traten Einzelne mit negierenden und teilweise auch zynischen Fragen und Bemerkungen zum DDR-Fernsehen auf. Teilnehmer forderten, dass man schneller mit der Information da sein müsse, obwohl die Verbesserung der *Aktuellen Kamera* allgemein anerkannt wurde. Aktualität und Anschaulichkeit wurden nicht voneinander getrennt. Manche sagten: „Ehe Ihr kommt, habe ich das längst im Westen gesehen." Es gab Kritik daran, dass manche Berichte zu trocken und zu formal seien. Man wolle die Realität sehen, beispielsweise bei dem angekündigten Moskau-Journal, in dem auch die Probleme dargestellt werden müssten, die bei der Bewältigung der Aufgaben normalerweise entstehen, aber auch, wie man sie bewältige. Man „dürfte nicht immer nur das Positive und alle Menschen als Helden darstellen".

Rund die Hälfte der Zuschauer verlangte vom Fernsehen, dass es ihrem Informationsbedürfnis nachkomme. Die Niederschrift eines erheblichen Umfangs ablehnender Haltungen gegenüber der *Aktuellen Kamera* konnte zwei Gründe haben. Entweder wollten die Protokoll-Führer, in diesem Fall die leitenden Redakteure, erwirken, dass die Staats- und Parteiführung, die Abteilung Agitation und das Fernsehkomitee den Redaktionen mehr Gestaltungsmöglichkeiten gewährten. Möglich ist auch, dass die Protesthaltungen zwar registriert, aber als nicht genügend relevant erachtet wurden. Die zweite Aussage erscheint als die Wahrscheinlichere, weil Protesthaltungen vielerorts wahrgenommen wurden, aber von der Bürokratie wie auch von den verantwortlichen Leitungsebenen unbeachtet blieben.

Die Zweigleisigkeit, mit der die Medienlenkung versuchte, einerseits die politische Erziehung zu gestalten und andererseits die Bevölkerung über die Ereignisse in der Welt zu informieren, wurde von den Diskussionsteilnehmern in den Zuschauerforen offen benannt. Das Stimmungsbild über die Programmleistungen war außergewöhnlich umfangreich und lieferte eine komplexe Vorstellung von den Ansichten der Menschen in der DDR, die sich unzufrieden mit der selektiven Nachrichtenauswahl gaben. Trotz dieser Erkenntnisse wurde der medienpolitische Kurs, nur eine parteiliche Auswahl von Nachrichten zu verbreiten, beibehalten. Das belegt beispielsweise das zusammengefasste Diskussionsmaterial einer Veranstaltung vom 4. Dezember 1975 zum Thema „Zur Arbeit des Fernsehens der DDR nach dem VIII. Parteitag der SED". Die Aussprachen mit Sekretären von Grundorganisationen, APO-Sekretären, Gruppenorganisatoren und so genannten Agitatoren aus Industriebetrieben wurden ergänzt durch Ergebnisse mehrjähriger Untersuchungen des Instituts für Meinungsforschung beim ZK der SED über Fernseherwartungen und Fernsehwirkungen. Ebenfalls hinzugezogen wurden eine Analyse der Zuschauerpost und der Zuschauerforschung des Fernsehens der DDR und die Auswertungsergebnisse von Foren mit Werktätigen, die vom Fernsehen der DDR durchgeführt wurden. Dieses Material enthält eine Bilanz über die Verwirklichung der Aufgabenstellung des VIII. Parteitages durch das Fernsehen der

DDR sowie einige programmpolitische Schlussfolgerungen aus den Erfahrungen der Ferneharbeit für den Zeitraum 1976–1980: „Funktion und Aufgaben des Fernsehens der DDR in der entwickelten sozialistischen Gesellschaft".[42]

Die sich aus leitenden Funktionären zusammensetzende Arbeitsgruppe der Abteilung Agitation des ZK der SED war verantwortlich für die Erhebungsdaten.[43] Mitarbeiter stützten sich für die Ausarbeitung auf Aussprachen mit annähernd 200 Parteifunktionären in verschiedenen gesellschaftlichen Bereichen der DDR.

Das Fazit dokumentiert Selbstzufriedenheit und damit die Beibehaltung des eingeschlagenen Weges: Die Fernsehpublizistik habe seit dem VIII. Parteitag einen besonders deutlichen Aufschwung erlebt, so die Folgerung in der Bilanz. Das betreffe vor allem die *Aktuelle Kamera*. Sie sei den Zuschauererwartungen „entsprechend besser ihrem Charakter als tagespolitische Informationssendung" gerecht geworden. Sie sei wesentlich aktueller und informativer, habe die Berichterstattung von den „Brennpunkten der internationalen Klassenauseinandersetzung grundlegend verbessert", Fortschritte bei einer „lebendigen Darstellung der Welt des Sozialismus" erreicht und dabei besonders das Geschehen in der DDR berücksichtigt. Die *Aktuelle Kamera* habe dadurch den „politischen Einfluss auf die Werktätigen der DDR" erhöhen können. Gerade eine Befragung auf der Funktionärsebene bestätigte die Ausrichtung und Gestaltung der *Aktuellen Kamera*. Von diesem Kreis der SED-Kader war ein Akklamationsverhalten zu erwarten, sie gehörten zum Zielpublikum aller Nachrichten der DDR-Medien.

Die Meinungsforscher hatten ermittelt, dass die DDR-Bürger mindestens fünfzehn Stunden im Durchschnitt pro Woche vor dem Bildschirm verbrachten, was etwa ein Drittel ihrer Freizeit ausmachte. Und so konstatierte man: Am Bildschirm könnten sich die Werktätigen politisch informieren, ideologisch orientieren und geistig-kulturell bilden. Zu Hause vor dem Fernseher könnten sie Leistungen aller Gattungen und Genres der Kunst erleben.

Es ließen sich aber auch anderslautende Meinungen aus Zuschauerforen anfügen: „Wir haben uns daran gewöhnt, dass wir als unmündige Menschen betrachtet werden, was Vorenthaltung betrifft von Informationen und Literatur. [...] Warum werden Sendungen vor dem Ausstrahlen so stark zensiert? – Macht der Auslandskorrespondent oder muss er machen, was der Berliner Redakteur sagt?"[44] Protokolliert wurde ein Nebeneinander von Kritik und Zuspruch, was die widersprüchliche und ambivalente Auseinandersetzung mit den Medien in der Gesellschaft widerspiegelte. Immer wieder erreichten auch die Programmverantwortlichen positive Signale. „Die aktuelle Berichterstattung empfinden die Zuschauer als qualitativ verbessert." Nachfolgende Rückmeldungen belegen den repräsentativen Charakter aus den unterschiedlichen Zuschauermeinungen:

---

42 ZK-Kommission, 4.12.1975. SAPMO BArch DR 8/113.

43 Die Arbeitsgruppe setzte sich zusammen aus: Eberhard Fensch (Leiter der Arbeitsgruppe), Heinz Adameck, Hans Hübner, Kurt Zenk, Ursula Ragwitz, Klaus Gäblker, Johannes Schäfer, Helmut Klein, Hans Sturm, Dieter Glatzer, Helmut Klotsch, Günther Mehnert, Günter Hoppe und Joachim Jauch. Vgl. SAPMO BArch DR 8/113.

44 Zuschauerforen und Monatsberichte 1972-1973. Zitiert nach Groß 1997, S. 48.

- die *Aktuelle Kamera* sei informativer, besser gegliedert und auch optisch wirksamer geworden (FDJ-Funktionär/Jungwählerforum Berlin);
- die Berichte aus der DDR seien gut. Man spüre, dass die Reporter sich Mühe gäben (LPG Linum);
- es blieben noch starke Wünsche unbefriedigt (Fernmeldegerätewerk Annstadt);
- dennoch bemerke man das Bemühen der *Aktuellen Kamera* um intensivere Bildgestaltung. Man erwarte mehr Informationen aus dem Weltgeschehen (Propagandisten des FDJ-Lehrjahres);
- in der *Aktuellen Kamera* wird immer noch zu oft zu viel gesprochen und zu wenig gesagt (VEB IHB/Berlin);
- die Berichterstattung sei zu „produktionsgebunden", zu oft seien die Berichte aus den Betrieben zu lang und das verwendete Zahlenmaterial zu langweilig (Schiffswerft Rosslau);
- sehr oft sei die *Aktuelle Kamera* wie eine Rundfunksendung, man vermisse vor allem Filmberichte, je weiter man von der DDR wegkäme, umso größer würde die Zahl der ‚Stand-Bilder' (LPG Linum).[45]

Die Kritik der Zuschauer wurde abgewandelt zur Kenntnis genommen. So konzentrierte man sich bei der *Aktuellen Kamera* vor allem darauf, dass die Darstellung des Bildes vom Sozialismus, zum Teil noch nicht packend genug gestaltet würde, dass von verschiedenen Veranstaltungen teilweise zu „breit" berichtet würde und dass im „Kampf um die Erstinformation bei der Nachrichtengestaltung oft zu wenig mit Originalbild und Originalton" gearbeitet werde. Dazu müsste auch das Bezirkskorrespondentennetz des Fernsehens quantitativ und qualitativ ausgebaut werden. Viele Zuschauer regten an, die Funktion der Aufgabe der *Aktuellen Kamera* neu zu überdenken und zu prüfen, wie dort mehr Informationen mit Neuigkeitswert vermittelt und den Sehgewohnheiten zu später Stunde besser entsprochen werden könne. Trotzdem stellte die Bilanz zufrieden fest: „In der DDR herrscht eine Atmosphäre reger geistiger Aktivität."[46]

Die Zahl der Foren erhöhte sich von jährlich 30 im Jahr 1972 auf maximal 600 1976. Addierte man die Zahl aller Kontakte – ob Briefe, Anrufe, Foren oder Befragungen –, so wurden pro Jahr durchschnittlich zehn Prozent der etwa 13 Millionen Fernsehzuschauer nach ihrer Meinung befragt.[47] Ähnlich wie die Zuschauerpost dienten die Reaktionen von Fernsehzuschauern bis zur Wende dazu, die Politik der Partei durch zustimmende Stellungnahmen aus der Bevölkerung zu legitimieren.[48] Antworten wurden zur Rechtfertigung des eigenen Handelns umfunk-

---

45 Zur Verwirklichung der Festlegungen über die Weiterführung der Berichterstattung aus der Hauptstadt und den Bezirken der DDR vom 9.6.1976, vorgelegt der Programmdirektion, 21.10.1976. In: DRA Babelsberg, Schriftgut FS, Sammlung Glatzer: Geschichte des Fernsehens 1976-1981.

46 Ebd.

47 Vgl. Schmidt 1982, S. 135.

48 Bos 1993, S. 3.

tioniert. Das Ergebnis war ein gefiltertes Bild von Meinungen in der Bevölkerung. Es verzerrte den Blick auf die Realität.

Gerade die „Sowohl-als-auch-Antworten" sowie die positiven Äußerungen überzeugten jedoch die Programmverantwortlichen und die Leitungsebene im ZK davon, dass der Kurs beibehalten werden müsse. Andererseits zeigte der Kreis der Befragten, dass von hier eher Zustimmung zu erwarten war. Letztlich ergaben die Befragungen auch für die Auftraggeber wenig Brauchbares, da die Fragestellungen bereits präjudizierten. Dieses ambivalente Verhältnis zwischen dem Einfordern der Zuschauermeinungen, dem einerseits „Erfahren-Wollen" und dem andererseits „Nicht-wahrhaben-Wollen" des Ergebnisses und erst recht nicht „Durchsetzen-Können" etwaiger Erkenntnisse aus den Befragungen war Teil der Widersprüchlichkeit des realen Sozialismus in der DDR. Die Kritik an der Informations- und Kommunikationspolitik der SED-Führung wurde besonders in den achtziger Jahren seitens der Medienproduzenten, -rezipienten und -forscher immer massiver vorgetragen,[49] was zwar zu einer stärkeren Reglementierung führte, aber nicht zu einer offenen Diskussion der Grundprinzipien des Systems. Wenn von einem Zusammenhang zwischen Glaubwürdigkeit, Image und Nutzung eines Mediums auszugehen ist, dann bewegte sich die *Aktuelle Kamera* in Bezug auf ihre Wirkung spiralförmig nach unten. Die Glaubwürdigkeit einer Nachrichtensendung hängt davon ab, ob sich für die Zuschauer Leben und Lebensgefühl nacherlebbar auf dem Bildschirm zeigten. Dieser krasse Gegensatz konnte in der DDR nie aufgehoben werden, und so erreichte die *Aktuelle Kamera* nicht den Bonus der Authentizität – und damit, bis auf das „gesellschaftliche Aktiv" – auch nicht größere Teile des Publikums.

Die Zuschauerbefragungen und die Rückläufe der Analysen der Karl-Marx-Universität Leipzig lieferten dem Staatlichen Komitee für Fernsehen ein relativ realistisches Bild, wie die eigene Sendung beim Zuschauer ankam. Um das Spektrum zu verbreitern, wurden hausintern weitere Analysen in Auftrag gegeben. Sie spiegeln erstaunlicherweise mit schonungsloser Offenheit die Außenwirkung der *Aktuellen Kamera* wider, wie die bereits erwähnte interne Analyse[50] von Dieter Glatzer aus dem Jahre 1970 zeigte.

Im Fernsehen war die sozialistische DDR überaus erfolgreich, ein zufriedenes, strahlendes, fortschrittliches, optimistisches Land. Mit den Winkelementen in der Hand säumten glückliche Menschen die Straßen, zeigten ihre Ehrerbietung dem Generalsekretär bei sämtlichen Jubiläen entlang der Karl-Marx-Allee in Berlins Mitte. Die Fernseh-DDR und die reale DDR lagen oftmals jedoch weit auseinander. Die Antworten auf den Zuschauerforen zeigen die Kluft, die sich immer stärker auftat. Das Fernsehen versuchte, eine eigene schöne Welt zu vermitteln, und die Zuschauer merkten den Betrug. Für die siebziger Jahre galt stärker als für die achtziger Jahre, dass die Teilnehmer der Zuschauerforen deutlich ihr Missfallen über die politische Berichterstattung der *Aktuellen Kamera* äußerten, da sie auf

---

49   Wiedemann 1990, S. 354.
50   Siehe das Kapitel „Die *Aktuelle Kamera* als Medium" in diesem Buch.

Veränderungen setzten. Die Widersprüche zwischen dem, was gezeigt wurde, und dem, was Wirklichkeit war, konnte abends jeder selbst erkennen durch einen Vergleich zwischen der *Tagesschau* und der *Aktuellen Kamera*.

Als Fazit lässt sich festhalten: Die Gestalter der *Aktuellen Kamera*, ob nun Reporter, Chefredakteur, Komiteevorsitzender oder Abteilungsleiter Agitation, waren kleinere und größere Räder in einer zentral gelenkten Medienmaschinerie. Parteilichkeit und Huldigung stand vor Richtigkeit, Vollständigkeit und Ehrlichkeit einer Nach-richtensendung. Die Funktion der Herrschaftssicherung bestimmte die Rolle der Journalisten. Sie waren Sprachrohr der Partei und wichtige Handlanger beim Auf-bau einer Gesellschaft, die von den ZK-Mitgliedern als sozialistische Gesellschaft bezeichnet wurde.

So empfanden es auch die Journalisten der *Aktuellen Kamera*. Sie hörten die Kritik, und sie wussten, was damit gemeint war. Der Einzelne konnte es nicht ändern, auch wenn er es gewollt hätte. Selbst die, die in den Abteilungen im ZK saßen, wussten um die Diskrepanz. In der Nachbetrachtung sind auch die verantwortlichen Gestalter von einst bei der Ursachensuche zur Einsicht bereit und machen Erfolge und Misserfolge aus. Als Erfolg wird im Allgemeinen das Funktionieren des technischen Ablaufs unter den erschwerten Bedingungen in der DDR gewertet. Als Misserfolg dagegen stehen das Scheitern des Systems und die Unfähigkeit leitender Personen.

Erich Selbmann sieht in der eigenen Erinnerung, dass man in den vorgesetzten Institutionen nicht nur mit Joachim Herrmann eine schlechte Besetzung auf dem Gebiet der Agitation und Propaganda gehabt habe, sondern dass die Rolle, die Günter Mittag auf dem Gebiet der Wirtschaftspolitik spielte, noch viel ruinöser gewesen sei. Mittag ging, so Selbmann, strikt davon aus, dass die Medien so viel kritisieren könnten wie sie wollten, ändern würde sich damit jedoch nichts oder wenig. Aber wenn man gute Beispiele aufzeige, dann könne man eventuell anregen, sie zu übernehmen und selber etwas besser zu machen. Diese Annahme war Selbmann zufolge grundfalsch, weil diejenigen, die das gute Beispiel auf dem Fernsehbildschirm gesehen hätten, für sich herauslesen würden: „So, so, ich kenne es bei uns nur anders, aber darüber will ja keiner reden, das stört sie wohl nicht." Nichtsdestotrotz wurden Sendungen gemacht, die vorwiegend gute Beispiele brachten und den Eindruck erweckten, als wäre die DDR auf dem Weg zu höchstem Weltniveau. Diese positiven Beispiele wurden überzeugend, viel öfter aber überzogen dargestellt. Selbmann konstatiert, dass man viel mehr und offener hätte kritisieren müssen, nicht nur unten, in den Betrieben, sondern auch oben, dort wo die Entscheidungen getroffen wurden. Dies sei aber nicht nur ein Fehler des Fernsehens gewesen, es „war ein genereller Fehler"[51].

Auf große Teile der Bevölkerung der DDR wirkte die Berichterstattung der *Aktuellen Kamera* kontraproduktiv. Dies war das elementarste Problem der Medienlenkung in der DDR. Zwischen den Mediengestaltern und dem Publikum

---

51 Interview Selbmann 1999.

kam es nie zu einem Vertrauensverhältnis. Durch den Bruch mit der Realität wurde letztlich das ganze System unglaubwürdig. Die Parteielite verlor zunehmend den Sinn für die realen Probleme und die wirklichen Stimmungen in der Gesellschaft, auch weil sie die Untertöne der Antworten aus den Befragungen nicht zur Kenntnis nahm. Der Weg zur Erstarrung zeichnete sich immer stärker ab.

Die Programmverantwortlichen standen zwischen Politik und Publikum, zwischen deutlich artikulierten Zuschauerwünschen einerseits und ideologischen Leitlinien andererseits. Die Konsequenz aus der Kenntnis der Meinungen so vieler Fernsehzuschauer wäre ein rezipientenorientiertes Programm gewesen. Gerade ein System, das die Medien als Machtinstrument seines Herrschaftsbereichs betrachtet und es als Propagandamittel einsetzen will, müsste ein besonders großes Interesse daran haben, möglichst viele Zuschauer mit seinen Sendungen zu erreichen. Die Widersprüchlichkeit des Systems bestand darin, dass einer gefälligeren und publikumswirksameren Nachrichtengestaltung, die es auf einen Hinzugewinn von Zuschauern angelegt hätte, eine politisch-ideologische Linie der Unbelehrbaren und Besserwissenden gegenüberstand. Letztlich wurde eines der wichtigsten Ziele, die Massenverbundenheit, verfehlt. Verbunden war das Fernsehen mit einem viel zu kleinen Teil der Bevölkerung, nämlich lediglich mit dem so genannten „gesellschaftlichen Aktiv".

Die zentral gesteuerte Medienlenkung der *Aktuellen Kamera* war sowohl ein Erfolg wie auch ein Misserfolg. Das geschmeidige Gehorchen und die beflissene Erfüllung staatlicher Vorgaben waren ein Erfolg, weil die Redaktion der *Aktuellen Kamera* als strukturelles Instrument funktionierte und sich problemlos in den Machtapparat einfügte. Ein begrenzter Erfolg war die *Aktuelle Kamera* nur in Bezug auf das Erreichen des für die Staats- und Parteiführung relevanten Zuschauerkreises. Die Tatsache jedoch, dass das System des realen Sozialismus in sich kollabierte, hatte verschiedene Gründe. Die Diskrepanz zwischen der DDR-Wirklichkeit und der Schönfärberei auf dem Bildschirm führte zum Glaubwürdigkeits- und Kompetenzverlust. Insofern war die *Aktuelle Kamera* ein Spiegelbild der Doppelbödigkeit des Systems: Der Schein sollte das Bewusstsein prägen im Sinne einer sich entwickelnden sozialistischen Gesellschaft, doch die Realität stand dieser Intention im Wege.

Diese im übertragenen Sinne praktizierte „Text-Bild-Schere" widersprach jedem Indoktrinierungsansinnen und entblößte die inszenierte Darstellung der Verhältnisse als potemkinsche Dörfer. Die Lenkungsmechanismen blieben davon intern unberührt. Das große Publikum erreichte man nicht. Der Zuschauerkreis reduzierte sich auf die Stützen des Systems und stärkte nur das Bild derjenigen, die es selber täglich prägten. Lange war es ein innerdisziplinäres Kommunikationssystem mit dem Zeichenvorrat der Funktionäre. Journalistisch waren allenfalls die Mittel. Journalismus im Sinne eines umfangreichen Berichtens, auch über die Mängel der eigenen Regierung, war es nicht. Somit dominierte der Misserfolg, weil das Ziel eines systemstabilisierenden Lenkungsinstruments zwar lange aufrechterhalten wurde, aber letztlich den Glaubwürdigkeitsverlust und den Umsturz der gesellschaftlichen Verhältnisse mit zu verantworten hatte.

Rückblicke

An dieser Stelle sollen noch einmal Zeitzeugen ausführlich zu Wort kommen und ihren Blick auf die Geschichte darlegen. Die in diesem Kapitel dokumentierten Gespräche wurden für die rbb-Fernsehdokumentation *Die Aktuelle Kamera – Nachrichten aus einem versunkenen Land* in Interviewform im April und Mai 2008 aufgenommen. Was vorbei ist, wird gern verklärt. Allerdings nicht immer und auch nicht von jedem. Bei manchem wird der Blick nach Jahren schärfer.

Dirk Sager, von 1974 bis 1978 für das ZDF in Ost-Berlin stationiert, meint, dass die *Aktuelle Kamera* in die Ecke gestellt wurde, in die sie gehört habe und dass sie „als Propaganda abgetan" wurde. „Es war kein Informationsmittel im herkömmlichen Sinne, im Sinne der Aufklärung, sondern es war ein Indoktrinationsmittel und konnte allenfalls Aufschluss geben über die aktuelle Argumentationstechnik der Partei. Aber es konnte keinen Aufschluss geben über das, was tatsächlich in der Gesellschaft geschah." Selbst zwanzig Jahre später hat Sager wenig übrig für die Kommentatoren in der *Aktuellen Kamera*: „Schnitzler hatte ja eine Art von Kultfigur aus sich gemacht und man sah ihm auch an, dass er es klüger wusste, als er es sagte, selbst in seiner Rolle als Überzeugter. Nein, solche Leute wie Herlt oder Grote fand ich wirklich furchtbar und diese Verbissenheit von dem Herlt, dieses Geifernde, das war unerträglich und eigentlich auch schlimmer als alles, was ich auf dieser Ebene jemals im sowjetischen Fernsehen gesehen habe.

Nur weil die DDR einen direkten Partner hatte, zwang sie das zu einem manichäistischen Bild der Welt, der Politik. Unvorstellbar, dass Willy Brandt und Erich Honecker zusammen schwimmen gegangen wären, irgendwo an der Ostsee. Mit Breschnew war das möglich. Das allein kennzeichnet die Unterschiede. Aber dieses manichäistische Weltbild auf der anderen Seite zwang immer wieder ein Feindbild auszumalen, und das Feindbild war der Westen und die Bundesrepublik. Und das führte zu einer Sprache, die verunglimpfen sollte, die ich als geifernd empfunden habe, bei manchen Kommentatoren. Ich bin völlig überzeugt, dass sie wirklich nur Zustimmung finden konnten bei denen, die verblendet und hartleibig waren, weit jenseits des Prozesses vom rationalen Denken. Das Ausschalten der Rationalität, der Vernunft, was kompensiert wurde mit einer Sprache des Hasses, geifernden Hasses. Das fand ich das Furchtbare."

Michael Schmidt, Jahrgang 1954, Redakteur bei der *Aktuellen Kamera* in den achtziger Jahren, Bezirkskorrespondent in Suhl, Schwerin, Rostock und heute Fernsehredakteur beim NDR, verklärt nichts und beschönigt auch nichts. Sein Rückblick ist frei von Ideologie und Wehmut. Seine Analyse ist scharf und lässt an Deutlichkeit nichts missen. Die Bevormundung habe ihren Höhepunkt in den achtziger Jahren erreicht. Er sei oft aufgefordert worden, zu einem stattgefundenen Plenum des ZK der SED entsprechende Stellungnahmen aus der Bevölkerung einzuholen. Sinngemäß lief das so ab: „Nun hol mal einen Interviewpartner, der dann in zwanzig Sekunden die große Rolle der Sowjetunion, die Bedeutung der DDR für die Weltpolitik und die Schlussfolgerung für seine eigene Arbeit in der Brigade erklären soll. Aber bitte nicht länger als 22 Sekunden. Da kann man sich denken, was das für ein Unsinn gewesen ist. Entsprechend waren die Vorgespräche mit Parteileitung, Gewerkschaftsleitung oder mit dem Kollektiv. Man hat meist seine Kandidaten gehabt. Wir wussten, was die konnten, und so hat man sich intern geeinigt. Aber wir waren nicht die willkommenen Leute. Überhaupt nicht! Ich hab mich häufig mit Leuten auf der Werft unterhalten, mit normalen Arbeitern. Die waren meist verschwunden, wenn wir mit der Kamera aufkreuzten. Dann war die ganze Helling leer. Hinter den Blechen haben sie sich verschanzt und dann kamen sie an: ‚Na, was kriegst du denn für deine ganzen Märchen, die du hier wieder erzählst? Du kriegst doch bestimmt tausende von Mark.' Ich habe aber immer Lohnstreifen bei mir gehabt. So! Und da war ja klar ersichtlich: Von tausenden von Mark kann nicht die Rede sein. Ich bin also netto weit unter tausend Mark geblieben, nämlich bei ungefähr 800 Mark. Und da haben die gesagt: ‚Für das Geld würde ich nicht mal aufstehen!' Das war dann ein schwacher Trost für sie, dass sie dann für ihre ehrliche Arbeit wenigstens auch noch ein bisschen besser bezahlt werden.

Ich selbst war ein paar Jahre lang Parteigruppenorganisator der *AK*-Bezirkskorrespondenten, also so was wie ein ehrenamtlicher Parteisekretär auf unterster Ebene. Und in den Parteigruppenversammlungen, und der nächsthöheren Ebene, der APO, also Abteilungsorganisationsversammlung, haben wir dann die gerade geltende Parteilinie bekommen. Die *Aktuelle Kamera* war ja quasi eine Unterabteilung des Zentralkomitees, de facto, die Posaune, die Trompete der Partei. Dann hast du als Bezirkskorrespondent immer noch die Zusammenarbeit mit den Organen in deinem jeweiligen Heimatbezirk gehabt. Ich hab meine so genannten Schulungen und Besprechungen mit der jeweiligen Bezirksleitung der SED gehabt. So kriegte ich nun auch noch mal das Gleiche – auf ungleich niedrigem Niveau – vorgesetzt, was ich gerade aus Berlin gehört hatte. Je nachdem, wie piefig der jeweilige Bezirkssekretär war, so niveauvoll war dann auch die Argumentation oder die so genannte Agitationskommission. So hieß dieses Gremium in den Bezirken, zu dem die Chefredakteure der regionalen Presse, Radio und Nachrichtenagentur gehörten.

Ich gebe mal ein paar Geschichten zum Besten, wie absurd das alles war. Auf der einen Seite sollte während der Getreideernte berichtet werden, dass die Mähdrescher- und Erntekapitäne in möglichst großer Flotte das Getreide möglichst schnell vom Halm zu holen haben, dass das Bäuerlein, das das abends sieht, es am nächsten Tag auch so macht. Andererseits, wenn wir viele Mähdrescher und Traktoren zeigten, wurde aber vielleicht das Dieselkontingent überschritten. Also durften auch wieder nicht zu viele Traktoren und Mähdrescher gezeigt werden. Vielleicht so drei, vier, obwohl die Flotte in Wirklichkeit aus acht oder neun bestand. So absurd ist das manchmal gewesen. Oder wenn wir in Rostock diesen sehr bekannten Buchbasar in der Koppelinerstraße in der Innenstadt hatten, dann musste ich vorneweg die Liste der Autoren, die dort präsent waren, an die Chefredaktion telefonieren. So, und wenn da solche Leute wie Christa Wolf oder Christoph Hein dabei waren oder ‚Gott oh Gott oh Gott‘, vielleicht Stefan Heym, dann durften wir zwar den Bücherbasar zeigen, aber bitteschön mit der nötigen Totalen und nicht gerade nah auf den Büchern, deren Autorinnen und Autoren nun gerade zu den unsicheren Kantonisten gehörten.

Die Menschen, vor allem Jugendliche und junge Leute, sind zu zehntausenden in den Westen gegangen, über Ungarn und Polen, und von Seiten der so genannten Partei- und Staatsführung gab es nicht eine Bemerkung, außer mal dieses äußerst bitterböse ‚Wir weinen ihnen keine Träne nach!‘ Aber es hat sich sonst nichts getan. Wir sind ja bei der *Aktuellen Kamera* nicht nur Idioten und willkürliche Werkzeuge gewesen. Wir haben ja sehr wohl wahrgenommen, was um uns herum geschehen ist, und da war uns zumindest im internen Kreis klar: ‚Da muss was passieren!‘

Für mich haben sich die wichtigsten, die offensten, die entscheidenden Monate und Momente zwischen Ende Oktober, November 1989 und Mitte, Ende 1990 abgespielt. Ich wurde am 17. Oktober in die Humboldt-Universität geschickt. Die Ansage ist gewesen: ‚Da soll möglicherweise die FDJ, also die Jugendorganisation der DDR, aufgelöst werden.‘ Man wollte sich selber auflösen, an der Humboldt-Universität. Es gab verschiedene Lager. Die einen wollten, die anderen wollten nicht, wieder andere wollten was Neues gründen. ‚Fahr da mal hin. Dreh das mal.‘ So, und die Atmosphäre im ganzen Land war sehr aufgeheizt. Wir sind dort hin, Kameramann, Assistent und ich, und dann gab's die üblichen Vorgespräche. Auf einmal kommt jemand von der Parteileitung der Universität zu mir und sagt: ‚Du, Genosse Schmidt, ich soll dir ausrichten, du kannst alles drehen was hier passiert. Also gar keine Einschränkungen.‘ Da war für mich klar – denn diese Anweisung kam vom damaligen Abteilungsleiter Heinz Geggel – jetzt haben sie das Zepter aus der Hand gegeben. Nach dem Motto ‚also wir können jetzt auch nichts mehr machen. Sollen die zusehen an der Basis, wie sie irgendwie klarkommen.‘ Das war für mich so ein Moment. Andere mögen diesen Moment viel eher erlebt haben. Ich denke mal, wir waren die Getriebenen von den Ereignissen. Ich hatte nicht groß Gelegenheit, über das, was um mich herum passierte, nachzudenken, zu sinnieren und mir gewaltig einen Kopf zu machen und vielleicht in tiefe Depressionen zu fallen. Ich musste mich beeilen, um bei der Schnelligkeit des Geschehens auch wirklich dranzubleiben, und so, glaube ich, ging es anderen Leuten auch. Wir haben häufig nur agiert und nicht reagiert.

Wir sind dann wie die Geisteskranken hinterhergehechelt und haben versucht, dranzubleiben. Aber unterm Strich haben wir, glaube ich, das erste Mal richtig erlebt, was Journalismus heißt, nämlich das Geschehen, was wir erleben, auf den Sender zu bringen ohne diese ideologische Duftmarke. Duftmarke ist leicht euphemistisch ausgedrückt, also ohne diesen politischen Anstrich einfach das zu zeigen, was ist. Und das war eine sehr schöne Zeit damals.

Ich kann mich erinnern – es gab diesen Vorspann in der *Aktuellen Kamera* – wir haben gesagt, das war eine Schlaftablette, die sich da drehte. Das war so ein plastischer Kreis mit diesem *AK*-Symbol, der drehte sich, und da haben wir dann für eine Redaktionsfeier eine Ulkausgabe fabriziert. Einen alten, abgerissenen Hut haben wir drehen lassen. Wir waren also durchaus in der Lage, mit der uns umgebenden Welt kreativ umzugehen.

Diese Entschuldigung von Klaus Schickhelm, die hab ich später erst als eine Aufzeichnung gesehen. Die hab ich gar nicht so wahrgenommen. Ich hab dazu, muss ich sagen, persönlich ein gespaltenes Verhältnis. Einerseits nachvollziehbar, man will ja auch Zuschauer neu gewinnen und vielleicht auch eine neue Klarheit schaffen. Andererseits, ich denke mal, die ganze Sache war so verkorkst. Mit einer simplen Entschuldigung, glaube ich, kommt man da nicht einfach davon. Da möchte man schon einen anderen Denkprozess deutlich machen. Einfach sagen ‚Ach ja, tut uns leid, eigentlich hätten wir ganz anders…!‘, das reicht nicht. Das war aber damals meine Meinung auch schon. Aber in Ordnung. Ich denke, die Zuschauer haben es zum großen Teil akzeptiert. Es haben sich ja in der Zeit jeden Tag irgendwo welche Leute entschuldigt. Auf Parteiebene, in Betrieben, vor Gewerkschaften, die haben sich wohl entschuldigt und ‚war nicht so gemeint‘. Aber damit kriege ich dieses System, was vierzig Jahre so funktioniert hat, nicht geklärt. Ich denke, das war eine kosmetische Geschichte.

Ich will damit nur sagen, es war nicht eine willenlose Masse von Erfüllungsgehilfen, die da irgendwo an kleinen Rädern rumgedreht haben, sondern wir haben uns einfach wirklich Gedanken gemacht, und für viele von uns, jedenfalls für mich, ist der Westen nicht die Alternative gewesen. Ein paar von uns haben Ausreiseanträge gestellt, sind dafür auch sehr gepeinigt worden, sind in die Bundesrepublik gegangen, aber für die meisten von uns, zumindest im innenpolitischen Bereich, war das nie die Frage. Wir haben immer noch, dumm wie wir waren, gehofft, dass sich das verändert, haben aber auch, meistens zumindest, nicht den Mumm gehabt und den Mut, so etwas durchzufechten. Wir haben uns eher ein bisschen eingeschissen und waren ganz schön feige, muss ich auch mal sagen. Wir sind einfach zu spät auch aufgewacht.

Kompensiert wurde das Ganze. Es wurde von etlichen Kollegen – glaube ich – ganz schön stark gesoffen. Die Berufsgruppe der Journalisten in der DDR gehört ja auch zu denjenigen, die am häufigsten von Alkoholismus geschlagen waren. Ein Wunder ist es nicht. Die Leute haben sich schon Gedanken gemacht über das, was sie sehen und das, was sie senden. Zumindest sehr viele. Also so zynisch habe ich nur wenige erlebt, so zynisch, dass sie das schön wegstecken konnten und es in ihrem Innenleben keine Rolle gespielt hat. Uns, gerade die Jüngeren, die hat das schon sehr beschäftigt. Und wir haben uns dann zum Teil auch richtig ausgekotzt, auf Parteiversammlungen, aber eben unter uns, intern."

Klaus Fischer war von Mitte 1961 bis Ende 1977 Redakteur bei der *Aktuellen Kamera*. Viele Kollegen nannten ihn kurz „Fisch". Soweit möglich, kümmerte er sich auch gern um die heitere Seite der Nachrichtensendung, was anfangs erlaubt war. Vor allem in der Spätausgabe ging es schon mal lockerer zu. Anfangs wurde Silvester zum Schluss der Sendung sogar ein Ulkfilm gebracht, auch strahlte die *AK* noch Anfang der siebziger Jahre einen eigens gestalteten Aprilscherz aus. Was an witzigen, verfänglichen und originellen Bildern ansonsten übrig blieb, wurde gesammelt – zum Wegschmeißen zu schade, war ja auch dokumentarisch! Am Jahresende wurde das dann in einem belustigenden Kurzfilm intern zur Redaktionsweihnachtsfeier gezeigt.

Immer, wenn etwas Ungewöhnliches vor die Kamera kam, war das die Zeit des Klaus Fischer: „Zum Beispiel hingen in einem Schaufenster eines Miederwarenladens Strumpfhaltergürtel und Büstenhalter, zwischen denen politische Losungen prangten. Weil es Pflicht auch für den sozialistischen Handel war, zu DDR-Feiertagen oder Kampagnen zu schmücken, wurden Sprüche angebracht: Vorwärts zum SED-Parteitag! Der Sozialismus siegt! Diese Fähnchen hingen dann malerisch zwischen den Schlüpfern. So etwas war Reporterglück für uns, ich ließ das filmen, obwohl es nie gebracht werden durfte. In unserem Fernsehen durften und wollten wir uns doch nicht selbst lächerlich machen. Diese Filmschnippsel habe ich bis heute verwahrt und archiviert – seltene Zeitzeugen."

Auf der so genannten Fisch-Resterolle sind auch einige Nackedeis zu sehen. „Duschen – was jetzt Standard ist, war in Wohnungen, Ferienheimen und Hotels der siebziger Jahre neu. Wir wollten zeigen, wie gut es uns geht und dass wir modern sind. Saunas und Badewannen wurden alltäglich. Deshalb haben wir gern Mädchen und auch Jungs gebeten, das vor der Kamera zu zeigen. Es gab in der *AK* zu meiner Zeit auch Berichte über das Freibaden – mit und ohne. Wir hatten übrigens meist mehr gedreht und haben das dann mit anderem Bildmaterial aus den DDR-Bezirken zusammengeschnitten.

Oder: es gab viele volkseigene leistungsfähige Betriebe, die Exportgüter für den Westen produzierten. Diese Waren boten dann Otto-Versand, Quelle oder Neckermann an. So wurde in der DDR als Weltneuheit der Vorderschluss-BH hergestellt. ‚Das müssen wir zeigen, das will ich in meiner Sendung drinhaben, wenn ich über Staßfurt oder Zeulenroda berichte, wo diese gefragten Miederwaren herkommen.' Und dann haben wir hübsche junge Frauen gebeten, die dort arbeiteten, die Modelle auch den Zuschauern als Mannequins vorzuführen. Das machten sie auf Modenschauen sowieso. Wir bezahlten 15 Mark Kleindarstellerhonorar und hatten in der *AK* auch mal eine Augenweide. In den achtziger Jahren war so etwas zu senden wegen des verknöcherten Politbüros nicht mehr möglich. Ähnlich lief das mit den halterlosen Damenstrümpfen von ESDA in Thalheim. Diese recht erotischen Produkte wurden natürlich stolz im Messebericht aus Leipzig kurz gezeigt. Das Beste davon kam dann auf meine Resterolle. Wir haben dazu vom Tonband Hit-Musiken, Beatles-Titel und was gerade so lief unter die Bilder gelegt und zu einem internen Beitrag montiert. Das machte ich gern nebenbei mit ebenso interessierten Schnittmeisterinnen am Filmschneidetisch. Übrigens haben wir uns auch selbst bei der Arbeit gefilmt und es dann zur Jahresendfete rückblickend amüsiert angesehen."

In einer der Bildsequenzen sieht man Klaus Fischer ein Interview in einem Betrieb führen. Nach seinem: „Dankeschön, Sie haben ausgezeichnet geantwortet!" dreht er sich zur Kamera und man erblickt, dass er ein Schild mit der Antwort umhängen hat. Diese Aufnahme sei auch aus Jux entstanden, sie hatte aber einen wahren Hintergrund. „‚Pass mal auf‘ – wurde oft vom Redaktionsleiter verkündet, ‚das ZK hat getagt und revolutionäre Beschlüsse gefasst.‘

Wir brauchen ein Echo! Was sagt die sozialistische Menschengemeinschaft dazu? Also fuhr ich wie andere Reporter los, um ein so genanntes Echo zu produzieren. In der *AK*-Hauptausgabe wollten die Obersten genau die Argumentationslinie hören, die das SED-Zentralkomitee vorgegeben hatte. Und um das möglichst wörtlich auf den Sender zu bringen, musste eben auch mal getrickst werden. Es wurde manchmal wirklich ein Zettel mit dem Stichwort hier vorne bei dem Reporter an die Hemdenbrust geheftet. Der stand mit dem Rücken zur Kamera, wie heute ja auch noch, und hat dem Interviewpartner das Mikrofon hingehalten. Von dem Blatt las dann der Werktätige die parteipolitisch so wichtige, ihm meist unverständliche Floskel ab. Und die führenden Genossen hakten dann abends vorm Fernseher zufrieden ab und bildeten sich ein, das Volk wäre einverstanden mit ihrer Losung und zufrieden mit dieser rotgrauen Theorie. Lief alles bestens, bekamen wir Redakteure sogar noch ein ‚Pfund‘ – eine spontane Tagesprämie von 20 Mark!"

Herbert Köfer, Jahrgang 1921, war erster Sprecher der *Aktuellen Kamera* und machte sich bald bei einem breiten Publikum einen Namen als Kabarettist und Schauspieler. Er wirkte in Literaturverfilmungen wie z. B. *Wolf unter Wölfen*, *Kleiner Mann, was nun?* oder *Krupp und Krause* mit. Köfer prägte populäre Fernsehrollen wie den Rentner Schmidt in der zwanzigteiligen Serie *Rentner haben niemals Zeit* und spielte zudem zahlreiche Rollen in Komödien und Schwänken.

An die erste Sendung der *Aktuellen Kamera* am 21. Dezember 1952 kann er sich noch gut erinnern: „Die Aufregung war größer als das, was eigentlich notwendig gewesen wäre. Ich erinnere mich daran, dass wir ein Studio hatten, das nicht größer als ein mittleres Wohnzimmer war und eine Hitze von ungefähr 60° C herrschte, so, dass wir ohne es zu wollen, von der ersten Minute anfingen furchtbar zu schwitzen. Das sind die ersten Eindrücke. Der Beginn ist auf den 21. Dezember gelegt worden, sicher weil an diesem Tag Stalin Geburtstag hatte. Nach der Begrüßung der Zuschauer folgten einige aktuelle Nachrichten. Zum Beispiel ein Bericht über die Einweihung eines neuen S-Bahn-Wagens, der mit einem Dia und meinem darunter liegenden Text ‚Unsere S-Bahn die hat Schwung‘ vorgestellt wurde. Zur damaligen Zeit fanden wir das überhaupt nicht komisch. Im Gegenteil, wir waren sogar ein wenig darauf stolz. Nun folgte noch eine Rede des Intendanten, nach der ein Film über das ‚Fernsehzentrum‘ eingespielt wurde. Wir sendeten von 20.00 Uhr bis 22.00 Uhr.

Wir hatten damals nur einen Fernsehzuschauer. Nielbock hieß er. Das war ein Ingenieur, der in der damaligen Sowjetunion dienstverpflichtet war und der sich von dort ein Fernsehgerät mitgebracht hatte. Er hat jeden Abend angerufen, um mitzuteilen, wie ihm die Sendung gefallen hat. Bei uns gab es damals Fernsehgeräte nur über ‚Bezugsscheine‘, darum war es auch schwer, eines zu bekommen. Er war der erste ‚normale‘ Zuschauer, der im Besitz eines Fernsehgerätes war und der dadurch jeden Tag unsere Sendungen sehen konnte, also hatten wir eigentlich an jedem Tag eine einhundertprozentige Einschaltquote.

Nach 1989 wurden die Nachrichten nicht mehr vom Politbüro ‚bestimmt‘. Die Zensur war weg. Millionen Menschen wurden plötzlich treuer Zuschauer der *Aktuellen Kamera*. Ich möchte fast sagen, dass die *AK* interessanter und lebendiger als die *Tagesthemen* oder die *heute*-Sendung war. Ich denke dabei z. B. an die Reportage aus dem damaligen ‚Regierungsländle‘ Wandlitz. Aber das hat nicht lange gedauert, dann kam leider die Abwicklung des Deutschen Fernsehfunks und ich sage – nach wie vor – das war ein Fehler, aber es ist gemacht worden und in der Zwischenzeit hat man sich daran gewöhnt, dass es andere Sender gibt. Vierzig Jahre gehörte ich fest zum DFF und habe nicht nur die erste, sondern auch die letzte Sendung an- bzw. abgesagt.“

Ein anderer Nachrichtensprecher der *Aktuellen Kamera* hatte einen ähnlichen Bekanntheitsgrad: **Klaus Feldmann**. Ab 1961 war er bei der *Aktuellen Kamera* – und blieb dort bis 1989. An die Anfangszeit, vor allem an den 13. August 1961, den Tag des Mauerbaus, erinnert auch er sich noch sehr genau: „Ich hatte eigentlich Rundfunkdienst und wurde dann von Gerhart Eisler vom Rundfunkkomitee rübergeordnet zum Fernsehen, um dort zu helfen. Ich hatte den ganzen Tag die Nachrichten zu sprechen, das heißt, vor allem die Deklaration der Warschauer Vertragsstaaten. Ich hatte das Gefühl, dass auch das Fernsehen völlig überrascht war von diesem Ereignis, weil überhaupt keine Manuskripte vorbereitet worden waren. Ich habe auf Papier geklebte Ausschnitte aus dem *Neuen Deutschland* vorgelesen. Das dauerte immerhin so vierzig Minuten, live auf dem Sender, in einem Ritt. Das war schon eine riesige Aufgabe, die man zu bewältigen hatte. Und insofern ist an diesem Tag das Ausmaß dessen, was der 13. August ausgemacht hat, überhaupt noch nicht zu Bewusstsein gekommen. Ich hatte mit ganz anderen Dingen zu tun, mich zu konzentrieren, mich zu erholen, auch mit all den Annehmlichkeiten, die mir herangetragen wurden: ‚Leg dich bitte hierhin.‘

Erst danach kam man dazu, dass man den 13. August gedanklich verarbeitete. Dazu kam, dass ich eine unangenehme Begegnung im Rundfunk hatte, mit den Kampfgruppen, die das Studio von innen bewachten, und ich praktisch unter Waffenschutz die Nachrichten sprechen sollte. Man dachte nicht daran, dass die Mauer eine Dauereinrichtung wird. Die Gefühle wechselten, weil man zu einem Teil ein bisschen erleichtert und auch froh darüber war, dass ein bisschen die Grenze gezogen worden war, weil die ganzen, wie damals gesagt wurde, Schmarotzer, die Westgänger, die hier im Osten wohnten, im Westen arbeiteten und dafür sehr gutes Geld bekamen, wegblieben. Die lebten hier wie die Made im Speck, bei den niedrigen Preisen und niedrigen Mieten. Und man sagte ‚endlich‘.“

Den zunehmenden Einfluss auf *die Aktuelle Kamera* bekam auch Feldmann mit. In den sechziger Jahren sei der Einfluss auf die Nachrichten gering gewesen. Es habe aber einige Anrufe gegeben: „Das machten Ressortleute, Minister. Wenn wir irgendwas über die Leichtindustrie machten, dann rief der Minister für Leichtindustrie an oder der Landwirtschaftsminister und bat darum, ob wir das nicht aufnehmen konnten. Da war das Reinreden von der Abteilung Agitation und Propaganda des ZK überhaupt noch nicht groß zu merken. Diese Zeit war eine Pionierzeit, wo viele technische Neuerungen eingeführt wurden. Dadurch, dass wir noch nicht so unter Beobachtung standen, konnten auch die Redakteure ihre Ideen ein bisschen leichter durchsetzen.“

Später, in den achtziger Jahren, sei das anders gewesen. Die Leitung der *Aktuellen Kamera* habe versucht, den Einfluss zurückzudrängen: „Dann machten wir die Sendung auf mit: ‚Der Generalsekretär des Zentralkomitees der SED und Staatsratsvorsitzender der DDR … empfing heute den Botschafter der Mongolischen Volksrepublik … zu einem freundschaftlichen Gespräch …‘ Danach hatte er noch einen Franzosen empfangen. Die nächste Meldung begann wieder mit: ‚Der Generalsekretär des Zentralkomitees …‘ Es kam fast der gleiche Wortlaut, nur mit dem Austausch von Namen. Wir machten den Vorschlag ‚Kann man denn nicht sagen: ‚Empfing den – mit vollem Titel – Mongolischen Präsidenten und am selben Tage empfing er den und den und am Abend empfing er den und den!‘ Nein, das ging nicht! Da musste auch eine Wertung sein. Die Parteiführung argumentierte immer so: ‚Wir haben alle Botschaften hier, die gucken auch.‘ Das stimmte. Neben den Dresdnern waren die Botschaften unsere treuesten Zuschauer, zumindest die Presseattachés. Die verfolgten genau, wie viele Minuten oder Sekunden hat unser Botschafter abbekommen oder warum haben wir so und so viele Sekunden weniger! Da war man sicher sehr im Zwang.

Und dann gab es Meldungen, bei denen auch der gute Wille des Redakteurs nicht reichte. Man sagte ihm: ‚Kannst du das nicht verändern und aus diesem langen Satz einen kurzen machen?' Das waren dann so genannte Wortlautmeldungen, die direkt aus dem Zentralkomitee kamen, aus dem Politbüro, der Agitationskommission, und von Herrmann selber geschrieben wurden. Teilweise hieß es, dass sie sogar von Honecker selber verfasst wurden oder er sie zumindest abgezeichnet hatte. An denen durfte kein Punkt und kein Komma geändert werden. Aber auch da ist es eine Gewohnheitssache. Es nützt ja nichts, wenn ich mich als Sprecher darüber pausenlos aufrege oder mir einen Herzinfarkt dabei hole. Da musste ich sagen: ‚Du musst jetzt so trainieren, dass du darüber weg kommst. Also musst du deine Atemtechnik verbessern.' Bei solchen Dingen gewinnen immer die rein technischen Dinge die Oberhand, auf die man sich konzentrieren muss. Der Inhalt muss dann halt verschwinden, wobei der Inhalt für den Sprecher sowieso zu verschwinden hat. Der hat sich keinen großen Kopf darüber zu machen. Das kann er hinterher machen, wenn er die Studiotür schließt, aber nicht, wenn er auf dem Sender ist.

Am schlimmsten waren Meldungen, die man eigentlich nicht bringen wollte, ein Zwischenfall an der Grenze zum Beispiel, Checkpoint Charlie. Man wollte es verschweigen. Aber dann hatte darüber um 19.00 Uhr bereits die *heute*-Sendung berichtet. Und jetzt musste man, entweder noch am selben Tag oder am nächsten Tag, auch eine Meldung darüber bringen und musste das klarstellen, dass das natürlich nicht so ist, wie der Westen das geschildert hat. Dass da nicht einfach einer abhauen wollte, sondern mit Schusswaffengewalt daran gehindert wurde oder sogar erschossen wurde. Das musste man also dementieren. Dann kamen solche Meldungen zustande, wie: ‚Das Ministerium für auswärtige Angelegenheiten ist berechtigt zu erklären, dass die im Zusammenhang mit Meldungen der westlichen Medien …' und so weiter. Diese Schachtelsätze – das war das Allerschlimmste, wo man eine Meldung gelesen hat, bei der der Zuschauer, vor allem der Dresdner Zuschauer, gar nicht wusste, worum es ging. Man konnte sich nur einen Zusammenhang herstellen, wenn man die Westmeldungen gehört hatte. Nur dann war es möglich, aus dieser Meldung von der *Aktuellen Kamera* schlau zu werden.

Ich bin mal im Dresdner Kulturpalast aufgetreten und sehr freundlich begrüßt worden. Da wollte der Interviewer etwas zu den Versprechern wissen: ‚Wie ist denn das mit dem Versprechen im Fernsehen?' Und da habe ich dann gesagt: ‚Ja, versprochen haben wir schon viel.' Wenn dann der Palast tobt, über Dinge, die Ihnen nie übel genommen werden können, das war schön. Manchmal machte man zwar auch mit dem Zeigefinger: ‚Du, du, du, mach das nicht wieder!' Die Leute konnten zwischen den Zeilen lesen, die wussten das ganz genau.

Ich habe auch von meiner Position profitiert, bei vielen Dingen. Das war gang und gäbe. Aber ich habe auch das Gegenteil davon mitbekommen, wenn ein Reifenhändler zu mir gesagt hat: ‚Ich hab keine Reifen. Gehen Sie mal da hin. Sie berichten doch immer davon, dass es alles gibt. Da werden Sie doch den Laden auch finden, wo es Reifen gibt!' Im Nachhinein habe ich erfahren, dass er mit dieser Mangelwirtschaft Geschäfte gemacht hat. Wenige Wochen später war ich auf einem Forum in einem Reifenwerk. Da hat der Werkdirektor zu mir gesagt: ‚Wenn Sie mal was brauchen: Wenden Sie sich an uns. Vielleicht können wir Ihnen helfen.‘ Da habe ich ihm von meinem Problem erzählt und er hat mir aufgelistet, was mein Reifenhändler alles bekommen hatte. Also: der hatte auch meine Sorte. Das war die Rache des kleinen Mannes. Wir haben viele Meldungen gebracht, und sehr oft wird ja der Überbringer der Botschaft – wie früher – geköpft. Und so war das eben in unserem Fall auch.“

Ein Schwergewicht war ohne Zweifel zu DDR-Zeiten **Günter Schabowski**. 1978 zum Chefredakteur des *Neues Deutschlands* avanciert, stieg er 1981 zunächst ins Zentralkomitee der SED auf und wurde 1984 Mitglied des Politbüros. Schabowski saß im Zentrum der Macht. Richtig bekannt wurde er am 9. November 1989, als er scheinbar eher beiläufig die allgemeine Reisefreiheit und damit die Öffnung der Mauer verkündete. Die negativen Auswirkungen der Medienpolitik der SED hat Schabowski in zahlreichen Artikeln und Podiumsdiskussionen wiederholt umrissen.

„Nach jeder Politbürositzung, also einmal in der Woche, traf sich der Generalsekretär mit dem Medienverantwortlichen des Politbüros, also mit Joachim Herrmann, – der nahm mich dazu, als Chefredakteur des *Neuen Deutschland*. In der Hauptsache ging es dabei um die *Aktuelle Kamera*. ‚Was ist denn heute Abend zu sehen in der *Aktuellen Kamera*?‘ fragte Honecker. Dabei ging es um diesen oder jenen politischen Vorgang, der ihm wichtig war, vor allem um die Sendeminuten und um die Platzierung. ‚Wie, drei Minuten? Nein, macht mal die Sache kürzer und stellt mal die andere Sache nach vorn. Zwei Minuten dafür und das nur eine Minute. Und dann achtet bitte darauf‘, ich kann mich noch gut erinnern daran, wie wichtig das für ihn war, ‚bitte, also diese miese Ausleuchterei! Man kommt sich ja vor, als sei man mit einem Eimer Schlemmkreide übergossen worden, so bleich sah ich letztens aus‘. Und sofort gab es Rückkoppelung von Herrmann an den entsprechenden Verantwortlichen, die Kameraführung zu korrigieren. Bis zu solchen Details nahm Honecker Einfluss auf die TV-Arbeit.

Der Generalsekretär war nach kommunistischem Dogma die Inkarnation der Generallinie, also der auf die aktuelle politische Lage umgemünzten Ideologie. Wie er sich äußerte, damit lieferte er sozusagen das Beispiel, das Muster für die millionenfache Mitgliedschaft – die SED bestand aus 2,3 Millionen Mitgliedern. Diese Uniformität glättete nicht Lage und Stimmung in der DDR. Sie provozierte vielmehr ständig Widerspruch, denn häufig war diese Linie für die Masse der Menschen nicht akzeptabel. Honecker war der Meinung, man müsse durch die Intensität und Einhelligkeit der Medien, durch die politische Agitation der Funktionäre und der Parteimitglieder dem Zustand begegnen, dem im sozialistischen Block ja nur die DDR ausgesetzt ist. Denn allein die DDR ist sozusagen mit einem kapitalistischen deutschen Widerpart, also mit einem Gegner mit gleichen nationalen Wurzeln konfrontiert. In Folge dessen müssen wir da eine gewisse Elastizität mitspielen lassen. Bei Begegnungen Honeckers mit westlichen Journalisten betonte er wiederholt voller Stolz, dass es keine Zensur in der DDR gebe. Das war natürlich durch die Selbstzensur in den Köpfen der Parteijournalisten ersetzt.

In der Lenin'schen Definition von der Rolle kommunistischer Medien, worauf wir eingeschworen waren, kommt ja nicht einmal der Begriff der Information vor. Er war – das gehörte zum Kern der Ausbildung der Journalisten – durch den Terminus ‚Agitation durch Tatsachen' besetzt. Das heißt: Schon die Auswahl der Fakten war parteilich. Das war Grundmaßstab dafür, ob man ein fähiger sozialistischer Journalist ist oder nicht.

Dennoch rang sich Honecker gewisse Zugeständnisse an die Realität ab: Als in der DDR ein großes Eisenbahnunglück geschah, durften Medien darüber, anders als früher üblich, ausführlich berichten. Bis dahin galt die sowjetische Praxis, über Unglücke im Sozialismus wird geschwiegen, andernfalls würden wir damit dem Klassenfeind nur Stoff liefern. Nun vertrat Honecker die These: ‚Es gibt keine sozialistischen oder kapitalistischen Katastrophen. Es sind Unglücke, und dann muss man darüber berichten. Das war nicht nur der Versuch einer Art Liberalisierung in der Berichterstattung. Er stellte wohl vielmehr in Rechnung, dass die bundesdeutschen Medien insbesondere Fernsehen und Radio, die ja in die DDR hineinwirkten, ohnedies solche Ereignisse auch unter der DDR-Bevölkerung publik machen würden. Folglich durfte nur, was nicht zu überdecken war, bekannt bzw. Gegenstand von Berichterstattung werden.

Eine Medienpolitik, die von solchen Gesichtspunkten geleitet ist, konnte natürlich nicht und nie zur Stabilisierung des SED-Regimes beitragen. Sie destabilisiert permanent, indem immer wieder behauptet wird, dass es eine richtige Politik ist, dass es nicht notwendig ist, sie grundlegend zu verändern und dass jede Veränderung eigentlich bedeutet: Preisgabe der Klassenposition, also Unterwerfung unter den Klassenfeind. Jeder Mensch, der ein freiheitliches Bestreben hat, wird so zum Feind, zum Werkzeug der anderen Seite gestempelt. So haben auch die Medien im Grunde unaufhaltsam den Prozess, der auf das Ende der DDR zulief, beschleunigt.

Ausschlaggebend war die Ideologie, die dem Gesamtsystem zu Grunde liegt. Niemals ist dieses System im Stande, eine Medienpolitik zu entwickeln, die Freiräume und Spielräume entwickelt, weil jeder Spielraum, jeder Freiraum dazu führt, dass er sich sofort und lawinenartig auszuweiten droht in eine Gesamtkritik der Menschen an den Unzulänglichkeiten des Systems, und das kann dieses System nicht vertragen.

Honecker wurde abgesetzt, weil wir uns im Klaren darüber waren oder in der Illusion bewegten, dass wir nur durch Verfügung der Reisefreiheit für die Bürger uns zugleich der Bundesrepublik zu empfehlen spekulierten. Als mögliche Partner nämlich, die eine Kursänderung betreiben. Für das sozialistische Lager, so meinten wir, war es doch das Tollste, was man sich vorstellen konnte. Das gab es ja weder in der Gorbatschow'schen Sowjetunion noch in der Tschechoslowakei, noch sonst wo.

Das waren eben keine gespaltenen Länder eines ursprünglich ungeteilten nationalen Korpusses."

Dreizehn Jahre war sie das weibliche Gesicht der *Aktuellen Kamera* – **Angelika Unterlauf**. Heute heißt sie mit Nachnamen Böhme. „Ich habe keinen Grund, den Namen Unterlauf zu verschweigen. Als Unterlauf habe auch ich dazugelernt." Den Namen habe sie nicht abgelegt, um mit der Vergangenheit nichts mehr zu tun zu haben. „Das hat einfach mit meinem Privatleben zu tun."

Angelika Unterlauf durchlief keinen journalistischen Werdegang. Sie kam von der Schauspielerei, Theaterhochschule Leipzig, und ging dann für sieben Jahre zum Radio, als Nachwuchssprecherin. Erst dann kam das Fernsehen zu ihr. Aber selbst nach Jahren beim Fernsehen war für sie Radio immer noch schneller und unkomplizierter: „Es war einfach anderes Material, was ich da transportiert habe, mit Rockmusik und Jugendmusik."

„Ich musste Geld verdienen. Nein, eine Ehre war das nicht. Ich habe es jedenfalls nicht so gesehen. Ich habe immer gedacht, dieses Aufbrezeln, Schminke, Anziehen, Einleuchten, mit der Kamera arbeiten, das hat mich eigentlich gestört. Ich wollte was mit der Sprache machen. Und da waren die Nachrichten, dachte ich, ein brauchbares Objekt. Ich war im Grunde kein politischer Mensch, obwohl ich aus einem Kommunistenhaushalt kam, Pionier und FDJlerin gewesen bin.

Ich war irgendwie volkseigen. Man kommt in die gute Stube nach Hause: ‚Ach, da ist sie wieder!‘, eine alte Bekannte, oder eine junge Bekannte. Ich war die jüngste Sprecherin damals. Im Bewusstsein, ein richtiger Star zu sein, hab ich eigentlich nicht gelebt. Ich bin eher als Geheimtipp durchs Haus gerannt." Die oft schwierigen langen Texte ohne Versprecher zu meistern sei kein Problem gewesen: „Training, Artistik. Das hat mit der Ideologie im Grunde genommen nichts zu tun. Wenn Honecker drei Titel hatte, drei vollständige Titel bei irgendwelchen politischen Ereignissen, ‚Vorsitzender des Staatsrates‘ und ‚Generalsekretär der Partei‘ und auch noch ‚Vorsitzender des Nationalen Verteidigungsrates‘, und diese drei Titel in einer Meldung zwei oder dreimal wiederholt werden mussten, dann war für eine andere Nachricht kein Platz mehr.

Kurios war das, muss man wirklich sagen. Erstarrt, eingefroren und im Grunde genommen nicht mehr zu verändern. Die Schlussphase der *Aktuellen Kamera* hat es gezeigt. Das waren kosmetische Veränderungen mit den Mitarbeitern, die es gegeben hat, aber inhaltlich hat sich nicht viel verändert, weil sich in den Köpfen der Alten auch nicht viel verändert hat, nicht verändern konnte, glaub ich. Der wichtigste Mann im Staat musste hofiert werden. Wir haben uns lustig gemacht darüber, auch mit Kollegen: ‚Ist das nötig? Muss das sein? Hat er das nötig?‘. Man wusste, dass man dagegen nichts machen konnte, das war schon klar.

Angenehme Dinge? Die *Aktuelle Kamera* war wie ein Staat im Staate. Technische Möglichkeiten waren vorhanden, die es in anderen Redaktionen nicht gab. Hier wurde jeden Abend gesendet, und deswegen musste Verlass auf die Kollegen sein.

Das war eine Sache, wo ich dachte, da bin ich zu Hause. Also wenn etwas perfekt gemacht wird, das finde ich schon gut, abgesehen jetzt von der Ideologie, vom politischen Inhalt.

Die Inhalte haben auch auf mich gewirkt. Ich dachte, warum bin ich so frustriert, warum bin ich so krank oder warum schreiben mir Zuschauer und sagen: ‚Sie sehen so traurig aus. Haben Sie irgendwas?' Dann rechne ich das auch diesen Inhalten zu, über die sich viele Mitarbeiter bei der *Aktuellen Kamera* Gedanken gemacht haben und wo verschiedene, auch redaktionell arbeitende Mitarbeiter immer wieder an Grenzen gestoßen sind. Als Sprecher hat man sowieso kein Wort gehabt. Da ging es nur um die Form. Aber Redakteure habe ich gesehen, die versucht haben, irgendwas an der Vorgabe, die aus dem ZK kam, zu verändern. Das hat nicht funktioniert. Also das frustriert, macht krank und ist nicht schön.

Die Erinnerung an den 9. November ist präsent. Ich dachte ja immer, man lebt so dahin bis zur Rente und vielleicht kann man dann mal in den Westen fahren und ansonsten passiert nicht viel. Da mach ich jetzt hier meinen Job und meine Kinder werden größer. Und dann passierte wirklich etwas. Wir ahnten alle nicht so richtig, welche Konsequenzen das haben würde.

Wir saßen in der Vorbereitung, in der Redaktion. Die Pressekonferenz von Günter Schabowski lag am Monitor an und wir hörten so leise, wie er diese Meldung verlas. Etwa zehn nach sieben sagte ein Nachrichtenchef von uns: ‚Wenn der Schabowski diese Meldung gelesen hat, live im DDR-Fernsehen, dann müssen wir halb acht in der Hauptnachrichtensendung darauf reagieren. Wir müssen das melden.' Wir hatten aber keine Nachricht von ADN, nur eine mit einer Sperrfrist bis morgen früh vier Uhr. Fünf oder zehn Minuten vor der Sendung bin ich ins Studio gegangen und weiß nicht mehr, ob die Nachricht in der Redaktion der *Aktuellen Kamera* geschrieben wurde oder ob sie tatsächlich von ADN kam. Auf jeden Fall hatte ich sie nicht mit nach unten ins Studio genommen. Sie wurde mir später während der laufenden Sendung reingereicht. Prima Vista nennt man das unter Nachrichtensprechern. Ich habe den Zettel bekommen während ein Film lief und habe die Nachricht gelesen und dachte während des Lesens: ‚Ein Glück! Dann sind die DDR-Flüchtlinge in den Botschaften in Budapest, in Prag und in Warschau jetzt besser dran und können dorthin reisen, wohin sie wollen.'

Um 20.00 Uhr kam ich in die Redaktion hoch, und da hat sich nur ein Technikchef über meine Nadel, die so ein bisschen im Scheinwerfer-Licht geblinkert hatte, echauffiert und gesagt: ‚Ich hab dir vorher gesagt, du sollst das abmachen, und du hast dich verweigert!' Das war sozusagen die Wichtigkeit in der Auswertung der Hauptaussage und nicht die Nachricht, sagen wir es mal, die die ganze Welt bewegt hat, zehn Minuten später.

Die *Aktuelle Kamera* war ein personifiziertes Denkmal und war, ohne Rücksicht auf die Kollegen, die sie machen mussten, eine Knochenmühle, die ideologisch gewirkt hat und sehr viel Schaden in der Gesellschaft angerichtet hat, weil es unsere Nachrichtensendung in der DDR war. Viele glaubten an die DDR und haben sich diese Nachrichtensendung, die wir gesendet haben, angeguckt und haben vielleicht sogar gedacht – weil sie es nicht besser wussten: so ist die Welt. Aber die Welt war ganz anders. Das haben wir eventuell geahnt. Manche wussten es sogar und haben dennoch gegen ihr Wissen funktioniert. Denen nehme ich das heute noch übel. Und viele haben einfach mitgemacht und ihren Job gemacht.

Ich glaube, keiner konnte sich vorstellen, dass die DDR jemals untergeht. Sonst hätten wir da nicht so gearbeitet und hätten nicht so gelebt. Wir wären aktiver im Widerstand geworden, wenn man eine Chance gesehen hätte. Ich hab sie nicht gesehen.

Einige Sachen, habe ich mir gedacht, können nicht stimmen. Das war eine Atmosphäre wie in einem Sirupfass. Man hat etwas gesehen, und in dem Moment, wo man anfängt zu denken, verlangsamt sich die Aktion und stirbt im günstigsten Fall. Sonst wäre man vielleicht verzweifelt oder man hätte versucht, in den Westen zu gehen. Das gehört mit zur Verdrängung, das ist der eigentliche Schaden."

1982 brachte ein Mann aus dem Westen Angelika Unterlauf in schwere Bedrängnis. Klaus Heilbronner, Leiter der Abteilung Nachrichten beim RIAS, gerierte sich als Verehrer, schickte Blumen und schrieb sogar ein Lied, das eine gewisse Bekanntheit erreichte:

> Siebzehn Uhr im Ostkanal,
> dunkle Augen seh'n mich an.
> Was du sagst, das klingt banal,
> aber darauf kommt's nicht an.
> Gerne würde ich dich fragen,
> ob ich dich mal treffen kann.
>
> Angelika, Angelika
> vom Fernsehn in der DDR,
> du erscheinst zum Greifen nah
> und doch bist du so fern, Angelika!

„Das Lied", so Angelika Unterlauf, „hat mich damals sehr viel Nerven gekostet, und ich finde es heute noch unter der Gürtellinie. Dieser Mensch, ein Nachrichtenchef, der muss doch gewusst haben, dass er mir unheimlich viel Ärger einbringt, wenn er mir dieses Lied widmet und den Anschein erweckt, ich würde Kontakt zu einem Westbürger haben. Das kann doch keine Liebeserklärung sein. Dementsprechend war das im Fernsehen natürlich ein riesiger Aufruhr. Kollegen grüßten mich nicht mehr. Sie waren entweder neidisch oder empört oder beides. Ich wurde zum Chef gerufen und sollte Stellung nehmen. Irgendwann haben die dann recherchiert und mitgekriegt, dass ich wirklich keinen Kontakt zu diesem Mann habe. Es ist eine unangenehme Erinnerung, muss ich wirklich sagen."

Gesucht: die Schlusseinstellung

Honecker war bereits entmachtet, doch die Mauer stand noch. Die Diskussionen innerhalb des DDR-Fernsehens führten Ende Oktober und Anfang November 1989 zu zwei Eingeständnissen, die in den Nachrichten verlesen wurden. Zehn Tage vor der Maueröffnung gab es so etwas wie eine Entschuldigung der Redaktionsleitung der *Aktuellen Kamera* für die jahrzehntelange Irreführung der eigenen Bevölkerung. Persönlich verfasst und auch selber vorgetreten hatte sie am 29. Oktober 1989 Chefredakteur Klaus Schickhelm. Später mal drückte Hanns Joachim Friedrichs, langjähriger Enchorman der ARD-*Tagesthemen*, Schickhelm für diese Äußerungen seine Bewunderung aus. Die zweite Entschuldigung wurde von der SED-Kreisleitung am 3. November 1989 entwickelt und vom Nachrichtensprecher in der *AK Zwo* verlesen, der Spätausgabe der Fernsehnachrichten in der DDR, einen Tag vor der Massendemonstration auf dem Ost-Berliner Alexanderplatz. Diese zweite Erklärung wurde am folgenden Abend, dem 4. November, noch einmal in der Hauptausgabe der *Aktuellen Kamera* wiederholt.

Die Erklärungen der Journalisten waren Eingeständnisse für die Verbiegungen in den Nachrichten des DDR-Fernsehens. Die Redaktion der *Aktuellen Kamera* positionierte sich und stand zu einer Mitschuld an den Verfälschungen der Nachrichtenvermittlung. Man wollte ab sofort einen „klassischen, bürgerlichen Journalismus" praktizieren, so erinnert sich Klaus Schickhelm. Es wurden Ziele in die Erklärung eingearbeitet, die bislang strikt verboten und verpönt waren. Diese Erklärung ging nicht über die Schreibtische der Agitationsabteilung und nicht durch die Hände der Vorgesetzten. Vor der Ausstrahlung hatte Schickhelm seine Zeilen nur Kollegen in der Redaktion zum Gegenlesen vorgelegt. Für die Zukunft, so versprach Schickhelm, wolle man in der *Aktuellen Kamera* „schnelle wahrheitsgetreue Informationen" liefern, „Entscheidungen und wie es dazu kommt, sollen im Streit der Meinungen miterlebbar sein".

Was wirklich neu war, zeigte sich in den Schlussworten: „Eine Nachrichtensendung kann nicht alles. Die, die sie gestalten, sollen ihren Zuschauern gerade in die Augen sehen können. Und das wollen wir!" Eine Entschuldigung voll tiefer Einsicht lag nicht in den Worten Schickhelms, eher eine Absichtserklärung, in Zukunft aufrichtiger zu berichten. Doch Ende Oktober 1989, als der Repressionsapparat noch funktionsfähig war, ist die Erklärung als ein großer Schritt zum Bruch mit der eigenen Vergangenheit zu werten.

Größeres Schuldbewusstsein prägte die Erklärung der SED-Kreisleitung. Die Enttäuschung darüber, dass die Führung der SED völlig auseinandergefallen war, hatte die Gemüter aufgewühlt und zu „tiefen Schuldgefühlen" geführt. Andererseits entstand die Vorstellung, wie die DDR nun durch neue Hoffnungsträger zu retten sei. Mit der Erklärung der Kreisleitung gestand ein Teil der SED ein, mitverantwortlich gewesen zu sein. Man sei nicht früher und nicht energischer gegen die Fehler im Journalismus des Fernsehens eingetreten und habe so zum massenhaften Vertrauensschwund beigetragen.

Die Erklärung war von Mitgliedern der Kreisleitung ausgearbeitet und in der letzten Tagung einstimmig angenommen worden. Sie sollte jedoch keinen Rückzug aus der ganzen Politik bedeuten, sondern eine Entschuldigung dafür sein, „dass wir diesen negativ wirkenden Dirigismus zugelassen haben". Aus dem abgestimmten Papier der Kreisleitung ging eine „Mitverantwortung an der entstandenen Krisensituation in der DDR" hervor. Es hieß weiter: „Wir haben es zugelassen, dass unser Medium durch dirigistische Eingriffe missbraucht wurde (...). Dafür bitten wir die Bürger der DDR um Entschuldigung". In der Endphase gab es unter den Mitgliedern der SED-Kreisleitung Fernsehen eine tiefe Enttäuschung darüber, wie die DDR zusammengebrochen war und wie hilflos sich die Parteiführung erwiesen hatte. Seit der Perestroika-Politik Gorbatschows 1985 sei eine Position nach der anderen ins Wanken geraten. Das Kollabieren wurde nicht als Folge systemimmanenter Fehler gewertet. Ursachen wurden bei den Personen der obersten politischen Leitungsebene gesucht. Der Anspruch, eine sozialistische Gesellschaft aufzubauen, sollte nicht aufgegeben werden, da das Scheitern nicht als das Scheitern eines intellektuellen Versuchs interpretiert wurde. Die Entschuldigung konnte somit als Teilgeständnis eigenen Versagens gewertet werden und gleichzeitig als Signal für einen erneuten Versuch gelten.

Die Entschuldigung erfolgte am Tag der Großkundgebung auf dem Alexanderplatz in Ost-Berlin. Etwa eine halbe bis eine Million Menschen waren zusammengekommen, darunter Schauspieler, Bürgerrechtler und Parteifunktionäre. Sie demonstrierten für freie Wahlen und den Rücktritt von Egon Krenz, der Erich Honecker in allen Funktionen nachgefolgt war. Es war die größte nicht verordnete Demonstration in der Geschichte der DDR. Zahlreiche Künstler, Mitglieder der Bürgerrechtsbewegung und auch hohe SED-Politiker diskutierten vor laufenden Fernsehkameras miteinander. Für viele war dieser Tag die eigentliche Wende in der Politik der DDR. Durch die Live-Übertragung der Kundgebung vom Alexanderplatz wurde erstmalig das DDR-Fernsehen als Interessenvertreter der Mehrheit der Bevölkerung wahrgenommen. Die Direktsendung von einer Großdemonstration, die den Willen eines immer größer werdenden Teils der Gesamtbevölkerung bekundete, war ein Durchbruch in der Fernsehberichterstattung vor der Maueröffnung. Die Agitationsabteilung und das Fernsehkomitee waren aus der Rolle der Lenkenden in die Rolle der Geleiteten geraten, und die Reporter der *Aktuellen Kamera* inszenierten nicht mehr, sondern spiegelten die Realität. Der Zusammenbruch der staatlichen Ordnung hatte auch zu einem Zusammenbruch der Lenkungsmechanismen geführt. Was wie ein selbstverständlicher Vorgang journalistischer Arbeit aussah, bedeutete für die DDR eine Abkehr von fast vierzigjähriger Praxis staatskonformer Meinungs- und Willensbildung.

Die Initiative für die veränderte Berichterstattung ging weder von einer Einzelperson noch von einem Beschluss oder einem Dekret aus. Vielmehr nahmen die Redakteure und die Reporter die Entwicklung selbst in die Hand, analog zu den spontanen Kundgebungen und Veranstaltungen im ganzen Land. Es war kein Knopfdruck und kein genauer Zeitpunkt, der diese Veränderung fixiert. Es war eine zügige und eine konsequente Abwendung mit gemeinschaftlicher Intention innerhalb der einzelnen Redaktionen, die sich unterschiedlich schnell von den bisherigen Lenkungsmechanismen lösten.

Die Überreste stalinistischer Erstarrung lösten sich zuletzt in der DDR. Noch im Mai 1989 hatte die „Nationale Front" bei den Kommunalwahlen in der DDR offiziell ein Ergebnis von 98,85 Prozent erzielt. In der *Aktuellen Kamera* wurden innenpolitische Probleme wie auch die weltpolitischen Umbrüche in den Warschauer-Pakt-Staaten verschwiegen. Andere Bereiche im Fernsehen und im Hörfunk hatten dagegen vorsichtig neue Sendeformen erproben dürfen. Dazu ist das Jugendradio DT 64 zu zählen und im Fernsehen ab 1985 die Sendung *Klik* (Klasse im Klub), *Hautnah* oder *Logo*. Mit Hilfe von Rockmusik, Diskussionsrunden und jugendlicher Moderation sollte den Jugendlichen die SED-Politik nähergebracht werden.

Für die *Aktuelle Kamera* vollzogen sich Veränderungen in der Arbeit unmittelbar nach dem 7. Oktober 1989, dem 40. Jahrestag der Gründung der DDR. Noch zu den Feierlichkeiten anlässlich der Staatsgründung trug die Berichterstattung starke Züge einer Heer- und Nabelschau. Die Akteure dieser Ausstrahlungen erklärten später ihr Handeln mit dem „Eingebunden-Sein" in die Befehlsstrukturen der *Aktuellen Kamera*. In einer ARD-Sendung äußerte sich der DDR-Fernsehreporter Bernd Sprafke nach der Wende mit den Worten: „Man musste den Anweisungen folgen, das war eine existentielle Frage." Über Demonstrationen an diesem Tag gegen die Staats- und Parteiführung in Leipzig und über den Einsatz bewaffneter Einheiten durfte die *Aktuelle Kamera* auf direkte Anweisung der ZK-Abteilung Agitation nicht berichten.

Erste nachweisbare Veränderungen journalistischer Herangehensweise an die politischen Veränderungen sind mit dem 9. Oktober 1989 verbunden. Joachim Herrmann, ZK-Sekretär für Agitation und Propaganda, hatte angewiesen, dass von der damals größten Montags-Demonstration in Leipzig keine Bilder in der *Aktuellen Kamera* gezeigt werden durften. Am Abend des 9. Oktober wurden in Folge der Ermahnung in den Fernsehnachrichten die Teilnehmer der Leipziger Proteste in einer kurzen Wortmeldung als „Randalierer" verunglimpft. Innerhalb der Redaktion arti-kulierten sich daraufhin erstmalig Proteste. Schließlich sendete die *Aktuelle Kamera* eine Interviewpassage eines uniformierten Kommandeurs, der etwas gestelzt in die Kamera sagte, dass die Menschen auf den Straßen für die Werte eintraten, für die seine Leute auch stünden. So eine Äußerung in der *Aktuellen Kamera* war bis dato undenkbar und glich einem Tabubruch, einem Wechsel in der Berichterstattung. Für die nachfolgenden Sendungen unterlag die *Aktuelle Kamera* allerdings einer verstärkten Kontrolle durch die Abteilung Agitation. Kritische Stimmen in der Bevölkerung, Demonstrationen in Berlin, Leipzig und anderen Städten durften kei-neswegs zum Thema für die *Aktuelle Kamera* und die gesamte Publizistik werden.

Der erste vorsichtige Widerspruch der Redaktion war nicht nur als Einstieg in ein verändertes Bewusstsein zu werten, sondern auch in eine neue Arbeitsweise. Die Journalisten der *Aktuellen Kamera* waren selbstständiger geworden und begannen sich in gewisser Weise von ihrer offiziellen Akklamationsfunktion zu lösen. Bis dato waren die Redakteure bestenfalls Transporteure von Nachrichten und niemals selber Gestalter. Aus einem „veränderten, irritierenden Verhalten" seiner Vorgesetzten habe Klaus Schickhelm auf die Existenz von Machtkämpfen über die Informationspolitik innerhalb der Staats- und Parteiführung geschlossen. Die Abteilung Agitation ließ zu, dass sich ein Leipziger Kampfgruppenkommandeur im Fernsehen äußerte, er habe sich mit seinen Leuten unter die Demonstranten gemischt und mit ihnen über ihre Probleme diskutiert, die „auch die seinen wären". Dies waren Anzeichen für ein neues Verständnis politischer Entwicklungen. Am 13. Oktober 1989 sendete die *Aktuelle Kamera* jedoch noch in gewohnter Weise ein Treffen Honeckers mit den Vorsitzenden der Blockparteien in epischer Länge von fast zwölf Minuten.

Herrmanns letztes Verbot betreffend die *Aktuelle Kamera* bezog sich auf den 16. Oktober. An diesem Tag hatte er noch einmal verfügt, dass über die Montags-Demonstrationen nicht berichtet werde. Eine Wende in der Informationspraxis zeichnete sich für Schickhelm erst am Vortag des 18. Oktober ab, dem Tag der Rücktritte von Honecker, Mittag und Herrmann. Adameck beauftragte Schickhelm damit, für den Abend des 18. Oktober ein Studio für eine Fernsehansprache „eines" Politikers vorzubereiten. Außerdem sollte Schickhelm noch für denselben Abend einen Vorschlag für eine künftige neu gestaltete *Aktuelle Kamera* unterbreiten.

Honecker, so die offizielle Verlautbarung in der *Aktuellen Kamera* am 18. Oktober 1989, habe darum gebeten, aus gesundheitlichen Gründen von seinen Funktionen entbunden zu werden. Das ZK der SED hatte Egon Krenz als Generalsekretär gewählt. Die Huldigung des neuen Partei- und Staatsratsvorsitzenden fand in der *Aktuellen Kamera* an diesem Abend ganz im bisher praktizierten Stil durch die Journalistin Anja Ludewig statt, als sie mit einem Blumenstrauß in der Hand Egon Krenz die Glückwünsche der „Massenmedien" überbrachte und ihm „viel Erfolg, starke Nerven und alles Gute" mit auf den Weg gab.

Das Ende der Ära Honecker wurde mit einer zehnminütigen Berichterstattung in der *Aktuellen Kamera* abgetan. Eine Ära war damit auch für das Fernsehen beendet, die 38 Jahre angehalten hatte. Das eigentliche Signal für die Redaktion der *Aktuellen Kamera* war die Abberufung Herrmanns, ebenfalls am 18. Oktober 1989. Die Kontrolle über die Presse hatte ein Ende gefunden. Herrmann, der Drangsalierer aller Medien in der DDR, insbesondere der *Aktuellen Kamera*, war entmachtet. Mit seiner Ablösung entfiel die Funktion eines Sekretärs für Agitation und Propaganda in der SED-Führung. Auch die Agitationskommission und die Abteilung Agitation beim ZK der SED wurden sukzessive aufgelöst. Die Strukturen des Anleitungssystems waren kollabiert. Dieser äußere Umstand und die damit verbundene „Fast-Abschaffung" des so genannten „roten Telefons", bedeutete die Entlassung der Redaktion in die Eigenverantwortung. Für die Redaktionsmitarbeiter der *Aktuellen Kamera* wichen Resignation, Anpassung und die innere Selbstzensur.

Die Antrittsrede von Egon Krenz am gleichen Tag verhieß zunächst wenig Hoffnung auf einen wirklichen Neuanfang für die Medien. Krenz wandte sich zwar gegen „Subjektivismus, Missachtung des Kollektivs, Egoismus und Schönfärberei" in der Presse, aber den Sozialismus wollte er nicht zur Disposition stellen. Unmissverständlich warnte er die Presse, sie dürfe nicht „Tribüne eines richtungslosen Geredes und kein Tummelplatz für Demagogen werden".[1] Krenz glaubte, die Macht der SED durch einige politische Korrekturen und durch Zugeständnisse im Medienbereich erhalten zu können. Er wandte sich gegen jeden Versuch „die Kritik zu unterdrücken und sie durch Beschönigung und Lobhudelei" zu ersetzen. Das sozialistische Mediensystem wurde von ihm nicht angetastet, die missliche Lage führte er auf das persönliche Fehlverhalten und den Machtmissbrauch einzelner Parteifunktionäre zurück. Dieser Argumentationsstrang sollte für die Zeit nach der Wende für die SED-Verantwortlichen zum Leitmotiv allen weiteren Handelns werden. Es waren dennoch neue Vorschläge, die jedoch von allen Pressevertretern zunächst skeptisch aufgenommen wurden.

Am Freitag, den 10. November 1989, einen Tag nach der Maueröffnung, titelte die *Aktuelle Kamera* mit der Schlagzeile: „Mit Freude und Erleichterung reagieren DDR-Bürger auf die langer wartete Entscheidung."[2] In Live-Schaltungen und Reportagen wurde von den Grenzübergängen in der Berliner Heinrich-Heine-Straße oder vom Übergang Zarrentin an der A 24 zwischen Schleswig-Holstein und Mecklenburg-Vorpommern bei Mölln berichtet, allerdings zeitversetzt erst einen Tag später als bei den westdeutschen Fernsehanstalten. Den Anstoß für die Neuorientierung und die Abkehr von der bisherigen journalistischen Ausrichtung gaben Redakteure und Reporter der *Aktuellen Kamera*, unterstützt vom Chefredakteur und der Fernsehleitung. Die Steuerungsmechanismen früherer Handhabungen waren ausgefallen. Die Gestaltung lag nun bei den Journalisten selbst, die sich in kurzer Zeit an Vorbildern aus den Medien der Bundesrepublik orientierten, dem einstigen Klassenfeind.

Der 30. Oktober setzte noch einen weiteren Akzent in dem Prozess der journalistischen Emanzipation der *Aktuellen Kamera*. Im 2. Programm begann ein neues

---

1   Vgl. *Neues Deutschland* vom 19.10.1989, S. 1f.
2   *Aktuelle Kamera* vom 10.11.1989. DRA Babelsberg.

Nachrichtenmagazin, das von der aktuellen Redaktion hergestellt wurde, mit dem Titel *AK Zwo*. Sie war eine moderierte Tageszusammenfassung in der Länge von fünfzehn Minuten, montags bis freitags um 22.00 Uhr.[3] Die 19.30-Uhr-Ausgabe der *Aktuellen Kamera* wurde wie Anfang der siebziger Jahre auf zwanzig Minuten eingekürzt, anschließend folgte eine zehnminütige Vertiefung zu einem Thema des Tages. Die Wiederholung der 19.30-Uhr-Ausgabe entfiel. Diese neue Sendeform wurde im Gegensatz zur Hauptausgabe journalistisch von einem Moderator gestaltet. Mit diesem Angebot sollte den Zuschauern ein größeres Verständnis für politische Zusammenhänge ermöglicht werden. Der Moderator sollte verbindend von einem Filmbericht zum nächsten führen.

Kaum etwas konnte die Veränderung im Fernsehen jedoch deutlicher symbolisieren als die Absetzung der von Karl-Eduard von Schnitzler moderierten Sendung *Der schwarze Kanal*. In Adlershof und im ZK der SED setzte eine Phase der Reue und der Abkehr von früheren Überzeugungen ein. Der zum Nachfolger von Joachim Herrmann ernannte Günter Schabowski beschrieb selbstkritisch, wie die Medien zu gefügigen Werkzeugen der Partei erniedrigt worden seien, und setzte viele Hoffnungen in die Zeit nach der Wende: „An die Stelle des Anweisens, des Administrierens, des detaillierten Vorkauens" trete nun das „schöpferische, selbstverantwortliche Handeln der Genossen und Kommunisten auf der Grundlage der Parteibeschlüsse."[4] Auf die führende Rolle der Partei wollte auch Schabowski zu diesem Zeitpunkt noch nicht verzichten.

Die Dynamik des Umbruchs traf mit erheblichen Auswirkungen die *Aktuelle Kamera*. Erstmalig reagierte die Redaktion auf die Stimmung in der Bevölkerung. Die Erwartungshaltung der Zuschauer hatte sich radikal verändert und konfrontierte die Journalisten mit neuen Gestaltungsformen ihrer Sendung. In den Tagen und Wochen nach dem Mauerfall veränderte sich die Berichterstattung von einer permanenten Hofierung der SED-Spitze zu einer neutralen und distanzierter werdenden Nachrichtensendung. Sprachlich war zu beobachten, dass die Titel der Parteifunktionäre wegfielen und über Demonstranten nicht mehr abwertend berichtet wurde. Die Zuschauer honorierten diesen Wandel mit einer hohen Akzeptanz der *Aktuellen Kamera*.

Obwohl der Lenkungsapparat zusammengebrochen war, seien die wichtigsten Entwicklungsschritte bis zum Abschalten der Fernsehnachrichten in Adlershof nachgezeichnet. Die ursprüngliche Redaktion der *Aktuellen Kamera* war seit Anfang des Jahres 1990 gewissermaßen in zwei Lager zerfallen. Zwar unterstanden beide Teile dem Chefredakteur Klaus Schickhelm, doch sorgte die Redaktionsleitung der *AK Zwo* unter Helmut Freier sowie dem prägenden Einfluss des Redakteurs Lutz Herden für gewisse Absetzbewegungen. In der *AK Zwo* konnten die Journalisten politische Schwerpunkte einbringen, die durch eine größere Genrevielfalt einen neuen Kollegen-Kreis anzog. Zu den Gestaltern gehörten unter anderem Michael Schmidt, Bernd Niestroj, Sylvia Acksteiner und der bereits erwähnte Lutz Herden. Die neue

---

3 Bald darauf wurde die Ausstrahlung auf 21.30 Uhr vorverlegt.
4 Holzweißig 1990, S. 221.

Redaktion wollte sich in der diffusen Medienlandschaft in der DDR überlebensfähiger zeigen als die Kern-Redaktion der *Aktuellen Kamera* im ersten Programm. Die gewollte Art der inhaltlichen Unterscheidung führte sogar zu Differenzen zwischen beiden Fernsehprogrammen, die der Generalintendant Hans Bentzien nicht lösen konnte. Manche ehemaligen Bezirkskorrespondenten wollten wiederum nicht für die *AK Zwo* arbeiten. Von einer regelrechten Spaltung innerhalb der Redaktion zu sprechen wäre jedoch nicht zutreffend.

Die verbliebenen Redakteure der *Aktuellen Kamera* wollten unabhängig von der Entwicklung in der *AK Zwo* einen ausgewogenen fairen Journalismus umsetzen. Bewertungen, inwieweit die *Aktuelle Kamera* die Standards westlicher Nachrichtensendungen übernahm, gehen weit auseinander. Trotz einiger Abstriche kam eine Studie[5] der Karl-Marx-Universität Leipzig, die in zwei Untersuchungszeiträumen die *Aktuelle Kamera* analysierte, zu einem positiven Gesamtergebnis. Die Zeitspannen bezogen sich auf die Tage vom 31. Oktober bis zum 9. November 1989 und vom 4. Januar bis zum 9. Januar 1990. Einbezogen in dieses Vorhaben wurden alle Studenten des dritten Studienjahres der Fachrichtung Fernsehjournalistik. Ziel dieses Projektes sollte die Untersuchung aktueller Entwicklungen im Fernsehjournalismus und erster Erfahrungen und Trends nach der „Wende" in Informationssendungen des DDR-Fernsehens sein.[6]

Vorwiegend innenpolitische Themen bestimmten nunmehr den Anfang der Sendung. Allerdings standen in der ersten Analyseperiode noch so genannte Protokollbeiträge über Aktivitäten der damaligen Staatsführung im Vordergrund, deutlich „im zelebrierenden Charakter vergangener Jahre". Bei den Sendungen im Januar 1990 stand dagegen die Diskussion über die weitere Ausrichtung der Gesellschaft am Beginn und im Mittelpunkt der Sendung.

Diskussionen um politische Strukturen in der DDR hatten in der *Aktuellen Kamera* zugenommen. Die Themen behandelten kaum noch Sozialismuskonzeptionen oder die Ausreiseproblematik, obwohl beide Sujets noch relevant waren. Trotzdem scheuten sich die Reporter der *Aktuellen Kamera*, Zuordnungen, Akzentuierungen und Differenzierungen vorzunehmen. Der „schwierige Prozess der Emanzipation der *Aktuellen Kamera* von einer ‚Parteisendung' zu einer objektiv verdichtenden Nachrichtensendung" sei gekennzeichnet worden durch die Wiedergabe der Standpunkte von verschiedenen politischen Kräften zu einem Thema in einzelnen Nachrichten.[7]

Die Verwendung des Adjektivs „objektiv" war sicherlich dem Zeitpunkt der Untersuchung geschuldet, denn die Maßstäbe einer weitgehend „objektiven" Berichterstattung waren noch nicht erfüllt. Unabhängig davon wurde von den Teilnehmern des Leipziger Kolloquiums die Gefahr gesehen, dass der alte „Partei-

---

5   Ergebnisse eines studienbegleitenden Forschungsprojekts am Lehrstuhl Fernsehjournalistik der Sektion Journalistik der Karl-Marx-Universität Leipzig über aktuelle Tendenzen und Probleme in der Informationsgebung des DDR-Fernsehens am Beispiel der Sendungen *Aktuelle Kamera* und *AK Zwo*. Vgl. Herden 1990.

6   Vgl. Herden 1990.

7   Ebd., S. 130.

journalismus" im Fernsehen nun durch einen „Proporzjournalismus" ersetzt würde. Somit habe kein wirklich tiefer inhaltlicher Wandel stattgefunden, sondern eher ein handwerklicher Umbau journalistischer Darstellungsformen. Politisch stünden die Redakteure und Reporter der *Aktuellen Kamera* noch immer einem sozialistischen Grundgedanken gesellschaftlicher Ordnung nahe.

Unter gestalterischen Gesichtspunkten wurde ein „schwülstiger und allgemeiner Stil" ausgemacht, eine „schlechte Vorbereitung der Journalisten auf den Beitrag, zum Teil sogar fachliche Inkompetenz".[8] Schlussendlich wurde kritisiert, dass Redakteure, die ein Thema in der Hauptausgabe zu bearbeiten hatten, auch gleichzeitig für den analytischen Beitrag in der *AK Zwo* verantwortlich waren. Es falle offenbar schwer, sich von der absoluten „Verlautbarungsintention der Nachrichtensendung zu lösen" zugunsten einer abwägenden und klärenden Problemdarstellung.[9]

Die Ansätze der Abkoppelung vom Profil des „Staatsanzeigers" wurden beobachtet und als politische Emanzipationsphase bezeichnet. Ein Prozess, der schwer falle, weil die Erblasten vergangener Jahre nicht mit einem Ruck abzustreifen seien. Gerade für Anfang 1990 sei festzuhalten, dass die Umstellung hin zu einem wirklich akzeptierten Journalismus für eine demokratische Öffentlichkeit nur über die Synthese „hohe Sachlichkeit und journalistische Professionalität" zu realisieren war. Der Wechsel vom Verlautbarungsjournalismus zum Anwalt des Zuschauers und der Präsentation verschiedener politischer Positionen war von fehlendem Erfahrungshorizont gekennzeichnet. „Die Maxime des Neuen und Künftigen ist", so Chefredakteur Schickhelm Ende 1989, „Seriosität in jeder Hinsicht." Er wollte keinen im negativen Sinne „Enthüllungsjournalismus", sondern „durch Fakten gedeckte Informationen wahrheitsgetreu und umfassend"[10]. Ein halbes Jahr später resümierte er einsichtig: „Wir lernen ja erst einen Journalismus, den hier keiner studiert hat."[11]

Die Studie bestätigt die Auffassung des Verfassers: Das wirklich Umwälzende in der Berichterstattung der *Aktuellen Kamera* lag in den Inhalten. Es wurde über das berichtet, was wirklich passierte. Dazu zählten Demonstrationen in der DDR oder in der CSSR, Interviews mit Helmut Kohl oder mit Willy Brandt, Walter Momper und – früher nicht vorstellbar – mit DDR-Staats- und Parteigrößen. In vielerlei Hinsicht wurde das jahrelang beobachtete Westfernsehen nun im Wesentlichen selber praktiziert.

In den Printmedien der DDR, die ebenfalls jahrzehntelang von der Agitationsabteilung gegängelt worden waren, wurde der Wandel in der *Aktuellen Kamera* im Herbst 1989 ebenfalls positiv gewertet. Gleichzeitig lobten damit die neuen Zeitungsgestalter ihre eigene Veränderung: „Lebendige Berichte, pfiffig gemachte Nachrichtenfilme und ungeschminkte Wiedergabe kritischer Stimmen zum meist

---

8   Ebd., S. 131.
9   Ebd., S. 132.
10 Vgl. Fredy Eitner: Glasnost in der *Aktuellen Kamera*. Ein Interview mit Klaus Schickhelm. In: *FF-Dabei* 1989, Nr. 52, S. 46.
11 Christian Seel: „Ich muss die lange Leine kürzer nehmen". Interview mit Klaus Schickhelm. In: *Berliner Morgenpost* vom 8.7.1990, S. 19.

tristen Alltag in der DDR haben die *Aktuelle Kamera* völlig verändert", formulierte die *Junge Welt*.[12] Aber auch der Berliner *Tagesspiegel* stellte fest, dass die „Beiträge lebendiger geworden" seien und die Berichterstattung nicht mehr davor zurückscheue, „auch DDR-kritische Themen und Meinungen wiederzugeben".[13] Und die *Frankfurter Allgemeine Zeitung* machte eine „neue, reformierte Informationssendung des Fernsehens der DDR" aus. Mit Blick auf die moderierte *AK Zwo* hieß es: „Wo bisher nur funktionierende Sprechautomaten am Werk waren, die vorbereitete Texte verlasen oder richtiger ‚verkündeten', da beginnen nun junge Damen und Herren frei zu sprechen, ja zu plaudern." Die Themen, wie beispielsweise das „spektakuläre Donauprojekt Nagymaros", die eigene Volksbildung, aber auch die offene Meinungsäußerung von Bürgern aus der DDR, würden so aufbereitet, „dass es dem Zuschauer manchmal schwerfällt, zu glauben, dass er den Ostkanal eingeschaltet hat"[14].

Auch andere längerfristig angelegte Untersuchungen kamen zu dem Ergebnis, dass die *Aktuelle Kamera* seit der Berufung von Krenz ein verändertes Gesicht gezeigt habe. Sie sei von einem „Verlautbarungs- zu einem Informationsmedium" geworden. Die einhellige Beobachtung verschiedener Rezensenten attestiert, dass die *Aktuelle Kamera* sich „über Nacht zu einer lebendigen informativen Sendung" gewandelt habe. Man müsse sogar feststellen, dass *Aktuelle Kamera* und *AK Zwo* zu einer „ernstzunehmenden Konkurrenz von *heute*, *Tagesschau*, *heute-journal* und *Tagesthemen*" geworden sei.[15] Die Zeitschrift *journalist* kam im Februar 1990 zu dem Schluss, dass die *Aktuelle Kamera* „ausgewogen über das Berichtenswerte aus der DDR" informiere. Beobachtet worden war der 5., 6. und 8. Januar 1990. Beim Thema Mitverantwortung für die desaströse Politik der SED „befand sich in der gesamten Sendung [gemeint ist die *Aktuelle Kamera* – Anm. J.B.] die SED fast ausschließlich auf der Anklagebank"[16]. Diese Bewertungen kontrastierten zu der verinnerlichten ideologischen Prägung früherer Praxis und bedeuteten einen wirklichen Neuanfang.

Die euphorischen Einschätzungen der ersten Veränderungen in der *Aktuellen Kamera* in den Wochen nach dem 9. November wichen ab Februar einer genaueren Auswertung und Beobachtung. Kritik richtete sich gegen eine neue „Geschmeidigkeit" der noch immer von Ex-SED-Funktionären dominierten Sendungen. Wirksame Mittel dieser „Geschmeidigkeit" waren Auslassungen und suggestiv geführte Interviews. Die *Frankfurter Allgemeine Zeitung* bemängelte im Januar 1990, dass zentrale politische Ereignisse des Tages in der DDR, wie das Wahlbündnis der Oppositionsgruppen gegen die SED, einfach verschwiegen worden seien. Ausgelassen worden sei auch die Kritik an einer fortdauernden institutionellen Über-

---

12 Konkurrenz aus Adlershof. In: *Junge Welt* vom 14.11.1989.
13 Die *Aktuelle Kamera* wird jetzt in neuer Form präsentiert. In: *Tagesspiegel* vom 31.10.1989, S. 7.
14 Peter Jochen Winters: Der Moderator trägt das Hemd nun offen. In: *Frankfurter Allgemeine Zeitung* vom 2.11.1989, S. 2.
15 Vgl. Holzschuh 1990, S. 232f.
16 Meyn 1990, S. 32.

macht der alten Staatspartei, an der Präsenz von SED-PDS in Medien und Ämtern.[17] Beim *Evangelischen Pressedienst/Kirche und Rundfunk* wurde nach einer „anfänglichen Revolutionsstimmung" in den Fernsehstudios eine Rückkehr zur „parteilichen Berichterstattung im Sinne der SED-PDS" ausgemacht. So kritisierte die Leitung der Evangelisch-Lutherischen Landeskirche Sachsen in der ersten Januarwoche, dass die öffentlichen Leitungsstrukturen im Rundfunk „sachlich und personell kaum verändert" seien. Rundfunk und Fernsehen seien trotz „anfänglicher Öffnung" wieder deutlich von den bisherigen Machtstrukturen geprägt. Somit wären die Neuerungen im Sinne des Machterhalts der alten Strukturen umfunktioniert worden. Informationen, so die Kritik weiter, würden „im Sinne der SED-PDS gesteuert und gefiltert". Als weiteres Beispiel für eine offenkundige und aufdringliche Parteilichkeit der *Aktuellen Kamera* wurde ein Bericht über das Gedenken an die 1919 ermordeten Sozialisten Rosa Luxemburg und Karl Liebknecht angeführt. „Schon die Schlagzeile ,Ehrung für Rosa und Karl' wollte in ihrer Vertraulichkeit Glauben machen, die Ehrung sei wieder Sache aller Bürger, ungeachtet ihrer Weltanschauung."[18] Beim Thema Wiedervereinigung seien in der *Aktuellen Kamera* überwiegend Kritiker ausführlich zu Wort gekommen. Auch die Berichterstattung über die SPD-Delegiertenkonferenz in Ost-Berlin vom 12. bis 14. Januar habe den Schluss vermittelt, dass zwar über neue Parteien berichtet werde, auf eine ausführliche substantielle Darstellung ihrer politischen Ziele aber verzichtet worden sei.

Die *Neue Zeit* prangerte die Heuchelei der zur Schau getragenen Unparteilichkeit von Fernsehmoderatoren bei politischen Diskussionsrunden an. Die Auswahl von Einspielfilmen bei der ersten Sendung von *Wahl 90* erinnere an die Praxis des *Schwarzen Kanals*. Es könne und dürfe nicht sein, so das Blatt, dass „fast ausschließlich aus der Sicht von SED-PDS-Mitgliedern und klassenkämpferisch erzogenen Journalisten" Bewertungen zu unterschiedlichen politischen Themenkreisen vorgenommen würden. Vielmehr forderte die Zeitung, dass allen Parteien im Wahlkampf eigene Sendezeiten eingeräumt werden müssten.[19] Das jahrelange Selbstverständnis der Journalisten musste zu den radikalen politischen Umbrüchen ins Verhältnis gestellt werden. Sozialistische Pressemitarbeiter kannten handwerklich die Genrevielfalt journalistischer Gestaltungsmittel. Das Interesse der Bevölkerung an der *Aktuellen Kamera* war groß, weil die Sendung als Gradmesser einer nun freier gewordenen Presse galt.

Der *Medienspiegel* resümierte Ende März 1990, dass die *Aktuelle Kamera* den „allgemeinen journalistischen Standards noch nicht gerecht" werde. Zu den größten Schwächen gehörten mangelnde Professionalität und zu wenig Fakten. Demnach wurden die Sendungen der *Aktuellen Kamera* zwei Tage vor und zwei Tage nach den Wahlen vom 18. März 1990 beobachtet. Der politische Hintergrund

---

17 Gustav Seibt: Wie sie lügen. In: *Frankfurter Allgemeine Zeitung* vom 6.1.1990, S. 24; ähnlich lautete der Artikel von Gustav Seibt: Geschmeidigkeit – die *Aktuelle Kamera*. In: *Frankfurter Allgemeine Zeitung* vom 5.1.1990, S. 22.
18 Matthias Hartmann: Dreifacher Rittberger. In: *epd/Kirche und Rundfunk*, 1990, Nr. 5.
19 *Neue Zeit* vom 21.12.1989.

sei zu wenig vorgekommen, stattdessen sei der Wahlkampf unter dem Aspekt „Medienereignis" behandelt worden. Am 19. März bezeichnete der Moderator in seiner Anmoderation für einen Bericht zum „Anti-Raucher tag" die USA als „Paradies der Meinungsmanipulation und Werbung"[20].

Schärfste Kritik kam von Henning Röhl, dem Chefredakteur von ARD-aktuell in Hamburg. Eine Zusammenarbeit zwischen der *Tagesschau* und der *Aktuellen Kamera* konnte er sich im Oktober 1990 über den gelegentlichen Austausch von Bildern hinaus nicht vorstellen,[21] obwohl noch Anfang des Jahres der gegenseitige Besuch gepflegt worden war. Röhl führte Unsicherheiten in der Berichterstattung der *Aktuellen Kamera* nicht auf „Unbelehrbarkeiten oder Boshaftigkeit" zurück, vielmehr sei die Nachrichtengebung problematisch, da die Trennung von Nachricht und Meinung nicht gewährleistet sei. Die Themenauswahl entspreche gelegentlich nicht der Wichtigkeit, zudem trügen die Moderatoren ihre politischen Ansichten „so unverblümt zur Schau, dass von einer ausgewogenen Berichterstattung nicht die Rede sein" könne.[22]

Pro und Contra zur journalistischen Arbeit der *Aktuellen Kamera* nach der Wende wechselten sich ab. Die oben dargestellten Beobachtungen verschiedener Zeitungen und Zeitschriften sowie die Studie von Studenten der Karl-Marx-Universität Leipzig geben die Prägungen der *Aktuellen Kamera* in den Monaten nach dem Ende direkter Steuerung wieder. Es war die Zeit der Übergänge, eine Zeit, in der sich unterschiedliche politische Strömungen in der DDR entfalteten. Zutreffend ist, dass so genannte Alt-Kader unter den Redakteuren der *Aktuellen Kamera* weiterhin die Nachfolgepartei der SED unterstützten. Es entwickelte sich ein Gefühl unter ostdeutschen Redakteuren, das Ausdruck einer Mischung aus bewusster Eigenständigkeit, emotionaler Anhänglichkeit an vertraute Wertvorstellungen und Abgrenzung von westlichen Vorbildern war. Außerdem beschleunigten die Ungewissheit über die Zukunft und der rasche Personalabbau im Fernsehen die Veränderungen, so dass die Redakteure mehr an Existenzängste dachten als an die Umsetzung journalistisch-politischer Zielvorstellungen.

Den Auflösungen im Medienbereich waren erhebliche Umstrukturierungen auf den Machtebenen der DDR vorausgegangen. Von Mitte Oktober bis Ende Dezember 1989 wurde der alte Kommando-Apparat der SED stückweise aufgelöst, nach dem journalistischen Konkurs vierzigjähriger Parteiherrschaft sollte eine Phase ohne dirigistisch geleitete Berichterstattung von politischen Ereignissen möglich werden. Der Einfluss der Parteigruppen bestand zunächst fort, allerdings mit gewählten Mitgliedern, die offen für die Auflösung noch bestehender Organisationsstrukturen waren. Die Funktionärskader aus den bisherigen Machtkonstellationen waren zunächst verunsichert, erkannten jedoch schnell, wie man sich neu formieren konnte. Unterhalb der Ebene der Abteilung Agitation und auch unterhalb der Ebene des Staatlichen Komitees für das Fernsehen stellten sich erfahrene Kader auf die neue

---

20 Oliver Kneuker: Noch keine Konkurrenz. In: *Medienspiegel*, 1990, Nr. 13, S. 6.
21 Harte ARD-Kritik an *Aktueller Kamera*. In: *Leipziger Volkszeitung* vom 4.10.1990, S. 12.
22 Ebd.

Situation ein, um zu bewahren und um zu retten, was zu retten war. Es war die Phase in der journalistischen Berichterstattung, in der die politische Führungskonstellation vordergründig einen „neuen Freiheitsglauben" zuließ, mit dem Ziel des Machterhalts und der Wiederbefestigung von altbekannten Strukturen.

Bereits wenige Wochen nach dem Fall der Mauer wurde spürbar, dass die Umgestaltung für viele zu schnell gekommen war. Auf einem Journalisten-Kongress in Ost-Berlin urteilte die Hallenser Rundfunkredakteurin Dagmar Thielmann: „Jetzt, nach der Wende, stellt sich heraus, dass viele von uns gar nicht in der Lage sind, die gebotenen Freiheiten zu nutzen."[23] Die Medien der DDR mussten die radikalen gesellschaftlichen Veränderungen verarbeiten und nach außen vermitteln. Außerdem mussten neue Strukturen und neue Gesetze die Handhabung einer freien Presse in der DDR gewährleisten. Selbstvertrauen und ironische Distanz breiteten sich als Teil der Überlebensstrategie bei den Mitarbeitern der *Aktuellen Kamera* aus. Mit einer Mischung aus Hoffnung, Erleichterung, aber auch Enttäuschung hatten die politischen Journalisten die Wende zur Kenntnis genommen, wobei sich die Enttäuschung zum einen auf die eigene Rolle bezog, zum anderen auf das geringe Maß ihrer Kenntnis über vergangene Zustände.

Die Entwicklung in und um die *Aktuelle Kamera* ist nicht singulär zu betrachten. Der Verband der Journalisten (VDJ) der DDR nannte Mitte Oktober 1989 erstmals öffentlich das grundsätzliche Problem der ostdeutschen Medienpolitik, die seit Jahren zunehmende Unglaubwürdigkeit. Ein Großteil der Journalisten in der DDR habe seit langem auf die Möglichkeit gewartet, einen Journalismus zu praktizieren, den die Leser, Hörer und Zuschauer erwarteten. Das sei ein Journalismus, der die Probleme der Gesellschaft ungeschminkt darstelle und lösen helfe. „Starke Bremsmechanismen" hätten verhindert, dass sich diese Bemühungen durchsetzen konnten.[24] Eine Erneuerung von innen wollte der Verband und gleichsam eine Erneuerung der sozialistischen Gesellschaftsordnung, allerdings ohne Beseitigung der ideologischen Grundlagen. Am 19. Oktober 1989 formulierte das VDJ-Präsidium seine Grundsatzposition. Die kritischen Meinungsäußerungen, die die Medien erreichten, sollten „rasch produktiv" umgesetzt werden, „für eine freimütige journalistische Arbeit".[25] Losgelöst von früheren Zwängen und noch nicht eingeengt von kommenden, orientierten sich die Fernsehjournalisten neu, in einem fast rechtsfreien Raum, gestärkt durch die zunehmende Akzeptanz ihrer Sendungen und einer Zuschauerschaft von über 50 Prozent, mit einem Spitzenwert von 62,5 Prozent.

Der am 13. November als Vorsitzender des Ministerrats neu eingesetzte Regierungschef Hans Modrow unterstützte in seiner Regierungserklärung die Ausarbeitung eines Mediengesetzes. Kurz darauf wurde die Führungsspitze von Rundfunk und Fernsehen durch ihn ausgewechselt. Adameck veranlasste noch die Bildung

---

23 Zitiert nach Bahrmann 1990, S. 413.
24 Zur Wende in der Medienpolitik. Pressemitteilung über die Sitzung des VDJ-Präsidiums vom 19. Oktober 1989. In: N.N. 1989, S.1.
25 Ebd.

einer Übergangsarbeitsgruppe unter Leitung von Bernhard Büchel, die sich zusammensetzte aus Mitgliedern der ehemaligen Nomenklatura des Fernsehens.[26] Ein Mangel war, dass man Vertreter der Bürgerbewegung oder solche, die andere Denkansätze für eine Demokratisierung der Medien hatten, nicht in diesen Arbeitsgruppen fand.[27] Bereits am 16. November erschien der Entwurf einer Neuordnung unter dem Titel „Diskussionsmaterial zur Neugestaltung des Fernsehens".[28] Punkt 1 der Grundzüge legte fest, dass das Fernsehen der DDR sich noch immer als Fernsehen eines sozialistischen Staates verstehe. An das Ende der DDR glaubte zu diesem Zeitpunkt niemand in dieser Arbeitsgruppe.

Adameck selbst verließ in den November-Tagen die Räume des Fernsehzentrums Adlershof mit den Worten: „Macht das Beste aus der Sache. Ich wünsche der Kommission viel Glück."[29] Offiziell trat er am 21. November 1989 zurück, nach 35 Dienstjahren an der Spitze des Fernsehens in der DDR. Sein Nachfolger wurde am 30. November Hans Bentzien, der ehemalige DDR-Kulturminister und Leiter der Abteilung Dramaturgie des Fernsehens, der 1979 unter widrigen Umständen abgesetzt worden war.

Am 21. November kam es zu weiteren Rücktritten. Das Sekretariat der SED-Kreisleitung Fernsehen der DDR unter seinem Ersten Sekretär Johannes Schäfer beschloss den geschlossenen Rückzug. Ein neues Sekretariat wurde nicht mehr gewählt. Der Status der Kreisparteiorganisation Fernsehen wurde aufgehoben und der Berliner Bezirksorganisation angeschlossen, so, wie es vor 1984 war. Mit der Führung der Geschäfte wurde Harry Mehner, zuletzt hauptamtlicher Sekretär für Agitation und Propaganda innerhalb der SED-Kreisleitung Fernsehen, beauftragt. Er sollte gleichzeitig die Vorbereitung einer außerordentlichen Kreisdelegiertenkonferenz in die Wege leiten. Die Kreisleitung bat den Vorsitzenden des Ministerrates der DDR, einen Nachfolger für Adameck zu berufen. Die rasanten Veränderungen führten zu zahlreichen Parteiaustritten. Zum Ende des Jahres beendete die Kreisleitung Fernsehen formell ihre Tätigkeit.[30]

Die Strukturen auf den Leitungsebenen waren noch nicht unterbrochen, als Pläne für eine veränderte Zukunft unter neuen Vorzeichen Gestalt annahmen. Am 1. Dezember strich die Volkskammer die Formulierung „führende Rolle der Arbeiterklasse und ihrer marxistisch-leninistischen Partei" aus der Verfassung der DDR. Dies war der faktische Schlussstrich unter eine Zeit der Medienbeeinflussung, deren Ende bereits besiegelt war.

Am 16./17. Dezember 1989 benannte sich die SED um in SED-PDS. Auf dem Sonderparteitag wurde selbstkritisch eingeräumt, dass die Medienlenkung in der DDR die Mitschuld für die Irreführung der Bevölkerung trage. In dem Memorandum

---

26 Vgl. Mühl-Benninghaus 1993, S. 75. Neben Bernhard Büchel zählten zu dieser zeitweiligen Arbeitsgruppe u.a. Jörg Becker (Publizistik), Udo Foht (Unterhaltung), Hartmut Glaser (Fernsehbetrieb), Beate Hanspach (Kinder/Jugend/Bildung), Dieter Isler (Fernsehdramatik), Peter Kocks (Zentrale Produktion).
27 Vgl. Albrecht 2000, S. 75.
28 Ebd., S. 74.
29 Ebd.
30 Vgl. Deutscher Fernsehfunk 1990, S. 49.

„Zu Ursachen für die Krise in der SED und in der Gesellschaft"[31] wurde das Politbüro für die Medienlenkung verantwortlich gemacht: „Der Verfall d[ies]er Rolle der DDR-Medien ist direkt und vom Wesen her mit dem administrativen Charakter des Systems verknüpft." Die bezweckte Täuschung der Menschen habe sich gegen ihre Urheber gewandt. Immer deutlicher sei der Kontrast zwischen der „heilen Welt", dem idyllischen Bild von der Eintracht zwischen Volk und Führung einerseits in den Spalten der Zeitungen, in den Sendungen des Fernsehens und des Rundfunks sowie andererseits den Erfahrungen der Werktätigen gewesen, die sich in der Produktion mit nicht gedeckten Plänen, mit Zulieferkalamitäten, aber auch mit zunehmenden Problemen in ihrem Alltag herumzuschlagen hatten.[32] Die späte Einsicht der ehemaligen Funktionäre und Mitläufer sieht die Schuld für die Deformation der Medien fast ausschließlich bei Herrmann und Honecker. Nur umständlich kommen die einstigen Protagonisten der Macht zu dem Fazit, dass „die Schuldfrage nicht allein mit diesen Namen zu verbinden"[33] sei.

Das Kollabieren der Wirtschafts-, Sozial- und Rechtsordnung fand innerhalb weniger Wochen statt. Der Zusammenbruch und die Auflösung beziehungsweise Umbenennung bestehender Organisationsstrukturen betraf auch das Fernsehen. Die beiden Staatlichen Komitees für Rundfunk und Fernsehen löste ein Beschluss des Ministerrats am 21. Dezember 1989 auf.[34] Der Druck der Demonstrationen, der politische Offenbarungseid und das zeitgleiche weltweite Aufbrechen der Strukturen des Kalten Krieges stürzten den Regierungsapparat und mit ihm alle Lenkungsmechanismen von den Positionen der Macht.

Die neue Regelung der Medienfreiheit fand ihren Anfang am 20. Dezember 1989 mit der ersten Sitzung einer Regierungskommission in der DDR, die den Auftrag hatte, ein Mediengesetz für die DDR auszuarbeiten. Daran beteiligt waren Wissenschaftler verschiedener Fachrichtungen, medienpolitisch profilierte Vertreter von Berufsverbänden und politischen Parteien, der Gewerkschaften, der Jugend sowie der evangelischen und katholischen Kirche und des Verbandes der jüdischen Gemeinden der DDR. In der Arbeit der Kommission dominierten vier Grundziele: die errungenen Grundfreiheiten im Medienbereich zu bestimmen, die Zulassungsfreiheit der Presse zu sichern, ein öffentlich rechtliches Rundfunksystem zu schaffen und die öffentlich rechtliche Kontrolle zu gewährleisten.[35]

Diese Regierungskommission arbeitete einen Text über die Medien aus, der von der Volkskammer am 5. Februar 1990 beschlossen wurde. Durch den „Beschluss über die Gewährung der Meinungs-, Informations- und Medienfreiheit" wurde ein Medienkontrollrat geschaffen, der die Pressefreiheit gewährleisten sollte. Dem Medienkontrollrat gehörten Vertreter der Parteien und Gruppierungen des „Runden

31 Vgl. Hornbogen u.a. 1999. Unterschrieben wurde dieses Papier von Wolfgang Herger, Werner Jarowinsky, Egon Krenz, Siegfried Lorenz, Wolfgang Rauchfuß, Günter Schabowski, Helmut Semmelmann und Günter Sieber.
32 Ebd., S. 391f.
33 Ebd., S. 393.
34 Beschluss über das Fernsehen der DDR und den Rundfunk der DDR, 21.12.1989. Gesetzblatt der DDR 1989 II, Nr. 26, S. 273.
35 Vgl. Odermann 1990, S. 378.

Tisches", der Volkskammerfraktionen, der Kirche und der Regierung an. Es war allerdings von Anfang an nur ein beratendes Gremium, mit gewissen exekutiven Rechten. Dazu zählten die Werberegelung, die Frequenzzuteilungen und der Postzeitungsvertrieb inklusive der noch immer schwierigen Papierzuteilung. Ein besonderes Gewicht kam dem Recht der Bestätigung der Generalintendanten des Rundfunks bzw. des Fernsehens zu, die durch den Ministerpräsidenten berufen wurden.

Der Beschluss vom 5. Februar 1990 löste die sozialistisch geprägte Medienstruktur völlig auf. Bis zur Umgestaltung von Rundfunk und Fernsehen in öffentlich kontrollierte Anstalten und des ADN in eine öffentlich kontrollierte Nachrichtenagentur mit ebenfalls rechtlich verändertem Status garantierte der Staat die Finanzierung. In dem Entwurf hieß es wörtlich: „Sie sind Volkseigentum." Die Kommission wollte auf diese Weise einer Ausrichtung der Medientätigkeit auf reines Gewinnstreben begegnen und gleichzeitig verhindern, dass sich eine neue staatliche oder gesellschaftliche Macht als oberste Instanz über die Medien verstand. Ausgehend von dem Volkskammerbeschluss konstituierte sich der Medienkontrollrat der DDR acht Tage später, am 13. Februar 1990.[36]

Solange die DDR noch existierte, kam ein eigenes Mediengesetz nicht mehr zustande, es blieb bei dem Medienbeschluss vom 5. Februar. Dies lag zum einen an einer mangelnden Dynamik bei der Entwicklung des Mediengesetzes. Zwei Monate hatte das Justizministerium nicht zu einer Beratung eingeladen. Zum anderen hatte das nach den Wahlen am 18. März 1990 geschaffene Ministerium für Medienpolitik Sachverständige aus der Bundesrepublik als Berater beschäftigt, die mit erheblichen Kompetenzen ausgestattet ein Rundfunk-Überleitungsgesetz für die DDR ausarbeiteten.

Ab März 1990 entwickelte sich ein direkter Eingriff der Bundesrepublik auf die Medien der DDR. Für das Fernsehen wurden künftige öffentlich-rechtliche Perspektiven unterbreitet. Der Raum für eine eigene medienpolitische Gestaltung von Fernsehen und Hörfunk in der DDR war eng und bald nicht zu erkennen. Ein Machtvakuum war entstanden, Marktanteile waren zu sichern und gleichzeitig standen Karrieren offen, die sich so im Westen nicht anboten. Es dauerte nicht lange, bis die restlichen Institutionen der DDR in die Interessensphären von Politikern, Parteien und Geschäftsleuten gerieten.

In Adlershof veränderten sich intern die Strukturen. Alle ehemaligen Leiter, die nach der Wende redaktionelle Vertrauensabstimmungen innerhalb des DDR-Fernsehens überstanden hatten, machten sich wieder Hoffnungen auf eine Zukunft. Die Verhältnisse waren halb-anarchistisch. Der einstige Leiter der DDR-Redaktion innerhalb der *Aktuellen Kamera*, Bernhard Büchel, wurde am 1. Januar 1990 zum Intendanten des zweiten Fernsehprogramms ernannt. Büchel nahm den Chefregisseur Horst Sauer, einige Einzelprogramme, wie *Elf99*, Magazin-Sendungen (*Klartext*) und die *AK Zwo* in das 2. Programm.

---

36   Vgl. Hans-Bredow-Institut für Medienforschung 2000, S. 249.

Am 15. März 1990 wurde das Fernsehen wie der Hörfunk vom Ministerrat in den „statuarischen Grundsatzregelungen" zu unabhängigen, öffentlich-rechtlichen Einrichtungen erklärt, deren Finanzierung aus Gebühren bestand, die aber bis zur Umgestaltung in öffentlich-rechtliche Anstalten eine gewisse staatliche Garantie erhielten. Das DDR-Fernsehen gestaltete zu diesem Zeitpunkt zwei Fernsehvollprogramme und beschäftigte einschließlich der Studiotechniker, die noch immer Mitarbeiter der Deutschen Post waren, etwa 7 500 Mitarbeiter.

In den Adlershofer Fernsehstudios ging der Sendebetrieb weiter, während sich die Leitungspositionen veränderten. Am 1. April übernahm als Intendant des ersten Programms der ehemalige Kameramann Michael Albrecht die Leitung. Seine Ernennung war unter anderem ein Resultat der Forderungen der Personalvertretungen. Albrecht war auf dieser Hierachieebene des Senders die erste Person aus dem „oppositionellen Bereich".[37] Sein Ziel war es, ein eigenständiges drittes Fernsehprogramm zu etablieren, das innerhalb des Verbunds der ARD eingegliedert werden sollte in eine Mehrländeranstalt im Osten. Hans Bentzien dagegen wollte eine dritte Fernsehanstalt, parallel zu ARD und ZDF.[38] Doch nicht nur die Politik, auch die Intendanten der ARD beendeten die Pläne Bentziens. Hartwig Kelm, Intendant des Hessischen Rundfunks und amtierender ARD-Vorsitzender, teilte mit, dass die ARD die Vorstellungen aus Adlershof für ein DDR-Programm in ganz Deutschland nicht teile.[39] Für das ZDF schloss sich Chefredakteur Klaus Bresser diesen Überlegungen an.[40]

In den Wochen und Monaten, in denen es um die Zukunft des Fernsehens in Ostdeutschland ging, fühlten sich die Mitarbeiter einer großen Unsicherheit ausgesetzt. Der Personalrat des DFF protestierte gegen die Nichteinbeziehung der Mitarbeiter in der Phase der zukünftigen Planungen. Obwohl die Personalvertretungen an Bedeutung zugenommen hatten, bewegte ihr Druck die Führungsebene nur langsam.

Trotz der medienpolitischen Wirren erweiterte die *Aktuelle Kamera* ihr Programm. Die Redaktion hatte noch 360 Mitarbeiter, davon mehr als 100 Redakteure. Der Programmbereich war fast autark, mit eigener Poststelle, einer sechsköpfigen Chefredaktion, eigener Technik und eigenem Studio.[41] Am 5. März 1990 wurde die Wiederholung der Hauptausgabe vom Vorabend gestrichen, statt dessen startete man vormittags um 9.45 Uhr mit einer moderierten *AK am Morgen* in einer Länge von fünfzehn Minuten. Dieses neue Frühjournal sollte „mehr Zuschauerfreundlichkeit und politische Unterhaltung" zeigen und mit „unverbrauchten Moderatoren" einen „Sympathievorschuss beim Zuschauer" erzielen.[42] Am 19. März kam noch ein

---

37   Albrecht 2000, S. 85.
38   Vgl. G. Eitner-Westphal.: Wir stellen uns der Konkurrenz. Ein Gespräch mit Michael Albrecht. In: *FF-dabei* 22/1990, S. 7.
39   Alexander Luckow: West-Intendanten im Clinch mit DFF. In: *Die Welt* vom 10.5.1990, S. 20.
40   ADN/BZ: Kein Platz für DFF im vereinten Deutschland. In: *Berliner Zeitung* vom 21.5.1990, S. 2.
41   Vgl. Hinter den Kulissen der *Aktuellen Kamera.* Der Kampf gegen die Selbstzensur – ein Tag bei der Nachrichtensendung des DDR-Fernsehens. In: *Berliner Morgenpost* vom 14.1.1990, S.18.
42   Lutz Herden: Neues Frühjournal mit Aktuellen Nachrichten. In: *Bauernecho* vom 1.3.1990, S. 6.

AK-Mittagsmagazin hinzu, in der Länge von zehn Minuten, allerdings wieder in der traditionellen Form mit Sprecher.

Zwischenzeitlich hatte sich das Fernsehen umbenannt. Seit dem 12. März hieß das „Fernsehen der DDR" nun wieder „Deutscher Fernsehfunk" und führte als Programmkennzeichnung das Brandenburger Tor. Diese Rückbenennung hatte formaljuristische Gründe. Die Bezeichnung „Fernsehen der DDR" fand sich in keinem Gesetz. Um juristische Folgeschritte einzuleiten, musste zunächst der eigentliche Name wieder reaktiviert werden.

Am 31. Mai berief Ministerpräsident Lothar de Maizière Gero Hammer zum Generalintendanten des Deutschen Fernsehfunks und setzte gleichzeitig den bisherigen Generalintendanten Hans Bentzien ab.[43] Hammer sprach sich in seiner ersten Erklärung gegen ein eigenständiges drittes öffentlich-rechtliches Programm aus. Doch der Medienkontrollrat lehnte die Bestätigung Hammers am 13. Juni aufgrund mangelnder Kompetenzen ab. Kommissarisch wurde Michael Albrecht mit der Leitung des Fernsehens beauftragt. Am 14. Juni übernahm er die Nachfolge als Intendant und blieb in dieser Funktion bis zum Jahresende 1991, bis zum letzten Tag des Deutschen Fernsehfunks.

Der Medienkontrollrat billigte auf seiner Sitzung am 27. Juni die zweite Fassung eines vorläufigen Statuts für den Deutschen Fernsehfunk, nachdem die erste Fassung am 23. Mai abgelehnt worden war. Die Kontrolle sollte ein 49-köpfiger Fernsehrat[44] übernehmen. Das Statut sah fünf Landessender mit Direktoren entsprechend den geplanten neuen Bundesländern auf dem Gebiet der DDR vor. Weiter sollten die Bereiche Programm, DFF-aktuell, Produktion, Verwaltung und Technik je einen Direktor erhalten. Der Mediengesetzgebungskommission wurde die Zuständigkeit für die Erarbeitung eines Rundfunküberleitungsgesetzes entzogen und auf das Ministerium für Medienpolitik übertragen. Den Machtkampf um die zukünftige Rolle des Rundfunks (Fernsehen, Hörfunk) entschied schließlich die CDU-geführte DDR-Regierung in zweiter Lesung. Die Volkskammer beschloss am 13. September 1990 das überarbeitete „Gesetz zur Überleitung des Rundfunks in die Gesetzgebungszuständigkeit der künftigen fünf Bundesländer und den Teil von Berlin, in dem das Grundgesetz bisher nicht galt". Das Gesetz fand jedoch keinen Eingang in den Einigungsvertrag und war daher nur bis zum 2. Oktober 1990 gültig.

Der Intendant von DFF 2, Bernhard Büchel, wurde im Juni abgelöst und bald darauf mit der neu geschaffenen Funktion des Länderbeauftragten für den Landessender Brandenburg betraut. Neuer Chef der „Politik" im DFF wurde am 1. Juli 1990 Alfred Roesler-Kleint mit der Bezeichnung Chefredakteur „Politik und Zeitgeschehen" sowie stellvertretender Intendant. Roesler-Kleint berief im August 1990 die Mitarbeiter der *Aktuellen Kamera* zu einer Vollversammlung ein und teilte ihnen mit, dass es die Sendung im Herbst nicht mehr geben werde. Er besiegelte damit die Geschichte der *Aktuellen Kamera*. In anschließenden Vier-Augen-

---

43   ADN, 31.5.1990. In: Deutscher Fernsehfunk 1990, S. 112f.

44   Nach dem Statutsentwurf waren dies 37 Vertreter. Vgl. Mahle 1990, S. 103.

Gesprächen wurden Ersatz-Beschäftigungen in anderen, zum Teil untergeordneten Funktionen vermittelt oder aber die Entlassung zum Jahresende ausgesprochen. Die Reaktionen seien heftig gewesen, so schildert es Roesler-Kleint.[45] Diejenigen, die jahrelang minutiös die täglichen Anweisungen der Abteilung Agitation ausführten, stellten sich auf ein faktisches Berufsverbot ein.

Der Chefredakteur der *Aktuellen Kamera*, Klaus Schickhelm, wurde am 18. Juli von Michael Albrecht abgesetzt,[46] konnte aber im Fernsehen noch für einige Monate in einer veränderten Position weiterarbeiten. Den Posten des Chefredakteurs bekleidete bis Ende 1990 Manfred Pohl. Parallel zu dem Bereich „Politik und Zeitgeschehen" wurde als zweite Chefredaktion der Bereich „Programm" eingerichtet, mit Holm-Henning Freier an der Spitze. Mit dem Datum der Währungsunion 1. Juli 1990 wurden gleichzeitig fünf „Landessender" zunächst formal gegründet, deren Ausformung erst langsam umgesetzt werden konnte. Die Regionalprogramme starteten am 13. August 1990 in ihrer ersten Ausbaustufe.

Was sich Anfang des Jahres bei der *Aktuellen Kamera* langsam herauskristallisiert hatte, wurde nun umgesetzt: Die Mitarbeiter der *AK Zwo* entwickelten mit den Landesprogrammen ein redaktionelles Eigenleben, in dem sie Beiträge von den neuen Landesprogrammen direkt für ihre Sendungen bestellten. Obwohl die gerade gegründeten Länder sich politisch noch nicht konstituiert hatten, verbreiteten die Sender bereits erste Programmstrecken. Der für viele ungeliebte und symbolträchtige Standort Adlershof wurde Stück für Stück demontiert.

In wenigen Wochen strukturierten Albrecht und Roesler-Kleint im Sommer 1990 den auseinanderdriftenden DFF völlig um. Das sich separierende zweite Programm wurde wieder integriert und das Gesamtprogramm des DFF auf einer Frequenz zusammengefasst. Das bedeutete eine günstige Ausgangsbasis für spätere Verhandlungen. Den Verantwortlichen schwebte ein Programm für ganz Ost-Deutschland vor, ein „O3" (Ost-3). Der Selbstbehauptungswille war groß, nachdem man gerade eine Diktatur zu Ende gebracht hatte. Doch zwei Vollprogramme plus fünf Landesprogramme waren auf Dauer nicht finanzierbar und einer vorgesehenen Anbindung an das ARD-Gemeinschaftsprogramm nicht entsprechend.

Insgesamt wurden bis Ende 1990 etwa 1 200 Mitarbeiter entlassen, bis zur Auflösung im Dezember 1991 sogar 4 300. Das bedeutete: Der Personalbestand reduzierte sich innerhalb von 14 Monaten von 7 500 auf 3 200 Mitarbeiter. Noch bis zum Sommer 1990 hatten sich einige der ehemals Mächtigen des DDR-Fernsehens in Adlershof aufgehalten.

Die letzte Sendung der *Aktuellen Kamera* wurde am 14. Dezember 1990 nach 30 513 Sendungen ausgestrahlt. Zu diesem Zeitpunkt hatte die Redaktion noch 250 Mitarbeiter.[47] Der Sprecher verabschiedete sich mit den Worten: „Meine Damen

---

45 Zwischen Traum und Alptraum – Das Fernsehen in und nach der DDR. Persönliche Aufzeichnungen von Alfred Roesler-Kleint. Maschinenschrift, im Besitz des Verfassers.

46 Joachim Hauschild: Positionswechsel. Abberufung bei der *Aktuellen Kamera* und bei DFF 2. In: *Süddeutsche Zeitung* vom 20.7.1990, S. 21.

47 Agentur Reuter: Ein bisschen Wehmut, aber auch Hoffnung. In: *Leipziger Volkszeitung* vom 17.12.1990, S. 12.

und Herren – dies war nun die letzte Sendung unter dem Titel *Aktuelle Kamera*."[48] Sprecher Wolfgang Meyer rief noch spontan ein „Das war's" hinterher, als wollte er sagen, ab jetzt haben wir nichts mehr zu melden.[49] Auch die Reihe *AK Zwo* wurde eingestellt, ihr folgte ein Spätjournal. Ganz zu Ende war es mit den Nachrichten aus Adlershof noch nicht, denn auf der Frequenz von DFF 1 wurde ab dem 15. Dezember das Gemeinschaftsprogramm der ARD ausgestrahlt. Die neue DFF-Länderkette begann mit demselben Datum auf der bisherigen DFF-2-Frequenz ihr eigenes Programm. Gleichzeitig wurde in den neuen Ländern die Farbfernsehnorm von SECAM auf PAL umgestellt.

In der Nachfolgesendung *aktuell* fanden einige Redakteure vorübergehend wieder eine Beschäftigung. Die fünfzehn Minuten von *aktuell* waren mit der früheren *Aktuellen Kamera* nicht vergleichbar. Die Inhalte wurden nicht mehr durch ideologische Prägungen bestimmt, da die vollständige Auflösung der Redaktion bis Jahresende bevorstand und die verantwortlichen Redakteure und Reporter sich so neutral wie möglich verhalten wollten. Die Länderinteressen und der Umschwung in der wirtschaftlichen Entwicklung wurden stärker berücksichtigt, für die überregionale Politik blieb dagegen wenig Platz. Die letzte Ausgabe von *aktuell* erschien am 31. Dezember 1991, es war damit auch die letzte Ausgabe der Redaktion der *Aktuellen Kamera*. Seit das Team ungehindert die Möglichkeit hatte, „objektiv und aktuell" zu informieren, bedankte man sich in der letzten Ausgabe für die „freundliche Begleitung und die gewachsene Akzeptanz", die in vielen Briefen zum Ausdruck gekommen war.[50]

Zu einem eigenständigen und von ostdeutschen Mitarbeitern verwalteten dritten öffentlich-rechtlichen Programm war es nicht gekommen. Der Einigungsvertrag sah in Artikel 36 die Auflösung des DFF zum 31. Dezember 1991 vor. Für die Umstrukturierung wurde Rudolf Mühlfenzl als Rundfunkbeauftragter tätig. Für die Ex-Reporter und -Redakteure der *Aktuellen Kamera* setzte eine Zeit der Umorientierung ein. Ein Teil kam beim Ostdeutschen Rundfunk Brandenburg (ORB) unter, andere beim Mitteldeutschen Rundfunk (MDR) bzw. beim Norddeutschen Rundfunk (NDR). Wiederum andere wurden Bildregisseure, Reporter oder Redakteure bei privaten Fernsehanbietern, gründeten eigene Fernsehproduktionsgesellschaften, arbeiteten bei Kabelprogrammen oder Stadt-Kultur-Sendern. Für einige folgten Umschulungen zu Fachreferenten in der Tourismusbranche oder für die Presse- und Öffentlichkeitsarbeit, etliche wurden ohne Festanstellung freischaffende Mitarbeiter bei öffentlich-rechtlichen oder privaten Fernsehanstalten.

---

48 Sendemanuskript *Aktuelle Kamera*, Spätausgabe. DRA Babelsberg, Schriftgut FS, Korrigierter Sendeplan vom 14.12.1990.
49 Vgl. Roland Timm: Amputation, *Aktuell* (DFF-Länderkette). In: *Süddeutsche Zeitung* vom 22./23.12.1990, S. 30.
50 Sendemanuskript *Aktuelle Kamera*. DRA Babelsberg, Schriftgut FS, Korrigierter Sendeplan vom 31.12.1991.

Struktur des Deutschen Fernsehfunks im Januar 1991

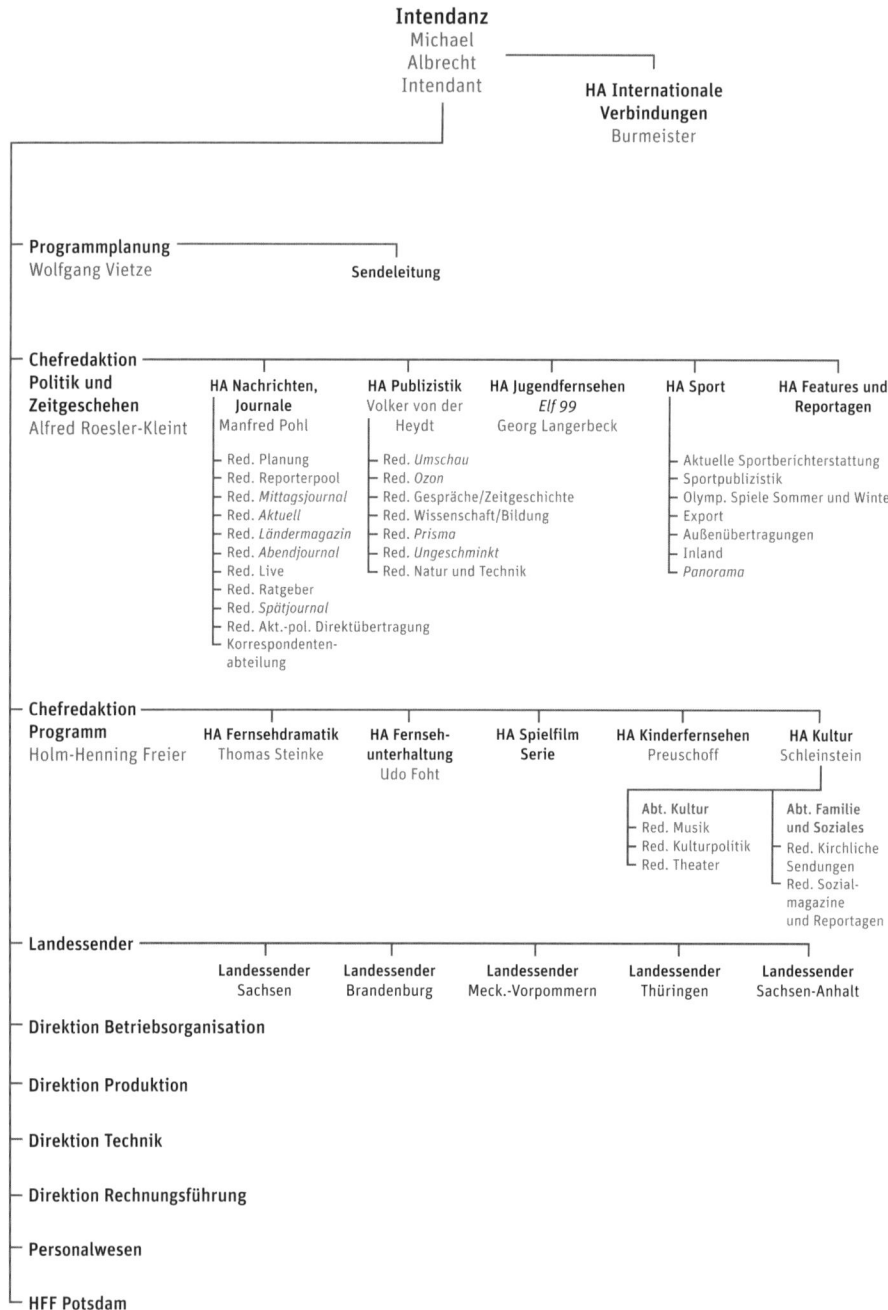

Intendanz
Michael
Albrecht
Intendant

**HA Internationale
Verbindungen**
Burmeister

Programmplanung
Wolfgang Vietze

Sendeleitung

**Chefredaktion
Politik und
Zeitgeschehen**
Alfred Roesler-Kleint

**HA Nachrichten,
Journale**
Manfred Pohl

- Red. Planung
- Red. Reporterpool
- Red. *Mittagsjournal*
- Red. *Aktuell*
- Red. *Ländermagazin*
- Red. *Abendjournal*
- Red. Live
- Red. Ratgeber
- Red. *Spätjournal*
- Red. Akt.-pol. Direktübertragung
- Korrespondenten-
  abteilung

HA Publizistik
Volker von der
Heydt

- Red. *Umschau*
- Red. *Ozon*
- Red. Gespräche/Zeitgeschichte
- Red. Wissenschaft/Bildung
- Red. *Prisma*
- Red. *Ungeschminkt*
- Red. Natur und Technik

HA Jugendfernsehen
Elf 99
Georg Langerbeck

HA Sport

- Aktuelle Sportberichterstattung
- Sportpublizistik
- Olymp. Spiele Sommer und Winter
- Export
- Außenübertragungen
- Inland
- *Panorama*

**HA Features und
Reportagen**

**Chefredaktion
Programm**
Holm-Henning Freier

HA Fernsehdramatik
Thomas Steinke

**HA Fernseh-
unterhaltung**
Udo Foht

**HA Spielfilm
Serie**

HA Kinderfernsehen
Preuschoff

HA Kultur
Schleinstein

Abt. Kultur
- Red. Musik
- Red. Kulturpolitik
- Red. Theater

**Abt. Familie
und Soziales**
- Red. Kirchliche
  Sendungen
- Red. Sozial-
  magazine
  und Reportagen

Landessender

**Landessender
Sachsen**

**Landessender
Brandenburg**

**Landessender
Meck.-Vorpommern**

**Landessender
Thüringen**

**Landessender
Sachsen-Anhalt**

Direktion Betriebsorganisation

Direktion Produktion

Direktion Technik

Direktion Rechnungsführung

Personalwesen

HFF Potsdam

Quelle: Steinmetz/Viehoff 2008, S. 491.
Vom Autor ergänzt und überarbeitet.

Der Leiter der Hamburger Journalistenschule, Wolf Schneider, der erste Erfahrungen mit der Aus- und Weiterbildung von jungen DDR-Journalisten in einer zeitgeschichtlichen Rückschau beschreibt, macht drei Tendenzen aus. Die Journalisten hätten einen Nachholbedarf an Rückgrat und Selbstgefühl, der von der Mehrzahl eifrig und rasch überwunden werde. Zweitens würden sie vielfach gegen die guten Sitten des sauberen journalistischen Handwerks verstoßen – aber in einem nicht höheren Grade als ihre westdeutschen Kollegen. Und drittens gebe es im Umgang mit der deutschen Sprache keine Gräben zwischen Ost und West.[51] Ihnen fehle es aber noch an einem sprachlichen Rüstzeug, mit dem die Unparteilichkeit durchgehalten werden könne.

Der Einschätzung Schneiders ist hinzuzufügen, dass es weniger eine Frage der Sprache, sondern eher eine Frage des demokratischen Hintergrunds war. Henryk Goldberg, Printjournalist in der DDR, bekannte sich in der DDR-Zeitschrift *Junge Welt* sehr selbstkritisch zu einer unverblümten Selbstanklage: „Wir haben doch alle mitgemacht."[52] Die Ausreden, „das habe ich nicht gewusst, ich bin jetzt sehr erschrocken" sollten die Journalisten der ehemaligen DDR nicht in den Mund nehmen. Man solle vielmehr eins klären: Die Artikel habe nicht Joachim Herrmann geschrieben, kein Parteivorstand und auch kein Zentralrat der FDJ. Die habe ein jeder selber geschrieben, „eigenfingrig, eigenköpfig". Keiner solle sagen, er habe unter Protest geschrieben, denn „unter den Beiträgen standen Namen, nicht Proteste".[53] „Und sagt nicht", fährt er fort, „dass wir mussten. Wir mussten schon: wenn wir weitermachen wollten. Aber mussten wir weitermachen wollen?"[54]

In der Zusammenschau wird deutlich, dass die Entmachtung der Staats- und Parteiführung einen Strudel weiterer Umbrüche im Fernsehen auslöste, der erst mit dem 1. Januar 1992 und dem Sendestart neuer Landesrundfunkanstalten endete. Der Verlust der ehemaligen Ordnungsstrukturen führte jedoch nie zur absoluten Handlungsunfähigkeit wie einem Totalausfall der Fernseh- oder Radioprogramme. Die technische Funktionalität blieb aufrechterhalten, die inhaltliche und handwerkliche Orientierung dagegen veränderte sich rudimentär.

Die handelnden Personen der Führungsebenen des staatlichen Fernsehens wurden abgelöst, auch der administrative Mittelbau sowie die Ebene der Redaktionsleiter, wie die Chefredakteure. Neue Präsentatoren auf dem Bildschirm signalisierten nach außen den Wechsel von Verantwortlichkeiten, das Themenspektrum richtete sich umfassend in alle Richtungen. Insbesondere die Meinungsvielfalt demonstrierte den Umbruch der politischen Leitungs- und Lenkungsstrukturen. Die Ablösung der alten Obrigkeit und die Etablierung einer neuen Gesellschaftsform mit anderen Ordnungskriterien entließen die Verantwortlichen der *Aktuellen Kamera* in eine ungewisse persönliche Zukunft. Einsicht und sogar Reue waren Ausdruck zahlrei-

---

51 Vgl. Schneider 1990, S. 407f.
52 Der Beitrag erschien zuerst in der *Jungen Welt*, dann leicht gekürzt in der Zeitschrift *Journalist*. Vgl. Goldberg 1990, S. 428f.
53 Ebd.
54 Ebd.

cher Bekundungen. Die journalistischen Lebensläufe aus der DDR-Zeit verhinderten oftmals einen Neueinstieg in die jungen Landesrundfunkanstalten. Der Zugriff auf die Medien in der DDR wird dagegen als Beispiel staatlicher Lenkungsmechanismen von großer Beachtung bleiben.

Die *Aktuelle Kamera* ist ein Beispiel dafür, dass es der SED-Führung gelang, die Medien nach ihren Vorstellungen von Propaganda, Agitation und Organisation zu dirigieren. Die Aufgabe, das Vertrauensverhältnis zwischen Bevölkerung, Partei und Staat zu festigen, scheiterte jedoch. Absichten und Wirkungen standen sich diametral gegenüber, Soll-Funktionen und tatsächliche Funktionen klafften auseinander. Insofern ist nur ein Ziel erreicht worden, die Gleichschaltung der Massenmedien und die Indienststellung eines eigenen Vorführapparates. Das viel wichtigere Ziel – und das war ursprünglich mit dieser Art von Massenbeeinflussung beabsichtigt – wurde nicht erreicht: die Bevölkerung für die Ziele der Partei zu gewinnen. Viele Aspekte der selbst erlebten Realität fanden im Fernsehen nicht statt. Was als systemstabilisierend angedacht war, richtete sich gegen die Glaubwürdigkeit einer sozialistischen Idee und war im Endeffekt systemdestabilisierend.

In der Medienpolitik der DDR führte diese institutionalisierte Verstellung zu der absurden Situation, dass die Information der Menschen aus anderen, nämlich westlichen Quellen bereits vorausgesetzt wurde. Den eigenen Medien oblag im Wesentlichen nur noch die Aufgabe, den Parteigenossen und Bürgern zu signalisieren, was offizieller Gesprächsstoff war und was besser im Hinterkopf zu bleiben hatte, eine Bewusstseinsspaltung, die Zynismus und Servilität bewirken musste.

Bei der Schuldzuweisung für das Scheitern der DDR fiel den Medien folgerichtig eine Mitschuld für die Irreführung der Bevölkerung zu, als einem Hauptbindeglied zwischen der verantwortlichen Parteispitze und dem Volk. Mittels Steuerung, Manipulation und Gewalt war die DDR eine moderne Diktatur. In diesem System hatte die *Aktuelle Kamera* ihren festen Platz.

Literatur und Quellen

Literatur und Zeitschriftenartikel

Albrecht, Michael 2000: Die programmliche und strukturelle Neuorientierung des DFF zwischen Maueröffnung und Wiedervereinigung. In: Tichy, Roland; Dietl, Sylvia (Hg.) 2000: Deutschland einig Rundfunkland? Eine Dokumentation zur Wiedervereinigung des deutschen Rundfunksystems 1989–1991. München, S. 75–97.

Ammer, Thomas 1994: Strukturen der Macht – die Funktionäre im SED-Staat. In: Weber, Jürgen (Hg.) 1994: Der SED-Staat. Neues über eine vergangene Diktatur. München, S. 5–22.

Andert, Reinhold; Herzberg, Wolfgang 1990: Der Sturz. Honecker im Kreuzverhör. Berlin.

Arnold, Karl-Heinz; Arnold, Otfrid 1994: Herrschaft über die Medien. In: Hans Modrow (Hg.) 1994: Das Große Haus. Berlin, S. 97–115.

Baerns, Barbara 1988: Deutsch-deutsche Gedächtnislücken. Zur Medienforschung über die Besatzungszeit. In: Geserick, Rolf (Hg.) 1988: Publizistik und Journalismus in der DDR. München, S. 61–99.

Baerns, Barbara 1990: Journalismus und Medien in der DDR. Ansätze, Perspektiven, Probleme und Konsequenzen des Wandels. Königswinter.

Bahrmann, Hannes 1990: Wende und journalistisches Selbstverständnis in der DDR. In: *Rundfunk und Fernsehen*, Jg. 38 (1990), H. 3, S. 409–417.

Benser, Günter 1985: Die KPD im Jahre der Befreiung. Vorbereitung und Aufbau der legalen kommunistischen Massenpartei. Jahreswende 1944/1945 bis Herbst 1945. Berlin.

Benz, Wolfgang 1994: Besatzungsmacht und Neuaufbau im Vier-Zonen-Deutschland. München.

Bergschicker, Heinz 1985: Deutsche Chronik 1933–1945. Ein Zeitbild der faschistischen Diktatur. Berlin.

Blaum, Verena 1974: Journalistenausbildung in der DDR. In: *Publizistik,* Jg. 19/20 (1974/75), H 3/4 und 1/2, S. 517–524.

Blaum, Verena 1985: Ideologie und Fachkompetenz. Das journalistische Berufsbild in der DDR. Köln.

Bohm, Karl-Heinz 1960: Agitation und Propaganda in Rundfunk und Fernsehen der DDR. In: *Zur Theorie und Praxis des Fernsehens. Eine Auswahlbibliographie.* 1960, H. 4, S. 1–15.

Bos, Ellen 1993: Leserbriefe in Tageszeitungen der DDR. Zur „Massenverbundenheit" der Presse 1949–1989. Opladen.

Bösenberg, Jost-Arend 2004: Die Aktuelle Kamera (1952–1990). Lenkungsmechanismen im Fernsehen der DDR. Veröffentlichungen des Deutschen Rundfunkarchivs, Bd. 38. Potsdam.

Bourdieu, Pierre 1998: Über das Fernsehen. Frankfurt a. M..

Braumann, Christa 1990: Zuschauerforschung im Deutschen Fernsehfunk. In: Erster medienwissenschaftlicher Tag der DDR, Berlin 24.3.1990. Veranstaltet und herausgegeben von der Hochschule für Film und Fernsehen, dem Rundfunk der DDR (Abteilung Soziologische Forschung) und dem Zentralinstitut für Jugendforschung. Berlin, S. 60–65.

Braumann, Christa 1994: Fernsehforschung zwischen Parteilichkeit und Objektivität. Zur Zuschauerforschung in der ehemaligen DDR. In: *Rundfunk und Fernsehen*, Jg. 42 (1994), H. 4, S. 524–541.

Braun, Günter 1995: Die Geschichte der Sowjetischen Besatzungszone im Spiegel der Forschung. In: Jahrbuch für historische Kommunismusforschung. Berlin, S. 274–305.

Budzislawski, Hermann 1962: Über die Journalistik als Wissenschaft. In: *Zeitschrift für Journalistik*, Jg. 3 (1962), H. 2, S. 45.

Budzislawski, Hermann 1966: Sozialistische Journalistik. Eine wissenschaftliche Einführung (Broschüre). Leipzig.

Bürger, Ulrich 1990: Das sagen wir natürlich so nicht. Berlin.

Cerny, Jochen 1992: Wer war wer – DDR. Biographisches Lexikon. Berlin.

Czepuck, Harri 1971: 25 Jahre VDJ und die nächsten Aufgaben. In: *Neue Deutsche Presse*, Jg. 25 (1971), H. 1., S. 2.

Deutscher Fernsehfunk (Hg.) 1957: Fünf Jahre Deutscher Fernsehfunk (Broschüre). Berlin.

Deutscher Fernsehfunk (Hg.) 1990: Fernsehfunk im Wandel, Aufzeichnungen über das Fernsehen Berlin-Adlershof in der Zeit von September 1989 bis Mai 1990. Berlin.

Deutscher Journalisten-Verband (Hg.) 1996: Berufsbild Journalistin – Journalist. Gewerkschaft der Journalistinnen und Journalisten (Broschüre). Bonn 1996.

Deutsches Rundfunkarchiv (Hg.) 1995: „Hier spricht Berlin ...". Der Neubeginn des Rundfunks in Berlin 1945. Veröffentlichungen des Deutschen Rundfunkarchivs, Bd. 1. Potsdam.

Diller, Ansgar 1995: Der Rundfunk als Herrschaftsinstrument der SED. In: Deutscher Bundestag (Hg.) 1995: Materialien der Enquete-Kommission „Aufarbeitung von Geschichte und Folgen der SED-Diktatur in Deutschland". Machtstrukturen und Entscheidungsmechanismen im SED-Staat und die Frage der Verantwortung. Bd. II/2. Baden-Baden, S. 1214–1242.

Dovifat, Emil 1953: Freiheit und Zwang in der politischen Willensbildung. In: Veritas, Justitia, Libertas. Festschrift zur 200-Jahrfeier der Columbia University. New York, Berlin, S. 33–48.

Eilders, Christiane; Wirth, Werner 1999: Die Nachrichtenwertforschung auf dem Weg zum Publikum. Eine experimentelle Überprüfung des Einflusses von Nachrichtenfaktoren bei der Rezeption. In: *Publizistik,* Jg. 44 (1999), H. 1, S. 35–57.

Erler, Peter 1994: Heeresschau und Einsatzplanung. Ein Dokument zur Kaderpolitik der KPD aus dem Jahr 1944. In: Schroeder, Klaus (Hg.) 1994: Geschichte und Transformation des SED-Staates. Berlin, S. 52–70.

Erler, Peter; Laude, Horst; Wilke, Manfred (Hg.) 1994: „Nach Hitler kommen wir". Dokumente zur Programmatik der Moskauer KPD-Führung 1944/45 für Nachkriegsdeutschland. Berlin.

Feldmann, Klaus 1996: Nachrichten aus Adlershof. Berlin.

Fernsehen der DDR (Hg.) 1976: Fernsehen der Deutschen Demokratischen Republik, Programmdirektion, Abteilung Öffentlichkeitsarbeit (Broschüre). Berlin 1976.

Fernsehen der DDR (Hg.) 1977: Erinnerungen ehemaliger Fernsehmitarbeiter. In: *Theorie und Praxis – Diskussionsmaterial, Programmdirektion*, Jg. 18 (1977), H. 65.

Fischer, Heinz-Dietrich 1961: Programmstruktur und Analyse des ostdeutschen Fernsehens. In: *Rundfunk und Fernsehen*, Jg. 9 (1961), H. 1, S. 52–57.

Fleischer, Wolfgang 1983: Die deutsche Sprache in der DDR. Grundsätzliche Überlegungen zur Sprachsituation. In: Akademie der Wissenschaften der DDR, Zentralinstitut für Sprachwissenschaft (Hg.) 1983: Linguistische Studien, Reihe A, Arbeitsberichte 111. Berlin, S. 258–275.

Forschungsverbund SED-Staat 2004: Die rundfunkbezogenen Aktivitäten des Ministeriums für Staatssicherheit der ehemaligen DDR in der DDR sowie der Bundesrepublik Deutschland. Projektleitung Jochen Staadt und Manfred Wilke (= Arbeitspapiere des Forschungsverbundes SED-Staat, 35/2004). Berlin.

Friedrich, Walter; Hennig, Werner 1975: Der sozialwissenschaftliche Forschungsprozeß. Berlin.

Friedrich-Ebert Stiftung (Hg.) 1979: Die Massenmedien der DDR. Presse, Rundfunk, Fernsehen und Literaturbetrieb im Dienste der SED. Bonn.

Früh, Werner; Schönbach, Klaus 1984: Der dynamisch-transaktionale Ansatz. Ein neues Paradigma der Medienwirkungen. In: *Publizistik,* Jg. 21 (1984), H. 1, S. 74–88.

Fühmann, Franz 1985: Wandlung, Wahrheit, Würde. Aufsätze und Gespräche 1964–1981. Darmstadt, Neuwied.

Geserick, Rolf 1989: 40 Jahre Presse. Rundfunk und Kommunikationspolitik in der DDR. München.

Geserick, Rolf 1992: Gleiche Ziele, unterschiedliche Ansprache. In: *Unsere Medien – Unsere Republik*, 1992, H. 2, S. 18–20.

Glatzer, Dieter 1985: Zur Programmgestaltung des Fernsehens der DDR. Gesellschaftlicher Auftrag und aktuelle Erfahrungen. Eine Broschüre der Betriebsakademie des Fernsehens der DDR. Berlin.

Glatzer, Dieter; Hempel, Manfred; Schmotz, Dieter (Hg.) 1972: Die Entwicklung des DDR Fernsehens. Eine Zeittafel. Berlin.

Gmel, Gerhard; Deimling, Susanne; Bortz, Jürgen 1994: Die Nutzung des Mediums Fernsehen in der DDR vor und nach der Wende. In: *Rundfunk und Fernsehen*, Jg. 42 (1994), H. 4, S. 542–554.

Goldberg, Henryk 1990: „Wir haben doch alle mitgemacht". In: *Rundfunk und Fernsehen*, Jg. 38 (1990), H. 3, S. 428–429.

Grobe, Daniela 1995: Journalismus und Journalistik unter Parteidiktat. Egelsbach.

Grote, Heinrich 1957: Aus der Arbeit der *Aktuellen Kamera*. In: *Neue Deutsche Presse*, Jg. 11 (1957), H. 8, S. 18–22.

Grote, Heinrich 1960a: Die wichtigsten Genres und journalistischen Gestaltungsmöglichkeiten im Fernsehen. In: Verband der DDR Journalisten (Hg.) 1960: Journalistisches Handbuch der DDR. Leipzig, S. 208–215.

Grote, Heinrich 1961: Größere Achtung der Nachrichtengebung im Fernsehfunk. In: SED-Betriebsparteiorganisation des Staatlichen Rundfunkkomitees (Hg.) 1961: Nachrichtenkonferenz des Staatlichen Rundfunkkomitees, 22. Januar 1961. (Broschüre) Berlin, S. 33–36.

Grote, Heinrich 1962: Das Nationale Dokument und einige Schlußfolgerungen für die DDR-Berichterstattung der *Aktuellen Kamera*. In: *Theorie und Praxis,* Jg. 3 (1962), H. 13, S. 3–7.

Grubitzsch, Jürgen 1990: Traditionen, Altlasten und Neuansätze der Leipziger Journalistenausbildung. In: *Rundfunk und Fernsehen*, Jg. 38 (1990), H. 3, S. 400–406.

Hackenschmidt, Peter 1987: Der Informationsgehalt von Nachrichtenbeiträgen, Lehrheft zur journalistischen Methodik. Leipzig.

Hamann, Peter 1980: Der Journalismus der DDR in der ideologischen Auseinandersetzung mit dem Imperialismus. In: *Theorie und Praxis des sozialistischen Journalismus,* (1980), H. 2, S. 114–117.

Hanke, Helmut 1992: Macht und Ohnmacht des Mediums. Wandel in Funktion und Gebrauch des DDR-Fernsehens. In: Hickethier, Knut; Schneider, Irmela (Hg.) 1992: Fernsehtheorien. Dokumentation der GFF-Tagung 1990. Berlin, S. 150–160.

Hans-Bredow-Institut für Medienforschung (Hg.) 2000: Internationales Handbuch für Hörfunk und Fernsehen 2000/2001. Baden-Baden.

Hecht, Gerd 1954: Journalismus als Funktionäre und Bürokraten. In: *SBZ-Archiv*, Jg. 5 (1954), H. 21., S. 325–327.

Hegel, Georg Wilhelm Friedrich 1966: Enzyklopädie der philosophischen Wissenschaften im Grundriss. Berlin.

Heil, Karolus Heinz 1967: Das Fernsehen in der Sowjetischen Besatzungszone Deutschlands 1953–1963. Bonn.

Hellmann, Manfred Werner 1986: Einige Beobachtungen zu Häufigkeit, Stil und journalistischen Einstellungen in west- und ostdeutschen Zeitungstexten. In: Debus, Friedhelm; Hellmann, Manfred Werner; Schlosser, Horst Dieter (Hg.) 1986: Sprachliche Normen und Normierungsfolgen in der DDR. Hildesheim, S. 169–199.

Hempel, Manfred 1975: Befreites Fernsehen. Zum Wandel vom imperialistischen deutschen Fernsehen zum sozialistischen Fernsehen der DDR. 8. Mai 1945–21.Dezember 1952. In: *Theorie und Praxis – Diskussionsmaterial*, Jg. 16 (1975), H. 53, S. 22–75.

Herbst, Andreas; Ranke, Winfried; Winkler, Jürgen (Hg.) 1994a: So funktionierte die DDR. Bd. 1–2: Lexikon der Organisationen und Institutionen. Reinbek bei Hamburg.

Herbst, Andreas; Ranke, Winfried; Winkler, Jürgen (Hg.) 1994b: So funktionierte die DDR: Bd. 3: Lexikon der Funktionäre. Reinbek bei Hamburg.

Herbst, Andreas; Stephan, Gerd-Rüdiger; Winkler, Jürgen (Hg.) 1997: Die SED. Geschichte – Organisation – Politik. Ein Handbuch. Berlin.

Herden, Tim 1990: Fernsehinformationsgebung im Umbruch? Ergebnisse eines studienbegleitenden Forschungsprojekts am Lehrstuhl Fernsehjournalistik. In: *Diskurs. Leipziger Hefte für Kommunikationsforschung und Journalistik*, Jg. 1 (1990), H. 2., S. 129–131.

Herrmann, Elisabeth M. 1957: Die Presse in der Sowjetischen Besatzungszone Deutschlands. Bonn.

Herrmann, Elisabeth M. 1961: Wie studiert man in Leipzig Journalistik? Forschung und Lehre an der Fakultät der „Karl-Marx-Universität". In: *Publizistik*, Jg. 6 (1961), H. 5, S. 267–272.

Herrmann, Elisabeth M. 1963: Zur Theorie und Praxis der Presse in der Sowjetischen Besatzungszone Deutschlands. Berlin.

Hertle, Hans-Hermann; Stephan, Gerd-Rüdiger (Hg.) 1997: Das Ende der SED. Die letzten Tage des Zentralkomitees. Berlin.

Heym, Stefan 1993: Je voller der Mund, desto leerer die Sprüche. In: Edith Spielhagen (Hg.) 1993: So durften wir glauben zu kämpfen... Berlin, S. 93–100.

Hickethier, Knut (unter Mitarbeit von Peter Hoff) 1998: Geschichte des deutschen Fernsehens. Stuttgart, Weimar.

Hodos, Georg Hermann 1990: Schauprozesse. Stalinistische Säuberungen in Osteuropa 1948–1954. Berlin.

Hoff, Peter 1990: Vertrauensmann des Volkes. Das Berufsbild des „sozialistischen Journalisten" und die Kaderanforderungen des Fernsehens der DDR – Anmerkungen zum politischen und professionellen Selbstverständnis von „Medienarbeitern" während der Honecker-Zeit. In: *Rundfunk und Fernsehen*, Jg. 38 (1990), H. 3, S. 385–399.

Hoff, Peter 1993: Organisation und Programmentwicklung des DDR-Fernsehens. In: Hickethier, Knut (Hg.) 1993: Geschichte des Fernsehens in der Bundesrepublik Deutschland, Bd. 1. Institution, Technik und Programm. München, S. 255–288.

Hoff, Peter 1994a: „Die Kader entscheiden alles". In: Riedel, Heide (Hg.) 1994: Mit uns zieht die neue Zeit .... 40 Jahre DDR-Medien. Berlin, S. 241–250.

Hoff, Peter 1994b: Die Jahre der Unschuld. Zur Vor- und Frühgeschichte des Deutschen Fernsehfunks/ Fernsehen der DDR. In: *Rundfunk und Fernsehen*, Jg. 42 (1994), H. 4, S. 555–580.

Hoff, Peter 2002: Dezentralisierung und Regionalisierung des Fernsehens der DDR. Das Projekt eines Fernseh- und Rundfunkstudios in Leipzig 1958. In: *Rundfunk und Geschichte*, Jg. 28 (2002), H. 1/2, S. 22-30.

Holtermann, Angelika 1999: Das geteilte Leben. Journalistenbiographien und Medienstrukturen zu DDR-Zeiten und danach. Opladen.

Holzschuh, Anneliese 1990: Die Medien proben die Pressefreiheit. Rundfunk und Fernsehen der DDR im Herbst 1989. In: *Deutschland Archiv*, Jg. 23 (1990), H. 2, S. 231–236.

Holzweißig, Gunter 1989: Massenmedien in der DDR. Berlin.

Holzweißig, Gunter 1990: DDR-Presse im Aufbruch. Analysen und Berichte. In: *Deutschland Archiv*, Jg. 23 (1990), H. 2, S. 220–230.

Holzweißig, Gunter 1991: DDR-Presse unter Parteikontrolle. Bonn.

Holzweißig, Gunter 1994: Medienlenkung in der SBZ/DDR. In: *Publizistik,* Jg. 39 (1994), H. 1, S. 58–72.

Holzweißig, Gunter 1997: Zensur ohne Zensor. Die SED-Informationsdiktatur. Bonn.

Hornbogen, Lothar u.a. (Hg.) 1999: Außerordentlicher Parteitag der SED/PDS. Protokoll der Beratungen am 8./9. und 16./17. Dezember 1989 in Berlin. Berlin.

Infratest 1985: Bundesdeutsche Medien in der DDR. Der Stellenwert westlicher Hörfunk- und Fernsehprogramme in der DDR für potentielle Übersiedler in der Zeit vor ihrer Ausreise. Eine Befragung von DDR-Übersiedlern im IV. Quartal 1984. München.

Jessen, Ralph 1994: Professoren im Sozialismus. Aspekte des Strukturwandels der Hochschullehrerschaft in der Ulbricht-Ära. In: Kaelble, Hartmut; Kocka, Jürgen; Zwahr, Helmut (Hg.) 1994: Sozialgeschichte der DDR. Stuttgart.

Johnson, Uwe 1993: Über das Programm aus Adlershof. Grund für Langeweile, Marktbeeinflussung. Über Nachrichten. In: *Unsere Medien – Unsere Republik*, 1993, H. 4, S. 30f.

Jung, Cläre M. 1955: Erinnerungen, Zeitzeugen/Erlebnisberichte, Rundfunkentwicklung 1945–1949. Potsdam-Babelsberg.

Kant, Immanuel 1947: Beantwortung der Frage was ist Aufklärung. Braunschweig.

Karl-Marx-Universität Leipzig 1972: Studienführer 1972/73. Leipzig.

Karl-Marx-Universität Leipzig, Sektion Journalistik (Hg.) 1968: Wesen und Funktion des sozialistischen Journalismus, Abteilung Wesen und Funktion des sozialistischen Journalismus. Leipzig.

Karl-Marx-Universität Leipzig, Sektion Journalistik (Hg.) 1970: Methodik der journalistischen Arbeit, Übungsbuch Teil 1, Übungen 1–12. Leipzig.

Karl-Marx-Universität Leipzig, Sektion Journalistik (Hg.) 1973a: Wörterbuch der sozialistischen Journalistik. Leipzig.

Karl-Marx-Universität Leipzig, Sektion Journalistik (Hg.) 1973b: Methodik der journalistischen Arbeit. Übungsbuch IV, Interview, Bericht, Übungen 25-29. Leipzig.

Karl-Marx-Universität Leipzig, Sektion Journalistik (Hg.) 1974b: Planung der journalistischen Arbeit, Übungsbuch VII, Übungen 41–44. Leipzig.

Karl-Marx-Universität Leipzig, Sektion Journalistik (Hg.) 1980: Theoretische Grundfragen des sozialistischen Journalismus, Leiter des Autorenkollektivs Hans Poerschke. Leipzig.

Keiderling, Gerhard; Stulz, Percy 1970: Berlin 1945–1968. Zur Geschichte der Hauptstadt der DDR und der selbstständigen politischen Einheit Westberlin. Berlin (Ost).

Kinne, Thorolf Michael 1973: Untersuchungen zur positiven superlativischen Lexik in nationalsozialistischen und sozialistischen Texten. Bonn.

Klump, Brigitte 1991: Das rote Kloster. München.

Knipping, Franz 1968: Die formatierte Meinung. Beiträge zur Funktion und zur Wirkungsweise der journalistischen Massenmedien in Westdeutschland. Fakultät für Journalistik. Leipzig.

Kocka, Jürgen 1993: Die Geschichte der DDR als Forschungsproblem. In: Kocka, Jürgen. (Hg.) 1993: Historische DDR-Forschung. Berlin, S. 9–26.

Körber, Esther-Beate 1994: Wie interpretiert man eine Wochenschau? In: *Geschichte in Wissenschaft und Unterricht*, Jg. 45 (1994), H. 3, S. 137–150.

Kuppe, Johannes 1983: Propaganda. In: Langenbucher, Wolfgang Rudolf u.a. (Hg.) 1983: Kulturpolitisches Wörterbuch. Bundesrepublik Deutschland – DDR im Vergleich. Stuttgart, S. 582ff.

Lade, Dieter 1970: Kultur der Sprache. Stilkritische Anmerkungen zu Kommentaren der *Aktuellen Kamera*. Herausgegeben von der Betriebsakademie Deutscher Fernsehfunk, Nr. 10 (Broschüre). Berlin.

Lamberz, Werner 1971: Sozialistische Nachrichtenjournalisten arbeiten für die beste Sache der Welt. Festvortrag zur Einweihung des neuen ADN-Gebäudes am 11. Juni 1971. In: *Neue Deutsche Presse*, Jg. 25 (1971), H. 15, S. 9–10.

Langguth, Dieter 1990: Wenn man Quark im Hirn hat. In: *Stern*, 1990, H. 23, S. 84–94.

LeBon, Gustave 1982: Psychologie der Massen. Stuttgart.

Lenin, Wladimir Iljitsch 1960: Ursprünglicher Entwurf des Artikels „Die nächsten Aufgaben der Sowjetmacht" vom 28. März 1919. In: Wladimir Iljitsch Lenin: Werke. Bd. 27. Berlin, S. 92–208.

Lenin, Wladimir Iljitsch 1972: Staat und Revolution. In: Institut für Marxismus-Leninismus beim ZK der KPdSU (Hg.) 1972: Werke in 40 Bänden. Bd. 25. Berlin.

Lenin, Wladimir Iljitsch 1974: Über Agitation und Propaganda. Berlin.

Lenin, Wladimir Iljitsch 1988: Was tun? Brennende Fragen unserer Bewegung. Berlin.

Leonhard, Joachim-Felix 1999: Medien und Journalismus in der DDR. Quellen zur Rundfunkgeschichte der DDR. In: Wilke, Jürgen (Hg.) 1999: Massenmedien und Zeitgeschichte. Konstanz 1999, S. 170–177.

Leonhard, Wolfgang 1982: Die Revolution entlässt ihre Kinder. München.

Lepsius, Rainer M. 1994: Die Institutionenordnung als Rahmenbedingung der Sozialgeschichte der DDR. In: Kaelble, Hartmut; Kocka, Jürgen; Zwahr, Helmut (Hg.) 1994: Sozialgeschichte der DDR. Stuttgart, S. 17–30.

Löckenhoff, Elisabeth M. 1966: Zur Anleitung und Kontrolle der SED-Presse. Rückblick auf die Pressekonferenzen 1950–1964. In: *Publizistik,* Jg. 11 (1966), H. 3/4, S. 299–309.

Loeser, Franz 1984: Die unglaubwürdige Gesellschaft. Köln.

Ludes, Peter (Hg.) 1990: DDR-Fernsehen intern. Von der Honecker-Ära bis Deutschland einig Fernsehland. Berlin.

Ludes, Peter 1995: Das Fernsehen als Herrschaftsinstrument. In: Deutscher Bundestag (Hg.) 1995: Materialien der Enquete-Kommission „Aufarbeitung von Geschichte und Folgen der SED-Diktatur in Deutschland". Machtstrukturen und Entscheidungsmechanismen im SED-Staat und die Frage der Verantwortung. Bd. II/3. Baden-Baden, S. 2194–2217.

Ludes, Peter 2001: Multimedia und Multi-Moderne. Schlüsselbilder. Fernsehnachrichten und World Wide Web – Medienzivilisierung in der Europäischen Währungsunion. Wiesbaden.

Lüdtke, Alf 1994: „Helden der Arbeit" – Mühen beim Arbeiten. Zur missmutigen Loyalität von Industriearbeitern in der DDR. In: Kaelble, Hartmut; Kocka, Jürgen; Zwahr, Helmut (Hg.) 1994: Sozialgeschichte der DDR. Stuttgart, S. 188–213.

Lüdtke, Alf 1997: Sprache und Herrschaft in der DDR. In: Lüdtke, Alf; Becker, Peter (Hg.) 1997: Akten. Eingaben. Schaufenster. Die DDR und ihre Texte. Berlin, S. 11–28.

Mahle, Walter A. (Hg.) 1990: Medien in Deutschland. Nationale und internationale Perspektiven. München.

Malycha, Andreas 2000: Die SED. Geschichte ihrer Stalinisierung 1946–1953. Paderborn.

Marcinkowski, Frank 1993: Publizistik als autopoietisches System. Politik und Massenmedien. Eine systematische Analyse. Opladen.

Mast, Claudia (Hg.) 1998: ABC des Journalismus. Ein Leitfaden für die Redaktionsarbeit. Konstanz.

Merten, Klaus 1973: Aktualität und Publizistik. Zur Kritik der Publizistikwissenschaft. In: *Publizistik,* Jg. 18 (1973), H. 3, S. 216–235.

Meuschel, Sigrid 1992: Legitimation und Parteiherrschaft in der DDR. Zum Paradox von Stabilität und Revolution in der DDR. Frankfurt a. M..

Meuschel, Sigrid 1993: Überlegungen zu einer Herrschafts- und Gesellschaftsgeschichte der DDR. In: *Geschichte und Gesellschaft,* Jg. 19 (1993), H. 1, S. 5–14.

Meyn, Hermann 1990: Ernüchtert ins neue Jahr. In: *Journalist* 1990, H. 2, S. 32f.

Ministerium für Auswärtige Angelegenheiten der UdSSR (Hg.) 1986: Die Teheraner Konferenz der höchsten Repräsentanten der drei alliierten Mächte – UdSSR, USA und Großbritannien 28. November bis 1. Dezember 1943. Dokumenten-Sammlung. Moskau, Berlin.

Mosgraber, Karl-Heinz 1993: Chronik der Regionalsender (Landessender) 1945-1949. In: Spielhagen, Edith (Hg.) 1993: So durften wir glauben zu kämpfen... Berlin, S. 69–82.

Mühl-Benninghaus, Wolfgang 1993: Abschied vom Deutschen Fernsehfunk. *Fernsehinformation,* Jg. 43 (1993), H. 3, S. 73-85.

Mühl-Benninghaus, Wolfgang 1999: Rundfunk in der SBZ/DDR. In: Schwarzkopf, Dietrich (Hg.) 1999: Rundfunkpolitik in Deutschland. Wettbewerb und Öffentlichkeit. München 1999, S. 795–874.

Müller, Silvia 1992: Auf Linie gebracht. Kündigungen und Gefängnisstrafen gegen Rundfunkjournalisten. In: *Unsere Medien – Unsere Republik,* 1992, H. 2, S. 21-23.

Müller, Silvia 1995: Der Rundfunk als Herrschaftsinstrument der SED. In: Deutscher Bundestag (Hg.) 1995: Materialien der Enquete-Kommission „Aufarbeitung von Geschichte und Folgen der SED-Diktatur in Deutschland". Machtstrukturen und Entscheidungsmechanismen im SED-Staat und die Frage der Verantwortung. Bd. II/4. Baden-Baden, S. 2287–2327.

Müncheberg, Hans (Hg.) 1984: Experiment Fernsehen. Vom Laborversuch zur sozialistischen Massenkunst. Die Entwicklung fernsehkünstlerischer Sendeformen zwischen 1952 und 1961 in Selbstzeugnissen von Fernsehmitarbeitern. Zusammengestellt und kommentiert von Peter Hoff. (=Podium und Werkstatt. Schriftenreihe des Präsidiums des Verbandes der Film- und Fernsehschaffenden der DDR). Berlin.

Müncheberg, Hans 2000: Blaues Wunder aus Adlershof. Berlin.

Münkler, Herfried 1987: Im Namen des Staates. Die Begründung der Staatsraison in der frühen Neuzeit. Frankfurt a. M..

N.N. 1976: Diskussion über Ausbildungsförderung auf der 8. Tagung des VDJ-Zentralvorstandes im Dezember 1975. In: *Neue Deutsche Presse*, Jg. 30 (1976), H. 2, S. 5.

N.N. 1989: Zur Wende in der Medienpolitik. Pressemitteilung über die Sitzung des VDJ-Präsidiums vom 19. Oktober 1989. In: *Neue Deutsche Presse*, Jg. 43 (1989), H. 11, S. 1.

Norden, Albert 1962: Streiter für die sozialistische Revolution. Rede zum 10jährigen Bestehen des Deutschen Fernsehfunks. Festschrift. Berlin.

Odermann, Heinz 1990: Der Umbruch und die Mediengesetzgebung in der DDR. In: *Rundfunk und Fernsehen*, Jg. 38 (1990) H. 3, S. 377–384.

Otto, Wilfriede 1996: Visionen zwischen Hoffnung und Täuschung. In: Klein, Thomas u.a. (Hg.) 1996: Visionen. Repression und Opposition in der SED (1949-1989). Frankfurt a. O., S. 137–336.

Pannen, Stefan 1992: Die Weiterleiter. Funktion und Selbstverständnis ostdeutscher Journalisten. Köln.

Paulukat, Susanne; Breitenborn, Uwe 2007: Signaturen des Kalten Krieges. Zur medienhistorischen und dokumentarischen Spezifik der deutsch-deutschen Programmbeobachtungen im Fernsehen und deren Überlieferung. In: *Rundfunk und Geschichte*, Jg. 33 (2007), H. 1, S. 29–37.

Pietrzynski, Ingrid 1994: Offene Archive für ein abgeschlossenes Kapitel. In: *Studienkreis Rundfunk und Geschichte: Mitteilungen*, Jg. 20 (1994), H. 1, S. 30–37.

Plato, Alexander v. 2000: Zeitzeugen und die historische Zunft. Erinnerung, kommunikative Tradierung und kollektives Gedächtnis in der qualitativen Geschichtswissenschaft – ein Problemaufriss. In: *BIOS – Zeitschrift für Biographieforschung und Oral History*, Jg. 13 (2000), H. 1, S. 5–29.

Pötschke, Joachim 1988: Der sprachliche Ausdruck journalistischer Wertung. In: Karl-Marx-Universität Leipzig, Sektion Journalistik (Hg.) 1988: Erfordernisse und Möglichkeiten des politischen Sprachgebrauchs im sozialistischen Journalismus. Leipzig.

Preisigke, Klaus 1981: Zur Spezifik des sozialistischen Fernsehjournalismus. Leipzig.

Przybylski, Peter 1991: Tatort Politbüro. Die Akte Honecker. Berlin.

Pürer, Heinz (Hg.) 1991: Praktischer Journalismus in Zeitung, Radio und Fernsehen. Konstanz.

Raue, Günter 1986: Geschichte des Journalismus in der DDR (1945–1961). Leipzig.

Reumann, Kurt 1990: Journalistische Darstellungsformen. In: Noelle-Neumann, Elisabeth; Schult, Winfried; Wilke, Jürgen (Hg.) 1989: Das Fischer Lexikon Publizistik Massenkommunikation. Frankfurt a. M., S. 69–83.

Richert, Ernst 1958: Agitation und Propaganda. Das System der publizistischen Massenführung in der Sowjetzone. Berlin/Frankfurt a. M..

Riedel, Heide (Hg.) 1977: Hörfunk und Fernsehen in der DDR. Funktion, Struktur und Programm des Rundfunks in der DDR. Köln.

Riedel, Heide (Hg.) 1994: Mit uns zieht die neue Zeit ... 40 Jahre DDR-Medien. Berlin.

Riedel, Heide 1984: Das Rundfunksystem der DDR. In: Hans-Bredow-Institut für Rundfunk und Fernsehen an der Universität Hamburg (Hg.) 1984: Internationales Handbuch für Rundfunk und Fernsehen 1984/85. Hamburg, S. B77–B82.

Röhr, Karl-Heinz 1983: Wesen und Methodik des journalistischen Genres Nachricht. In: Karl-Marx-Universität Leipzig, Sektion Journalistik (Hg.) 1983: Nachrichtenarbeit und Nachrichtengestaltung, Studientexte zur journalistischen Methodik. Leipzig, S. 3–24.

Ross, Dieter 1965: Aktualität zwischen Wort und Bild. In: *Theorie und Praxis – Diskussionsmaterial*, Jg. 6 (1965), H. 31, S. 22–30.

Ruhrmann, Georg 1994: Ereignis, Nachricht und Rezipient. In: Merten, Klaus; Schmidt, Siegfried J.; Weischenberg, Siegfried (Hg.) 1994: Die Wirklichkeit der Medien. Opladen, S. 237–255.

Sattler, Friederike 1998: Bündnispolitik als politisch-organisatorisches Problem des zentralen Parteiapparates der KPD 1945/46. In: Wilke, Manfred (Hg.) 1998: Die Anatomie der Parteizentrale. Die KPD/SED auf dem Weg zur Macht. Berlin, S. 119–212.

Scharf, Wilfried 1985: Das Bild der Bundesrepublik Deutschland in den Massenmedien der DDR. Eine empirische Untersuchung von Tageszeitungen, Hörfunk und Fernsehen. Frankfurt a. M..

Scharf, Wilfried 1993: Parteilich im Sinne des Bündnisses. Die Darstellung des KSZE-Prozesses in *Tagesschau* und *Aktueller Kamera.* In: *Unsere Medien – Unsere Republik,* 1993, H. 6, S. 2–5.

Schlosser, Horst Dieter 1999: Die deutsche Sprache in der DDR: Köln.

Schmidt, Wolfgang 1982: Das Fernsehen der DDR. Zur Struktur, Organisation und Programm. In: *Rundfunk und Fernsehen*, Jg. 30 (1982), H. 2, S. 129–142.

Schneider, Wolf 1990: DDR-Journalisten sind auch nicht schlechter. In: *Rundfunk und Fernsehen*, Jg. 38 (1990), H. 3, S. 407–408.

Schneider, Wolf; Raue, Paul-Josef 1998: Handbuch des Journalismus. Hamburg.

Schroeder, Klaus 1998: Der SED-Staat. Partei, Staat und Gesellschaft 1949–1990. Wien.

Schröter, Gerhart 1977: aktuell, schlagkräftig, operativ und lebensnah – Qualitätsansprüche der *Aktuellen Kamera.* Gespräch mit Erich Selbmann. In: *Neue Deutsche Presse,* Jg. 31 (1977), H. 9, S. 20f.

Schubert, Renate 1992: Ohne größeren Schaden? Gespräche mit Journalistinnen und Journalisten der DDR. München.

Schulz, Winfried 1989: Nachricht. In: Noelle-Neumann, Elisabeth; Schult, Winfried; Wilke, Jürgen (Hg.) 1989: Das Fischer Lexikon Publizistik Massenkommunikation. Frankfurt a. M., S. 216–240.

Schulz, Wolfgang 1985: Medienpolitik. In: Bundesministerium für Innerdeutsche Beziehungen (Hg.) 1985: DDR-Handbuch. Köln.

Schütte, Georg 1994: Informationsspezialisten der Mediengesellschaft. Wiesbaden.

SED-Betriebsparteiorganisation (Hg.) 1958: Chronik der VEB Rafena Werke, Fernseh- und Nachrichtentechnik Radeberg, vormals Sachsenwerk. 1915-1957. Radeberg.

Seifert, Christa 1993: Begehrte Zahlen. Der Beginn der Zuschauerforschung im Deutschen Fernsehfunk. In: *Unsere Medien – Unsere Republik,* 2 (1993), H. 4, S. 25–27.

Selbmann, Erich 1970: Für eine wirkungsvollere elektronische Zeitung. In: *Neue Deutsche Presse*, Jg. 24 (1970), H. 23, S. 5–7.

Selbmann, Erich 1998: DFF Adlershof: Wege übers Fernsehland. Zur Geschichte des DDR-Fernsehens. Berlin.

Sider, Gerald M.; Smith, Gavin (Hg.) 1997: Between history and histories: the making of silences and commemorations. Toronto.

Sösemann, Bernd 1985a: Publizistische Opposition in den Anfängen des nationalsozialistischen Regimes. In: Schmädecke, Jürgen; Steinbach, Peter (Hg.) 1985: Der Widerstand gegen den Nationalsozialismus. München, S. 190–206.

Sösemann, Bernd 1985b: Voraussetzungen und Wirkungen publizistischer Opposition im Dritten Reich. In: *Publizistik*, Jg. 30 (1985), H. 2/3, S. 195–215.

Sösemann, Bernd 1988: Von der Pressefreiheit zur Gleichschaltung. In: Erbring, Lutz u.a. (Hg.) 1988: Medien ohne Moral. Variationen über Journalismus und Ethik. Berlin 1988, S. 37–63.

Sösemann, Bernd 2000: Appell unter der Erntekrone. Das Reichserntedankfest in der national-sozialistischen Diktatur. In: Jahrbuch für Kommunikationsgeschichte Jg. 2 (2000), S. 113–156.

Sozialistische Einheitspartei Deutschlands 1949: Protokoll der 1. Parteikonferenz der SED, 25.–28.1.1949 im Hause der Deutschen Wirtschaftskommission. Berlin 1949.

Sozialistische Einheitspartei Deutschlands 1951: Dokumente der SED. Beschlüsse und Erklärungen des Parteivorstandes, des Zentralsekretariats und des Politischen Büros. Bd. II. Berlin.

Sozialistische Einheitspartei Deutschlands 1952: Dokumente der SED. Beschlüsse und Erklärungen des Parteivorstandes des Zentralkomitees sowie seines Politbüros und seines Sekretariats. Bd. III. Berlin.

Spielhagen, Edith (Hg.) 1993: So durften wir glauben zu kämpfen. Berlin.

Staatliche Zentralverwaltung für Statistik (Hg.) 1966: Statistisches Jahrbuch der Deutschen Demokratischen Republik. 11. Jahrgang 1962. Berlin.

Stalin, Josef Wissarionowitsch 1951: Die Presse als kollektiver Organisator. In: Lenin und Stalin über Arbeiter und Bauernkorrespondenten. Berlin, S. 10–14.

Steininger, Rolf 1983: Deutsche Geschichte 1945–1961. Darstellung und Dokumente in zwei Bänden. Frankfurt a. M..

Steinmetz, Rüdiger; Viehoff, Reinhold (Hg.) 2008: Deutsches Fernsehen Ost. Eine Programmgeschichte des DDR-Fernsehens. Berlin.

Stöckigt, Rolf (Hg.) 1990: Über die Maßnahmen zur Gesundung der politischen Lage in der Deutschen Demokratischen Republik. In: Institut für Geschichte der Arbeiterbewegung 1990: *Beiträge zur Geschichte der Arbeiterbewegung*, Jg. 32 (1990), H. 5, S. 651–654.

Strunk, Peter 1996: Zensur und Zensoren: Medienkontrolle und Propagandapolitik unter sowjetischer Besatzungsherrschaft in Deutschland. Berlin.

Verband der Journalisten der DDR (Hg.) 1982: Ordnung für das Volontariat für Redaktionen der Presse, des Rundfunks, des Fernsehens und des ADN der DDR. Berlin.

Walther, Joachim 1996: Sicherungsbereich Literatur. Schriftsteller und Staatssicherheit in der Deutschen Demokratischen Republik. Berlin.

Weber, Hermann 1995: Entscheidungsstrukturen in der SED-Führung – Verknüpfung von Partei und Staat in der DDR – Mittel und Wege der sowjetischen Einflussnahme Ende der vierziger Jahre. In: Deutscher Bundestag (Hg.) 1995: Materialien der Enquete-Kommission „Aufarbeitung von Geschichte und Folgen der SED-Diktatur in Deutschland". Machtstrukturen und Entscheidungsmechanismen im SED-Staat und die Frage der Verantwortung. Bd. II/1. Baden-Baden, S. 421–431.

Weischenberg, Siegfried 1988: Nachrichtenschreiben. Journalistische Praxis zum Studium und Selbststudium. Opladen.

Wendorf, Joachim; Lina, Michael 1987: Probleme einer themengebundenen kritischen Filmquellen-Edition. In: *Geschichte in Wissenschaft und Unterricht*, Jg. 38 (1987), H. 8, S. 490–496.

Wiedemann, Dieter 1990: Von den Schwierigkeiten der Medienforschung mit der Realität. In: *Rundfunk und Fernsehen*, Jg. 38 (1990), H. 3, S. 343–356.

Wieland, Deba 1968: Nachrichtenpolitik im Zentrum der Aufmerksamkeit. In: *Neue Deutsche Presse*, Jg. 22 (1968), H. 2, S. 25.

Wilke, Manfred 1994: Nach Hitler kommen wir. Die Planungen der Moskauer KPD-Führung 1944/45 für Nachkriegsdeutschland. Vortrag auf der 18. Jahrestagung der German Studies Association, 29. September bis 2. Oktober 1994 in Dallas, Texas. (= Arbeitspapiere des Forschungsverbundes SED-Staat, 11/1994). Berlin.

Wittich, Dieter; Gößler, Kurt; Wagner, Kurt (Hg.) 1978: Marxistisch-leninistische Erkenntnistheorie. Berlin.

Zimmermann, Brigitte; Schütt, Hans-Dieter 1992: ohnMacht. DDR-Funktionäre sagen aus. Berlin.

Zimmermann, Hartmut 1994: Überlegungen zur Geschichte der Kader und der Kaderpolitik in der SBZ/DDR. In: Kaelble, Hartmut; Kocka, Jürgen; Zwahr, Helmut (Hg.) 1994: Sozialgeschichte der DDR. Stuttgart, S. 322–356.

ZK der SED (Hg.) 1951: Unsere Presse – Die schärfste Waffe der Partei. Referate und Diskussionen auf der Pressekonferenz des Parteivorstandes der SED vom 9.-10. Februar 1950 in Berlin. Berlin.

Graue Literatur

Bursch, Birgit 1985: Methodische Gestaltungsreserven der Agenturnachricht – Erfordernisse und Möglichkeiten der verbalen Wertung in Nachrichten und deren Anwendung im DDR-Dienst des ADN. Diplomarbeit an der Sektion Journalistik der Karl-Marx-Universität Leipzig (unveröffentlicht).

Franke, Edith 1961: Wie löst die *Aktuelle Kamera* die Aufgabe, die Mehrheit der westdeutschen Bevölkerung durch polemische Auseinandersetzung für die Verwirklichung des Deutschlandplanes des Volkes zu gewinnen? Staatsexamen 1, Karl-Marx-Universität Leipzig (unveröffentlicht).

Friedrich, Gert 1997: Studienangebot und Studierende der Sektion Journalistik an der Karl-Marx-Universität Leipzig in den achtziger Jahren. Journalistikwissenschaftliche Diplomarbeit Universität Leipzig (unveröffentlicht).

Glatzer, Dieter 1965: Zur Spezifik des Fernsehens (Maschinenschrift). Leipzig. In: Deutsches Technikmuseum Berlin, Depositum Manfred Hempel (unveröffentlicht).

Groß, Markus Andreas 1997: Das Weltbild der SED in der Sendereihe *Objektiv*. Themenauswahl und Berichterstattung im außenpolitischen Magazin des DDR-Fernsehens (1972-1977). Magisterarbeit. Berlin (unveröffentlicht).

Grote, Heinrich 1960b: Zur erzieherisch-politischen Funktion der *Aktuellen Kamera* und über einige Besonderheiten ihrer Wirkungsweise. Diplomarbeit zum Staatsexamen 1960 an der Fakultät für Journalistik der Karl-Marx-Universität Leipzig. Maschinenschrift. Leipzig (unveröffentlicht).

Krone, Rüdiger 1977: Der Prozeß des Formierens (Komponierens) von Ensembles journalistischer Produkte des Kompositionsprozesses der *Aktuellen Kamera* des Fernsehens der DDR. Dissertation. Leipzig (unveröffentlicht).

Löblich, Mathias 1989: Belegarbeit über Günter Nerlich. Belegarbeit im Fach Fernsehgeschichte, aufgez. April 1989. In: Deutsches Technikmuseum Berlin, Depositum Manfred Hempel. (unveröffentlicht)

Loke, Gabriele 1983: Zur Geschichte der *Aktuellen Kamera*. Diplomarbeit an der Karl-Marx-Universität Leipzig (unveröffentlicht).

Maly, Ditmar 1990: Interview mit Edith Franke. Belegarbeit im Fach Fernsehgeschichte, aufgez. April 1990. In: Deutsches Technikmuseum Berlin, Depositum Manfred Hempel (unveröffentlicht).

Merl, Rainer 1986: Belegarbeit über Hans Thiel. 10.4.1986. Halle. In: Deutsches Technikmuseum Berlin, Depositum Manfred Hempel (unveröffentlicht).

Müller, Klaus 1991: Lebenslagen und Selbstverständnis von Redakteuren des Deutschen Fernsehfunks (DFF). Magisterarbeit im Fachbereich Kommunikationswissenschaft am Institut für Publizistik in Berlin (unveröffentlicht).

Nerlich, Günter 2000: Persönliche Erinnerungen vom 14.4.2000. Überarbeitete Fassung vom 11.6.2008. Dem Autor vorliegend, unveröffentlichtes Manuskript.

Preisigke, Klaus 1965: Die Entstehung und Entwicklung des Deutschen Fernsehfunks in der Periode des Aufbaus der Grundlagen des Sozialismus in der DDR. Diplomarbeit zum Staatsexamen an der Fakultät für Journalistik der Karl-Marx-Universität Leipzig (unveröffentlicht).

Stock, Axel 1968: Kriterien für die Komposition von Nachrichtensendungen des Fernsehens. Staatsexamen, Karl-Marx-Universität Leipzig, Fakultät für Journalistik. Leipzig (unveröffentlicht).

Archive

Bundesarchiv/Stiftung Archiv der Parteien und Massenorganisationen der DDR (BArch/SAPMO) Berlin

BArch DA 1.

BArch DR 6: Staatliches Komitee für Rundfunk.

BArch DR 8: Staatliches Komitee für Fernsehen.

BArch DY 30: SED.

BArch NY 4009: Nachlass Wilhelm Florin.

BArch NY 4036: Nachlass Wilhelm Pieck.

BArch NY 4090: Nachlass Otto Grotewohl.

BArch RY 1: Kommunistische Partei Deutschlands.

Bundesarchiv Koblenz

Nachlass Jakob Kaiser.

Die Bundesbeauftragte für die Unterlagen des Staatssicherheitsdienstes der ehemaligen DDR (BSTU)

BStU, ZA, MfS HA XX/AKG 804.

BStU, ZA, DSt. 201073.

BStU, ZA, HA XX/AKG 883.

BStU, ZA, MfS AP 36573/92.

Deutsches Rundfunkarchiv Potsdam-Babelsberg (DRA)

DRA Babelsberg, Bestand überlieferter Sendungen des DDR-Fernsehens.

DRA Babelsberg, Referenzdatenbank Fernsehen.

DRA Babelsberg, Referenzdatenbank Hörfunk.

DRA Babelsberg, Schriftgut Fernsehen (FS), Sammlung Glatzer.

DRA Babelsberg, Schriftgut Fernsehen (FS), Aktuelle Politik, *Aktuelle Kamera.*

DRA Babelsberg, Schriftgut Fernsehen (FS), Korrigierter Sendeplan von 1952-1991.

DRA Babelsberg, Schriftgut Hörfunk: Büro des Intendanten Berliner Rundfunk 1950-1952.

Deutsches Technikmuseum Berlin

Depositum Manfred Hempel.

Interviews und Gespräche

Eberhard Fensch, 15.5.1999.
Sigrid Griebel, 16.11.1999.
Heinrich Grote, 28.10.1999.
Ulrich Makosch, 23.10.1999.
Ulrich Meier, 26.10.1999.
Klaus Raddatz, 12.12.1999.
Johannes Schäfer, 7.12.1999.
Klaus Schickhelm, 25.10.1999.
Erich Selbmann, 22.10.1999.
Marion Titze, 29.1.2000.
Günter Schabowski, 12.5.2008.
Lothar Löwe, 30.4.2008.
Dirk Sager, 30.4.2008.
Michael Schmidt, 28.4.2008.
Klaus Fischer, 30.4.2008.
Klaus Feldmann, 7.5.2008.
Herbert Köfer, 5.5.2008.
Angelika Böhme, früher Unterlauf, 9.6.2008.

Abkürzungen

ABI	Arbeiter-und-Bauern-Inspektion der DDR
ADN	Allgemeiner Deutscher Nachrichtendienst
AFP	Agence France-Presse
AG	Arbeitsgemeinschaft
AK	*Aktuelle Kamera*
AKM	Arbeitsgruppe Kommunikationsforschung München
APO	Abteilung Partei-Organisation
ARD	Arbeitsgemeinschaft der öffentlich-rechtlichen Rundfunkanstalten der Bundesrepublik Deutschland
BCN	Binary Coded Normal
BND	Bundesnachrichtendienst
CCIR	Comité Consultatif pour les Radio Communications
CvD	Chef vom Dienst
DDR	Deutsche Demokratische Republik
DFF	Deutscher Fernsehfunk
DRA	Deutsches Rundfunkarchiv
DSF	Deutsch-Sowjetische Freundschaft
DZVfV	Deutsche Zentralverwaltung für Volksbildung
ESC	Electronic Speed Control
FDGB	Freier Deutscher Gewerkschaftsbund
FS	Fernsehen
GO	Grundorganisation
HA	Historisches Archiv
HF	Hörfunk
IVN	Intervision
KJVD	Kommunistischer Jugendverband
KMU	Karl-Marx-Universität
MAW	Ministerium für Außenwirtschaft
MAZ	Magnetische (Bild-)Aufzeichnung
MfS	Ministerium für Staatssicherheit
MDN	Mark der Deutschen Notenbank
MLG	Marxistisch-leninistisches Grundlagenstudium
MPF	Ministerium für Post- und Fernmeldewesen
ND	*Neues Deutschland*
NDP	*Neue Deutsche Presse*
NÖSPL	Neues Ökonomisches System der Planung und Leitung der Volkswirtschaft
NVA	Nationale Volksarmee
NWDR	Nordwestdeutscher Rundfunk
OIRT	Organisation Internationale de Radiodiffusion et Télévision
ORI	Organisation Internationale de Radiodiffusion
RFZ	Rundfunk- und Fernsehtechnisches Zentralamt
RGO	Revolutionäre Gewerkschaftsopposition
RGW	Rat für gegenseitige Wirtschaftshilfe
RKV	Rahmenkollektiv-Vertrag
RM	Reichsmark
SAPMO	Stiftung Archiv der Parteien und Massenorganisationen der DDR
SBZ	Sowjetisch besetzte Zone
SED	Sozialistische Einheitspartei Deutschlands

SKF	Staatliches Komitee für Fernsehen
SMAD	Sowjetische Militäradministration
SRD	Short Range Device
SWS	Semesterwochenstunden
Ü-Wagen	Übertragungs-Wagen
UFA	Universum-Film-AG
UPI	United Press International
VAR	Vereinigte Arabische Republik
VCR	Video Cassette Recorder
VDJ	Verband Deutscher Journalisten (ab 1959)
VDP	Verband der Deutschen Presse
VFF	Verband der Film- und Fernsehschaffenden
VFF/AGGF	Arbeitsgruppe Geschichte der Fernsehkunst
VR	Volksrepublik
ZDF	Zweites Deutsches Fernsehen
ZK	Zentralkomitee
ZPKK	Zentrale Parteikontrollkommission
ZPL	Zentrale Parteileitung

Personenregister

A

Abrassimow, Pjotr 206
Ackermann, Anton 15, 16
Acker, Paula 124
Acksteiner, Sylvia 254
Adameck, Heinz 14, 25, 38, 44, 96, 99, 100, 101,
    102, 107, 108, 111, 123, 135, 136, 137, 154,
    185, 198, 203, 204, 214, 229, 252, 260, 261
Adenauer, Konrad 97, 150, 178, 179
Affeldt, Dieter 71
Albrecht, Michael 264, 265, 266, 268
Anderson, Hansi 41
Andert, Reinhold 123
Andropow, Jurij 221
Apel, Erich 45
Arendt, Hannah 52
Arnold, Karl-Heinz 125
Arnold, Otfried 125
Aufermann, Jörg 223
Augustin, Ernst 24, 35, 36
Axen, Hermann 25, 58, 124, 210

B

Bauer, Leo 25, 211
Baumgart, Wolfgang 129
Becker 36
Bentzien, Hans 95, 255, 261, 264, 265
Beyer, Frank 95
Bersarin, Nikolai 19
Birkner, Horst 40, 94
Blüm, Norbert 121
Bobach, Günter 104, 129
Böhm, Erich 210, 211
Bohm, Karl-Heinz 117
Böhme, Angelika 246
    Siehe auch Unterlauf, Angelika
Böhme, Günter 100, 103, 104, 127, 129
Böhme, Siegfried 38
Böhme, Wolfram 62
Bombal, Gerd 36
Bösenberg, Jost-Arend 6, 7
Bourdieu, Pierre 13
Brandt, Willy 25, 178, 179, 207, 235, 256
Braumann, Christa 214, 224
von Brentano, Heinrich 97
Breschnew, Leonid 45, 202, 235
Bresser, Klaus 264
Bruch, Walter 24

Büchel, Bernhard 60, 62, 261, 263, 265
Bücher, Karl 77
Budzislawski, Hermann 56, 77, 116
Bürger, Ulrich 130
    Siehe auch Ginolas, Ulrich
Burmeister 268

C

Carpentier, Jan 70
Cassbaum, Werner 38
Chruschtschow, Nikita 48, 197
Coccejus, Erhard 71
Coleman, Cyril Frederick Charles 210

D

Dahlem, Franz 25
Dietze, Olaf 212
Dimitroff, Georgi 15
Dusiska, Emil 45, 78, 124

E

Eberlein, Werner 124
Ebner, Rosemarie 61, 62
Eckert, Herbert 41
Eisler, Gerhart 124, 125, 134, 241
Erazim, Peter 71
Erler, Herbert 145
Erler, Peter 15

F

Fehlig, Werner 23, 38
Feldmann, Klaus 198, 241, 242
Fensch, Eberhard 108, 109, 110, 117, 127, 129,
    132, 155, 221, 229
Fischer, Klaus 239, 240
Florin, Wilhelm 15, 16
Foht, Udo 268
Franke, Edith 37, 154, 166
Freier, Helmut 254
Freier, Holm-Henning 266, 268
Friedländer, Erich 39, 40
Friedrichs, Hanns Joachim 249
Fuchs, Gerhard 81
Fühmann, Franz 113

G

Gabbert 35, 36
Gäblker, Klaus 229
Gampig, Harald 70
de Gaulle, Charles 45

Über den Autor

Dr. Jost-Arend Bösenberg arbeitete nach dem Studium
der Geschichte, Politikwissenschaft und Publizistik ab
1981 als freier Reporter für verschiedene ARD-Anstalten.
Er wurde 1992 Leiter Aktuelles beim ORB-Fernsehen und
2005 Koordinator der aktuellen Information beim RBB-
Fernsehen. Seit 2007 ist er Geschäftsführer der DOKfilm
Fernsehproduktion GmbH.

So war das Fernsehen der DDR

**Deutsches
Fernsehen Ost**

Eine Programmgeschichte
des DDR-Fernsehens
Herausgegeben von
Rüdiger Steinmetz und
Reinhold Viehoff

608 Seiten,
150 s/w-Abbildungen
Hardcover,
Format: 17,0 x 23,0 cm
mit DVD
ISBN 978-3-86650-488-2
€ 39,95

- *erste umfassende und
  detaillierte Gesamtschau
  zum DDR-Fernsehen*
- *beiliegende DVD präsentiert
  Ausschnitte aus
  DDR-Fernsehsendungen*

*Rumpelkammer, Blaue Blitze, Fetzers Flucht, Da lacht der Bär,
Wege übers Land, Sport aktuell, Zur See, Rund, Alltag im Westen,
Elf 99, Klartext...*
Was war das DDR-Fernsehen? Welche Entwicklungen prägten seine
Programmgeschichte? Und welche Bedeutung hat dieses abge-
schlossene Kapitel deutscher Fernsehgeschichte für die gesamt-
deutsche Fernsehkultur und für die Programmgeschichtsschreibung?
Der Band trägt zum ersten Mal systematisch und umfassend
Forschungsergebnisse, Beobachtungen und Quellen zum Programm
des DDR-Fernsehens von den Anfängen 1952 bis zur Abschaltung
1991 zusammen.

„[...] ein Standardwerk zur DDR-Fernsehgeschichte [...], mit vielen
neuen Einsichten und Erkenntnissen, übersichtlich gegliedert und
anschaulich in seiner Darstellung."
Prof. Dr. Knut Hickethier in: Fernsehinformation, Heft 6/2008

verlag für berlin-brandenburg

Das Nachschlagewerk zum Fernsehliebling

Volker Petzold

**Das große Ost-West-
Sandmännchenlexikon**

ca. 512 Seiten
zahlreiche s/w-Abbildungen
Hardcover,
Format: 17,0 x 23,0 cm
ISBN 978-3-86650-475-2
ca. € 24,95

Erscheint im März 2009

Das große Ost-West-Sandmännchenlexikon zeichnet in ausgewählten Schlagworten die Herkunft und Entstehungsgeschichte des
Fernseh-Schlafbringers nach und würdigt an Hand der wichtigsten
Serien und ihrer Schöpfer die über 10 000 Abendgrüße im Osten
und die etwa 7 000 Gute-Nacht-Geschichten im Westen. Mit ihrer
Vielfalt und den unterschiedlichen Geschichten und Genres wird
ein bedeutendes Stück gesamtdeutscher Medien- und Kultur-
geschichte gewürdigt.

vbb   verlag für berlin-brandenburg